粤知丛书

粤港澳知识产权规则

实践研究与制度汇编

广东省知识产权保护中心　组织编写

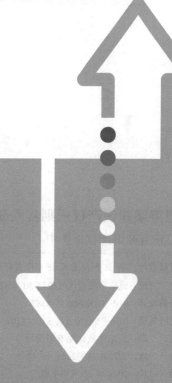

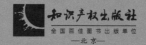

知识产权出版社

全国百佳图书出版单位

—北京—

图书在版编目（CIP）数据

粤港澳知识产权规则实践研究与制度汇编/广东省知识产权保护中心组织编写 . —北京：知识产权出版社，2024. 10. —ISBN 978-7-5130-9407-8

Ⅰ. D923. 404

中国国家版本馆 CIP 数据核字第 20249CH541 号

内容提要

本书分上、下两篇对粤港澳大湾区的知识产权实践规则进行研究，并对大湾区现行有效的知识产权规则进行编录整理，旨在着重分析研究大湾区知识产权的实践规则，对比其共性与特性，探索提出推动促进粤港澳三地知识产权规则有效对接融合的研究路径。本书适合知识产权行政执法人员、司法从业人员，知识产权研究人员，以及对知识产权规则有学习、交流兴趣的其他读者。

责任编辑：张利萍　　　　　　　　　责任校对：王　岩
封面设计：杨杨工作室·张　冀　　　　责任印制：刘译文

粤港澳知识产权规则实践研究与制度汇编

广东省知识产权保护中心　　　组织编写

出版发行：**知识产权出版社**有限责任公司	网　　址：http://www.ipph.cn
社　　址：北京市海淀区气象路 50 号院	邮　　编：100081
责编电话：010-82000860 转 8387	责编邮箱：65109211@ qq. com
发行电话：010-82000860 转 8101/8102	发行传真：010-82000893/82005070/82000270
印　　刷：北京建宏印刷有限公司	经　　销：新华书店、各大网上书店及相关专业书店
开　　本：787mm×1092mm　1/16	印　　张：24. 25
版　　次：2024 年 10 月第 1 版	印　　次：2024 年 10 月第 1 次印刷
字　　数：560 千字	定　　价：139. 00 元

ISBN 978-7-5130-9407-8

"粤知丛书"编辑委员会

本书作者

作　者：廖汉生　孙欣怡　范晓婷　廖露露　陶克书

　　我国正处在一个非常重要的历史交汇点上。我国已经实现全面小康，进入全面建设社会主义现代化国家的新发展阶段；我国已胜利完成"十三五"规划目标，正在系统擘画"十四五"甚至更长远的宏伟蓝图；改革开放40年后再出发，迈出新步伐；"两个一百年"奋斗目标在此时此刻接续推进；在世界发生百年未有之大变局背景下，如何把握中华民族伟大复兴战略全局，是摆在我们面前的历史性课题。

　　改革开放以来，伴随着经济的腾飞、科技的进步，广东的知识产权事业蓬勃发展。特别是党的十八大以来，广东深入学习贯彻习近平总书记关于知识产权的重要论述，认真贯彻落实党中央和国务院重大决策部署，深入实施知识产权战略，加快知识产权强省建设，有效发挥知识产权制度作用，为高质量发展提供有力支撑，为丰富"中国特色知识产权发展之路"的内涵提供广东的实践探索。

　　2020年10月，习近平总书记在广东考察时强调，"以更大魄力、在更高起点上推进改革开放"，"在全面建设社会主义现代化国家新征程中走在全国前列、创造新的辉煌"。2020年11月，习近平总书记在中共中央政治局第25次集体学习时发表重要讲话，强调"全面建设社会主义现代化国家，必须从国家战略高度和进入新发展阶段要求出发，全面加强知识产权保护工作，促进建设现代化经济体系，激发全社会创新活力，推动构建新发展格局"。2021年9月，中共中央、国务院印发《知识产权强国建设纲要（2021—2035年）》，描绘出我国加快建设知识产权强国的宏伟蓝图。这是广东知识产权事业发展的重要历史交汇点！

　　2018年10月，广东省委省政府批准成立广东省知识产权保护中心。自成立以来，面对新形势、新任务、新要求和新机遇，保护中心坚持以服务自主创新为主线，以强化知识产权协同保护和优化知识产权公共服务为重点，着力支撑创新主体掌握自主知识产权，着力支撑重点产业提升核心竞争力，着力支撑全社会营造良好营商环境，围绕建设高质量审查和布局通道、高标准协同保护和维权网络、高效率运营和转化平台、高水平信息和智力资源服务基础等重大任务，在打通创造、保护、运用、管理和服务全链条，构建专业化公共服务与市场化增值服务相结合的新机制，建设高端知识产权智库，打造国内领先、具有国际影响力的知识产权服务品牌，探索知识产权服务高质量发展新路径等方面大胆实践，力争为贯彻新发展理念、构建新发展格局、推动高质量发展提供有力保障。

　　保护中心致力于知识产权重大战略问题研究，鼓励支持本单位业务骨干特别是年轻的业务骨干，围绕党中央和国务院重大决策部署，紧密联系广东省知识产权发展实际，深入开展调查研究，认真编撰调研报告。保护中心组织力量将逐步对这些研究成果结集汇编，以"粤知丛书"综合性系列出版物形式公开出版，主要内容包括学术研究专著、海外著作编译、研究报告、学术教材、工具指南等，覆盖知识产权方面的政策法规、战略举措、创新动态、产业导航、行业观察等，旨在为产业界、科技界及时掌握知识产权理论和实践最新动态提供支持，为社会公众全面准确解读知识产权专业信息提供指南，并持之以恒地为全国知识产权事业改革发展贡献广东智慧和力量。

由于时间仓促，研究能力所限，书中难免存在疏漏和偏差，敬请各位专家和广大读者批评指正！

广东省知识产权保护中心

"粤知丛书"编辑部

2024 年 4 月

　　知识产权是国家发展的战略性资源和国际竞争力的核心要素。保护知识产权就是保护创新。知识产权作为促进创新发展的重要保障，是粤港澳大湾区建设世界创新中心的关键因素。2019 年 2 月《粤港澳大湾区发展规划纲要》公布实施以来，广东充分发挥粤港澳大湾区建设引领作用，提升珠三角核心区知识产权综合实力，建设珠三角知识产权示范城市群，持续打造横琴、前海知识产权全链条生态示范区，建设南沙知识产权"一平台三中心"，推动河套加快建立更高水平的知识产权保护制度，持续推进中新广州知识城新一轮知识产权运用和保护综合改革试验。粤港澳三地知识产权交流合作正不断加强，大湾区知识产权保护市场化、法治化、国际化营商环境在不断提升。

　　由于粤港澳"一国两制三法域"的特点，三地知识产权规则实践客观上形成不少差异化特征。2020 年 10 月，习近平总书记在深圳经济特区建立 40 周年庆祝大会上的重要讲话中指出，"要抓住粤港澳大湾区建设重大历史机遇，推动三地经济运行的规则衔接、机制对接"。为此，我们组织专业人员编写了本书。全书分上、下两篇。上篇着重介绍世界主要湾区和粤港澳大湾区主要核心区的知识产权规则实践情况，对比研究其共性与特性，探索提出推进粤港澳三地知识产权规则有效对接融合的路径。下篇为现行粤港澳大湾区的主要知识产权规则汇编。

　　本书在编写过程中，得到了相关单位领导和业内专家的悉心指导和大力支持，在此一并表示感谢！

　　由于研究水平和时间有限，而且目前市面上尚无同类图书可参考，书中难免存在不足和疏漏之处，敬请广大读者予以指正。

作　者

2024 年 4 月

目 录

| 上篇　粤港澳知识产权规则实践研究 |

第一章　世界主要湾区知识产权规则实践 / 003

　　第一节　美国纽约湾区和旧金山湾区的知识产权规则实践 / 003

　　第二节　日本东京湾区的知识产权规则实践 / 007

第二章　粤港澳大湾区知识产权规则实践概况 / 012

　　第一节　粤港澳大湾区国家层面的知识产权规则实践 / 012

　　第二节　粤港澳大湾区珠三角九市的地方性知识产权规则实践概况 / 017

　　第三节　粤港澳大湾区知识产权规则实践的发展演变 / 020

第三章　广州（中新广州知识城、南沙）知识产权规则实践 / 023

　　第一节　广州（中新广州知识城、南沙）知识产权规则实践概况 / 024

　　第二节　广州（中新广州知识城、南沙）知识产权行政保护规则实践 / 025

　　第三节　广州（中新广州知识城、南沙）知识产权司法保护规则实践 / 027

　　第四节　广州（中新广州知识城、南沙）知识产权公共服务规则实践 / 029

第四章　深圳（前海、河套）知识产权规则实践 / 033

　　第一节　深圳（前海、河套）知识产权规则实践概况 / 034

　　第二节　深圳（前海、河套）知识产权行政保护规则实践 / 036

　　第三节　深圳（前海、河套）知识产权司法保护规则实践 / 036

　　第四节　深圳（前海、河套）知识产权公共服务规则实践 / 037

第五章　珠海（横琴）知识产权规则实践 / 039

　　第一节　珠海（横琴）知识产权规则实践概况 / 039

　　第二节　珠海（横琴）知识产权行政保护规则实践 / 040

　　第三节　珠海（横琴）知识产权司法保护规则实践 / 040

第四节　珠海（横琴）知识产权公共服务规则实践 / 041

第六章　香港特别行政区知识产权规则实践 / 042

第一节　香港知识产权规则实践概况 / 042

第二节　香港知识产权行政执法规则实践 / 044

第三节　香港知识产权司法保护规则实践 / 044

第四节　香港知识产权公共服务规则实践 / 046

第七章　澳门特别行政区知识产权规则实践 / 048

第一节　澳门知识产权规则实践概况 / 048

第二节　澳门知识产权行政执法规则实践 / 049

第三节　澳门知识产权司法保护规则实践 / 050

第四节　澳门知识产权公共服务规则实践 / 051

第八章　粤港澳大湾区主要知识产权国际条约的适用情况 / 053

第一节　粤港澳大湾区商标领域国际条约的适用情况 / 053

第二节　粤港澳大湾区专利领域国际条约的适用情况 / 054

第三节　粤港澳大湾区著作权领域国际条约的适用情况 / 055

第四节　粤港澳大湾区其他领域知识产权国际条约的适用情况 / 056

第九章　粤港澳大湾区知识产权规则实践的共性与特性 / 058

第一节　粤港澳大湾区知识产权规则实践的共性 / 058

第二节　粤港澳大湾区知识产权规则实践的特性 / 060

第十章　加快推进粤港澳大湾区涉外知识产权法治建设 / 064

第一节　加快引进、培育熟悉粤港澳大湾区知识产权规则实践的涉外
法治人才和机构 / 064

第二节　加强粤港澳大湾区涉外知识产权法治建设 / 068

第十一章　推动粤港澳大湾区知识产权规则衔接融合的路径探析 / 071

第一节　探索创建常态化协调、实质性促进的粤港澳大湾区知识产权
规则融合三方工作机制 / 071

第二节　探索以服务便利化、管理标准化和规则条约化为路径，逐步
推进粤港澳大湾区知识产权规则的衔接融合 / 073

参考文献 / 081

| 下篇 粤港澳知识产权制度汇编 |

一、国家主要知识产权制度 085

中华人民共和国商标法／085

中华人民共和国专利法／097

中华人民共和国著作权法／108

中华人民共和国植物新品种保护条例／120

集成电路布图设计保护条例／126

展会知识产权保护办法／131

境外企业知识产权指南（试行）／136

中华人民共和国对外贸易法（节录）／138

中华人民共和国知识产权海关保护条例／139

中华人民共和国电子商务法（节录）／143

中华人民共和国民法典（节录）／144

中华人民共和国刑法（节录）／147

中华人民共和国海关法（节录）／150

中共中央 国务院印发《知识产权强国建设纲要（2021—2035年）》／151

国家知识产权局关于印发《外国专利代理机构在华设立常驻代表机构管理
　　办法》的通知／157

国家知识产权局关于加强知识产权鉴定工作的指导意见／160

最高检发布《人民检察院办理知识产权案件工作指引》／163

二、广东省主要知识产权制度 169

广东省专利条例／169

广东省展会专利保护办法／176

广东省知识产权保护条例／183

广东省版权条例／190

广东省地理标志条例／195

三、广州市主要知识产权制度 199

广州市专利管理条例／199

广州市知识产权局关于印发广州市知识产权质押融资风险补偿机制管理办

　　法的通知／202

四、广州市中新广州知识城主要知识产权制度　　　　　　　　　　　　206

广东省中新广州知识城条例／206

广州开发区管委会　广州市黄埔区人民政府关于印发广州开发区　广州市

　　黄埔区深化知识产权运用和保护综合改革试验促进高质量发展办法的

　　通知／214

五、广州市南沙新区主要知识产权制度　　　　　　　　　　　　　　　219

广州南沙开发区管委会办公室　广州市南沙区人民政府办公室关于印发广

　　州南沙新区（自贸片区）促进知识产权高质量发展扶持办法的通知／219

最高人民法院关于为广州南沙深化面向世界的粤港澳全面合作提供司法服

　　务和保障的意见／224

六、深圳市主要知识产权制度　　　　　　　　　　　　　　　　　　228

深圳经济特区知识产权保护条例／228

深圳市专业市场知识产权保护工作指南／238

七、深圳市前海深港现代服务业合作区主要知识产权制度　　　　　　　242

深圳经济特区前海深港现代服务业合作区条例／242

深圳市前海深港现代服务业合作区管理局　香港特别行政区政府商务及经

　　济发展局关于协同打造前海深港知识产权创新高地的十六条措施／249

八、深圳市河套深港科技创新合作区主要知识产权制度　　　　　　　　252

福田区人民政府办公室关于印发《河套深港科技创新合作区深圳园区技术

　　攻关及产业化创新若干支持措施》的通知／252

九、珠海市主要知识产权制度　　　　　　　　　　　　　　　　　　259

珠海市市场监督管理局（珠海市知识产权局）关于印发《珠海市促进知识

　　产权高质量发展资助办法》的通知／259

珠海市知识产权局关于印发《珠海市知识产权信用管理办法》的通知／265

十、珠海市横琴粤澳深度合作区主要知识产权制度　　269

横琴粤澳深度合作区发展促进条例／269

十一、佛山市主要知识产权制度　　279

佛山市中级人民法院关于全面加强知识产权司法保护的实施意见／279

佛山市知识产权局关于印发促进知识产权高质量发展资助办法的通知／284

十二、惠州市主要知识产权制度　　294

中共惠州市委办公室　惠州市人民政府办公室关于印发《惠州市关于强
化知识产权保护的若干措施》的通知／294

十三、东莞市主要知识产权制度　　300

关于印发《东莞市市场监督管理局（知识产权局）知识产权项目管理制
度（试行）》的通知／300

十四、中山市主要知识产权制度　　308

关于印发中山市知识产权专项资金管理办法（2021年修订）的通知／308

十五、江门市主要知识产权制度　　321

关于印发《江门市知识产权扶持专项资金管理办法》的通知／321

十六、肇庆市主要知识产权制度　　327

肇庆市市场监督管理局关于印发《肇庆市促进知识产权高质量发展扶持
办法（试行）》的通知／327

十七、香港特别行政区主要知识产权制度　　331

国家市场监督管理总局关于在香港特别行政区知识产权署提出的首次申
请的优先权的规定／331

《内地与香港关于建立更紧密经贸关系的安排》服务贸易协议／332

香港特区申请人在内地发明专利优先审查申请指南／338

最高人民法院关于内地与香港特别行政区法院相互认可和执行民商事案
件判决的安排／341

十八、澳门特别行政区主要知识产权制度   **346**

    关于修订《〈内地与澳门关于建立更紧密经贸关系的安排〉服务贸易协
        议》的协议 ／346

    澳门特区申请人在内地发明专利优先审查申请指南 ／349

十九、重要标准文件   **352**

    《企业知识产权合规管理体系要求》／352

上篇 >>>>>>>>>>>>

粤港澳知识产权规则实践研究

第一章　世界主要湾区知识产权规则实践

当前世界著名的湾区主要有位于美国的以科技金融著称的纽约湾区和以高新科技领先的旧金山湾区，以及位于日本的以临港工业闻名的东京湾区和位于中国的集中了金融、产业、科技的粤港澳大湾区。从时间上来说，纽约湾区、旧金山湾区和东京湾区的发展路径远早于粤港澳大湾区，对三个湾区的知识产权规则实践进行分析，研究其知识产权发展历程，将对粤港澳大湾区知识产权规则衔接与融合起到借鉴作用。

第一节　美国纽约湾区和旧金山湾区的知识产权规则实践

纽约湾区（New York Bay Area），又称纽约大都市区，位于美国东北部大西洋沿岸，可细分为 4 个大都市分区，25 个县，占地面积约 1.74 万平方千米。总人口约 1900 万人，约占美国人口的 6.0%，涉及纽约州、新泽西州、康涅狄格州和宾夕法尼亚州。[①] 纽约湾区又被称为"金融湾区"，摩根士丹利、高盛、花旗银行、摩根大通等国际投行总部均设在纽约，拥有纽约证券交易所和纳斯达克证券交易所，美国 7 家大银行中的 6 家，2900 多家世界金融、证券、期货、保险和外贸机构。纽约湾区拥有美国第二大繁忙的集装箱港口、北美最大的陆上交通网络，形成了高效、便捷的海陆空交通网络。在产业经济方面，纽约州主要发展金融业、制造业和文化创意产业，新泽西州主要发展生物制药和专业技术服务，康涅狄格州主要发展军工及装备制造业和保险业。纽约湾区以发达的制造业和金融业、便利的城际交通、突出的产业优势孕育了众多引领全球创新潮流的科技企业，创投机构与科技企业共生共荣。海量资本沉淀造就了纽约湾区独特的科创金融优势，湾区内的多所常春藤学府，如新泽西州的普林斯顿大学、康涅狄格州的耶鲁大学和纽约州的哥伦比亚大学等也在不断助力湾区的创新。

旧金山湾区（San Francisco Bay Area），是美国西海岸围绕旧金山湾和圣巴勃罗湾河口的一片城市群，位于美国加利福尼亚州北部，沙加缅度河（Sacramento River）下游出海口的旧金山湾四周，占地面积约 1.8 万平方千米，是美国西部第二大都市区，总人口超 700 万人。旧金山湾区是基于旧金山湾和邻近区域自然发展起来的，并没有确定的边界，一般认为包括阿拉米达县、康特拉科斯塔县、马林县、纳帕县、旧金山县、圣马特

---

① 根据美国行政管理和预算局（OMB）发布的关于都市统计区划分文件，纽约湾区范围界定有都市统计区（MSA）和联合统计区（CSA）两种划分方法，本书采用的是 MSA 的划分方法。

奥县、圣克拉拉县、圣克鲁斯县、索拉诺县、索诺玛郡 10 个县郡，可分为旧金山、北湾、东湾、南湾和半岛五大区域。人口产业集聚区主要位于硅谷所在的南湾，西部金融中心位于旧金山市及奥克兰港所在的东湾。旧金山湾区已经发展成为重要的全球高新技术研发中心和国际金融中心，是享誉全球的"科技湾区"，对全球的经济发展有着广泛而深远的影响。目前，旧金山湾区的硅谷和旧金山市发展成为创新"双核"，硅谷主要聚集了高科技创新企业和研发中心，旧金山市主要聚集了创新服务机构，创新带来的巨大经济效益由"双核"向周边及全美和全球扩展。在 2023 年《财富》世界 500 强排行榜前 10 名中，总部位于旧金山湾区的苹果公司排名第八。在世界 500 强整体利润下降的趋势下，旧金山湾区的企业仍实现了利润的大幅增长，在盈利方面，利润榜前 5 位中有 3 家科技企业，其中旧金山湾区的企业占 2 家，分别是位居利润榜第二的苹果公司，利润超过 998 亿美元；位居利润榜第四的谷歌母公司 Alphabat，利润超过 599 亿美元。作为世界级的高科技研发中心，旧金山湾区内汇聚了大量的世界一流大学，为硅谷登顶世界级科创中心提供了不竭创新动力。20 世纪 60 年代，加利福尼亚州政府颁布了"加利福尼亚高等教育总体规划"，逐渐形成了以加利福尼亚大学、加利福尼亚州立大学和加利福尼亚州社区学院为主体的公立高等教育系统，以斯坦福大学和加州理工大学为核心的私立高等教育系统。旧金山湾区拥有多个国家重点研究实验室以及多所州实验室，包括美国国家航空航天局艾姆斯研究中心（NASA's Ames Research Center）和劳伦斯伯克利国家实验室（Lawrence Berkeley National Laboratory）、劳伦斯利弗莫尔国家实验室（Lawrence Livermore National Laboratory）、桑迪亚国家实验室（Sandia National Laboratories）、SLAC 国家加速器实验室（SLAC National Accelerator Laboratory）等机构，为旧金山湾区高科技生产扎根提供了优质的创新环境。

一、美国纽约湾区和旧金山湾区的主要知识产权机构

（1）美国专利商标局（United States Patent and Trademark Office，USPTO）：成立于 1802 年，是负责授予美国专利和注册商标的联邦机构，总部位于弗吉尼亚州亚历山大城的卡莱尔地区。USPTO 根据美国《专利法》授予美国专利，具体包括：对专利申请进行审查，并在申请人有权获得专利时授予其专利；公布和传播专利信息、记录专利转让、收录美国和外国专利的检索文件，并确保上述记录可以供公众审查；对执业专利律师、专利代理人或申请人，提供专利法规的基本知识训练，并出版专利审查程序手册以阐明专利法规内容。按照美国《兰哈姆法》对商标进行注册，具体业务与专利业务类似。USPTO 由美国总统任命的负责知识产权的商务部副部长和美国专利商标局局长领导。

（2）美国版权局（U. S. Copyright Office）：作为美国国会图书馆的独立部门，致力于实现版权的宪法宗旨，并着力促进创造性和自由表达。美国版权局的主要职责为登记版权声明、记录版权所有权信息、向公众提供信息、协助美国国会和其他政府部门处理一系列版权问题。

（3）美国贸易代表办公室（The Office of the United States Trade Representative，US-

TR)：成立于 1962 年，是美国总统行政办公室（The Executive Office of the President）的一部分，主要负责制定和协调美国的国际贸易、商品和直接投资政策、解决分歧，为美国总统的决策制定框架，并监督与其他国家的谈判。USTR 的负责人即为美国贸易代表，是内阁成员，担任美国总统的主要贸易顾问、谈判代表和贸易问题发言人。USTR 下设多个办事机构，其中，创新与知识产权办公室（IIP）主要负责与知识产权有关的事务，具体负责美国与创新问题和知识产权保护和执法相关的贸易政策，包括双边、区域和多边协议的谈判、实施、监督和执行。除此之外，IIP 还制定和协调美国与知识产权和相关创新问题的贸易政策；通过年度"特别 301"审查等途径开展双边和区域合作；代表美国与贸易伙伴进行知识产权对话；并在世界贸易组织（WTO）中代表美国处理知识产权问题。

（4）美国国际贸易委员会（United States International Trade Commission）：为美国总统和美国国会提供高质量的前沿国际贸易问题分析。其主要在裁决、研究与分析、维护统一关税安排这三个涉及美国国际贸易的领域履行职责，包括在涉及损害美国国内产业或侵犯美国知识产权的产品进口诉讼中进行调查并做出决定；提供关于关税、贸易和竞争力的独立分析和调查信息；维护美国关税安排。

（5）美国海关与边境保护局（United States Customs and Border Protection，CBP）：隶属于美国国土安全部，是美国的边境执法机构。CBP 对进口贸易中的知识产权侵权行为有权采取禁止入境、扣留、扣押、没收和罚款等法定的执法措施。

其他知识产权领域的相关机构中，美国卫生与公众服务部下设的美国食品药品管理局负责实施《联邦食品、药品和化妆品法》，该法对仿冒食品、药品和化妆品的行为规定了严厉的刑事处罚；美国农业部下设的植物新品种保护局通过向育种者颁发保护证书来实施《植物品种保护法》；美国内政部下设的印第安艺术和手工艺品委员会负责实施《印第安艺术和手工艺品法》。

二、美国纽约湾区和旧金山湾区的主要知识产权规则实践

《美国宪法》是世界上第一部作为独立、统一国家的成文宪法。宪法起草者们认为在联邦层面规定知识产权权利对于经济独立、创新和国内发展具有重要意义。1789 年通过的《美国宪法》第 1 条第 8 款第 8 项指出，国会有权"保障著作权人和发明人对各自的著作和发明在一定的期限内的专有权利，以促进科学和实用艺术的进步"。这一"知识产权条款"的文本由詹姆斯·麦迪逊（James Madison）和詹姆斯·平克尼（James Pinckney）撰写。美国联邦政府一直在最大范围内积极推动知识产权法的发展。乔治·华盛顿（George Washington）支持在联邦层面确立知识产权，认为这是国家实现经济独立的必要条件。除了联邦法律，各州关于知识产权的法律也十分重要。一般要同时参照联邦和州法律，才能充分理解美国的知识产权保护规则。

（一）专利

1790 年 4 月 10 日，美国历史上第一部《专利法》正式生效，标志着美国现代专

利法的诞生。此后,《专利法》历经多次修改。根据美国《专利法》,任何发明或发现具有新颖性和实用性的方法、机器、制造物或物质合成,或者对上述所做的任何具有新颖性和实用性的改进,可按该法所规定的条件和要求获得专利。发明人为取得发明专利,必须证明其发明具备可专利性(patentability)。可专利性需要满足四个要件:该发明属于专利法保护的可获专利的客体(patentable subject matter);该发明具有实用性(usefulness);该发明具有新颖性(novelty);该发明具有非显而易见性(non-obviousness)。

专利仅受联邦法律管辖。要获得专利,发明者必须向 USPTO 提交完整描述该发明的申请。实用专利的保护期为自申请日起 20 年,权利人在获得专利权后的第 3.5 年、第 7.5 年和第 11.5 年需要交纳维持费,否则权利将会失效。外观设计专利的保护期为自授权之日起 15 年,与其他两类专利起算方式不同,外观设计专利无须交纳维持费。植物专利的保护期为自申请日起 20 年,且无须交纳维持费。

(二) 商标

1870 年,美国通过制定第一部联邦商标法确立了全国性的商标注册制度。1905 年,美国国会颁布了一部较为严格的《商标法》(*Trade Marks Act*),并在 1946 年加以修改,通过了目前仍在沿用的《兰哈姆法》(*The Lanham Act*)。《兰哈姆法》扩大了可以得到联邦保护的商标种类范围,并扩大到实体权利的授予。为适应社会的发展和科技的进步,《兰哈姆法》自颁布后进行了多次修正,如商标所有人提交适当的维护和续展文件,商标注册可以无限期延期。

商标的跨州使用受联邦法律管辖。企业既可以进行联邦商标注册,也可以仅在某个州注册,两者在获得的法律保护上因联邦法和州法的不同而有很大差异。联邦注册的商标有优先使用和优先被保护的权利,如果商标未在 USPTO 注册,一般仅适用所在州的法律保护且难以获得侵权赔偿。

除《兰哈姆法》外,各州在其境内还拥有完整的商标法。根据纽约州法的规定,商标必须在纽约州有效使用,才有资格注册,排除仅仅为了保留商标权利的使用。根据加利福尼亚州法的规定,商标必须在加利福尼亚境内合法地应用于商业活动中,并且产品和服务的分类必须符合 USPTO 的分类。

(三) 版权

1790 年,美国颁布了第一部《版权法》。1909 年,美国国会颁布了第二部《版权法》(*Copyright Act of* 1909)。1976 年美国国会通过了新的版权法,即美国现行版权法,该法允许艺术家和作家对其创作的作品享有专有权,可以创作和销售复制品,创作和销售其作品的副本,以及公开表演、展示或陈列其作品。现行版权法被收编在《美国法典》第 17 编,1976 年法案的保护范围涵盖了已出版和未出版的作品,并优先于州普通法。现行的版权法已经扩展到包括电影、舞蹈作品、建筑作品、计算机程序等,这些类别都可抽象化为一个标准,即法律赋予存在于"固定在任何有形表达媒介中"的原创作品以版权保护。该法中规定版权的专有权利是可以分割的，因此版权所有人可以将附属于版权的各种专有权利分别进行许可或强制实施。

（四）其他知识产权

1. 商业秘密

尽管商标、版权和专利在保护、申请和注册方面都受到广泛的法案约束，但在商业秘密方面却没有相应的联邦法律体系。商业秘密通常受到各州法规、判例以及当事人间合同协议的保护。美国统一法律委员会发布的《统一商业秘密法》（UTSA）将普通法对商业秘密的很多理解编入法典。加利福尼亚州已经通过《统一商业秘密法》，而纽约州是完全依赖普通法的州。总而言之，与商业秘密有关的法律来自判例法、仿照 UTSA 制定的州法规、某些联邦法规（主要是《经济间谍法》）以及《反不正当竞争法重述（第三版）》对商业秘密法的各种声明。

2. 植物新品种

美国《植物品种保护法》为育种者提供了对具有新颖性、特异性、统一性和稳定性的有性繁殖（种子）或块茎繁殖植物品种最多达 25 年的排他性控制。《植物品种保护法》所提供的保护不同于植物专利，后者仅限于无性繁殖植物，而且不包括块茎繁殖植物。符合《植物品种保护法》保护条件的植物也可能具备实用新型专利的资格。

第二节　日本东京湾区的知识产权规则实践

东京湾区，即以环绕东京湾沿岸为核心的城市群，也是一个以东京为中心的城市群。东京湾区通常是指东京以及周边联系最紧密的三县（神奈川、千叶、埼玉）一起构成的"一都三县"范围，总面积约为 1.36 万平方千米，是日本最大的核心都市区。近年来部分研究也加入了包括筑波在内的茨城县南部地区。而东京都的最核心——东京 23 区，是整个都市圈的心脏。东京湾区聚集了日本超过三分之一的经济体量。发展过程中，东京湾区重视政府的引导和规划工作，1956—2001 年公布了六轮规划确定湾区城市功能和发展方向，并规划落实具体的部署。东京湾区是典型的工业型湾区，以东京都为核心区，京滨、京叶两大工业经济带逐步构成城市群，通过加强区域之间协同发展，成为日本最大的工业基地。东京湾区制造业发展有五大基石：一是大力发展临港工业，形成了东京湾区临海工业带、京滨工业带、京叶工业带。二是区域协同贯穿始终，统筹区域布局，整合港口群，明确分工。三是基于本地产业特色探索多样化生存法则。东京湾区各地各有特点，有转型知识经济枢纽的神奈川县，有构建本地产业链的群马县、栃木县，有迈向精密仪器产业之都八王子市。四是由沿海向内陆推进的产业迁移，东京湾区制造业扩散的过程，大致呈现出一种圈层向外扩散的状态，最核心的东京 23 区，随着制造业的外迁，逐步变身成为企业总部和销售、核心研发等职能的核心区域。五是官、学并进的科技成果转化体系。顶级高校云集，地方企业利用大学提升技术，如大田区有20多家工厂与大学有合作关系；东京大学每年与私营公司开展大量联合研发，产生大量发明专利。

一、日本东京湾区的主要知识产权机构

（1）日本特许厅（Japan Patent Office，JPO）：前身是 1885 年设立的"专卖特许所"，现为隶属于经济产业省的政府机构，负责受理专利、实用新型、外观设计和商标的申请、审查与注册。除此之外，JPO 还负责规划工业产权的政策措施，如审查专利法等工业产权制度，支持中小企业和大学使用工业产权，提供有关工业产权的信息，并促进国际协调以及与发展中国家的合作。

（2）日本法院：日本知识产权诉讼实行专属管辖，技术性强的案件审理由东京地方法院和大阪地方法院管辖，且专门组建了东京的知识产权高等法院。日本知识产权高等法院于 2005 年 4 月 1 日成立，主要审理全国知识产权民事上诉案件以及请求撤销知识产权行政案件裁决的一审案件。为了充分发挥其专业性，在审判事务的分配等一些司法行政事务上，知识产权高等法院还被赋予了独立权限。专利侵权诉讼的一审原则上由东京地方法院或大阪地方法院管辖，二审由知识产权高等法院管辖。

（3）日本海关：负责查处的知识产权侵权产品包括质量低劣、对公共健康安全造成隐患的假冒或盗版商品，以及受专利权或外观设计保护的发明和设计。日本海关在机场和港口对进出口的物品进行严格检验，在边境对侵犯知识产权的货物进行拦截。日本关于知识产权海关保护的规定主要集中在《关税法》及《关税法施行令》。其中，《关税法》是日本海关最基本的行政法律，海关知识产权保护包括了停止进出口申诉、专门委员、样品查验等制度。

（4）日本仲裁机构：有日本商事仲裁协会（JCAA）、日本国际争议解决中心（JIDRC）、日本知识产权仲裁中心。日本商事仲裁协会是日本历史最久、最重要的涉外商事仲裁机构。日本知识产权仲裁中心是日本专门处理知识产权纠纷案件的主要"诉讼外纠纷解决机制"机构，日本知识产权仲裁制度主要通过该中心及《仲裁程序规则》得以体现。

（5）日本知识产权协会（JIPA）：是日本的一个非营利性组织，其宗旨是对知识产权制度（包括日本国内和外国）进行研究和灵活运用，促进各会员的经营发展，并为技术的进步和产业的发展做出贡献。JIPA 现有会员 1000 多个，既包括东芝、丰田、本田、松下等很多日本大企业，也包括一些知识产权代理公司和律师事务所。作为民间团体，JIPA 在知识产权实务和政策形成等方面有着重要影响力，对华交流比较积极。

二、日本东京湾区的主要知识产权规则实践

日本知识产权法律制度的建立已有 100 多年的历史。早在 19 世纪末，日本政府已经建立起较为完整的知识产权法律体系和管理机构。20 世纪 70 年代，日本确立了"技术立国"的知识产权强国战略，并将专利战略从构筑专利网和保护国内市场转向技术创新

和形成自主专利。1970 年日本颁布了现行的《著作权法》，1985 年制定了现行的工业产权法，包括《专利法》《实用新型法》《外观设计法》《商标法》。为激发技术创新活力，提高产业竞争力，2002 年日本政府提出"知识产权立国战略"，并颁布《日本知识产权战略大纲》，明确规定加强商业秘密的保护力度，加快专利审批速度，促进大学研究成果的转化，许可中小企业无偿使用大企业的"休眠专利"等 50 多项具体措施。随后相继颁布了《知识产权基本法》《知识产权战略推进计划》《知识产权高等法院设置法》，形成了一套较为完善的知识产权公共政策体系。

21 世纪以来，日本政府不断调整知识产权战略，并针对不同时期的战略目标制定与时俱进的知识产权政策。2003—2005 年，围绕"知识产权立国战略"提出相关配套政策和措施，整体目标是建设世界最顶尖的知识产权制度。2006—2008 年，完善知识产权创造、保护、利用等相关领域的制度，逐步建立起世界顶尖的知识产权制度。2009—2012 年，积极融入全球网络化进程，增强日本在全球知识产权网络中的竞争力。2013—2017 年，日本确立新的目标是构架具有吸引力的产权制度，鼓励技术创新和吸引国外的技术、投资，继续培养具有创造性和战略性的知识产权人才，并为推动世界知识产权制度的发展做出贡献。

完善的知识产权保护体系是东京湾区科技创新活动顺利开展的前提和保障。因此，日本十分注重产学研合作，围绕知识产权归属、技术转移、鼓励创新等方面，配套出台了一系列法律法规。日本产学官合作体系由大学知识产权本部、技术转移组织、产学官合作协调员和共同研发中心组成。在实践中颁布了一些代表性法律，如《科学技术基本法》《大学技术转移促进法》《独立行政法人科学技术振兴机构法》。日本政府和民间也成立了一些科技中介机构，在科研成果和企业间牵线搭桥。日本学术界和企业界的人员交往非常频繁，使得科研与产业能够有效结合，避免了重复劳动和各自为战。这种体制在促进日本科研成果产业化方面发挥了重要作用。

2023 年，JPO 发布第三次区域知识产权振兴行动计划（2023—2025），以支持区域和中小企业的知识产权创造、获取和利用。知识产权是技术创新的关键，能否做好知识产权的服务，决定了产业创新的上限。东京湾区从政府层面为产业提供细致入微的服务，如东京都知识产权综合中心，以知识产权问题为中心，开展相关的协商、合作、培训服务，以及知识产权成果产业化的对接服务。

（一）专利

日本的专利制度始于 1879 年，经过长时间的发展，已经建立起了完善的体系。日本专利也经历了从无到有，并从重视申请量，到重视专利质量，进一步到重视专利在全球的布局这一过程。JPO 负责专利和商标申请的受理、审查和批准事宜。日本专利制度设立于 1885 年，经过两次大的修订，现行的专利法是在 1960 年 4 月 1 日实施的专利法的基础上经过多次修订而形成的。日本专利保护类型有发明、实用新型、外观设计三种。三种保护类型的专利分别由对应的《专利法》《实用新型法》《外观设计法》予以规范，并各自具有辅助性的法律或者法规。

日本发明专利是指针对产品技术结构、方法、工艺流程或工艺参数改进所提出的新法的技术方案，需要经过实质审查才能取得授权，有效期为自申请日起 20 年，医药品和农药发明专利有效期可申请延长，但延长不得超过 5 年。日本实用新型专利是指针对产品的形状、构造或者其结合技术特征改进提出的适于实用的新的技术方案，无实质审查，一般申请日后 6 个月可授权，有效期为自申请日起 10 年。日本外观设计专利是指针对产品的形状、图案或者其结合以及色彩与形状、图案的结合所作出的富有美感并适于工业应用的新设计，有效期为自申请日起 15 年。

（二）商标

日本的商标制度始于 1884 年 6 月 7 日颁布的《商标条例》，随着加入国际条约和经济形势的变化，在经历 1888 年《商标条例》、1899 年《商标法》、1909 年《商标法》几次大幅修改后，于 1921 年初步形成了近代商标法的雏形。

日本现行商标法于 1959 年 4 月 13 日颁布，1960 年 4 月 1 日施行。迄今为止经历的几次修改主要包括：1991 年开始为服务商标提供注册保护；1996 年制定了团体商标注册制度，并增加异议申请制度等；2005 年引进了地域团体商标制度；2006 年制定了"零售等服务"以保护零售店、批发店等店铺名称；2015 年增加了动态商标、三维商标、颜色组合商标、声音商标等新型商标。

根据日本《商标法》，文字、图形、符号、立体图形以及上述要素的组合，均可以作为商标申请注册。自 2015 年 4 月起，动态商标、三维商标、颜色组合商标、声音商标和位置商标也可以进行商标注册。日本商标新申请的审查期限平均为 9 个月，即自商标申请提交日起 9 个月左右会收到审查结果通知。日本商标申请有两种快速审查程序，分别是早期审查和快速通道审查。注册商标的有效期为 10 年，注册商标有效期满需要继续使用的，商标注册人应当在期满前 6 个月内按照规定办理续展手续。在此期间未能办理的，可以给予 6 个月的宽展期，但在宽展期内申请续展的，需要支付双倍的商标续展费。

（三）著作权

在日本，法律规定著作权在作品创作的那一刻自动产生，作者取得著作权无须办理任何手续。日本《著作权法》规定的登记制度，不是为了取得权利，而是由于登记可以公示著作权关系的法律事实或确保著作权转移时的交易安全，并且登记结果在法律上可以产生一定的效应。日本文化厅负责著作权的登记。

日本著作权登记进行的是形式审查，对该日期是否为首次发行或是当事人之间是否存在权利转移关系不做审查。日本文化厅根据《著作权法》和《关于计算机程序著作物登记特例的法律》管理计算机程序登记的相关事宜。

（四）商业秘密

日本的商业秘密是根据 1934 年创立的《反不正当竞争法》进行保护的。在 1975 年中期以后，由于信息技术和尖端技术在日本经济中的进步、服务业的增长以及客户需求多样化导致的业务竞争激烈，商业秘密的重要性变得尤其突出。而且由于雇佣类型的增加，员工的流动性也随之增加，从而提高了商业秘密可能暴露给竞争对手的可能性。因此，日本法律将保密性、有用性和不披露性定义为商业秘密的要求，并规定了侵犯商业秘密的行为类型。

第二章　粤港澳大湾区知识产权规则实践概况

粤港澳大湾区是指由广东省的广州、深圳、珠海、佛山、中山、东莞、肇庆、江门、惠州九座城市（依据中共中央　国务院印发的《粤港澳大湾区发展规划纲要》，简称珠三角九市）和香港、澳门两个特别行政区组成的城市群，也称"9+2城市群"，总面积5.6万平方千米，创新综合能力居全国首位，初步形成以广州、深圳为龙头，珠三角地区7市国家高新技术产业开发区为支撑的创新格局。在世界知识产权组织（WIPO）发布的全球创新指数（GII）"科技集群"排名中，深圳—香港—广州连续四年位居全球第二。随着"9+2城市群"加速建设，香港、澳门以及珠三角九市的广州南沙、珠海横琴、深圳前海、深圳河套四个重大科技创新驱动平台正在逐步推进全球知识产权合作高地建设。

第一节　粤港澳大湾区国家层面的知识产权规则实践

粤港澳大湾区与其他湾区的不同特点是"一国两制三法域"，珠三角九市实行社会主义法系，香港实行英美法系，澳门实行大陆法系。

一、珠三角九市的知识产权法律规则体系

中华人民共和国成立后对知识产权法律法规建设进行了初步探索，为改革开放后知识产权事业发展奠定了基础。1978年11月，党的十一届三中全会作出了将党和国家工作重心转移到经济建设上来、实行改革开放的历史性决策，我国的知识产权法律体系建设伴随着改革开放逐步建立和发展起来。

在1979年的《中华人民共和国刑法》中，规定了禁止冒用他人的注册商标，使商标从这时起就被赋予了"专用权"，成为一种"从刑法中产生的民事权利"。1982年，我国颁布了第一部商标法——《中华人民共和国商标法》；1984年，我国颁布了《中华人民共和国专利法》；1986年，我国颁布了《中华人民共和国民法通则》，明文规定了对知识产权的保护，并将知识产权作为单独的一节加以规定；1990年，我国颁布了保护著作权的《中华人民共和国著作权法》；1991年6月，国务院颁布了《计算机软件保护条例》；1993年9月，我国颁布了《中华人民共和国反不正当竞争法》，开始明文保护商业秘密；1997年3月，国务院颁布了《植物新品种保护条例》；2001年4月，国务院颁布了《集成电路布图设计保护条例》，保护集成电路布图设计专有权。除了几部单行法律与行政法规，我国1997年修订的《中华人民共和国刑法》还列有专章，规定了对

严重侵犯商标权、侵犯著作权、侵害商业秘密及假冒他人专利者进行刑事制裁。至此，我国知识产权保护的法律规则体系基本形成。

知识产权法是调整知识产权而产生的各种社会关系的法律规则的综合，它是国际上通行的确认、保护和利用著作权、工业产权以及其他智力成果专有权的一种专门法律制度。我国知识产权法律体系中，2020 年 5 月颁布的《中华人民共和国民法典》（以下简称《民法典》）对知识产权的保护客体、范围、权利变动等基本问题进行了综合性规定。《民法典》总则编第 123 条规定，"民事主体依法享有知识产权。知识产权是权利人依法就下列客体享有的权利：作品；发明、实用新型、外观设计；商标；地理标志；商业秘密；集成电路布图设计；植物新品种；法律规定的其他客体"。《民法典》物权编规定了知识产权的出质范围、质押权设立及效力等内容，合同编规定了知识产权标的物的转让及知识产权归属、含有知识产权的技术开发合同及技术转让和许可合同等，人格权编规定了字号权益的保护，侵权责任编规定了侵害知识产权的惩罚性赔偿。

我国没有制定单独的知识产权法，实行知识产权法单行法体系。对于不同知识产权客体，《中华人民共和国专利法》《中华人民共和国商标法》《中华人民共和国著作权法》《中华人民共和国反不正当竞争法》《计算机软件保护条例》《植物新品种保护条例》《集成电路布图设计保护条例》等单行法律与行政法规在知识产权的不同领域做了专门性规定。具体而言，著作权法律法规包括计算机软件保护、信息网络传播权保护、出版管理、著作权集体管理、著作权行政执法等相关规定；专利法律法规包括专利代理、专利申请、专利许可、专利行政执法、专利纠纷处理等相关规定；商标相关法律法规包括商标注册与评审、商标许可与转让、商标行政执法、商标纠纷处理、驰名商标保护、商标与相关标识如产地及特殊标志等内容。此外，《中华人民共和国反不正当竞争法》也对知识产权保护做出了相关规定，包括禁止实施混淆行为、禁止商业诋毁、禁止虚假或引人误解的商业宣传、禁止实施侵犯商业秘密，涉及知识产权中的商标侵权、损害商誉、侵犯商业秘密等内容。《中华人民共和国反垄断法》则是对滥用知识产权导致限制竞争的行为进行规制。在国际法领域，自 1980 年我国正式加入《建立世界知识产权组织公约》以来，已加入《保护工业产权巴黎公约》《商标国际注册马德里协定》《伯尔尼保护文学和艺术作品公约》《与贸易有关的知识产权协定》等主要知识产权国际保护公约。

2020 年 11 月 30 日，中共中央政治局就加强我国知识产权保护工作举行第二十五次集体学习，习近平总书记发表重要讲话，强调全面建设社会主义现代化国家，必须从国家战略高度和进入新发展阶段要求出发，全面加强知识产权保护工作，促进建设现代化经济体系，激发全社会创新活力，推动构建新发展格局。2021 年 9 月，为统筹推进知识产权强国建设，全面提升知识产权创造、运用、保护、管理和服务水平，充分发挥知识产权制度在社会主义现代化建设中的重要作用，中共中央、国务院印发了《知识产权强国建设纲要（2021—2035 年）》，文件指出，要建设面向社会主义现代化的知识产权制度，构建门类齐全、结构严密、内外协调的法律体系，把知识产权法治建设放在了经济社会发展的重要位置。

（一）国家层面知识产权行政保护规则

我国知识产权行政管理采取非统一模式。国家知识产权局为国务院直属机构，负责对商标、专利执法工作的专业指导，制定并指导实施商标权、专利权确权和侵权判断标准，制定商标和专利执法的检验、鉴定和其他相关标准等工作。国家市场监督管理总局综合执法队伍承担商标、专利等领域的执法职责，相关执法工作接受国家知识产权局专业指导。国家版权局是国务院著作权行政管理部门，主管全国的著作权管理工作。商务部负责与经贸相关的多双边知识产权对外谈判、双边知识产权合作磋商机制及国内立场的协调等工作。海关总署根据《中华人民共和国海关法》对进出境货物有关的知识产权实施保护。

近年来，我国知识产权执法机构持续强化知识产权行政保护，不断建立健全知识产权行政保护规则。一是加大打击知识产权侵权行为力度，开展一系列专利、商标、版权、反不正当竞争、植物新品种、海关、网络市场等知识产权保护常态化专项行动。二是不断加强商标、专利执法指导工作，印发《专利侵权纠纷行政裁决办案指南》《商标侵权判断标准》《专利纠纷行政调解办案指南》《查处假冒专利行为和办理专利标识不规范案件指南》等标准、指南，发布知识产权行政执法指导案例，推进专利侵权纠纷行政推介行政裁决示范建设，推介全国专利侵权纠纷行政裁决典型经验做法。三是推动建立完善知识产权侵权纠纷鉴定工作体系，出台《关于加强知识产权鉴定工作的指导意见》，印发《关于加强知识产权鉴定工作衔接的意见》，发布知识产权鉴定系列团体标准。四是探索建立行政保护技术调查官制度，印发《关于技术调查官参与专利、集成电路布图设计侵权纠纷行政裁决办案的若干规定（暂行）》《知识产权行政保护技术调查官管理办法》，帮助行政执法部门准确高效认定技术事实，规范技术调查官参与知识产权行政案件办理。五是健全知识产权信用监管体系，出台《国家知识产权局知识产权信用管理规定》《市场监管领域严重违法失信名单管理办法》等规定，通过对失信主体实施限制评优评先、纳入重点监管等行政管理措施，发挥信用监管工作效能。

（二）国家层面知识产权司法保护规则

我国的知识产权司法保护主要由法院等司法机构负责。截至 2022 年底，全国共有 27 家知识产权法庭，4 个知识产权法院。根据《最高人民法院关于第一审知识产权民事、行政案件管辖的若干规定》，发明专利、实用新型专利、植物新品种、集成电路布图设计、技术秘密、计算机软件的权属、侵权纠纷以及垄断纠纷第一审民事、行政案件由知识产权法院，省、自治区、直辖市人民政府所在地的中级人民法院和最高人民法院确定的中级人民法院管辖。

知识产权司法保护存在专业性强、权利人举证难、涉及社会公共利益等特点。近年来，人民法院着力完善知识产权专业化审判体系，出台了《最高人民法院关于全面加强知识产权司法保护的意见》等大量的知识产权司法解释及司法文件，不断建立健全知识产权司法保护规则。一是推动知识产权案件全面提高审判质效。2016 年 7 月，颁布了

《最高人民法院关于在全国法院推进知识产权民事、行政和刑事案件审判"三合一"工作的意见》，不断深入推进知识产权民事、行政、刑事案件"三合一"审判机制改革，完善知识产权民事、行政和刑事诉讼程序衔接。二是落实惩罚性赔偿制度。2021年起施行的《民法典》总括性规定了知识产权惩罚性赔偿制度，2021年最高人民法院审判委员会通过《关于审理侵害知识产权民事案件适用惩罚性赔偿的解释》，明确了惩罚性赔偿构成要件、基数和倍数的计算等。三是完善知识产权案件举证责任分配和行为保全制度。《最高人民法院关于知识产权民事诉讼证据的若干规定》明确了举证责任分配、证据保全、鉴定等事项，《最高人民法院关于审查知识产权纠纷行为保全案件适用法律若干问题的规定》明确了申请主体、行为保全必要性的考量因素、行为保全措施的效力期限等内容。四是持续完善多元化技术事实查明机制。2019年，最高人民法院发布《最高人民法院关于技术调查官参与知识产权案件诉讼活动的若干规定》，制定《技术调查官工作手册（2019）》，为全国法院查明技术事实提供工作指引和范式。五是及时出台《最高人民法院关于审理涉电子商务平台知识产权民事案件的指导意见》《最高人民法院关于涉网络知识产权侵权纠纷几个法律适用问题的批复》等电商平台新业态领域的知识产权保护司法解释。

人民检察院是我国的法律监督机关，担负着追诉知识产权犯罪、监督知识产权法律统一正确实施的重要职责。近年来，最高人民检察院不断完善顶层制度设计。一是最高人民检察院于2022年3月发布的《全面加强新时代知识产权检察工作的意见》，提出要依托"四大检察"业务格局，全面提升知识产权检察综合保护质效；要聚焦重点领域重点环节，积极参与知识产权法律法规修改完善，尤其是健全大数据、人工智能、基因技术等新业态新领域的知识产权保护制度，探索完善互联网领域知识产权保护制度，促进规范市场秩序，保护公平竞争。值得注意的是，《全面加强新时代知识产权检察工作的意见》将加强商业秘密司法保护单独作为一条予以强调，明确要求加大对采用盗窃、利诱、欺诈、胁迫、电子侵入或者其他不正当手段侵犯商业秘密犯罪，以及为境外的机构、组织、人员窃取、刺探、收买、非法提供商业秘密犯罪的打击力度，体现了最高人民检察院对保护商业秘密，推动形成尊重知识产权、保护商业秘密的重视。二是整合知识产权行政和司法资源，深化知识产权管理部门与检察机关在知识产权保护工作中的合作，最高人民检察院和国家知识产权局于2022年4月联合印发了《最高人民检察院、国家知识产权局关于强化知识产权协同保护的意见》，共有9个方面，17条具体举措，促进了知识产权行政执法标准和司法裁判标准的统一，完善了行政执法和司法的衔接机制，有助于构建知识产权大保护的工作格局。三是最高人民检察院于2023年4月发布《人民检察院办理知识产权案件工作指引》，提出45条检察举措，对知识产权刑事、民事、行政和公益诉讼办案要求等分别作出规定，为办案履职提供具体指引，推动各地因地制宜加强办案组织建设，提升专业化水平。

（三）国家层面知识产权公共服务规则

2021年9月，中共中央、国务院印发《知识产权强国建设纲要（2021—2035年）》，从加强覆盖全面、服务规范、智能高效的公共服务供给，加强公共服务标准化、规范化、网格化建设和建立数据标准、资源整合、利用高效的信息服务模式等方面，提出建设便民利民的知识产权公共服务体系的任务。2021年10月，国务院印发的《"十四五"国家知识产权保护和运用规划》共规划了15个专项工程，为"十四五"阶段国家知识产权保护和运用提供了行动指南，这15个专项工程具体包括：围绕"加强保护"，提出了商业秘密保护、数据知识产权保护、知识产权保护机构建设、植物新品种保护体系建设、地理标志保护、一流专利商标审查机构建设6个专项工程；围绕"提高转移转化效能"，提出了专利导航、中小企业知识产权战略推进、商标品牌建设、版权创新发展、知识产权助力乡村振兴5个专项工程；围绕"构建服务体系"，提出了知识产权公共服务信息化智能化建设工程；围绕"推进国际合作"，提出了"一带一路"知识产权合作、对外贸易知识产权保护2个专项工程；围绕"人才和文化建设"，提出了知识产权普及教育工程。2021年12月，国家知识产权局印发知识产权公共服务领域的第一个五年规划——《知识产权公共服务"十四五"规划》，设定了到2025年，知识产权公共服务体系更加便民利民、公共服务信息化基础设施更加智慧便捷、公共服务供给更加丰富多元、公共服务发展基础更加牢固坚实的发展目标，科学、系统、全面绘制了2021—2025年知识产权公共服务工作的清晰蓝图。此外，国家知识产权局还印发了《知识产权政务服务事项办事指南》《知识产权服务规范一般要求》《知识产权侵权纠纷技术检验鉴定工作规范》等知识产权公共服务建设的辅助性文件。

2022年以来，国家知识产权局在省级知识产权公共服务机构全覆盖的基础上，新增地市级知识产权综合性公共服务机构37家，覆盖率增长至40%。遴选第四批高校国家知识产权信息服务中心23家，备案第二批国家知识产权信息公共服务网点68家，完成首期技术与创新支持中心（TISC）筹建目标，做好阶段性运行总结，与世界知识产权组织联合发布《TISC在中国》展示册，国家级重要服务网点达到348家。推动全国41家保护中心及快速维权中心拓展知识产权信息公共服务工作。支持各地加强特色化公共服务产品供给，全国27个省（区、市）及15个副省级城市和计划单列市建有知识产权公共服务平台。各类信息公共服务产品实现线上均等可触及，成为创新创业主体"找得到、学得会、离不开"的得力助手。

二、香港的知识产权规则体系

香港的知识产权制度建立较早，并历经长时间的演变。回归祖国前，香港缺乏独立的知识产权法律体系，除商标外，其他知识产权法律基本适用英国的各项法律制度。回归祖国后，香港不断吐故纳新，顺应当地发展，对知识产权法律进行了调整，依照《中华人民共和国香港特别行政区基本法》完成了知识产权法律的本地化，除原《商标条例》外，大部分知识产权相关条例均经过全面修订，通过并实施了《专利条例》《版权条例》《注册外观设计条例》等，逐步形成了一套适合当地的知识产权制度，法律制度的完备建立与香港特区政府的高效执行，共同造就了香港优越的知识产权环境。

三、澳门的知识产权规则体系

澳门回归祖国之前一直沿用葡萄牙的各项法律制度，在知识产权领域主要适用的是葡萄牙的《工业产权法典》和《版权法典》。回归祖国后，为与特别行政区的身份相匹配，保持澳门法治建设的延续性，更好地促进澳门经济科技文化发展，《中华人民共和国澳门特别行政区基本法》（以下简称《澳门基本法》）规定，澳门自行制定科学技术政策，依法保护科学技术的研究成果、专利和发明创造。这为澳门建立知识产权制度、保护专利等创新成果提供了法律依据。澳门根据《中华人民共和国政府和葡萄牙共和国政府关于澳门问题的联合声明》和《澳门基本法》规定，除了与《澳门基本法》相抵触的或者由澳门立法机关作出修改，原有的法律、法令等规范性文件均予以保留。目前，澳门的知识产权权利主要包括著作权和工业产权，分别明文规定在澳门《著作权及有关权利之制度》和《工业产权法律制度》两部法律之中。

第二节　粤港澳大湾区珠三角九市的地方性知识产权规则实践概况

珠三角位于我国广东省中南部，主要由珠三角九市构成，包括广州、佛山、肇庆、深圳、东莞、惠州、珠海、中山、江门，总面积不到广东省面积的1/3，但聚集了超过50%的人口，贡献了80%左右的经济总量。珠三角九市毗邻港澳，内河航运和海运发达，以珠三角港口集群为核心，形成成熟的海陆通道网络。珠三角还拥有深圳和珠海两大经济特区、东莞和佛山两大制造中心，是改革开放的排头兵、先行地、试验区，是向世界展示我国改革开放成就的重要窗口。随着虎门二桥、深中通道等基础设施的建成，珠三角各市间将加快经济要素的流通，进一步发挥湾区发展新优势。

珠三角九市支柱产业包括新一代信息技术、新能源汽车制造及石油化工。广州拥有广汽集团、南方电网等超大型企业及省内众多的教育和医疗机构。深圳在新一代信息技术、数字经济、新能源等领域持续发力，研发强度、专利数量稳居全国第一梯队。佛山邻近广州，制造业发挥重要支撑作用，汽车制造业、通用设备制造业、电气机械和器材制造业效益凸显。东莞同样作为制造业强市，拥有万亿级的电子信息产业集群以及装备制造、新材料、食品饮料和纺织服装4大千亿级产业集群。珠海毗邻澳门，新一代信息技术、集成电路、智能家电、装备制造、精细化工等"4+3"产业发展势头良好。惠州拥有大亚湾和仲恺两个国家级开发区，电子及石化能源新材料是两大支柱产业。江门作为农业大市，是粤港澳大湾区重要的"米袋子""菜篮子"，工业基础扎实，第三产业发展势头良好，珠西物流枢纽中心建设加快，一批国际级的采购平台陆续建成。肇庆正打造新能源汽车及汽车零部件、电子信息、生物医药、金属加工4大主导产业和建筑材料、家具制造、食品饮料、精细化工4大特色产业。近年来，随着新能源汽车、人工智能、大数据等产业蓬勃发展，珠三角九市凭借得天独厚的区位优势与产业基础，全面打造以广深为龙头、其他7市国家高新技术产业开发区为支撑、辐射带动粤东粤西粤北地区协同发展的创新格局。

一、初步构建知识产权地方法规体系

目前，广东省初步建立以知识产权综合立法为引领，以专利、版权、地理标志等门类知识产权单行立法为支撑的地方性法规体系。2022年，广东省出台《广东省知识产权保护条例》，创新打通知识产权保护的关键环节，强化知识产权"全链条"保护。此外，广东省围绕知识产权的不同客体类别进行了专门立法，如《广东省专利条例》《广东省版权条例》《广东省地理标志条例》等，围绕新兴领域的知识产权保护开展了立法工作，如《广东省展会专利保护办法》《广东省实施〈中华人民共和国反不正当竞争法〉办法》等法规。2022年，广东省人大常委会通过《广东省中新广州知识城条例》，对科技创新与知识产权保护、知识密集型产业发展与人才支撑等方面作出战略部署，推动中新广州知识城成为具有全球影响力的国家知识中心。广州市颁布了《广州市专利管理条例》等地方性法规。深圳作为经济特区，至今已出台《深圳经济特区科技创新条例》《深圳经济特区知识产权保护条例》《深圳经济特区前海深港现代服务业合作区条例》等地方性法规。珠海市印发了《珠海市促进知识产权高质量发展资助办法》《珠海市专利侵权纠纷行政裁决工作规程》《珠海市专利促进专项资金管理办法》等相关政策性文件。

总体上，珠三角九市在法规体系构建方面呈现出发展不平衡的特点，除了广深两地，其他地区的知识产权地方性法规体系尚未成熟，相关政策性规定主要集中在专利资助、专利奖项、知识产权项目资金管理及专利行政裁决等方面。

二、知识产权行政保护规则日益完善

2019年，广东省人民政府办公厅印发《广东省促进中小企业知识产权保护和利用若干政策措施》，大力支持广东省中小企业创新发展和提质增效。2022年5月1日生效的《广东省知识产权保护条例》确定了建立完善知识产权执法协作机制、推动执法标准统一协调、建立知识产权行政保护技术调查官制度等内容。

广东省知识产权行政保护规则不仅包括不同种类的知识产权，如《广东省专利条例》《广东省版权条例》《广东省地理标志条例》《广东省工艺美术保护和发展条例》，也包括技术市场、展会等特别领域的保护规则，如《广东省展会专利保护办法》《广东省技术市场条例》。在专利方面，《广东省专利条例》《广东省技术市场条例》规定了专利行政部门处理侵权纠纷案件的条件、措施及程序，建立健全专利创造激励机制、展会侵权纠纷的多元化处理方式等内容。在版权方面，《广东省版权条例》等行政保护规则主要包括：健全执法协作工作机制；建立健全重点作品版权保护预警制度；推动建立重大案件挂牌督办、版权侵权典型案例发布等制度；推动新业态版权保护，加强版权治理新问题的研究与监管等机制。在地理标志方面，《广东省地理标志条例》规定了知识产权部门应当定期组织开展地理标志资源普查工作，强化本地地理标志产品质量管控，加强对地理标志产品品牌培育的指导，会同有关部门制定地理标志产品地方标准，并明确了地理标志保护的禁止性行为。

在地市层面，珠三角九市知识产权行政保护规则主要集中在专利纠纷行政裁决、知识产权专项资金管理、专家库管理、质押融资支持、创新奖励激励等方面。其中，广州、深圳、珠海出台的知识产权规则覆盖面相对更广、制度细则更加完善，佛山、东莞、中山、惠州、江门、肇庆出台的知识产权规则主要集中在知识产权项目管理、发明创造奖励激励、质押融资支持等方面。例如，佛山发布了《促进知识产权高质量发展资助办法》《佛山市市场监督管理局关于对中小微企业加大知识产权质押融资政策扶持力度的通知》；东莞制定了《东莞市市场监督管理局（知识产权局）知识产权项目管理制度（试行）》《东莞市专利促进项目实施办法》；中山印发了《中山市企业知识产权质押融资贷款风险补偿办法》《中山市知识产权专项资金管理办法》；江门印发了《江门市高价值专利培育布局大赛经费管理办法》《江门市知识产权扶持专项资金管理办法》《江门市关于支持建设企业质量提升创新中心实施办法（试行）》；肇庆制定了《肇庆市促进知识产权高质量发展扶持办法（试行）》等。

三、知识产权司法保护规则不断创新

在《全国人民代表大会常务委员会关于在北京、上海、广州设立知识产权法院的决定》的基础上，珠三角九市逐渐形成以广州知识产权法院、深圳市中级人民法院深圳知识产权法庭和广州互联网法院为重点，各地法院知识产权审判庭为支撑的"多层立体"知识产权专业化审判体系。珠三角九市的知识产权司法保护规则实践主要集中在以下几个方面：一是加强司法与行政协同保护。广东省高级人民法院与广东省人民检察院、广东省公安厅、广东省市场监督管理局（知识产权局）等十一部门联合签订《强化知识产权协同保护合作备忘录》，落实知识产权侵权联合惩罚等举措。二是健全专业化技术调查。广州知识产权法院制定《关于技术调查官参与审理案件范围的规定》，首次规范细化参与技术调查工作流程。深圳市中级人民法院首创的技术调查官"全流程嵌入"模式作为深圳综合改革试点首批授权事项创新举措获国家发展改革委《国家发展改革委关于推广借鉴深圳综合改革试点首批授权事项典型经验和创新举措的通知》的肯定和推广。三是推进诉讼禁令适用，落实快保护。广州知识产权法院制定《关于全面加强诉讼禁令（行为保全）措施适用意见》《关于审查知识产权纠纷行为保全案件工作指引（试行）》，为加大禁令适用力度提供指引。四是加强多元化综合解纷。广东知识产权纠纷调解中心联合香港国际调解中心等24家调解组织，建立"平台委派＋特邀调解＋司法确认"模式，佛山禅城法院与有关行政部门共建知识产权纠纷调审一体化处理中心，实现快调快审无缝对接。五是强化新业态知识产权纠纷裁判指引。广东省高级人民法院2020年印发《广东省高级人民法院关于网络游戏知识产权民事纠纷案件的审判指引（试行）》，明确涉及网络游戏的知识产权民事纠纷案件的指导原则、行为保全、民事责任等规则。

四、知识产权公共服务规则更加便利

根据《广东省知识产权保护条例》，广东省知识产权公共服务主要包括以下几个方

面：一是建立健全知识产权公共服务体系，推进知识产权公共服务平台和专题数据库建设。二是优化知识产权政务服务，简化服务流程。三是提供知识产权领域风险预警等服务。四是建立健全知识产权维权援助工作体系。五是建立健全海外知识产权纠纷应对指导机制，加强海外知识产权维权服务。六是推动知识产权服务业发展，加强对从事知识产权咨询、培训、代理、鉴定、评估、运营、大数据运用等服务业的培育、指导和监督等。

在具体的机制建设上，广东省知识产权局印发了《关于加快全省知识产权保护中心体系建设的意见》，加快形成省级重点支撑、地市错位发展、县（市、区）点站延伸的国家、省、市、县多级联动的知识产权快速协同保护网络。广东省高级人民法院、广东省市场监督管理局（知识产权局）等 11 家单位共建知识产权协同保护智能服务一体化平台，上线广东省知识产权"一件事"集成服务平台和粤港澳知识产权大数据综合服务平台，面向全省创新主体与社会公众提供专利、商标、地理标志、集成电路布图设计和科技文献等知识产权信息的在线服务。建成广东省知识产权维权援助公共服务平台，发布全国首个知识产权维权援助地方标准——《知识产权维权援助工作规范》（DB44/T 2362—2022），发布全国首个企业知识产权国际合规管理地方标准——《企业知识产权国际合规管理规范》（DB44/T 2361—2022）。出台《知识产权对外转让办事指南》，进一步规范知识产权转让秩序，强化技术贸易管理和技术安全，加强知识产权对外转让工作指导。

第三节　粤港澳大湾区知识产权规则实践的发展演变

多年来，粤港澳大湾区在知识产权各领域持续深入推动交流与合作，逐步推进从"各吹各的号"到"一体化"的发展进程。早在 2017 年粤港澳大湾区首次写入国务院《政府工作报告》之前，粤港澳三地就已经广泛开展大珠三角及泛珠三角区域的知识产权交流与合作。

2003 年，内地与香港、澳门特区政府首次签署的《关于建立更紧密经贸关系的安排》（CEPA）中关于促进物资自由流动、服务贸易自由化与贸易投资便利化的规则里，均涉及知识产权保护。此后又陆续签订若干 CEPA 补充协议，不断扩大知识产权的合作范围。同年 8 月，粤港保护知识产权合作专责小组成立，旨在加强粤港两地在知识产权领域内的交流与合作，有效地促进了两地的沟通与协作。

2010 年后，广东省政府与香港、澳门特区政府签署《粤港合作框架协议》与《粤澳合作框架协议》。其中，《粤港合作框架协议》设有知识产权保护专门条款，内容包括开展知识产权执法合作。《粤澳合作框架协议》强调成立法律问题协商与合作专家小组，共同解决涉及双方的知识产权法律问题。

中国（广东）自由贸易试验区（以下简称广东自贸试验区）于 2014 年 12 月经国务院正式批准设立，实施范围 116.2 平方千米，涵盖广州南沙新区、深圳前海蛇口、珠海横琴新区三大片区。同年 8 月出台的《加强中国（广东）自由贸易试验区知识产权工作的指导意见》提出推进三大片区知识产权运用与保护。在建立多元化知识产权纠纷调解和维权援助机制方面，成立横琴片区知识产权快速维权援助中心及广东省知识产权维权援助中心南沙分中心，以提升自贸区知识产权保护与维权援助水平。在完善知识产权管理和执法体制方面，广东海关、广东公安及广东商标、版权等行政主管部门与港澳海关联合行动，打击粤港澳三地跨境侵犯知识产权违法行为。在构建新型知识产权运营机制方面，华发七弦琴国家知识产权运营平台上线运营，为会员提供专利申请、无效、诉讼及知识产权导航分析、高端运营、质押融资等专门服务，广州知识产权交易中心在南沙设立华南知识产权运营（广州）有限公司。在创新知识产权金融服务方面，前海蛇口片区设立"深圳市前海蛇口自贸片区知识产权金融创新建设"重大专项，支持开展知识产权质押融资机制创新、知识产权证券化、知识产权金融产品创新和深港知识产权投融资合作等试点工作。

2017 年以来，粤港澳大湾区知识产权建设全面推进。2019 年 2 月，党中央、国务院颁布《粤港澳大湾区发展规划纲要》（以下简称《纲要》），《纲要》第四章第三节"优化区域创新环境"，涵盖知识产权创造、保护、运用、纠纷解决等领域。依托粤港、粤澳及泛珠三角区域知识产权合作机制，全面加强粤港澳大湾区在知识产权保护、专业人才培养等领域的合作，如支持香港成为区域知识产权贸易中心、建立完善知识产权案件跨境协作机制、开展知识产权交易与知识产权证券化试点等。2021—2022 年，中共中央、国务院对珠海横琴、深圳前海、广州南沙三个重大战略合作平台进行全面规划部署，先后出台了《横琴粤澳深度合作区建设总体方案》《全面深化前海深港现代服务业合作区改革开放方案》《广州南沙深化面向世界的粤港澳全面合作方案》，在金融、人才、科技创新、法律事务等方面提出了更高的标准。在具体落实方面，广东省人民政府印发《关于贯彻落实〈粤港澳大湾区发展规划纲要〉的实施意见》，并与中国人民银行、中国银保监会、中国证监会、外汇局联合印发《关于金融支持横琴粤澳深度合作区建设的意见》，与国家知识产权局印发《共建国际一流湾区知识产权强省实施方案》，提出推动深圳高标准建设知识产权强市，打造横琴、前海两个合作区知识产权全链条生态示范区，支持中新广州知识城实施新一轮知识产权综合改革试验，共同打造知识产权强国建设先行地。广东省知识产权局与广东省自贸办联合印发《加强中国（广东）自由贸易试验区知识产权工作的指导意见》。国家级试验区前海深港现代服务业合作区、横琴粤澳深度合作区、广州南沙也出台了具体的实施办法，如《深圳前海深港现代服务业合作区专业服务业发展专项资金管理暂行办法》《深圳市前海深港现代服务业合作区管理局支持科技创新实施办法（试行）》《深圳市前海深港现代服务业合作区管理局关于支持港澳青年在前海就业创业发展的十二条措施》《横琴粤澳深度合作区关于支持澳资企业发展的扶持办法》《海关总署支持广州南沙深化面向世界的粤港澳全面合作若干措施》，与香港特别行政区政府商务及经济发展局印发的《关于联合发布协同打造前海深港知识产权创新高地"十六条"措施》等。

2023 年 4 月，习近平总书记视察广东时赋予了粤港澳大湾区"一点两地"新的战略定位和历史使命,强调要使粤港澳大湾区成为新发展格局的战略支点、高质量发展的示范地、中国式现代化的引领地,为建设粤港澳大湾区指明了前进方向、注入了强大动力。2023年8月,国务院发布《河套深港科技创新合作区深圳园区发展规划》,河套深港合作区成为粤港澳大湾区继横琴、前海、南沙后的第四个重大合作平台。该规划明确了加快建立更高水平的知识产权保护制度的目标,即加强知识产权保护、知识产权保护能力建设,探索知识产权跨境转让交易路径。《河套深港科技创新合作区深圳园区技术攻关及产业化创新若干支持措施》在发展规划的基础上,进一步细化实化了知识产权质押融资、知识产权仲裁资助等方面的重点任务。这些具体的指导意见与实施办法,在一定程度上"打破边界",促进了湾区知识产权领域的内部整合和融合。

第三章 广州（中新广州知识城、南沙）知识产权规则实践

广州市位于广东省的中南部、珠江三角洲的北缘，接近珠江流域下游入海口。东连惠州市博罗、龙门两县，西邻佛山市的三水、南海和顺德区，北靠清远市的市区和佛冈县及韶关市的新丰县，南接东莞市和中山市，隔海与香港、澳门相望。广州市已经形成了"三大支柱产业，八大战略性新兴产业，五大未来产业"架构的产业格局。"三大支柱产业"为汽车产业、电子产业和石化产业。"八大战略性新兴产业"为新一代信息技术产业、生物医药与健康产业、智能与新能源汽车产业、智能装备与机器人产业、新材料与精细化工产业、新能源和节能环保产业、轨道交通产业以及数字创意产业。"五大未来产业"为天然气水合物产业、区块链产业、量子科技产业、太赫兹产业和纳米科技产业。近年来，广州市知识产权创造能力稳步提升。2023年，广州市发明专利授权量达36339件，同比增长31.6%，比广东省平均水平高7.2个百分点。全市发明专利授权量占专利授权总量比重达30.8%，占比较上年同期提高12个百分点。截至2023年底，广州市有效发明专利量突破15万件，达到151981件，同比增长29.1%；高价值发明专利量61493件，同比增长30.7%；有效商标注册量突破230万件，达到2329976件，同比增长7.9%。南沙"黄阁小虎麻虾"和番禺"沙湾墨兰"获批国家地理标志证明商标，累计拥有地理标志商标15件，地理标志保护产品11件。

中新广州知识城位于广州市黄埔区、广州开发区北部，规划面积123平方千米，其中规划建设用地面积60平方千米。2016年7月，国务院批复同意在中新广州知识城开展知识产权运用和保护综合改革试验。2018年11月，正式升级为国家级双边合作项目。2020年8月，国务院批复同意《中新广州知识城总体发展规划（2020—2035年）》。作为中国和新加坡双边合作的重要载体和创新典范，中新广州知识城着力打造具有全球影响力的国家知识中心，在知识产权体制机制、协同保护、产业引领、国际合作等方面先行先试，至今已推出数十项知识产权改革创新举措，有力支撑区域经济社会高质量发展，成为粤港澳大湾区高质量发展的重要引擎。2023年，广州开发区每万人口发明专利拥有量达297.4件，位居全国前列；中国专利奖获奖项目62项，创历史新高；质押融资金额首次突破100亿元；10家企业获评"国家知识产权示范企业"，占全市的55.6%；建设粤港澳大湾区国际知识产权人才港，推动与新加坡知识产权国际事务机构共同打造中新国际知识产权培训基地。赴香港举办亚洲知识产权营商论坛分论坛，连续6年举办新加坡知识产权周中文专场活动，中新广州知识城的全球影响力不断增强。

南沙新区位于广州市最南端、珠江虎门水道西岸，是西江、北江、东江三江交汇之处，地处珠江出海口和粤港澳大湾区地理几何中心，是珠江流域通向海洋的通道，连接珠江口岸城市群和港澳地区的重要枢纽性节点，广州市唯一出海通道，距香港38海里、

澳门41海里，面积803平方千米，下辖六镇三街，实际管理人口120余万人。2012年9月6日，国务院正式批复《广州南沙新区发展规划》，南沙新区被设立为国家级新区。2014年12月28日，第十二届全国人大常委会第十二次会议通过授权国务院在广东等自贸试验区暂时调整有关法律规定的行政审批的决定，并公布各自由贸易试验区的四至范围，广州南沙新区片区被纳入自贸试验区范围内，是广东自由贸易试验区面积最大的片区，面积为60平方千米，由7个区块组成。2015年4月21日，中国（广东）自由贸易试验区广州南沙新区片区挂牌。2023年，南沙区全年发明专利授权2008件，同比增长42.1%，是2018年同期的4.4倍；发明专利在授权专利中占比从上年的14.3%增长至24.5%；高价值发明专利拥有量同比增长36.3%；PCT国际专利申请稳中有升。南沙正以培育"芯"片和集成电路产业、航空航天产业为核心，以创新发展承载"晨"光和希望的战略性新兴产业和未来产业为引领，以强化发展高端装备、智能制造、汽车等"大"制造为根本，以聚力发展"海"洋经济、进一步对外开放为导向，加快布局建设"芯晨大海"，力争到2025年形成总规模达2万亿元的产业集群。

第一节　广州（中新广州知识城、南沙）
知识产权规则实践概况

自中新广州知识城奠基以来，为了解决中新广州知识城在管理权限等方面的问题，确保中新广州知识城探索改革依法有据，广州市人大常委会和广东省十三届人大常委会先后从广州市和广东省实际需要出发制定了《广州市中新广州知识城条例》《广东省中新广州知识城条例》，两项条例均对知识产权保护和运用等相关工作进行了专章规定，体现了省市两级行政部门对中新广州知识城知识产权工作的重视，为中新广州知识城知识产权事业建设提供了有力的法治保障。

2012年4月20日，广州市人大常委会表决通过了《广州市中新广州知识城条例》，经广东省十一届人大常委会第三十四次会议于2012年5月31日批准，于2012年7月1日起施行。条例共9章63条，在管理与服务、规划与建设、知识密集型产业促进、人才引进渠道、科技创新与成果转化和知识产权保护等领域提供法治化保障，为中新广州知识城管理委员会在中新广州知识城范围内实施部分广州市级行政管理权限提供了法治保障。条例第七章为知识产权保护专章，通过对中新广州知识城的单位和个人获得专利权、商标权和著作权登记采取资助、奖励，建立企业知识产权海外应急援助机制，设立知识产权专项资金，指导和帮助企业制定和实施商标战略，支持知识城的企业、高等院校、科研院所等主体建立先进标准化体系等进行规定，体现了广州市对中新广州知识城知识产权工作的重视，为中新广州知识城进行知识产权创造、运用、保护、管理和服务工作提供了政策扶持。

2022年1月16日，广东省十三届人大常委会第三十九次会议表决通过了《广东省中新广州知识城条例》，于2022年3月1日起施行。条例共6章47条，从科技创新与知识产权保护、知识密集型产业发展与人才支撑、对外开放与合作、服务与保障等方面为中新广州知识城建设市场化、法治化、国际化营商环境提供重要制度保障，是我国 4 个中新国家双边合作项目中首个省级专项立法的地方性法规。条例为中新广州知识城创新发展赋予更大管理权限的同时，也对中新广州知识城建设提出了明确要求，特别是提出了强化知识服务和知识保护，建立省级新型研发机构绿色申报通道，建立健全全链条创新创业模式，实行严格的知识产权保护标准等具体举措，巩固和不断推进知识产权的可持续发展，从而实现知识经济的全面发展。

近年来，广州市不断完善地方知识产权法规体系，结合广州地方特色和新领域新业态，修改完善专利、商标、著作权、商业秘密、反不正当竞争等领域法规规章。为加强展会、电子商务、专业市场等重点领域和大数据、人工智能、基因技术、5G 产业等新业态新领域的专利技术保护，目前正在推动《广州市专利条例》《广州市专利行政执法办法》等地方性法规修订纳入广州市人大常委会的立法工作计划。

第二节　广州（中新广州知识城、南沙）
知识产权行政保护规则实践

2019 年 1 月 23 日，广州市市场监督管理局（知识产权局）整合原市知识产权局、市工商局、市质量技术监督局和市食品药品监督管理局的职能后挂牌成立，实现了专利、商标、地理标志的统一管理。中新广州知识城所在的广州开发区于 2017 年 6 月单独设置区知识产权局，并在 2019 年机构改革中继续保留区知识产权局，建立起专利、商标、地理标志统一、高效的知识产权管理工作机制，是目前全国唯一区级知识产权局。广州开发区知识产权局依据法律、法规及广州市黄埔区政府、广州开发区管委会的授权，部门职责履行范围涵盖广州市黄埔区、广州开发区全域，负责组织开展全区专利、商标、特殊标志、原产地地理标志行政执法及监督管理工作，监督管理商标印制和专利、商标代理，依法处理和调解专利和商标纠纷，查处专利和商标违法行为，查处商标印制和专利、商标代理违法行为等。中新广州知识城知识产权行政保护体系相对完善，除广州开发区知识产权局之外，广州市政府中有众多机构都有直接或辅助从事中新广州知识城的知识产权行政保护工作。例如，广州市市场监督管理局负责组织和指导市场监管（含知识产权、商务、盐业领域）综合执法工作及承担广州市打击制售假冒伪劣商品联席会议日常工作；广州市版权局、广州市公安局、广州市文化广电旅游局、广州市互联网办公室等联合开展版权执法监督工作；黄埔海关组织开展知识产权海关保护专项行动等，均从不同角度对中新广州知识城知识产权行政保护提供服务。

2021 年初，广州市印发了《关于强化知识产权保护的若干措施》，从总体目标、强化机制建设、拓展方法举措、优化工作流程、加强统筹协调 5 个方面提出 25 项具体举措，打造广州知识产权司法保护、行政保护、仲裁调解、行业自律、社会共治新模式：①强化机制建设，形成知识产权严保护态势。包括建立跨部门知识产权保护协作机制、建立多部门知识产权保护监管机制、规范知识产权案件查处证据标准、加大侵犯知识产权行为惩戒力度、强化重点领域知识产权保护、加强反不正当竞争执法工作6项措施。②拓展方法举措，构建知识产权大保护格局。包括完善知识产权纠纷多元化解决机制、探索建立知识产权纠纷在线调解机制、建立完善知识产权保护技术支撑制度、建立知识产权技术调查官制度、规范知识产权服务机构和代理人行为5项措施。③优化工作流程，创新知识产权快保护手段。包括加强知识产权快保护机构建设、创新展会知识产权保护举措、建立简易案件和纠纷快速处理机制、建立知识产权刑事案件办理快速通道4项措施。④加强统筹协调，营造知识产权协同保护环境。包括推动建立大湾区知识产权保护协作机制、加强知识产权维权援助、加强企业海外知识产权纠纷应对指导、加强民营企业知识产权保护4项措施。⑤完善保障机制，确保知识产权保护措施落实。包括加强对知识产权保护工作的组织领导、建立知识产权保护信息系统、加强舆论引导和公益宣传、加强知识产权保护人才建设、建立奖励激励制度、加强与海关的沟通协作6条措施。

在高效快速处置机制方面，广州积极开发投诉举报快速处置平台，推出"公证云"电子数据保全保管平台及"公证签"电子合同签约平台，促进知识产权案件办理质量齐升。在跨部门跨区域保护衔接机制方面，广州市市场监管局（知识产权局）联合市公安局、市检察院印发《关于加强和完善广州市知识产权行政执法与刑事司法衔接工作机制的意见》，有效解决有案不移、有案难移、以罚代刑问题。广州市市场监管局（知识产权局）还与广州市中级人民法院、广州知识产权法院分别签署合作协议，建立"建议巡查服务"机制，推动诉调对接。为助力在穗企业"出海"发展，广州市市场监管局（知识产权局）积极建立海外知识产权维权援助体系并推动知识产权海外侵权责任保险工作落地，广州已经成功落地全国第一家粤港澳大湾区知识产权中心，推出国内第一例知识产权海外侵权责任险。

保护知识产权就是保护创新。自贸区担负着引领经济发展方式向创新驱动转型的重要功能，南沙新区十分重视知识产权对创新驱动的行政保护工作，在全市范围内率先组建专利、商标、版权行政管理"三合一"的知识产权局。2020年4月，南沙开发区管委会办公室、南沙区人民政府办公室发布的《广州南沙新区（自贸片区）知识产权促进和保护办法》（以下简称《办法》），是国内自贸区首部集知识产权保护与促进工作于一体的地方政府规范性文件。文件分为总则、创新激励、知识产权保护、知识产权运用、知识产权管理与服务、创新文化培育、附则7章，以知识产权创造、保护、运用、管理和服务为主线，以知识产权保护促进经济社会转型发展为目标，聚焦知识产权实践中的瓶颈问题，结合南沙新区政策优势，探索解决问题的机制性方案，为南沙新区知识产权发展提供创新动力和制度保障。作为新时期南沙新区全面加强知识产权工作的纲领性文件，为做好知识产权工作提供了根本遵循和行动指南，突出了5个方面的制度创新：一是汇聚创新激励措施。通过一系列资助奖励和扶持政策吸引各种创新要素聚集：设立知识产权发展专项资金，鼓励企事业单位进行知识产权创造；鼓励培育高价值专利，鼓励商标国际注册，鼓励优质版权输出；建立创新服务体系，为创新和创业提供全方位服务；完善创新人才的激励措施，鼓励培养和引进创新型人才，加强与港澳知识产权专业人才的交流合作，允许港澳知识产权专业人士通过特殊机制安排，实现在规定区域内按照规定范围提供专业服务。二是构建全方位保护体系。《办法》构建了社会共治、行政执法、信用监管的全方位保护体系：集合调解、仲裁、公证、行业协会自治多种非诉纠纷解决机制，切实降低维权难度，打造知识产权社会共治"南沙样版"；完善行政执法程序，设立行政执法技术调查官制度，加大行政处罚力度，加强行政执法的威慑力；健全知识产权信用评价、诚信公示和失信惩戒机制，充分利用社会信用体系建设增加故意侵权者的违法成本。三是直击成果转化运用难点。《办法》明确了政府资助项目科技成果的归属及转化措施，将其市场价值最大化；支持搭建知识产权成果转移转化平台，推动优质科技项目落地扎营、协同研发、产业整合；鼓励知识产权信贷产品和服务模式、知识产权保险、知识产权及其衍生债权证券化的创新探索。四是强化增值性服务。支持建立知识产权交易平台，促进知识产权信息集成共享，更好满足社会公众、企业和科研机构对知识产权交易、运营和投融资等增值性服务的需求；鼓励开展新型知识产权中介服务，对其进行系统的规范化管理，从而保证其服务质量。五是加强培育创新文化。明确教育、科技等部门在知识产权创新中的作用，鼓励培育崇尚创新、尊重创新的社会文化，全面提高知识产权创新意识。

第三节　广州（中新广州知识城、南沙）知识产权司法保护规则实践

一、广州知识产权法院的审理规则实践

广州知识产权法院于 2014 年 12 月 16 日挂牌成立，是全国首批三家知识产权专门法院之一，管辖广东省辖区内（深圳市除外）的专利、技术秘密、集成电路布图设计、植物新品种、垄断纠纷、计算机软件权属、侵权一审民事、行政案件，涉驰名商标认定、广州辖区内标的 1000 万元以上一审普通知识产权案件，以及不服广州市各基层法院和互联网法院知识产权民事和行政判决、裁定的上诉案件。全院内设机构 6 个（立案庭、专利审判庭、著作权审判庭、商标及不正当竞争审判庭、技术调查室、综合办公室）和 1 个直属行政单位（法警支队）。

广州知识产权法院审理的依据主要有《中华人民共和国民法典》《中华人民共和国消费者权益保护法》《中华人民共和国反不正当竞争法》《中华人民共和国反垄断法》《中华人民共和国著作权法》《中华人民共和国专利法》《中华人民共和国商标法》《中华人民共和国民事诉讼法》《最高人民法院关于适用〈中华人民共和国民事诉讼法〉的解释》等相关规则。

二、广州互联网法院知识产权审理规则实践

2018 年 9 月 28 日，广州互联网法院正式挂牌成立，是全国三大互联网法院之一，按广州市城区基层人民法院设置，由广州市管理，对广州市人民代表大会常务委员会负责，接受广州市中级人民法院的监督和指导。集中管辖广州市辖区内应当由基层人民法院受理包括在互联网上首次发表作品的著作权或者邻接权权属纠纷、在互联网上侵害在线发表或者传播作品的著作权或者邻接权而产生的纠纷等 11 类互联网案件。

广州互联网法院审理的依据主要有《中华人民共和国民法典》《中华人民共和国数据安全法》《中华人民共和国反不正当竞争法》《中华人民共和国反垄断法》《中华人民共和国著作权法》《中华人民共和国专利法》《中华人民共和国商标法》《中华人民共和国民事诉讼法》《最高人民法院关于适用〈中华人民共和国民事诉讼法〉的解释》《最高人民法院关于互联网法院审理案件若干问题的规定》等相关规则。

三、广州仲裁委员会的知识产权仲裁规则实践

广州仲裁委员会是 1995 年《中华人民共和国仲裁法》颁布之后最早成立的仲裁机构。为适应国家加强知识产权保护的战略要求，充分发挥知识产权仲裁为经济建设保驾护航的作用，广州知识产权仲裁院作为广州仲裁委员会下属专业仲裁院于 2011 年 7 月 11 日正式成立，是华南地区首家知识产权专业仲裁院，处理包括计算机软件、动漫、机械自动化等技术产品的研发和转让，商标及专利的代理，服装、百货、餐饮等行业的连锁经营等案件。广州仲裁委员会获司法部推荐建设了 APEC-ODR（亚太经合组织企业间跨境商事争议在线解决）平台。该平台首创融合谈判、调解、仲裁"三维一体"的知识产权 ODR 机制，提供实时切换界面语言、八种语言实时互译、电子送达、国际电子签章接口等功能，赋能跨境知识产权争议在线解决。2022 年，APEC-ODR 平台解决涉外纠纷案例入选司法部年度仲裁工作指导案例。2023 年，牵头粤港澳大湾区仲裁联盟成功举办金砖国家仲裁合作论坛，与会金砖国家仲裁机构代表共同签署并发布《金砖国家仲裁合作南沙共识》。

广州仲裁委员会的仲裁规则主要依据《中华人民共和国仲裁法》《广州仲裁委员会仲裁规则（2021 年版）》《中国广州仲裁委员会网络仲裁规则（2015 年版）》等。

四、广州市知识产权刑事案件的办理规则实践

2021 年 9 月 30 日，广州市中级人民法院、市检察院、市公安局、市司法局联合印发《关于调整广州市知识产权刑事案件管辖的规定》，正式开始将广州市知识产权刑事案件集中到黄埔区检察院、黄埔区法院管辖的改革工作。该规定实施后，广州市各区公安分局（白云区暂时除外）立案侦查的知识产权刑事案件，将集中送到黄埔区检察院审查逮捕、审查起诉（广州市公安局立案侦查的案件移送广州市检察院审查逮捕，审查起诉案件由广州市检察院依法指定广州市黄埔区检察院管辖）以及后续由广州市黄埔区法院审理（第一阶段广州市白云区案件暂不移送广州市黄埔区）。广州市黄埔区人民法院

结合全国唯一知识产权运用和保护综合改革试验区区域优势，在广州法院率先实践知识产权审判"三合一"机制，即知识产权庭统一审理知识产权民事、刑事和行政案件，积极落实广州市知识产权一审刑事案件集中管辖试点改革，办案标准和裁判尺度高度统一，刑事与民事、行政与民事案件中的法益得到最大化保护。随着全市知识产权刑事一审案件集中黄埔区管辖改革工作的实施，广州市黄埔区检察院发起成立黄埔知识产权保护联盟，可联动全市公安机关、行政执法机关开展知识产权综合保护，吸收更多企业成员，扩展联盟数据库，在更大范围内发挥联盟作用。在中新广州知识城新投入使用的知识产权审判大楼作为广东省唯一的知识产权专业化审判大楼，同时满足了各类知识产权案件办理的硬件要求，为辖区企业高质量发展提供优质高效的司法保障。

第四节　广州（中新广州知识城、南沙）知识产权公共服务规则实践

广州市高度重视知识产权公共服务建设。2021年11月，《广州市知识产权保护和运用"十四五"规划》正式发布，明确了"十四五"时期广州知识产权的"施工蓝图"。规划共分9章，突出广州特色，着力建设国际大都市、奋力实现老城市新活力，"四个出新出彩"目标设定相关举措。第一章是规划背景，主要包括成效基础、环境形势、问题与挑战三个内容；第二章是总体要求，主要包括指导思想、基本原则和主要目标；第三章至第八章是实现主要目标制定的若干主要任务和专项工程；第九章是保障措施，从加强组织领导、落实资源保障、持续监测监督三个方面落实规划，保障规划顺利推行。规划涵盖了广州知识产权事业发展各个方面的内容，并明确提出广州未来五年知识产权事业的发展方向和重点工作任务。2023年1月，广州市知识产权局出台修订后的《广州市知识产权工作专项资金管理办法》，对资金使用和管理的各方职责、资助资金及发展资金的使用范围、申报主体资格和资助标准、项目执行管理以及绩效评价和监督管理等方面进行了明确，扩展了专项资金扶持范围，拓宽了专项资金扶持方向，加大对知识产权运用和保护支持力度等。2023年7月，广州市市场监督管理局（知识产权局）出台的《广州市知识产权质押融资风险补偿机制管理办法》主要对广州市知识产权质押融资风险补偿机制的运作和管理进行规范，明确风险补偿机制总则、补偿对象和条件及标准、工作规程、监督与管理等内容。这些政策的出台有利于树立知识产权严保护政策导向，构建知识产权大保护工作格局，突破知识产权快保护关键环节，打造知识产权协同保护的优越环境，为广州建设成为引领型知识产权强市和打造国际一流营商环境提供有力的法治保障。2023年11月，广州市市场监督管理局（知识产权局）印发《广州市市场监督管理局关于征集知识产权服务机构参与知识产权助力专精特新企业创新发展项目的通知》，该通知旨在加强对广州市专精特新中小企业的知识产权服务工作，助力专精特新中小企业创新发展，公开征集国内10家优质知识产权服务机构参与知识产权助力专精特新企业创新发展项目，为广州市专精特新企业提供知识产权综合能力提升服务。

广州市黄埔区、广州开发区以国务院发布《关于同意在中新广州知识城开展知识产权运用和保护综合改革试验的批复》为契机，多次出台关于知识产权的政策，不断完善优化全区知识产权政策环境。在知识产权服务方面，广州开发区将知识产权服务工作作为深化知识产权综合改革、促进高质量发展的重要支撑，不断推动先进制造业和现代服务业融合发展，连续获批全国首批国家知识产权服务出口基地和首批国家知识产权服务业高质量集聚发展示范区。2017 年 11 月，《广州市黄埔区、广州开发区加强知识产权运用和保护促进办法》颁布实施，简称"知识产权 10 条"，并于 2020 年升级为"知识产权 10 条"2.0 版。新版"知识产权 10 条"的主要亮点：一是重奖知识产权证券化，金融扶持更精准。新增推动知识产权证券化条款，对具有创新性且形成一定示范效应的知识产权证券化产品发行主体、发行人才给予重奖，对通过知识产权证券化产品实现融资的企业给予 3% 贴息支持。新增知识产权处置基金条款，鼓励引导设立知识产权处置基金，并给予适当扶持。结合知识产权质押融资渠道发展的实际情况，将金融扶持条款的适用范围从银行业金融机构扩展到经认定的小额贷款公司和融资租赁公司，政策扶持更精准。二是新增境外服务机构扶持，政策体系更完善。首次将入驻中新广州知识城且正常开展业务的境外知识产权服务机构纳入奖励范围，推进知识产权国际交流合作。三是适当提高奖励力度。

2020 年 4 月，广州开发区知识产权局印发《广州市黄埔区　广州开发区推进粤港澳知识产权互认互通办法（试行）实施细则》。实施细则适用于工商注册地、税务征管关系及统计关系在黄埔区、广州开发区及其受托管理和下辖园区范围内，有健全财务制度、具备独立法人资格、实行独立核算的企业；在黄埔区、广州开发区及其受托管理和下辖园区工作，品行良好，遵纪守法，拥护《中华人民共和国宪法》，拥护"一国两制"的香港、澳门籍居民；以及在黄埔区、广州开发区及其受托管理和下辖园区设立，有健全财务制度、具备独立法人资格、实行独立核算的知识产权服务机构。2020 年 5 月，印发《广州市黄埔区　广州开发区　广州高新区进一步加强知识产权运用和保护促进办法》，逐步构建知识产权全链条扶持政策体系。2021 年 11 月，广州市黄埔区、广州开发区修订颁布《广州市黄埔区　广州开发区　广州高新区知识产权专项资金扶持和管理办法》，进一步完善知识产权扶持政策体系。

2023 年 11 月，广州开发区管委会、广州市黄埔区人民政府印发《广州开发区　广州市黄埔区深化知识产权运用和保护综合改革试验促进高质量发展办法》，简称"知识产权高质量发展 30 条"，该政策核心条款共 25 项，分别从"激发创新创造活力""提升转化运用效能""构筑协同保护高地"等 7 个方面对知识产权工作进行扶持，扶持范围覆盖知识产权创造、运用、保护、管理和服务全链条。"知识产权高质量发展 30 条"于 2023 年 11 月 23 日起正式实施，有效期 3 年。"知识产权高质量发展 30 条"实现了对创新主体从知识产权创造、运用、保护、管理、服务全链条进行扶持，首次将广州开发区、黄埔区全部原有知识产权政策进行系统集成，极大程度提升了政策的系统性、靶向性。在粤港澳知识产权联通方面，"知识产权高质量发展 30 条"对港澳地区知识产权仲裁、港澳籍调解员及仲裁员和香港、澳门籍居民新设立或境外知识产权服务机构在满足相应条件下予以扶持，具体为以下几点：一是鼓励企事业单位在新加坡、我国港澳地区或者广州知识产权仲裁院进行知识产权仲裁，对仲裁任一方为本区企事业单位的知识产权仲裁案件，完成仲裁流程的，按实际支付仲裁费用的 30% 给予扶持，每件案件最高扶持 10 万元，每个单位每年最高扶持 50 万元。二是组建港澳籍调解员及仲裁员队伍，参与涉外、涉港澳知识产权案件的调解、仲裁工作。鼓励港澳籍居民担任广州知识产权法院、广州知识产权仲裁院、黄埔区人民法院的调解员或仲裁员，经聘任为法院的调解员或仲裁院的调解员、仲裁员，且能够完成相关工作、履行有关职责的，每人每年给予扶持 2 万元；成功调解涉外、涉港澳知识产权案件的，每件案件给予扶持 8000 元。三是对香港、澳门籍居民或境外知识产权服务机构在本区新设立知识产权服务机构（含常驻代表机构），注册资本不少于 500 万元，正常开展业务，为本区企业或个人提供知识产权代理、维权、评估、交易转化等相关服务 30 笔以上的，按其租用自用办公用房实际租金的 50% 给予扶持，扶持期限自租赁合同约定的正式入驻之日起算，最长 3 年，每个机构每年最高扶持 50 万元。

广州开发区专门出台了一系列的扶持政策来支持中新广州知识城涉外知识产权服务的发展。2021 年 11 月印发的《广州市黄埔区　广州开发区　广州高新区知识产权专项资金扶持和管理办法》首次将入驻中新广州知识城且正常开展业务的境外知识产权服务机构纳入奖励范围，推进知识产权国际交流合作。例如，新增境外服务机构落户奖励：对新入驻中新广州知识城且正常开展业务的境外知识产权服务机构，租用办公用房的，按实际租金的 50% 给予补贴，补贴期最长 3 年。主要内容为：①对符合条件的知识产权服务机构进行资助；②鼓励引进和培育知识产权服务品牌机构；③推进知识产权公共服务体系建设。随着涉外知识产权服务政策的不断落地实施，2022 年 4 月，广东省唯一的国际知识产权服务大厅在中新广州知识城揭牌成立，按照"政府引导、公益服务、多方参与"的合作理念，与 28 家国内外知识产权服务机构开展业务合作，包括法国诺华技术股份有限公司、新加坡盛凯知识产权公司、马来西亚联蔚宾大斯专利事务所等多家国际知识产权服务机构已进驻，将为创新主体提供国际知识产权信息查询、事务咨询、申请代理等专业化服务，推动国内外各类知识产权要素和资源加速集聚整合，打通国内外创新主体对接涉外知识产权专业服务的"最后一公里"。

2023 年 10 月南沙开发区管委会办公室、南沙区人民政府办公室发布的《广州南沙新区（自贸片区）促进知识产权高质量发展扶持办法》提出十条支持举措：①鼓励知识产权高质量创造。对获得专利奖、商标奖、版权奖、地理标志商标、集体商标、证明商标和知识产权优势、示范企业认证的给予奖励，对集成电路布图设计登记给予资助。②加强知识产权金融赋能。对中小微企业开展知识产权质押融资给予资助，对知识产权质押贷款发生评估费、担保费、保险费及贷款利息给予资助，对发行知识产权证券化产品的发起单位及融资企业给予资助。③支持知识产权转让许可。对中小微企业以转化实施为目的购买（被许可）高校、科研机构、国有企业专利成果的给予资助，对高校、科研机构、国有企业向中小微企业许可、转让专利成果的给予奖励。④加强知识产权保护。对企事业单位开展知识产权维权的代理费用和企事业单位推进软件正版化工作给予资助。⑤鼓励知识产权保险。对企事业单位购买知识产权保险费用和保险机构开展海外知识产权保险业务给予资助。⑥支持知识产权人才培养。对本区人才取得专利代理师资格证书或高级知识产权师职称的给予奖励。⑦促进知识产权服务业发展。对专利代理机构落户、知识产权服务机构发展壮大、全国知识产权服务品牌机构及其子公司、全国知识产权服务品牌培育机构落户给予奖励。⑧支持知识产权公共服务体系建设。对知识产权维权援助机构、知识产权社会组织、高校国家知识产权信息服务中心、技术与创新中心（TISC）、国家知识产权信息公共服务网点和省知识产权信息公共服务网点给予资助。⑨促进粤港澳知识产权要素集聚。对优质港澳知识产权服务机构在南沙落户、港澳知识产权人才取得境内知识产权证书或职称的给予奖励，对港资澳资知识产权服务机构在南沙经营发展给予资助。⑩推进与港澳知识产权互认互通。港澳知识产权与内地知识产权在维权资助、质押担保、证券保险等方面享受同等政策待遇。这些制度创新支持了全链条创新发展、突出了高质量发展导向、搭建了立体式服务体系、推进了粤港澳知识产权合作交流。

此外，南沙新区还不断深化"放管服"改革，申请国家、省、市赋予更多知识产权管理、服务职能和权限，实施专利、商标、版权等知识产权注册申请、转化运营、质押融资、维权援助等综合服务。开通国家知识产权局"新一代地方专利检索及分析系统"，设立香港知识产权问询点，为社会提供内地商标注册、质权登记、专利检索、政策咨询和香港商标注册、批予专利、外观设计注册咨询等知识产权业务"一站式"办理。设立南沙知识产权综合服务大厅，充分发挥国家知识产权局商标业务广州南沙受理窗口作用，不断提升服务粤港澳大湾区企业和个人的知识产权公共服务能力。打造粤港澳创新创业知识产权综合服务平台，该平台旨在服务粤港澳地区创新主体知识产权服务需求，搭建知识产权一站式数据资源体系和服务资源体系，加快粤港澳知识产权领域优势互补和融合发展，平台上线运行后，将进一步提升南沙知识产权数字化、智能化公共服务水平，全面服务粤港澳三地创新创业青年，充分发挥知识产权公共服务在助力创新发展和经济平稳健康发展中的基础支撑作用，推动南沙知识产权综合服务水平再上新台阶。

第四章　深圳（前海、河套）知识产权规则实践

深圳在粤港澳大湾区的地理位置、交通设施、经济基础、生态环境等方面独具优势。在地理位置方面，深圳地处广东省南部，珠江口东岸，东临大亚湾和大鹏湾；西濒珠江口和伶仃洋；南隔深圳河与香港相望；北部与东莞、惠州两城市接壤。在交通设施方面，深圳港是全球第三大集装箱港口，拥有蛇口、赤湾、妈湾、东角头、盐田等众多港区，全球第五大货运机场深圳宝安国际机场。在经济方面，深圳市商事主体总量和密度长期稳居全国第一，经济总量居亚洲城市第四位。在生态环境方面，深圳是中国首个"国际花园城市"，拥有大梅沙、小梅沙、西冲、桔钓沙等知名沙滩，以及大鹏半岛国家地质公园、深圳湾红树林、梧桐山郊野公园、内伶仃岛等自然生态保护区。深圳市四大支柱产业为高新技术产业、物流业、金融业和文化产业。在高新技术产业方面，深圳的高新技术产业涵盖了电子、计算机、通信、新能源多个领域，拥有一批具有国际竞争力的企业，如华为、腾讯、中兴、大疆、比亚迪等。在金融业方面，深圳与北京、上海并列内地金融城市"第一梯队"。在文化产业方面，深圳文化产业增加值已突破 2500 亿元，拥有文交所、对外文化贸易基地多个国家级产业平台，全市共有市级以上文化产业园区 71 家，腾讯、创梦天地、环球数码等企业实力凸显。

前海合作区南侧毗邻的深圳蛇口及大小南山片区 [东至后海大道、近海路、爱榕路、招商路、水湾路，南至深圳湾，西至月亮湾大道、珠江口，北至东滨路，包含中国（广东）自由贸易试验区的蛇口区块] 22.89 平方千米；北侧毗邻的会展新城及海洋新城片区（东至松福大道，南至福永河，西至海岸线，北至东宝河、沙井北环路）29.36 平方千米；机场及周边片区（东至宝安大道，南至金湾大道、宝源路、碧湾路，西至海岸线，北至福永河、松福大道、福洲大道）30.07 平方千米；宝中及大铲湾片区（东至宝安大道，南至双界河，西至海岸线，北至金湾大道、宝源路、碧湾路，另包括大小铲岛、孖洲岛）23.32 平方千米，总面积共计 120.56 平方千米。2021 年 9 月 6 日，中共中央、国务院正式发布的《全面深化前海深港现代服务业合作区改革开放方案》明确提出，要"推动现代服务业与制造业融合发展，促进'互联网+'、人工智能等服务业新技术新业态新模式加快发展"，"集聚国际海洋创新机构，大力发展海洋科技，加快建设现代海洋服务业集聚区，打造以海洋高端智能设备、海洋工程装备、海洋电子信息（大数据）、海洋新能源、海洋生态环保等为主的海洋科技创新高地"，还提出要"构建知识产权创造、保护和运用生态系统，推动知识产权维权援助、金融服务、海外风险防控等体制机制创新，建设国家版权创新发展基地"。

深圳河套深港科技创新合作区作为继横琴、前海、南沙之后又一重大合作平台，聚焦科研，集聚全球高端创新要素资源。其中深圳河南侧的香港园区面积约 0.87 平方千

米；深圳河北侧的深圳园区面积3.02平方千米。两个园区仅一河之隔，拥有福田口岸与皇岗口岸两个连接深港两地的陆路口岸，是深港科技创新合作最直接的对接点。河套深港科技创新合作区是粤港澳大湾区唯一以科技创新为主题的特色平台，承担着"协同香港推进国际科技创新、建设具有国际竞争力的产业中试转化基地、构建国际化的科技创新体制机制、打造汇聚全球智慧的科技合作平台"四个方面的任务。2023年8月29日，国务院印发《河套深港科技创新合作区深圳园区发展规划》，要求以习近平新时代中国特色社会主义思想为指导，高质量、高标准、高水平推进河套深港科技创新合作区深圳园区建设，积极主动与香港园区协同发展、优势互补，打造粤港澳大湾区国际科技创新中心重要极点，努力成为粤港澳大湾区高质量发展的重要引擎。规划明确：到2025年，基本建立高效的深港科技创新协同机制，深港科技创新开放合作取得积极成效；皇岗口岸整体完成重建，跨境基础设施互联互通，实现运转高效的通关查验模式创新；深圳园区监管模式运作成熟，与香港园区基本实现要素流动畅通、创新链条融通、人员交流顺通；建立与香港及国际全面对接的科研管理制度，集聚一批香港及国际优势学科重点实验室集群和卓越研究中心、顶尖企业研发中心，与香港科技合作取得一批重大成果。到2035年，与香港园区协同创新的格局全面形成，科技创新国际化程度居于全球领先地位，创新要素跨境自由有序流动，培育一批世界一流的创新载体和顶尖科技企业研发中心，成为世界级的科研枢纽，有力支撑粤港澳大湾区国际科技创新中心广深港科技创新走廊建设。

第一节　深圳（前海、河套）知识产权规则实践概况

深圳通过特区立法确立了知识产权保护的基本规则。2019年3月，深圳出台《深圳经济特区知识产权保护条例》，这是全国首部涵盖知识产权全类别、以保护为主题的地方法规。2020年6月，修订《深圳经济特区知识产权保护条例》，创新建立惩罚性赔偿、行政禁令、技术调查官等重大制度。在落实国家、广东省委省政府关于知识产权工作决策部署方面，制定《深圳市知识产权保护和运用"十四五"规划》《关于强化知识产权保护的实施方案》等政策文件。

整体来看，深圳知识产权规则构建与其优势发展产业及经济基础密不可分，新一代信息技术产业的发展催生了保护新兴产业知识产权的制度需要，成熟的金融产业体系为专利转移转化提供了交易基础，坚实的经济基础为建立健全创新奖励机制提供了有力支撑。近年来，深圳市知识产权行政管理部门制定了知识产权相关管理办法、实施细则、指引或指南等，包括但不限于《深圳市企业知识产权行为规范指引》《深圳市企业海外知识产权协作指引》《专利交易价值评估指南》《深圳市科学技术奖（专利奖）奖励办法实施细则》《深圳市知识产权运营服务体系建设专项资金操作规程》《深圳市知识产权专家库管理办法（试行）》《深圳市市场监督管理局知识产权领域专项资金操作规程》《深圳市知识产权行政执法技术调查官管理办法（试行）》等。

近年来，深圳涉及前海深港现代服务业合作区的特区立法共有两项，分别是《深圳经济特区前海深港现代服务业合作区条例》和《深圳经济特区前海深港现代服务业合作区投资者保护条例》。

《深圳经济特区前海深港现代服务业合作区条例》经深圳市第六届人民代表大会常务委员会第四十四次会议于 2020 年 8 月 26 日修订通过，自 2020 年 10 月 1 日起施行。在科技服务机构方面，该条例第四十条提出"支持构建技术转移平台和创业投资平台，鼓励设立技术评估、产权交易、成果转化、知识产权保护等科技服务机构"，为知识产权保护机构落户前海合作区、服务科技创新和产业基础建立奠定了法律基础。在知识产权人才方面，该条例第四十六条指出"其他具有境外职业资格的金融、会计、法律、设计、专利代理、导游等领域符合条件的专业人才可以依法在前海合作区提供服务，其在境外的从业经历可以视同境内从业经历"，以立法保障前海合作区创新构建与境外专业服务业人才互认机制。

中共中央、国务院印发的《全面深化前海深港现代服务业合作区改革开放方案》，赋予前海"一平台一枢纽"的战略定位，要求前海建立健全更高层次的开放型经济新体制，打造国际一流营商环境，并明确提出"用好深圳经济特区立法权，研究制定前海合作区投资者保护条例，健全外资和民营企业权益保护机制"。在此基础上，《深圳经济特区前海深港现代服务业合作区投资者保护条例》经深圳市第七届人民代表大会常务委员会第二十一次会议于 2023 年 10 月 31 日通过，自 2023 年 12 月 1 日起施行。该条例聚焦市场主体反映强烈的知识产权保护等问题进行细化规定，例如，第二十一条规定依托深圳市知识产权保护中心为企业和投资者提供全链条知识产权服务；第二十二条规定支持海外知识产权纠纷应对指导深圳分中心在前海健全海外风险预警监控、海外纠纷信息共享和海外维权服务机制，帮助企业和投资者开展海外知识产权维权；第四十条规定支持法院完善知识产权案件裁判规则，进一步提升知识产权的司法保护力度。

2023 年 2 月 23 日，香港商务及经济发展局与深圳市前海深港现代服务业合作区管理局联合发布的《关于协同打造前海深港知识产权创新高地的十六条措施》，涵盖知识产权保护、运营转化、交流研讨、宣传教育和知识产权贸易等众多领域的合作。主要措施包括：推动深港知识产权规则衔接、机制对接，包括建立前海深港知识产权合作推进机制、强化前海深港知识产权保护跨境协作、深化前海知识产权陪审员机制、建立知识产权仲裁合作机制等。该措施的出台，助力打造知识产权跨境服务体系，香港建设区域知识产权贸易中心，推进了前海深港知识产权创新合作高地的建设，为粤港澳大湾区国际科技创新中心的知识产权保护打下制度基础。

河套深港科技创新合作区是《粤港澳大湾区发展规划纲要》确定的国家级重大科技创新合作平台，国务院已于 2023 年 8 月发布《河套深港科技创新合作区深圳园区发展规划》。作为大湾区唯一专注于科技创新的粤港合作平台，河套深港科技创新合作区的知识产权保护工作已经引起高度重视。目前，深圳市人大常委会正在加快关于河套深港科技创新合作区的立法工作，在河套深港科技创新合作区深圳园区的治理结构、开发建设、产业发展、投资促进、社会治理、法治环境等方面大胆探索、先行先试，为深港科技创新合作区建设提供有力的法治保障。

第二节 深圳（前海、河套）知识产权行政保护规则实践

深圳市知识产权行政管理部门持续加大打击知识产权侵权行为。2023 年以来，深圳市已建成黄金内湾涉外商业秘密保护基地，累计建设 140 个知识产权保护工作站，分级培育 15 个知识产权保护规范化市场；共查办知识产权行政案件 1619 件，作出惩罚性赔偿判决 32 件，判赔金额 1.8 亿元；深圳海关共查获涉嫌侵权物品 2600 余万件，居全国首位。"深圳海关创新专利权联动保护机制打造助企维权新路径"获评知识产权强国建设第一批典型案例。

在知识产权行政保护机制建设上，一是建设行政执法技术调查官专业化队伍。2022 年，深圳市印发《深圳市知识产权行政执法技术调查官管理办法（试行）》，明确知识产权行政执法技术调查官选任、工作规则、监督管理等，充分发挥知识产权技术调查官的专业支撑作用。二是建立健全专利侵权纠纷行政裁决工作机制。深圳市市场监督管理局印发《深圳市市场监督管理局专利侵权纠纷行政裁决工作指引（试行）》，完善专利侵权纠纷行政调解司法确认机制，严格专利行政保护，推进专利侵权纠纷行政裁决示范试点建设。三是建设知识产权信用风险管理体系。印发《深圳市市场监督管理局知识产权领域信用分级分类监管工作指引（试行）》，以依法登记（备案）的专利、商标代理机构为主要对象，构建知识产权领域信用风险分类指标体系和数据模型。

第三节 深圳（前海、河套）知识产权司法保护规则实践

深圳市司法机关持续加大打击知识产权侵权行为。2023 年，深圳市审结知识产权一审案件 19238 件，其中侵犯知识产权犯罪案件 112 件，加大对关键核心技术和重点领域知识产权保护力度，作出惩罚性赔偿判决 19 件。

在机制建设方面，一是建立知识产权案件多元化技术事实查明模式。2021 年，深圳市人民检察院印发《深圳市人民检察院知识产权技术调查工作规范（试行）》，深圳市中级人民法院出台《深圳市中级人民法院关于技术调查官参与知识产权案件诉讼活动的工作指引（试行）》，建立"技术调查官+专家陪审员+专家咨询+技术鉴定"多元化技术事实查明模式。2022 年 9 月 22 日，深圳市制定发布全国首个知识产权侵权纠纷检验鉴定地方标准——《知识产权侵权纠纷技术检验鉴定工作规范》，对知识产权侵权纠纷鉴定、技术判定咨询等予以标准规范。

二是推动知识产权证据制度改革。探索建立证据披露、证据妨碍排除和优势证据规则，依托"深圳移动微法院"平台进行线上区块链证据核验，强化与公证机关、时间戳固证机构、区块链固证平台的合作共建。

三是紧跟新业态新模式新领域的知识产权问题。2022 年 4 月，深圳市中级人民法院发布《关于加强数字经济知识产权司法保护的实施意见》，作为全国首个从司法角度保护数字经济知识产权的实施意见，深圳市中级人民法院全面系统梳理与数字经济相关的知识产权权利，提出加大对新兴数字技术创新成果、数字文化成果、商业标识的知识产权司法保护力度。制定直播电商等新领域新业态保护指引和工作指南。"建立新兴领域知识产权保护新机制"作为综合改革试点典型经验和创新举措获国家发展改革委推广借鉴，展现了深圳市在知识产权重点领域和关键环节的改革成效。

四是积极打造知识产权纠纷多元化解决模式。深圳市中级人民法院、深圳市市场监督管理局（知识产权局）联合出台《深圳市知识产权纠纷行政调解协议司法确认工作指引》，深圳市市场监督管理局（知识产权局）、市司法局、市中级人民法院、深圳国际仲裁院联合印发《关于进一步完善知识产权纠纷诉讼、行政裁决、仲裁、调解工作衔接机制的意见（试行）》，积极拓展以多元化模式化解知识产权纠纷的新路径。作为注册在前海的国际仲裁机构，深圳国际仲裁院依托内设专业平台华南高科技和知识产权仲裁中心，为粤港澳三地打造最严格的知识产权保护提供高水平的仲裁服务。2023 年深圳国际仲裁院受理知识产权仲裁案件 222 件。2023 年 3 月 3 日，深圳市福田区人民法院与深圳市知识产权保护中心、深圳市版权协会、深圳市商标协会、深圳市文化市场行业协会共同签订"矛盾纠纷多元化解工作框架协议"，并启用知识产权纠纷快速处理工作室。根据框架协议，福田区人民法院将与四家单位从三个方面共同开展知识产权全链条联动协同保护，建立知识产权领域的诉源治理多元解纷新机制。深圳市知识产权保护中心与行业协会、电商平台签订《知识产权纠纷多元调解合作框架协议》。深圳市逐步建立了海外知识产权案件监测、响应、指导机制，2022 年监测深圳企业涉外知识产权案件 435 件，为 522 家涉案企业提供"一对一"应对指导服务。

五是推进知识产权裁判标准统一。制定《知识产权类案审理指南编撰规划（2022 年—2024 年）》，推动统一两级法院知识产权案件裁判标准。深圳市检察院发布全国首个电子产品翻新产业知识产权刑事合规指引。深圳市贸促委制定《企业国际化合规经营指引：涉外知识产权篇》，为外向型中小企业涉外经营活动中常见涉外知识产权合规问题提供指引。2023 年 8 月，国务院印发《河套深港科技创新合作区深圳园区发展规划》后，深圳市司法部门全力落实上级重大决策部署，如福田区人民检察院在合作区 e 站通综合服务中心设置知识产权检察服务 e 站，为 20 余家科创企业和科研机构解读法律政策。

第四节　深圳（前海、河套）知识产权公共服务规则实践

深圳在知识产权公共服务机制建设和具体服务方面深耕细作，不断取得新的突破。在机制建设方面，一是出台《深圳市知识产权公共服务事项清单（第一版）》和《深圳市知识产权公共服务事项办事指南（第一版）》，推动知识产权公共服务标准化、规

范化、多元化建设。二是不断加强知识产权信息公共服务平台建设，深圳大学城图书馆入选国家知识产权信息公共服务网点，建成深圳市国有企业专利开放许可试点平台及专利信息发布分平台。三是加快建设海外知识产权纠纷应对指导中心深圳分中心，建立全流程海外知识产权维权工作体系。四是编制《深圳市企业知识产权行为规范指引》《企业知识产权海外维权指引》《深圳市专业市场知识产权保护工作指南》《深圳市直播电商知识产权保护指引》，指导深圳企业积极应对知识产权纠纷，提高企业知识产权保护能力。五是积极推进平台建设，强化知识产权信息传播利用。先后培育专利交易、知识产权金融等 12 家知识产权服务平台，支持建设高校信息服务、云上稽查等 4 家知识产权大数据平台，打造了知识产权"一站式"协同保护平台。高标准建设技术与创新支持中心（TISC）和各类知识产权信息服务机构，服务企业信息需求。

在具体服务内容方面，依托深圳市知识产权保护中心"全门类"服务大厅办理的预审业务，发明专利授权周期压缩至 3 个月以内，实用新型专利授权周期压缩至 11 天，外观设计专利最快 1 天授权，各项预审指标稳居全国前列。深圳获批外观设计专利权评价报告预审、专利申请批量预审、专利复审与无效案件多模式审理、香港发明专利优先审查等试点业务。开展知识产权担保融资试点改革工作，促进专利和商标质押登记信息与人民银行征信中心动产融资统一登记公示系统共享互通。建立知识产权质押融资"白名单"推送机制，采取台账式管理方式逐笔跟踪进展，实现银企精准高效对接。开展知识产权证券化工作。深圳市光明区建成深圳首个知识产权公共服务中心。

前海国际知识产权综合运营服务中心围绕"两平台一基地"进行建设，旨在立足前海、服务湾区，为企业提供跨境的专利保护服务。其中，"两平台"指的是知识产权金融服务平台、国际专利技术转让许可和转移孵化平台；"一基地"即国际贸易和现代服务业知识产权合作交流基地。目前，前海也已构建知识产权全链条保护体系，集聚了深圳市知识产权保护中心、海外知识产权纠纷应对指导中心深圳分中心、深圳知识产权法庭、前海知识产权检察研究院、华南高科技知识产权仲裁中心等机构，构建起覆盖知识产权司法、行政、仲裁、公证、法律服务的体系。2023 年 2 月 14 日，位于河套深港科技创新合作区的舒糖讯息科技（深圳）有限公司收到来自香港的首笔知识产权融资，标志着首个深港跨境知识产权证券化项目完成深港两地资金募集并正式落地。

第五章　珠海（横琴）知识产权规则实践

珠海市位于珠江三角洲的南部，东邻香港，南与澳门陆路相接。2018 年港珠澳大桥的开通，使珠海成为内地唯一一座与香港和澳门直接陆路相连的城市。珠海是重要的口岸城市，设有拱北、横琴、青茂、港珠澳大桥珠海公路、珠澳跨境工业区 5 个陆运口岸，九洲港、湾仔港轮渡客运、珠海港、斗门港、万山港 5 个水运口岸，共 10 个国家一类口岸，是仅次于深圳的中国第二大口岸城市。广珠铁路、广珠城际轻轨、珠机城轨等一系列轨道交通的建成，使珠海成为连接我国西南地区与港澳间的交通枢纽。珠海的产业主要包括新一代信息技术、新能源、集成电路、生物医药与健康四大主导产业和智能家电、装备制造、精细化工三大优势产业。珠海市有两大特色产业，分别为家电电器产业、打印耗材产业。珠海市家电电器产业包括以珠海格力电器股份有限公司为龙头，以空调制造业、家电电器配套产业、小家电制造业为主的珠海市支柱产业。根据《珠海市制造业高质量发展"十四五"规划》，珠海市智能家电产业布局以香洲区为主导，以高新区和金湾区为辅助进行产业布局。珠海被誉为世界"打印耗材之都"，打印耗材产业在广东省知识产权公共服务平台中界定为珠海市知识产权特色产业，高端打印设备也是珠海市致力于打造的五大千亿级产业集群之一。中共中央、国务院于 2021 年 9 月 5 日正式公布《横琴粤澳深度合作区建设总体方案》，明确横琴粤澳深度合作区实施范围为横琴岛"一线"和"二线"之间的海关监管区域，总面积约 106 平方千米。其中，横琴与澳门之间设为"一线"，横琴与中华人民共和国关境内其他地区之间设为"二线"。围绕"促进澳门经济适度多元发展"这条主线，国家赋予合作区"促进澳门经济适度多元发展的新平台""便利澳门居民生活就业的新空间""丰富'一国两制'实践的新示范""推动粤港澳大湾区建设的新高地"四大核心战略定位。横琴粤澳深度合作区的产业发展重点为促进澳门经济适度多元的新产业，具体包含科技研发和高端制造、中医药等澳门品牌工业、文旅会展商贸、现代金融等。

第一节　珠海（横琴）知识产权规则实践概况

珠海市尚未制定知识产权地方性专项法规，知识产权规则主要体现在政府制定的各类政策性文件当中，重点集中在知识产权资助扶持、质押融资、专家管理、信用管理、专利纠纷行政裁决等方面，包括但不限于《珠海市知识产权质押融资风险补偿基金试行管理办法》《珠海市促进知识产权高质量发展资助办法》《珠海市知识产权信用管理办法》《珠海市商业秘密保护专家库管理办法（试行）》《珠海市专利侵权纠纷行政裁决工作规程》等。

2021 年 9 月，中共中央、国务院印发《横琴粤澳深度合作区建设总体方案》，提出到 2029 年合作区与澳门经济高度协同、规则深度衔接的制度体系全面确立，各类要素跨境流动高效便捷。2023 年，广东省人大常委会出台《横琴粤澳深度合作区发展促进条例》，合作区实施更加开放的人员出入境政策，为境内外人员进出合作区创造更加便利的条件，支持合作区加快扩大规则、规制、管理、标准等制度型开放，逐步构建民商事规则衔接澳门、接轨国际的制度体系，支持合作区建设中医药生产基地和创新高地，发展中医药服务贸易，建立具有自主知识产权和中国特色的医药创新研发与转化平台。在合作区生产的经澳门审批和注册的中医药产品、食品及保健食品，可以使用"澳门监造""澳门监制""澳门设计"标志。随着横琴粤澳深度合作区的不断深入融合，合作区内知识产权要素将高效流动，逐步形成知识产权规则深度衔接的制度体系。

第二节 珠海（横琴）知识产权行政保护规则实践

珠海市知识产权行政保护规则主要集中在专利侵权纠纷行政裁决、知识产权创造激励、专家管理、优势企业培育等方面。在专利侵权纠纷行政裁决方面，制定《珠海市专利纠纷行政裁决工作制度和方案》《珠海市专利侵权纠纷行政裁决工作规程》，规范专利侵权纠纷行政裁决执法行为；印发《珠海市专利纠纷行政裁决专家管理办法》，有效发挥专家库专家的专业性、独特性、指导性作用。在知识产权创造激励方面，出台《珠海市专利申请资助管理办法》《珠海市促进知识产权高质量发展资助办法》，鼓励本市单位及个人发明创造的积极性，提高技术创新能力。在专家管理方面，出台《珠海市商业秘密保护专家库管理办法（试行）》，发布《珠海市知识产权局关于充分发挥珠海市知识产权纠纷调解与维权援助专家库专家作用的通知》，进一步完善知识产权纠纷调解与维权援助专家库工作机制，强化知识产权保护工作的智力支持和人才保障。在优势企业培育方面，制定《珠海市知识产权优势企业培育和认定工作方案》，为优势企业提供知识产权维权指导、资金奖励等扶持措施，通过优势企业的辐射作用带动珠海市整体创新氛围。2022 年，珠海市知识产权局与珠海市版权局、珠海市公安局等十部门联合印发《知识产权纠纷快速处理试点工作方案》。近年来，珠海市依托珠海市知识产权保护中心，建立知识产权纠纷快速处理机制，制定纠纷快速处理规范，加强技术支撑体系，努力实现整体办案周期相比法定办案时限压缩 55% 以上，大幅缩短纠纷解决时间，降低维权成本。

第三节 珠海（横琴）知识产权司法保护规则实践

珠海市 2022 年审结知识产权案件 2230 件，持续打造法治化创新环境。珠海市中级人民法院在珠海市知识产权保护中心设立知识产权巡回法庭，实现知识产权纠纷的源头预防、及时化解。有效打击网络侵犯知识产权犯罪，开展"4·26世界知识产权日"主题普法活动，对高新技术企业进行"定制式"普法，营造良好的知识产权保护社会氛围。

在建设横琴粤澳深度合作区的大背景下，2022年10月，珠海市中级人民法院出台《关于支持服务横琴粤澳深度合作区建设的意见》，提出要打造知识产权保护高地。加强集成电路、电子元器件、新材料、新能源、大数据、人工智能、物联网、生物医药产业等领域核心技术知识产权的法律保护，加大对侵犯著作权、商标权、商业秘密等不正当竞争行为的打击力度，支持在合作区发展科技研发和中医药等澳门品牌。争取扩大知识产权案件管辖范围。推动建立知识产权案件跨境协作机制，提升知识产权争端解决能力和国际影响力。横琴粤澳深度合作区人民法院与广州市南沙区人民法院（广东自由贸易区南沙片区人民法院）、深圳市前海合作区人民法院签订《关于构建跨域立案、跨域调解、跨域庭审和共享司法资源等诉讼服务机制的协议》，建立港澳特邀调解员共享名册，为当事人提供跨域诉讼服务。

2023年，横琴粤澳深度合作区公安、横琴粤澳深度合作区经济发展局等8家机构签署《横琴粤澳深度合作区知识产权检察与行政协同保护框架协议》，凝聚共同保护合作区知识产权保护建设力量，携手推进合作区知识产权检察与行政协同保护工作。

第四节 珠海（横琴）知识产权公共服务规则实践

一是提供高效便捷的知识产权公共服务。珠海市市场监管局（知识产权局）发布的《珠海市知识产权公共服务清单（第一版）》，制定涵盖96个服务事项的清单内容，为企业和群众提供便捷的知识产权服务，成立"一站式"知识产权综合服务窗口，并通过"线上+线下"的方式为公众和创新主体提供基础知识产权信息和低成本的专业化信息服务。

二是打造知识产权公共信息服务平台。珠海市市场监管局（知识产权局）重点打造的"4+3"产业专利信息服务平台建立了一个当地的专利信息集成平台，首期集成的超过600万条专利数据的集成电路产业专利专题数据库为珠海的科技创新提供了大量的技术支持。

三是依托数据平台提升专利导航能力。珠海市市场监管局（知识产权局）采取的"专利导航+专题数据库+全链条服务+服务平台+发布推广"的"五位一体"服务模式，实现了珠海市集成电路千亿集群项目的专利导航，并入选国家知识产权局知识产权信息服务优秀案例。

四是加快构建"骨干服务点+基层小网格"知识产权公共服务体系。珠海市市场监管局（知识产权局）通过建立国家级知识产权保护中心、国家级知识产权公共服务运营平台、国家级专利导航服务支撑机构、技术与创新中心（TISC）等骨干节点，以及在各区、产业园区建立15个知识产权服务工作站和7个商标品牌培育指导站的"骨干服务点+基层小网格"公共服务体系，对转化知识成果进行专利保护和商标保护提供了便利途径。

第六章 香港特别行政区知识产权规则实践

香港处于中国南部、珠江口以东，西与澳门隔海相望，北与深圳相邻，南临珠海万山群岛，距广州约 200 千米。区域范围包括香港岛、九龙、新界本土、新界离岛和周围的 262 个岛屿。20 世纪 80 年代香港制造业大部分转移到内地，各类服务业得到全面高速发展，实现从制造业转向服务业，形成香港四大产业，即贸易及物流业、金融服务业、工商业支援及专业服务业、旅游业。由于环境变化及缺乏多元性，近年来，香港高度关注新兴产业的发展，尤其是科技创新产业。2017 年，香港将生物科技、人工智能、智慧城市及金融科技列为最有优势的四大发展范畴。随着广深港科技群的形成及粤港澳大湾区的建设，与内地扩大科技交流、实现科技合作，是香港创新科技产业取得突破的关键。2022 年的《香港创新科技发展蓝图》明确提出了科创发展的四大方向和八大重点策略，引领香港实现国际创新科技中心的愿景。香港的基础科研实力雄厚，拥有五所名列全球前一百位的大学，不少学者专家荣获国际和国内顶尖科研奖项。《中华人民共和国国民经济和社会发展第十四个五年规划和 2035 年远景目标纲要》支持香港提升国际金融、航运、贸易中心和国际航空枢纽地位，支持香港建设国际创新科技中心、亚太区国际法律及解决争议服务中心、区域知识产权贸易中心，支持香港服务业向高端高增值方向发展。

第一节 香港知识产权规则实践概况

一、香港的专利制度

香港《专利条例》于 1997 年 6 月通过成为法例。其与现行《中华人民共和国专利法》（2020 年修正）的主要区别在于：一是《中华人民共和国专利法》对动物和植物品种不授予专利权，并未排除授予生产动物、植物的生物学方法专利权的可能性；而根据香港《专利条例》用作生产植物或动物的基本上属生物学的方法（微生物方法或其产品除外）则无可能获得专利权。二是《中华人民共和国专利法》规定了对原子核变换方法以及用原子核变换方法获得的物质不授予专利权，而香港《专利条例》并未明确提及。

在现行的专利制度体系下，香港的专利可以分为两大类：标准专利与短期专利。其中标准专利保护期为 20 年，分为原授标准专利和转录标准专利。原授标准专利是香港知识产权署于 2019 年推行的原授专利制度，是让申请人可以直接在香港申请的标准专利。转录标准专利是申请前已经向中国国家知识产权局、欧洲专利局、英国知识产权局这三个指定专利局其中的一个局提交过相应的专利申请，然后向香港知识产权署提交注册与授权请求。短期专利保护有效期最长为 8 年。

二、香港的商标制度

香港的商标注册事宜是由《商标条例》及《商标规则》管理，于 2003 年 4 月 4 日生效，将商标的范围扩大至包括颜色、声音和气味。在香港，当申请的商标因缺乏显著性，或因与他人在先申请或注册的商标近似被驳回时，申请人可在原申请商标的基础上对商标进行有限度的修改来使得商标获得审查通过，而这一规定在一定程度上也给申请人提供了很大的便利。香港商标的异议程序与内地有所差异，根据《商标规则》第 17 (4) 条：如果商标申请人没有在答辩时限内提交答辩请求及理由，则其注册申请会被视作已经撤回，所以商标一旦被提出异议，商标申请人需要积极应对才有可能保住商标权。香港暂无加快商标审查制度，在申请没有不足之处，即将注册的商标又没有遇到反对的情况下，注册香港商标最短需要 6 个月。《商标条例》阐明了商标注册的基础及准则，以及注册商标可享有的权利。注册商标的拥有人可在其货物或服务上专享使用该商标的权利，同时可向未经拥有人同意使用该商标的任何人士采取法律行动。

根据《商品说明条例》，任何人将任何应用伪造商标的货品，或将任何以虚假方式应用某商标或与某一商标极为相似而相当可能会使人受欺骗的标记的货品出售或展示，或为售卖或任何商业或制造用途而管有该等货品，即属犯罪。

三、香港的注册外观设计制度

香港《注册外观设计条例》及《注册外观设计规则》于 1997 年 6 月 27 日生效，是一种无需实质审查的注册外观制度。香港注册外观设计的受理部门为香港外观设计注册处，是一个专门受理并审查香港注册外观设计的机构。与内地外观设计专利同发明专利和实用新型专利统一适用《中华人民共和国专利法》的情形不同，香港注册外观设计适用专门的法律法规，有自己单独的审查体系和审查标准。《注册外观设计条例》规定了外观设计的定义、申请外观设计的方案、申请流程、视图要求、获得的条件、效力等，其中申请书表格填写大多数与内地外观设计专利申请的申请书中相应的栏目填写相同，只是术语表述不尽一致，包括新颖性陈述、洛迦诺分类法、要求优先权、保密披露、物品、申请人、申请外观设计的权利。

四、香港的版权制度

在香港，版权由《版权条例》《防止盗用版权条例》保护。版权无须在香港注册便自动受到保障，保护期限基本上延续至有关创作人离世后 50 年为止。不少国际版权公约如《保护文学艺术作品伯尔尼公约》《国际版权公约》《保护录音制品制作者禁止未经许可复制其录音制品公约》《与贸易有关的知识产权协定》均适用于香港，香港创作人的作品也可在世界上大部分国家及地区受到保护。

第二节　香港知识产权行政执法规则实践

香港知识产权署成立于 1970 年 7 月 2 日,负责向商务及经济发展局局长提供意见,协助制定香港特区的知识产权保护政策及法例。此外,负责管理香港特区的商标注册处、专利注册处、外观设计注册处及版权特许机构注册处,其中,商标注册处于 1874 年成立,是世界上历史最悠久的商标注册处之一。

香港海关负责知识产权刑事执法行动,执行香港法例第 528 章《版权条例》、第 362 章《商品说明条例》及第 544 章《防止盗用版权条例》的规定。香港海关在边境采取执法措施,协助保障版权和商标拥有人名下注册商品的权益。版权持有人或商标拥有人若发现知识产权被侵犯,可联络香港海关。

在香港,商标侵权和版权侵权行为可构成刑事犯罪行为。对于涉嫌版权及商标侵权行为,香港海关依法行使搜查权和扣押权,具体负责调查涉嫌侵犯商标、版权及虚假说明的投诉,以及通过与海外执法机关及商标和版权权利人合作,有效打击侵犯知识产权权益的行为。

针对香港市面侵权活动,香港海关一直采取严厉的执法行动,打击香港市面伪冒商标及侵犯版权活动。香港海关也特别关注涉及公众健康的物品,包括药物和食物等冒牌行为,对有关违法行为采取执法行动。根据香港法例第 544 章《防止盗用版权条例》规定,本地的光碟及母碟制造商必须获得海关牌照,并在制造的产品上标明特定的识别代码。

针对跨境侵权活动,香港海关通过已建立的合作机制,与内地、澳门及其他执法机构,就执法和保护知识产权的策略进行交流和经验分享,并采取联合执法行动,打击跨境侵权活动。

第三节　香港知识产权司法保护规则实践

香港高等法院原讼法庭(CFI)对各类知识产权案件具有无限的管辖权。2019 年以来,原讼法庭设立了一份知识产权专家名册以审理知识产权案件。侵权问题和有效性问题由同一法庭同时判定。对于未经法院实质审查或判定为有效的短期专利,一般在提起民事诉讼前需要请求实质审查。通常的做法是将责任和金额的审判分开,法庭先对责任进行审判,如果裁判为有责任,再评估损害赔偿或"交出所得利润"(要求侵权者支付就该项侵权行为而获得的所有利润)。

提起民事诉讼时,先要提交传讯令状和申索陈述书,以法律程序通知书形式列明原告的申索。被告人可以提交抗辩书,而原告可以提交答复书。如果被告没有对诉讼进行抗辩,原告可以根据有关法定程序获得缺席判决。诉讼文书提交期结束之后,是透露文件证据和提交证人陈述书，然后排期审讯。审讯在一名法官主持下进行（不设陪审团），证人会被传召并接受交叉询问。一般知识产权侵权案件从发出申索陈述书到审讯可能需要 15~30 个月的时间。如果有机会获得快速审判时间表，则一年内就可以进入法院审讯阶段。在被告人"无法抗辩"时（"无法抗辩"一般是指被告人所述的抗辩并没有任何合理理由或论点支持），可以申请简易判决。

另外，可以对商标和版权侵权提起刑事诉讼。香港海关是唯一负责对知识产权案件提起刑事检控的政府部门。香港海关对香港境内的目标（包括零售商）采取执法行动。如果被扣留的货物被确定为假冒、侵权商品，香港海关将予以扣押，并起诉侵权人。视案件情节严重程度，会在裁判法院或区域法院中对侵权人提出检控（也可能在高等法院提出检控，但这种情况极其罕见）。一旦侵权人被检控成功，被扣押的假冒、侵权商品将会被下令销毁。香港海关还可以对关于提供服务的虚假陈述提出刑事检控。

香港是亚太区主要的仲裁和解决争议中心。当事人可采用不同的纠纷解决机制，如仲裁和调解。因为与诉讼程序相比，仲裁和调解能够更快解决争议，同时可以确保争议事宜及结果得到保密。目前香港国际仲裁中心和香港和解中心是主要的替代性纠纷解决机构。香港知识产权仲裁程序需要委聘审裁员，各方既可以传召证人和举证，也可以请法律专业人士作为代表，这与法院诉讼程序相似。仲裁庭（由一个仲裁员或仲裁员小组构成）作出的仲裁裁决可在香港特区法院登记，随后可以在香港予以执行。

《2017 年仲裁（修订）条例》已于 2017 年 6 月 14 日在立法会通过并刊登于 2017 年 6 月 23 日的香港特别行政区政府宪报上。该条例对《仲裁条例》（香港法例第 609 章）作出了修订，包括澄清所有知识产权争议均可通过仲裁解决、澄清强制执行涉及知识产权的仲裁裁决，并不违反香港公共政策。

在《2017 年仲裁（修订）条例》框架下解决知识产权争议的好处，如表 6-1 所示。

表 6-1　《2017 年仲裁（修订）条例》框架下解决知识产权争议的好处

自主权	仲裁各方可协商将哪些争议付诸仲裁、仲裁庭可判给的补救和济助、进行仲裁时所适用的程序，以加快解决争议。
同一平台	仲裁各方可在同一平台解决涉及多个司法管辖区的知识产权争议，且无需于各地分别提出诉讼，从而节省时间和金钱。
专业知识	仲裁各方可委任相关范畴的专家担任仲裁员。
保密	除非仲裁各方另有协定，或属法定例外情况，否则仲裁程序及仲裁裁决应予保密。
约束力	仲裁裁决一般只对仲裁各方有最终约束力，而不影响第三者的权利。
强制执行	仲裁各方可利用《纽约公约》下执行仲裁裁决的机制及香港分别与内地和澳门特区签订的相互执行仲裁裁决的安排。

香港知识产权调解则由各方委聘调解员来商定各方均同意的解决争议的方案。调解过程中既无需委聘审裁员，也无需提交证据，而且代表律师也可在场或不在场。调解员负责协助各方寻求解决争议的方案。调解程序属自愿安排，未必会得出结果，但高度专

业的调解员往往能协助各方解决纠纷，并把解决方案记录在具有法律约束力的合约内。

第四节　香港知识产权公共服务规则实践

一、主要知识产权公共服务便利化规则实践

根据 CEPA，香港服务供应商可在内地提供专利代理和商标代理服务，以满足创新主体在内地研发投资领域对知识产权的需求。

当前香港与内地合作，推出多项便利两地企业和公众处理有关知识产权事宜的措施。2021 年 10 月，广东省市场监督管理局（知识产权局）设立的香港知识产权问询点正式对外提供服务，社会各界可在大湾区内地 12 个知识产权业务受理窗口咨询香港知识产权业务。2023 年 1 月，国家知识产权局在香港知识产权署及广东省和深圳市知识产权相关部门的配合下，推出香港申请人在内地发明专利优先审查申请试点项目。2023 年 2 月，香港知识产权署开设了指定电子邮箱处理在内地申请商标注册的一般查询。

2023 年 2 月，香港商务及经济发展局和深圳市前海深港现代服务业合作区管理局联合发布《关于协同打造前海深港知识产权创新高地的十六条措施》，在"一国两制"框架下，助力香港建设区域知识产权贸易中心，支持建设前海深港知识产权创新合作高地，推进粤港澳大湾区国际科技创新中心建设。双方将建立合作推进机制，推动深港在知识产权跨境保护、交流研讨、宣传教育、运营转化和知识产权贸易等领域的合作，打造知识产权跨境服务体系，共建前海深港知识产权创新合作高地，为粤港澳大湾区社会经济发展提供有力支持。

二、主要知识产权公共服务规则实践

香港知识产权署官网（http://www.ipd.gov.hk/sc/home/index.html）有申请商标、专利及外观设计注册的详细资料，写明了提交申请注意事项、程序、费用等信息，方便公众查询使用，此外，公众还可以通过知识产权署的网上检索系统，搜寻商标、专利以及外观设计。为建设区域知识产权贸易中心，香港知识产权署推出了"香港·区域知识产权贸易中心"专题网站，提供知识产权贸易资讯、培训课程及免费咨询等一站式服务。主要服务包括：

一是提供免费知识产权咨询服务。香港知识产权署在香港律师会的支持下，为香港中小型企业提供一对一的免费知识产权咨询服务，协助香港中小企业加深对知识产权的认识，制定有效的知识产权管理及商品化策略，指导企业更好地应对外部竞争。香港律师会的执业律师（顾问）提供咨询面谈服务，咨询范围涵盖知识产权注册、知识产权管理、知识产权授权及知识产权尽职调查。

二是知识产权管理人员计划。为了配合企业发展的需要，计划提供涵盖范围广、内容深入的多个知识产权培训课程，让企业的知识产权管理人员按本身工作及长远发展的

需要，有系统地增加专业知识和技能。企业也可以通过知识产权管理人员计划进一步提升竞争力，创造更大的经济效益。所有在香港注册的企业都可以免费参加该计划。

三是知识产权培训课程。组织培训课程是为了培养企业（特别是中小企业）的人才资源，使企业知识产权管理能力能够符合企业整体发展策略。参加知识产权管理人员计划的企业能够获得优先资格和特价优惠报读该培训课程。

香港高度重视知识产权公共服务建设，经过多年努力，已经形成了香港生产力促进局知识产权服务中心、亚洲知识产权营商论坛和亚洲知识产权交易平台三大知识产权服务品牌。

为了配合香港发展高增值产业及推动科技创新发展，香港生产力促进局成立了知识产权服务中心。服务中心的目标是通过与业界合作，协助香港商户和发明者通过注册专利、外观设计和商标，保护技术开发和设计的成果，提高经济回报。香港生产力促进局可以根据业务运营和特殊需求，提供知识产权顾问服务及解答有关知识产权问题。同时为企业提供知识产权管理顾问服务和评估知识产权组合的有效性，帮助企业在业务运营上作出准确决策，充分发挥知识产权业务组合的价值。此外，香港生产力促进局还为企业提供知识产权工作坊，从而提高企业对知识产权的认识，抓住在知识产权保护策略上的痛点，通过分享最佳实践案例，传授实用的知识产权管理知识，提高生产效率并降低经营风险。

亚洲知识产权营商论坛由香港特别行政区政府及香港贸易发展局联合举办，旨在就知识产权的最新发展为世界各地知识产权业的专业人士和企业提供一个理想的交流合作平台。第十三届亚洲知识产权营商论坛于2023年12月7日至8日在香港会议展览中心圆满举行，此次论坛以"知识产权与创新：驱动经济增长·缔造崭新机遇"为主题，超过90名国内外嘉宾在论坛上发言。

亚洲知识产权交易平台于2013年创立，是一个免费的网络平台及资料库，旨在促进香港的知识产权贸易，并与全球知识产权从业人士加强联系。该平台提供世界各地的知识产权及相关服务资讯，目前已有超过28000项可供买卖的知识产权项目，包括专利、商标、版权及外观设计。

第七章　澳门特别行政区知识产权规则实践

澳门位于中国东南部沿海，地处珠江口西岸，距香港 60 千米，距广州 145 千米。由澳门半岛、凼仔、路环、路凼填海区、新城 A 区和港珠澳大桥珠澳口岸人工岛澳门口岸组成，土地面积约 33 平方千米，海域面积 85 平方千米。近年来，澳门旅游休闲主体产业稳步发展，大健康、金融、高新技术、文化等产业发展基础和势头良好。此外，澳门积极推动金融业发展，重点发展债券市场、财富管理、融资租赁和跨境金融业务，在立足并服务于粤港澳大湾区的基础上，致力打造"中国—葡语国家金融服务平台"，助力"一带一路"建设。澳门先后设立中药质量研究国家重点实验室、模拟与混合信号超大规模集成电路国家重点实验室、智慧城市物联网国家重点实验室及月球与行星科学国家重点实验室 4 家国家重点实验室，为产学研合作及科技成果转化拓展广阔的合作空间。为促进科技发展与经济适度多元的联动，推动澳门经济往更高质量方向发展，澳门在设计、多媒体创作、表演项目等文化产业领域不断发力。

第一节　澳门知识产权规则实践概况

一、澳门的专利制度

澳门《工业产权法律制度》规定的专利主要包括发明专利、实用专利和设计及新型三大类型。发明和实用专利着重于产品的功能、技术、制造及使用方便性等方面的改进，类似于内地的发明专利和实用新型专利。澳门发明专利的有效期为申请之日起 20 年，不得续展；实用专利为 6 年，可续展两次，每次续展 2 年，最长期限总共 10 年。设计及新型则类似于内地的外观设计专利，有效期为申请之日起 5 年，可续展 4 次，每次续展 5 年，最长期限总共 25 年。

从 2000 年 6 月 6 日起，澳门所有专利（包括发明专利和实用专利）、设计及新型的申请均可直接向澳门特别行政区经济局递交。澳门特别行政区经济局在收到申请人的专利注册申请后两个月内，对申请作出形式审查，符合法律规定后由申请人主动向国家知识产权局申请制作审查报告书并请求进行实质审查，澳门特别行政区经济局将根据国家知识产权局出具的审查报告书作出是否授予专利权的决定。

此外，国家知识产权局与澳门特别行政区经济局先后于 2003 年 1 月 24 日及 2020 年 6 月 16 日签署《国家知识产权局与澳门特别行政区经济局关于在知识产权领域合作的协议》和《国家知识产权局与澳门特别行政区经济局关于深化在知识产权领域交流合作的安排》，同意获国家知识产权局授予的专利或专利申请可延伸至澳门特区，并持续深化专利实质审查、发明专利延伸、专利和商标信息自动化、知识产权信息交流及人员培训等方面的交流合作。

二、澳门的商标制度

澳门《工业产权法律制度》规定商标的取得采取注册原则，推定已注册商标具有新颖性。根据《工业产权法律制度》，商标是能表示形象之标记或标记之组合，种类包括词语、人名、图形、文字、数字、音响、产品外形或包装。任何符合《工业产权法律制度》规定的商标，均可在澳门注册，注册属非强制性。申请人提出商标注册申请后，澳门特别行政区经济局予以形式审查、通告、实质审查，符合《工业产权法律制度》商标注册规定的，予以注册并刊登注册公告。澳门商标的有效期限为 7 年，期限届满前可以续展，每次续展有效期限为 10 年，续展次数不受限制。

原国家工商行政管理总局于 2004 年 11 月 24 日颁布了《香港、澳门服务提供者在内地开展商标代理业务暂行办法》，2005 年 1 月 1 日起正式实施。此外，内地向澳门开放商标代理的内容体现在《〈内地与澳门关于建立更紧密经贸关系的安排〉补充协议》的附件 3 中。

三、澳门的著作权制度

澳门现行与著作权相关的法律，是于 1999 年 8 月 16 日第 43/99/M 号法令颁布的《著作权及有关权利之制度》。该法的立法背景是鉴于澳门参加世界贸易组织必须执行《与贸易有关的知识产权协定》的约束，且有关法律必须适应《保护文学艺术作品伯尔尼公约》之 1971 年《巴黎文本》及 1961 年在罗马签订的《保护表演者、音像制品制作者和广播组织罗马公约》。根据《著作权及有关权利之制度》，作品的定义为"在文学、科学或艺术领域内之原始智力创作，不论其种类、表现形式、价值、传播方式或目的为何，均属受著作权法保护之作品"。作品所赋予之保护是以其是否具备外部表现形式作为先决条件，而不论该作品是否被发表、出版、使用或经营。《著作权及有关权利之制度》规定了作品类型包括文学作品、艺术作品、电影、音乐、戏剧作品、电脑软件、摄影、雕塑、陶瓷及建筑等，只承认自然人为作者。即使是雇佣关系产生的作品，作者仍为创作作品的被雇佣人。一般情况下，澳门著作权在作品创作人去世后满 50 年失效。

第二节 澳门知识产权行政执法规则实践

澳门管理知识产权的行政执法部门主要是澳门特别行政区经济局和澳门海关。澳门特别行政区经济局主管知识产权的行政审批工作，例如商标权的注册登记、专利权的申请审批，类似于国家知识产权局和香港知识产权署的工作职能。2001 年，澳门海关成立后，成为查处知识产权违法犯罪行为的主要部门，负责具体接受知识产权侵权投诉并作出处理。依据《工业产权法律制度》第五编的规定，澳门海关有权监察所有进行财货或者劳务的整个生产过程，包括制成品及半制成品所在的生产单位、仓库、办公室、商业场所、饭堂、娱乐场所等。澳门海关可以根据当事人的控告予以立案调查，也可以依职权主动调查。对于监察进口或出口任何假冒商标及不法使用商标的产品是属于澳门水警稽查队的管辖范围，应当对货物进行保全扣押措施，并以最快捷的方式通知货主对此作出必要解释。

对于知识产权违法行为，澳门海关关长有科处行政处罚的权限，在确定行政处罚的轻重时，关长必须考虑违法行为的严重性、行为人的过错及其经济能力状况，同时还应当考虑违法行为所带来的相当巨额的利润。《澳门刑法典》第196条规定，相当巨额的利润为澳门币15万元以上。

对于侵犯著作权的行政违法行为，《著作权及有关权利之制度》亦明确规定了澳门海关对于著作权行政违法行为的处罚职能和权限，但该制度仅规定了著作权集体管理方面的违法行为，对其他侵犯著作权的行为或侵犯著作权法的行政执法程序并未作详细、明确的规定。

第三节　澳门知识产权司法保护规则实践

根据《澳门民法典》的相关规定，知识产权权利人可以向法院提起民事诉讼，起诉侵权人要求其承担停止侵害、赔偿损失等民事责任。在寻求法院进行私权利救济方面，澳门同内地和香港的法律都切实保障了权利人的诉权，对于知识产权侵权的相关处罚规定在《工业产权法律制度》等中均作出相关说明，体现了充分保护司法救济权利的精神。

在澳门，如遇上涉及知识产权的纠纷，除诉诸司法机关外，还可考虑通过调解或仲裁解决争议。其中，澳门的仲裁制度与国际接轨，可提供专业商事仲裁服务。为完善澳门的仲裁法律制度，提高争议解决的效率，澳门特区政府制定第19/2019号法律《仲裁法》，该法已于2020年5月4日生效，弥补了以往制度的不足和漏洞，将原来的内部仲裁和涉外商事仲裁合二为一，并引入符合国际惯例的仲裁规则，使得澳门的仲裁制度更进一步与国际接轨。已确定的仲裁裁决具有等同于初级法院判决的执行效力，即可以依照民事诉讼法的规定强制执行仲裁裁决。原则上，当事人不得对仲裁裁决向法院提起上诉，但可以在仲裁裁决前约定向其他仲裁庭提起上诉。

最高人民法院与澳门特区签署的《关于内地与澳门特别行政区就仲裁程序互相协助保全的安排》已于2022年3月25日生效。在内地或澳门仲裁机构已提起民商事仲裁程序的当事人，在满足该仲裁保全安排所要求的前提和要件的情况下，可以跨境申请保全。保全，在内地包括财产保全、证据保全、行为保全，在澳门包括为确保受威胁的权利得以实现而采取的保存或者预行措施。

在澳门特区解决知识产权商务纠纷的仲裁及调解机构主要有以下三方面：

1. 澳门消费者委员会下属的澳门消费争议调解及仲裁中心成立于1998年3月12日（前身为消费争议仲裁中心），协助解决民事或商事性质的消费争议。目前，澳门消费者委员会已与粤港澳大湾区多个消费者组织签署跨域调解及仲裁的合作协议，为中心跨域服务设立绿色通道。此外，为方便各地当事人，该中心可通过视像会议的方式，按澳门的法律为旅客调解或仲裁发生在澳门的消费争议。2022年4月，澳门消费争议调解及仲裁中心制定收费规则及收费表，为10万澳门币或以下的消费争议提供免费服务，超过10万澳门币的案件将按经济利益值计算调解或仲裁费用。

2. 澳门世界贸易中心仲裁中心成立于1998年6月5日，经过多年发展，已在仲裁和调解的工作上积累了丰富的经验，有足够的能力为当事人解决民事、行政或商事方面的争议。

3. 澳门律师公会自愿仲裁中心成立于1998年3月9日，主要协助解决澳门本地或外地律师与律师间和律师与顾客间的争议，以及任何民事、商业或行政事宜的其他争议。

第四节　澳门知识产权公共服务规则实践

在澳门特别行政区经济局、广东省知识产权局及深圳市知识产权局的配合下，国家知识产权局于2023年7月1日以试点项目的形式，对澳门申请人在内地发明专利的优先审查做出便利化安排。加快符合相关条件的澳门发明专利申请在内地的审查程序，以便利澳门申请人在内地寻求专利保护。在试点项目下，澳门申请人以电子方式提交处于实质审查阶段的内地发明专利申请，如相关申请分类号落入国家知识产权局的《战略性新兴产业分类与国际专利分类参照关系表（2021）》范围，属于"澳门特区申请人"（澳门特别行政区永久性居民、依据澳门商法典设立的公司和澳门的其他法律实体或组织。澳门申请人作为发明专利申请的共同申请人同样适用），即具备申请优先审查的条件，可通过当面提交或邮寄的方式向国家知识产权局专利局广州代办处或国家知识产权局专利局深圳代办处服务窗口提交专利优先审查申请材料。该申请可以支持澳门创新主体更加便捷、有效地在内地保护知识产权。为帮助澳门申请人了解该项便利政策措施，国家知识产权局（www.cnipa.gov.cn/art/2023/6/25/art_53_185864.html）和澳门特别行政区政府经济及科技发展局（www.dsedt.gov.mo/zh_TW/web/public/pg_ip_cnipa）均在其官方网站公布了优先审查申请的手续及流程。

澳门的商标注册、实用专利注册、发明专利注册、设计及新型注册申请服务流程实行网上申请和现场办理两种，具有一定的服务对象及申请资格限制。符合以下几种情况才能注册：申请人为持有澳门特区居民身份证的人士；申请人为按澳门法律设立的法人；其他人士则必须委托在澳门律师公会注册的律师、持有澳门特区居民身份证的人士、按澳门法律设立的法人的任一人士作为代理人，并递交有效的授权书。网上申请为澳门特区居民身份证持有人或按澳门法律设立的法人，使用"澳门公共服务一户通"和电子认证"云签"服务办理工业产权网上申请业务。现场办理的申请人应以中文或葡文填妥相关工业产权注册申请书表格（可于办理地点索取或于网页下载），将表格连同附件向澳门特别行政区经济局综合接待中心的工业产权注册申请柜台提交，在8个工作日内凭澳门特别行政区经济局发出的"缴费单"前往澳门特别行政区经济局综合接待中心的缴纳处缴付有关费用，并应以澳门币支付。两种申请方式均可在澳门特别行政区经济局官方网站查询办理进度。

澳门的著作权登记需现场办理，任何自然人或法人可以中文或葡文填妥"著作权及相关权利集体管理机构登记证明或强制性通知证明的申请书"表格，将表格连同附件向澳门特别行政区经济局综合接待中心的工业产权注册申请柜台提交，在提交申请后5个工作日，前往澳门特别行政区经济局综合接待中心的缴纳处缴付有关费用，并应以澳门币支付。澳门特别行政区经济局承诺将在5个工作日出具登记证明。

此外，澳门特区政府在其官方网站设立国家知识产权局发明专利申请专栏，帮助申请人了解延伸办理手续及所需文件。申请与澳门的商标注册、实用专利注册和发明专利注册一致，均分为网上申请和现场办理两种。网上申请为澳门居民身份证持有人或按澳门法律设立的法人，使用"澳门公共服务一户通"和电子认证"云签"服务办理工业产权网上申请业务。现场办理为申请人在向国家知识产权局提交发明专利申请后，以中文或葡文填妥"国家知识产权局发明专利的延伸申请书"表格，将表格连同附件向澳门特别行政区经济局综合接待中心的工业产权注册申请柜台提交，在8个工作日内凭澳门特别行政区经济局发出的"缴费单"缴付有关费用，并应以澳门币支付。两种申请方式均可于澳门特别行政区经济局网页内查询"国家知识产权局发明专利的延伸"的状况及公布资料。

第八章 粤港澳大湾区主要知识产权国际条约的适用情况

全球经济科技一体化的发展，促进了知识产权跨国保护的需求。知识产权国际保护，以多边国际条约为主要依据，以政府间的国际组织为协调机构，通过条约义务的形式对签约国施加外部限制，引导签约国对国内法作出相应修订。条约义务的具体内容往往也为各国国内法的调整提供了明确的方向和统一的标准。作为国内知识产权保护在空间上的拓展，条约在一定程度上缓解了知识产权地域性流动的矛盾，有利于推进知识在世界范围内的产权化与商品化，有利于各国加强立法和执法上的沟通与合作，有利于打击知识产权的跨国侵权行为，维护国际经济秩序。

第一节 粤港澳大湾区商标领域国际条约的适用情况

截至 2023 年 10 月，粤港澳地区商标领域主要知识产权国际条约共有 7 个，分别是《保护工业产权巴黎公约》《商标国际注册马德里协定》《商标注册用商品和服务国际分类尼斯协定》《商标法条约》《商标国际注册马德里协定有关议定书》《与贸易有关的知识产权协定》《商标法新加坡条约》。

《保护工业产权巴黎公约》，于 1883 年缔结，其中第六条至第十条内容涉及商标领域。我国于 1985 年 3 月 19 日正式成为巴黎公约成员国，是该公约第 96 个成员国。该条约适用于珠三角九市及香港、澳门特区。

《商标国际注册马德里协定》，通过马德里体系，只要取得在每一被指定缔约方均有效力的国际注册，即可在数量众多的国家中保护商标。我国于 1989 年 7 月 4 日加入该协定，1989 年 10 月 4 日该协定对我国生效。该条约适用于珠三角九市，不适用于香港、澳门特区。

《商标注册用商品和服务国际分类尼斯协定》（以下简称《尼斯协定》），1961 年生效。《尼斯协定》建立了用于商标和服务商标注册的商品和服务分类，即"尼斯分类"。缔约国的商标局必须在与每项注册相关的官方文件和出版物中，按分类标明注册商标所用于的商品或服务所属的类号。我国于 1994 年 5 月 5 日加入该协定日内瓦文本，1994 年 8 月 9 日该协定对我国生效。该条约适用于珠三角九市及香港、澳门特区。

《商标法条约》（TLT）的宗旨是统一和简化国家和地区商标注册的程序。实现这一宗旨的方法是，简化和协调这些程序的若干方面，从而减少在多个法律管辖区申请商标和管理商标注册的复杂性，并提高其可预见性。1994 年缔结，我国于 1994 年 10 月 28 日签署了该条约。该条约适用于珠三角九市，不适用于香港、澳门特区。

《商标国际注册马德里协定有关议定书》，通过马德里体系，只要取得在每一被指定缔约方均有效力的国际注册，即可在数量众多的国家中保护商标。我国于1995年9月1日加入该议定书，1995年12月1日该议定书对我国生效。该条约适用于珠三角九市，不适用于香港、澳门特区。

《与贸易有关的知识产权协定》（TRIPS）于1994年4月15日由各国代表在摩洛哥的马拉喀什签订，并于1995年1月1日起生效，由同时成立的世界贸易组织（WTO）管理。TRIPS第二部分的第二节对商标的可保护客体、授予的权利、例外、保护期限、许可和转让等作出了明确约定。2001年12月11日，中国正式成为WTO成员并开始履行TRIPS。这是标志中国知识产权保护水平与国际接轨的里程碑。该条约适用于珠三角九市及香港、澳门特区。

《商标法新加坡条约》（以下简称《新加坡条约》），2006年缔结。《新加坡条约》以1994年《商标法条约》为基础，但适用范围更广，而且还处理通信技术领域出现的一些问题。我国于2007年1月29日签署了该条约。该条约适用于珠三角九市，不适用于香港、澳门特区。

第二节　粤港澳大湾区专利领域国际条约的适用情况

截至2023年10月，粤港澳地区专利领域主要知识产权国际条约共有7个，分别是《保护工业产权巴黎公约》《专利合作条约》《国际承认用于专利程序的微生物保存布达佩斯条约》《建立工业品外观设计国际分类洛迦诺协定》《国际专利分类斯特拉斯堡协定》《与贸易有关的知识产权协定》《工业品外观设计国际注册海牙协定》。

《保护工业产权巴黎公约》，于1883年缔结，其中第四条至第五条内容涉及专利领域。我国于1985年3月19日正式成为巴黎公约成员国，是该公约第96个成员国。该条约适用于珠三角九市及香港、澳门特区。

《专利合作条约》（PCT），1970年缔结。通过该条约，专利申请人可以只提交一份"国际"专利申请，即在许多国家中的每一国家同时为一项发明申请专利保护。我国于1993年10月1日加入该条约，1994年1月1日该条约对我国生效。该条约适用于珠三角九市及香港特区，不适用于澳门特区。据世界知识产权组织的官方数据显示，2022年PCT国际申请总量约27.81万件，比2021年增长0.3%，自2010年以来保持上升趋势。中国是PCT申请量最大的来源国，有70015件申请。美国、日本、韩国和德国位列前五名。亚洲的PCT申请量增长速度高于其他地区，其总体份额从2021年的54.2%增至2022年的54.7%。在PCT国际专利申请受理量中，广东省在2022年的申请受理量达到24290件，位列全国之首，较第二名北京市多出12827件；香港特区的PCT专利申请受理量已达646件，澳门特区为30件。截至2022年底，广东省累计PCT国际专利申请量达25.76万件，占全国总量的46.71%。

《国际承认用于专利程序的微生物保存布达佩斯条约》（以下简称《布达佩斯条约》），

1977 年缔结。该条约涉及国际专利程序中的一个特定主题：微生物。所有加入条约的国家必须承认，无论保藏单位的地点在哪，保藏的微生物均为专利程序的一部分。我国于 1995 年 4 月 1 日加入该条约，1995 年 7 月 1 日该条约对我国生效。该条约适用于珠三角九市，不适用于香港、澳门特区。

《建立工业品外观设计国际分类洛迦诺协定》（以下简称《洛迦诺协定》），1971 年生效。《洛迦诺协定》建立了工业品外观设计的分类，即"洛迦诺分类"。缔约国的主管局必须在记载工业品外观设计保存或注册的官方文件中，按分类标明采用外观设计的商品所属的大类和小类号。在各主管局发行的有关工业品外观设计保存或注册的任何出版物中，亦须标明这种分类号。我国于 1996 年 6 月 17 日加入该协定，1996 年 9 月 19 日该协定对我国生效。该条约适用于珠三角九市，不适用于香港、澳门特区。

《国际专利分类斯特拉斯堡协定》（以下简称《斯特拉斯堡协定》），1975 年生效。《斯特拉斯堡协定》建立的国际专利分类（IPC）把技术分为八个部类，约 80000 个复分类。在检索"现有技术"时，分类对检索专利文件不可或缺。颁发专利文件的机关、潜在的发明人、研究与开发单位以及其他有关的技术应用或开发单位都需要进行这种检索。我国于 1996 年 6 月 17 日加入该协定，1997 年 6 月 19 日该协定对我国生效。该条约适用于珠三角九市，不适用于香港、澳门特区。

《与贸易有关的知识产权协定》（TRIPS）于 1994 年 4 月 15 日由各国代表在摩洛哥的马拉喀什签订，并于 1995 年 1 月 1 日起生效，由同时成立的世界贸易组织（WTO）管理。TRIPS 第二部分的第四节和第五节对工业设计和专利的保护要求、可授予专利的客体、专利申请人的条件、方法专利及举证责任等作出了明确约定。2001 年 12 月 11 日，中国开始履行 TRIPS。该条约适用于珠三角九市及香港、澳门特区。

《工业品外观设计国际注册海牙协定》（以下简称《海牙协定》），目前有两个文本有效——1960 年文本和 1999 年文本。该协定对工业品外观设计的国际注册作出了规定，有效地建立起一个使工业品外观设计以最少的手续在多个国家或地区取得保护的国际体系。2022 年 2 月 5 日，经国务院批准，我国加入《海牙协定》（1999 年文本），该协定于 2022 年 5 月 5 日起在我国正式生效。该条约适用于珠三角九市，不适用于香港、澳门特区。

第三节 粤港澳大湾区著作权领域国际条约的适用情况

截至 2023 年 10 月，粤港澳地区著作权领域主要知识产权国际条约共有 7 个，分别是《保护文学和艺术作品伯尔尼公约》《保护录音制品制作者防止未经许可复制其录音制品公约》《与贸易有关的知识产权协定》《世界知识产权组织版权条约》《世界知识产权组织表演和录音制品条约》《视听表演北京条约》《关于为盲人、视力障碍者或其他印刷品阅读障碍者获得已出版作品提供便利的马拉喀什条约》。

《保护文学和艺术作品伯尔尼公约》，1886 年通过。公约为作者、音乐家、诗人以及画家等创作者提供了控制其作品依什么条件由谁使用的手段。1992年10月15日，我国成为该公约成员国。该条约适用于珠三角九市及香港、澳门特区。

《保护录音制品制作者防止未经许可复制其录音制品公约》于1971年通过。公约规定，每一缔约国均有义务为属于另一缔约国国民的录音制品制作者提供保护，以禁止未经制作者同意而进行复制，禁止进口此类复制品（如果这种复制或进口以向公众发行为目的），并禁止此类复制品向公众发行。我国于1993年1月5日加入该公约，1993年4月30日该公约对我国生效。该条约适用于珠三角九市及香港特区，不适用于澳门特区。

《与贸易有关的知识产权协定》（TRIPS）于1994年4月15日由各国代表在摩洛哥的马拉喀什签订，并于1995年1月1日起生效，由同时成立的世界贸易组织（WTO）管理。TRIPS第二部分的第一节就著作权和相关权利等作出了明确约定。2001年12月11日，中国开始履行TRIPS。该条约适用于珠三角九市及香港、澳门特区。

《世界知识产权组织版权条约》（WCT），1996年缔结，属于《伯尔尼公约》所称的特别协议，涉及数字环境中对作品和作品作者的保护。我国于2007年3月9日加入该公约，2007年6月9日该公约对我国生效。该条约适用于珠三角九市及香港、澳门特区。

《世界知识产权组织表演和录音制品条约》（WPPT），1996年缔结，涉及表演者和录音制品制作者的知识产权，特别是数字环境中的知识产权。我国于2007年3月9日加入该公约，2007年6月9日该公约对我国生效。该条约适用于珠三角九市及香港、澳门特区。

《视听表演北京条约》由2012年6月20日至26日在北京举行的保护音像表演外交会议通过，涉及表演者对视听表演的知识产权。我国于2012年6月26日签署了该条约，2014年7月9日批准加入，并于2020年4月28日起在我国正式生效。该条约适用于珠三角九市及澳门特区，不适用于香港特区。

《关于为盲人、视力障碍者或其他印刷品阅读障碍者获得已出版作品提供便利的马拉喀什条约》（MVT），2013年6月27日通过，2016年9月30日该条约生效。MVT为缔约方设定了为视障者和其他阅读障碍者规定强制性限制与例外的义务，并有相应的灵活性。我国已于2013年6月28日签署了该条约，2022年2月5日批准加入，并于2022年5月5日起在我国正式生效。该条约适用于珠三角九市及香港、澳门特区。

第四节　粤港澳大湾区其他领域知识产权国际条约的适用情况

截至2023年10月，粤港澳地区其他领域知识产权国际条约主要有3个，分别是《关于集成电路知识产权的华盛顿条约》《国际植物新品种保护公约》《中华人民共和国政府与欧洲联盟地理标志保护与合作协定》。

《关于集成电路知识产权的华盛顿条约》对集成电路布图设计（拓扑图）提供保护。1989年5月26日订于华盛顿，条约尚未生效，但TRIPS规定其成员必须遵守该条约的第2条至第7条、第12条以及第16条中的部分规定。我国于1990年5月1日签署了该条约。该条约适用于珠三角九市，不适用于香港、澳门特区。

《国际植物新品种保护公约》，1961 年签订，其文本于 1968 年生效。后经多次修订，其 1991 年修订文本于 1998 年生效。根据该公约，成立了"国际保护植物新品种联盟"（法语简称 UPOV）。1999 年 4 月 23 日，我国加入《国际植物新品种保护公约（1978 年文本）》，并成为 UPOV 成员国。该条约适用于珠三角九市，不适用于香港、澳门特区。

《中华人民共和国政府与欧洲联盟地理标志保护与合作协定》（以下简称《中欧地理标志协定》），2020 年 9 月 14 日签订，2021 年 3 月 1 日起生效。《中欧地理标志协定》包括 14 条和 7 个附录，主要规定了地理标志保护规则和地理标志互认清单等内容，是中国对外商签的第一个全面的、高水平的地理标志协定。广东的凤凰单丛、吴川月饼、英德红茶、大埔蜜柚 4 种地理标志产品入选首批中欧互认互保地理标志名录。该协定适用于中国的全部关税领土。

第九章 粤港澳大湾区知识产权规则实践的共性与特性

第一节 粤港澳大湾区知识产权规则实践的共性

一、均有专门的法律条例来管理知识产权

内地的知识产权制度从无到有，发展迅速，知识产权立法、执法、司法各方面都取得了巨大的进展。先后制定并实施了一系列法规和规定，知识产权法律体系已经形成并日趋完善。

香港知识产权保护的历史渊源久远，在1874年香港就成立了商标注册处。但在回归祖国前，除了独立的《商标条例》及商标注册制度，香港并没有真正意义上的独立的知识产权法律体系，大部分知识产权法律都是直接沿用英国的相关法律或援引英国法院的判例。随着《中华人民共和国政府和大不列颠及北爱尔兰联合王国政府关于香港问题的联合声明》的签署和《中华人民共和国香港特别行政区基本法》的制定，香港知识产权法律体系开始了成文化、本地化和现代化的发展进程。1997年6月27日，由香港自行制定并经立法会通过的《专利条例》、《注册外观设计条例》、《版权条例》以及相关的附属立法开始生效实施，与《商标条例》一起共同构成了香港知识产权法律体系。

澳门回归祖国之前一直沿用葡萄牙的各项法律制度，没有自己独立完整的知识产权法律体系，在知识产权领域主要适用的是葡萄牙《工业产权法典》和《版权法典》。澳门回归祖国后，根据《中华人民共和国政府和葡萄牙共和国政府关于澳门问题的联合声明》和《中华人民共和国澳门特别行政区基本法》规定，除了与《中华人民共和国澳门特别行政区基本法》相抵触的或者由澳门立法机关作出修改，澳门原有的法律、法令等规范性文件均予以保留。目前，澳门的知识产权权利主要包括著作权和工业产权，分别明文规定在《著作权及有关权利之制度》和《工业产权法律制度》两部法律之中。

二、均设立了知识产权管理机构

内地知识产权保护工作的部门主要包括国家知识产权局、国家市场监督管理总局、国家版权局（新闻出版局）和中国海关及其在省、市、县各地方的相应机构。党的二十届二中全会通过的《党和国家机构改革方案》对知识产权等重点领域的机构职责进行了优化和调整，将国家知识产权局由国家市场监督管理总局管理的国家局调整为国务院直属机构。商标、专利等领域执法职责继续由市场监管综合执法队伍承担，相关执法工作接受国家知识产权局专业指导。关于著作权的保护，地方各级版权局（新闻出版局）在中央宣传部（国家版权局）的指导下，具体负责查处侵犯著作权行为的工作。中国海关

作为国家进出关境监督管理机关，承担着在进出口环节打击侵犯知识产权违法行为的重要职责，是知识产权执法机关。

在内地法律制度框架下，各部门协同配合，加强知识产权行政执法和刑事司法的衔接工作。在查处知识产权案件中，行政执法机关发现违法行为情节严重、构成犯罪的，应当及时将案件移送给有管辖权的司法机关，依法追究行为人的刑事责任。此外，知识产权权利人还可以进行自力救济，对侵犯其知识产权权利的行为依法提起民事诉讼，要求侵权人承担停止侵权、消除影响、赔偿损失等民事责任。

在香港，主管知识产权工作的部门是香港知识产权署和香港海关。在知识产权管理机构方面，由香港知识产权署负责统一管理商标、专利及版权事务，提供专利、商标及外观设计的注册服务，为香港本地和外来投资者提供知识产权服务，并向香港特区政府部门提交知识产权方面的法律意见、法例建议。除此之外，根据香港法律规定，知识产权权利人可以对侵犯专利权、商标权和版权的行为向法院提起民事诉讼，请求法院判令侵权人进行损害赔偿、交出所得利润形式等，以弥补权利人因侵权行为遭受的损失。

澳门管理知识产权的工作部门主要是澳门特别行政区经济局和澳门海关。澳门特别行政区经济局主管知识产权的行政审批工作，如商标权的注册登记、专利权的申请审批等。根据《澳门民法典》的相关规定，知识产权权利人可以向法院提起民事诉讼，起诉侵权人要求其承担停止侵害、赔偿损失等民事责任。

在寻求法院进行私权利救济方面，内地、香港、澳门地区的法律都切实保障了权利人的诉权。

三、在执法中海关部门都发挥了重要作用

在内地，海关作为知识产权执法机关，依据《中华人民共和国海关法》《中华人民共和国知识产权海关保护条例》《中华人民共和国关于〈中华人民共和国知识产权海关保护条例〉的实施办法》等法律法规开展对进出口货物的知识产权执法保护，切实保障知识产权权利人的合法权益。

香港海关是负责对版权及商标侵权行为进行刑事调查及检控的部门，执行一切有关侵犯版权和商标权利的刑事工作，负责调查涉嫌侵犯商标、版权等投诉以及处理侵犯知识产权的刑事案件。

2001年，澳门海关成立后，接替澳门特别行政区经济局行使知识产权查处的职权，全权负责查处知识产权违法犯罪案件，并交由检察院对涉嫌犯罪行为进行检察、控诉，法院进行案件的审理和判决。

近年来，三地海关在知识产权执法方面不断加强合作。海关总署广东分署、香港海关和澳门海关于2023年9月在香港举行了第三次粤港澳海关知识产权执法合作会议，承诺共同努力做好粤港澳大湾区保障知识产权工作，并定期开展知识产权联合执法行动。以2023年8月21日至9月1日为期12日的联合执法行动为例，三地海关加强检查转口往北美、欧洲和"一带一路"沿线国家和地区的货物，成功遏止跨境转运冒牌货物活动。

第二节　粤港澳大湾区知识产权规则实践的特性

一、粤港澳三地知识产权制度差异大

受社会制度、历史发展、文化背景、经济状况等因素的影响，粤港澳三地知识产权制度存在一定的差异，基于特殊的现实原因，三地在达成共识后，主要通过签署合作协议的方式协调制度的差异，如 CEPA 等。随着 CEPA 各分阶段协议的不断实施，在签署时未能预见到的问题在三地贸易自由化的逐步深化中开始凸显。一是尽管签署了 CEPA 分阶段协议，但这些协议属于行政指导意见，对粤港澳跨区域知识产权保护只作出原则性规定，不具有法律强制执行效力，对知识产权的审批程序、认定标准和司法保护均不能产生实质性的影响，尚未能解决粤港澳三地在知识产权制度方面的差异，也未能在 CEPA 框架下制定一种有效的能够适用于粤港澳三地的统一的知识产权法律制度。二是在各区域知识产权发展、保护水平存在差异的情况下，知识产权协调制度中粤港澳三地的利益平衡问题尚待解决，构建 CEPA 框架下知识产权协调制度面临较大挑战。

在专利方面，内地专利分为发明专利、实用新型专利和外观设计专利，保护期限分别为 20 年、10 年和 15 年。香港专利分为标准专利和短期专利，均由香港知识产权署专利注册处负责审批、管理。标准专利保护期限自申请之日起 20 年；短期专利保护期限为 4 年，可再续展一次延长至 8 年。澳门专利主要包括发明专利、实用专利和设计及新型三大类型。澳门发明专利的有效期为自申请之日起 20 年，不得续展；实用专利为 6 年，可续展 2 次，每次续展 2 年，最长期限共 10 年。设计及新型则类似于内地的外观设计专利，有效期为自申请之日起 5 年，可续展 4 次，每次续展 5 年，最长期限共 25 年。

在商标方面，《中华人民共和国商标法》规定商标授权采取注册原则。经国家知识产权局核准注册的商标为注册商标，依法享有注册商标专用权。注册商标的有效期限为 10 年，自核准注册之日起算，商标有效期届满前 12 个月内，商标注册人可以办理续展手续，每次续展注册的有效期为 10 年，没有次数限制。香港商标授权采取混合制原则，即实际使用在先为主，申请在先为辅。在一般情况下，在先使用商标的权利人有权对他人在后的商标注册申请向香港知识产权署提出异议，有利于保护在先使用的未注册商标。香港商标的有效期限为自注册之日起 10 年，期限届满前可以续展，每次续展有效期限为 10 年，不限制续展的次数，但需缴纳一定的续展费用。澳门规定商标取得采取注册原则，推定已注册商标具有新颖性。澳门地区商标的有效期限为 7 年，期限届满前可以续展，每次续展有效期限为 10 年，续展次数不受限制。

在著作权方面，内地的著作权将作品定义为"文学、艺术和科学领域内具有独创性并能以一定形式表现的智力成果"，列举的作品类型包括文字作品，口述作品，音乐、戏剧、曲艺、舞蹈、杂技艺术作品，美术、建筑作品，计算机软件等。创作作品的公民是作者，在特定情形下法人或非法人单位可视为作者。符合法定定义的作品完成后，不

论是否发表，均享有著作权。作品的署名权、修改权、保护作品完整权的保护期不受限制。对于公民的作品，其发表权及财产权的保护期为作者终生及其死亡后 50 年；对于法人或其他组织的作品，其发表权及财产权的保护期为作品首次发表后第 50 年；对于视听作品、摄影作品等，其发表权及财产权的保护期为作品创作完成后 50 年。香港《版权条例》没有明晰定义何为作品，而是列举了作品类型包括原创的文学作品、戏剧作品、音乐作品或艺术作品，声音纪录、影片、广播或有线传播节目，及已发表版本的排印编排等。规定作品作者可以是自然人或法人。对于版权的保护期限的规定为 50 年，起算点根据作品类型的不同有所差异。澳门《著作权及有关权利之制度》对作品的定义为"在文学、科学或艺术领域内之原始智力创作"。只承认自然人为作者。一般情况下，著作权在作品之创作人去世后满 50 年失效。

二、粤港澳三地知识产权注册登记程序差异大

粤港澳三地有关知识产权注册、登记的行政程序规定大不相同。目前，随着内地知识产权电子申请系统的不断完善，以及内地相继就专利代理师等职业资格对港澳居民开放，港澳申请人到内地进行知识注册登记已经越来越便利，资金与时间成本也越来越低。内地到香港进行知识产权注册登记也相对便利，而到澳门进行知识产权注册登记，若申请人不是持有澳门居民身份证的人士，或不是澳门法律设立的法人，需要委托澳门的律师或者当地居民进行注册登记。内地的申请人需要首先在内地完成委托手续的公证，手续相对冗繁，资金和时间成本也相对较高。诸如此类的重复性工作事项既会阻碍知识产权要素的跨境流通，还极大可能会提高知识产权纠纷的发生率，如商标权领域常见的商标重复申请、商标抢注等现象。在签署 CEPA 后，由广东省知识产权局牵头，联合港澳知识产权主管机构共同建设"粤港澳知识产权资料库"网站（http://www.ip-prd.net/en/home/index.html），该网站以中文、英文不同文种提供粤港澳三地现行的知识产权资料，帮助知识产权权利人了解湾区知识产权法律的有关规定、行政程序等具体情况。但是，该措施尚不能从根本上解决由于粤港澳三地知识产权登记程序差异而带来的冲突问题。如果粤港澳三地之间的知识产权注册登记能够实现一证通用，不仅可以更好地保护申请人的智力成果，还可以推进湾区知识产权的融合发展。

三、粤港澳三地知识产权认定标准不一致

粤港澳三地法律制度的不同，导致了三地知识产权认定标准的差异。例如，对于驰名商标的保护，粤港澳三地在驰名商标的定义、保护范围、认定标准、认定方式以及赋予驰名商标权利人之权利等方面仍存在差异。《中华人民共和国商标法》明确规定了认定驰名商标所需考虑的因素，包括公众知晓程度、使用商标所持续的时间长短、关于商标宣传的程度以及作为驰名商标所受保护的相关记录等。香港的《商标条例》中指出了认定驰名商标所需考虑的因素，包含外界对该商标的认知程度或承认程度、该商标的使用范围、商标被使用的持续时间等。而澳门对于驰名商标的认定并无明确规定。虽然《与贸易有关的知识产权协定》与《保护工业产权巴黎公约》均对驰名商标给予法律保

护，或虽然粤港澳三地所列举的驰名商标考虑因素有重合的部分，但对驰名商标并没有统一的认定标准，这直接导致在驰名商标认定的审查实践中难以实现执行的统一。

四、粤港澳三地知识产权行政和司法协同保护机制不完善

在粤港澳三地进行知识产权保护的执法工作中，所赋予的法定权力范围和内容不同，导致在开展湾区跨境知识产权联合保护行动时，行政案件查办衔接存在困难，不便于未来常态化知识产权联合执法的进行。一是在海关知识产权保护领域。对于内地而言，海关对进出口货物的知识产权执法保护，主要集中在著作权、专利权及商标权侵权行为；对于香港而言，海关执法的权限范围限于版权和商标权的侵权案件，具有调查、查处和处罚该类型案件的权力；对于澳门而言，海关的权限范围较广，有权通过查处、处罚等措施对工业产权和版权加以保护。因此，粤港澳三地在知识产权保护的执法方面，海关的权限范围既存在交叉领域，也存在空白领域，而在知识产权保护执法过程中，冲突问题往往会出现在"空白领域"内。二是粤港澳三地知识产权的执行程序不同，导致某一地的知识产权可能不能直接在另一地获得相应的保护。若想获得保护，则须履行一定的行政程序，这在一定程度上会影响市场主体申请知识产权保护的积极性与主动性，长此以往容易造成知识产权侵权现象频发等问题，对粤港澳三地知识产权行政和司法协同保护机制的形成造成影响。

2019年1月8日，最高人民法院与香港特区政府签订了《关于内地与香港特别行政区法院相互认可和执行民商事案件判决的安排》（以下简称《安排》）。《安排》自2024年1月29日起在内地和香港同步实施，并适用于生效日或之后作出的判决。《安排》就内地和香港相互认可和执行民商事案件判决建立了更加全面的机制，尽可能扩大了两地相互认可和执行民商事案件判决的范围，将部分知识产权案件（商标权、著作权案件）的判决纳入了相互认可和执行的范围，进一步减少两地就同一争议重复提出诉讼的需要。《安排》第三条规定，内地人民法院审理的有关发明专利、实用新型专利侵权的案件，香港特别行政区法院审理的有关标准专利（包括原授专利）、短期专利侵权的案件，内地与香港特别行政区法院审理的有关确认标准必要专利许可费率的案件暂不适用。一般来说，在内地和香港的知识产权制度中，专利权领域的差异最大，发生纠纷的可能性也是最大的。将专利权纠纷案件排除在相互认可和执行的适用范围之外，尚未完全解决大湾区知识产权冲突的问题。这也表明，内地与香港在知识产权司法协作领域还需进一步探索内地与香港在专利侵权案件处理上的规则融合机制，以便更加有效地保护知识产权权利人的合法权益。

内地知识产权保护已建立了司法保护与行政保护并行的"双轨制"保护模式。司法保护是指人民法院通过知识产权民事、行政或刑事案件的司法审判实现对知识产权权利人合法利益的保护。行政保护是指行政执法机关依据法律赋予的行政权履行职责，维护知识产权权利人的合法权益。相比于司法保护，知识产权行政保护能主动、高效地打击知识产权侵权行为，充分发挥知识产权执法部门的专业优势，同时大大降低知识产权权利人的维权成本。

在香港，商标侵权和版权侵权行为可构成刑事犯罪。对于涉嫌版权及商标侵权行为，香港海关依法行使搜查权和扣押权，具体负责调查涉嫌侵犯商标、版权及虚假说明的投诉，并通过与海外执法机关及商标和版权权利人合作，有效打击侵犯知识产权权益的行为。同时，香港法律并未明文规定对专利权的行政保护或者刑事保护。专利权人发现侵权行为后，可以依据《专利条例》的规定向法院提起民事侵权诉讼，要求侵权行为人承担相应的民事责任。

在澳门，澳门海关是查处知识产权违法犯罪行为的主要部门，负责具体接受知识产权侵权投诉并作出处理。依据《工业产权法律制度》第五编的规定，澳门海关在执行知识产权的保护的职责时，可对进行财货或服务的各种生产、中间贸易或销售活动的所有地点，包括物品生产单位、仓库、办公室和商业场所进行监察。澳门海关可以根据当事人的控告予以立案调查，也可以依职权主动调查。对于知识产权违法行为，澳门海关关长有科处行政处罚的权限，在确定行政处罚的轻重时，关长必须考虑违法行为的严重性、行为人的过错及其经济能力状况，同时还应当考虑违法行为所带来的相当巨额的利润。对于侵犯著作权的行政违法行为，明确规定了澳门海关对于著作权行政违法行为的处罚职能和权限，但该制度仅规定了著作权集体管理方面的违法行为，对其他侵犯著作权的行为或侵犯著作权法的行政执法程序并未作详细、明确的规定。

五、粤港澳三地知识产权国际条约的适用情况各不相同

目前的知识产权国际条约主要有《与贸易有关的知识产权协定》《保护工业产权巴黎公约》《商标国际注册马德里协定》《商标注册用商品和服务国际分类尼斯协定》《商标法条约》《商标国际注册马德里协定有关议定书》《商标法新加坡条约》《专利合作条约》《国际承认用于专利程序的微生物保存布达佩斯条约》《建立工业品外观设计国际分类洛迦诺协定》《国际专利分类斯特拉斯堡协定》《工业品外观设计国际注册海牙协定》《保护文学和艺术作品伯尔尼公约》《保护录音制品制作者防止未经许可复制其录音制品公约》《世界知识产权组织版权条约》《世界知识产权组织表演和录音制品条约》《视听表演北京条约》《关于为盲人、视力障碍者或其他印刷品阅读障碍者获得已出版作品提供便利的马拉喀什条约》《关于集成电路知识产权的华盛顿条约》《国际植物新品种保护公约》《中华人民共和国政府与欧洲联盟地理标志保护与合作协定》等。这些知识产权国际条约在粤港澳三地的适用情况各不相同。

第十章 加快推进粤港澳大湾区涉外知识产权法治建设

粤港澳大湾区国际化水平高，拥有香港、澳门两个国际化城市，以及广州、深圳等国家中心城市，具有"一国两制、三个关税区、四个核心城市"等独特格局，作为国内国际双循环的窗口，地理位置优势突出，拥有国际化的交通枢纽、一流的国际社区以及国际化人才与公共服务水平，是海内外产业、知识、人才流动的桥头堡。要对标旧金山湾区、纽约湾区、东京湾区，突出粤港澳大湾区知识产权国际化的发展特点，发挥粤港澳大湾区的独有特色，以大湾区的整体优势对接国际知识产权规则，加快推进粤港澳大湾区涉外知识产权法治建设。

第一节 加快引进、培育熟悉粤港澳大湾区知识产权规则实践的涉外法治人才和机构

人才战略是国家战略。习近平总书记在中央人才工作会议上指出，"加快建设世界重要人才中心和创新高地，需要进行战略布局。综合考虑，可以在北京、上海、粤港澳大湾区建设高水平人才高地"。党的二十大报告指出，"加强知识产权法治保障，形成支持全面创新的基础制度。扩大国际科技交流合作，加强国际化科研环境建设，形成具有全球竞争力的开放创新生态"。《知识产权强国建设纲要（2021—2035年）》指出，"做好涉外知识产权律师培养和培训工作，加强知识产权国际化人才培养"。可见，培育多元化、高素质的知识产权人才，构建粤港澳大湾区国际知识产权人才教育体系，是国家战略要求，是湾区知识产权立业之基。随着中国经济全球化程度的加深，粤港澳大湾区作为中国改革开放的重要窗口，在中国乃至全球市场上的影响力不断提升。湾区创新主体越来越多地涉足海外市场，国际知识产权交流合作日益频繁和深入，对涉外知识产权服务的需求也越来越迫切。

一、培育熟悉粤港澳大湾区知识产权规则实践的涉外法治人才

构建粤港澳大湾区国际人才教育体系，是湾区知识产权发展的需求。在世界知识产权组织发布的全球创新指数（GII）"科技集群"排名中，粤港澳大湾区"深圳—香港—广州"连续四年蝉联全球第二大科技集群。湾区PCT国际专利申请量、海牙外观设计专利申请量、马德里国际商标注册申请量均保持领先优势。湾区有强劲的创新势头和雄厚的知识产权储备，对国际化知识产权人才需求强烈。欧洲工商管理学院（INSEAD）发布的2022年《全球城市人才竞争力指数报告》显示，深圳、广州作为大湾区的主要核心城市排名分别为第99位和第113位，落后于上海（第83位）、北京（第91位），广州落后于杭州

（第110位）。香港、澳门、深圳和广州历来是人才高度聚集带，而大湾区东岸和西岸人才密度较低，中心城市人才聚集的辐射作用并不明显，其他城市对人才的吸引力也有待提升，粤港澳大湾区的人才吸引力水平和人才集聚水平尚存在一定差距。

粤港澳三地知识产权制度及知识产权注册登记程序差异大、知识产权认定标准不一致，深港现代服务业合作区、横琴粤澳深度合作区、中新广州知识城等区域促进知识产权发展的新政新规频出，粤港澳大湾区适用的知识产权国际条约众多，因此，粤港澳大湾区知识产权从业人员需要熟悉湾区不同法域的知识产权制度，掌握湾区各地最新的知识产权规则，具备国际化的沟通能力和综合素养。目前，尽管粤港澳大湾区知识产权领域有数万从业人员，但缺少精通粤港澳大湾区知识产权规则的国际化、高层次、复合型人才，亟需实施更加积极、更加开放、更加有效的知识产权人才培育举措，着力构建立足湾区、面向全国、着眼全球的知识产权人才培养体系，探索建立海外知识产权人才引进和激励机制，为粤港澳大湾区知识产权规则完善提供强有力的人才保障和智力支持。要抓住建设粤港澳大湾区高水平人才高地重大历史机遇，紧密对接产业基础和科技创新需要，引育站在世界科技前沿的高水平知识产权人才，壮大高端科创人才队伍，为打造国际知识产权合作高地培育"湾区知识产权智库"。

二、加强粤港澳大湾区国际知识产权人才引进平台建设

引进熟悉粤港澳大湾区知识产权规则实践的涉外法治人才，是解决专业人才匮乏最直接、最便捷的方法。建议根据大湾区创新主体对涉外知识产权创造、管理、保护及运用的需求，引进各类人才培养主体，增加大湾区高质量知识产权国际化人才供给。加强粤港澳大湾区国际知识产权人才港等人才引进平台建设。粤港澳大湾区国际知识产权人才港是广州开发区为汇聚全球知识产权人才而搭建的专业平台，坐落于中新广州知识城，于2022年4月在广东省市场监督管理局（知识产权局）的指导和支持下启动建设。人才港以培养、吸引、用好知识产权国际人才为核心任务，聚焦建设知识产权人才培养与运用平台、人才吸引与引进平台、人才服务与支撑平台、人才交流与传播平台，为知识产权人才提供事业开展、交流对接、业务培训等支持和服务。人才港面向全球征集知识产权国际化专家，组建国际知识产权人才港专家智库，搭建了全球知识产权人才数字档案和数据库，实现了知识产权与产业基础、创新需求的高效匹配。人才港还与中国知识产权培训中心、澳门科技大学法学院等机构合作，共建实践基地，开展知识产权国际化人才的培训和教育。为强化知识产权人才队伍建设，推动建设高水平人才高地，粤港澳大湾区要不断完善、充分利用人才港，依托区域创新资源要素集聚优势，实施更加积极、更加开放、更加有效的知识产权人才举措，探索、创新并突破国际人才自由流通等问题，构建知识产权人才"强磁场"，为完善粤港澳大湾区知识产权规则、推进知识产权制度融合发展提供人才保障和平台支撑。

三、探索构建实用性、国际化的粤港澳大湾区涉外知识产权法治人才培育体系

解决熟悉粤港澳大湾区知识产权规则实践的涉外法治人才匮乏问题，引进人才是一时

之策，构建科学的涉外知识产权法治人才培育体系才是根本出路。作为我国开放程度最高、经济活力最强的区域之一，粤港澳大湾区拥有丰富的产业资源与雄厚的经济基础，现代化产业体系比较齐全，产业创新的生态链良好，通过科技资源融合对接，集聚更多全球高端科研资源，更好实现优势互补，有利于支撑粤港澳大湾区建设国际科技创新中心和综合性国家科学中心建设。目前，据不完全统计，粤港澳大湾区拥有 50 家国家级重点实验室、29 个国家工程技术研究中心，分布着 20 多家世界 500 强企业、超过 6 万家高新技术企业、10 所 QS 世界排名前 500 的高校，还有大量新型研发机构、科技企业孵化器和众创空间，逾 200 位院士定居粤港澳大湾区，重大科技设施和科技企业基础雄厚。粤港澳大湾区主要城市在充分发挥科技创新和产业优势的同时，可以吸引和对接全球创新资源，形成统一的人才市场和一流的人才生态，绘制大湾区知识产权人才地图，推进知识产权人才数据共享。

整合湾区知识产权优势资源，集中资源建设一所突出实用性、国际化教育的国际知识产权学院。建议借鉴新加坡知识产权学院的办学经验，谋划建设粤港澳大湾区国际知识产权学院。新加坡知识产权局下属的新加坡知识产权学院涉及官、产、学、研各方面，在全球知识产权领域具有良好的声誉，是目前世界上运营比较成功的国际知识产权学院典范。学院旨在提高新加坡和亚洲地区的知识产权领域的教育和研究水平，为新加坡和东南亚地区的知识产权从业者提供高质量的知识产权培训和专业发展机会。新加坡知识产权局扮演着除学院出资人以外的多重角色：一是决策人，由新加坡知识产权局局长兼任知识产权学院董事长，由分管副局长兼任知识产权学院执行总监。二是业务支持人，在新加坡知识产权局的沟通下，知识产权学院与世界知识产权组织、国际商标协会、国际工业产权研究中心等机构深入合作，在新加坡举办多场国际论坛、年会，提升知识产权学院的国际影响力。三是市场中介人，在新加坡知识产权局与中国国家知识产权局等国外知识产权主管部门签订的双边合作协议中，由学院负责相关知识产权培训。这种做法吸引了很多国家政府、公共部门人员参与付费培训，为学院争取到了广阔的业务市场。在 2003 年成立之初，学院发展目标笼统定位为"致力于深化和扩展新加坡在知识产权保护、开发和管理方面的知识和能力"。2010 年，随着新加坡政府确定建设"在亚洲的世界知识产权枢纽"的国家目标，新加坡知识产权学院的定位也被提升到三个层面：一是在政府和公共机构层面，主要发挥学术研究功能，"开展能够帮助政策和决策制定的前沿研究"。二是在社会层面，主要发挥行动引领功能，"通过全面的领导力行动将新加坡定位于知识产权中心"。三是在知识产权行业从业者层面，主要发挥能力提升功能，"为即将到来的知识产权服务业的增长进行能力建设"。

新加坡知识产权学院最成功的经验是自力更生探索出多种盈利途径以自营经费保障自身的可持续发展。新加坡知识产权学院产学研结合的盈利模式可供多方学习借鉴：一是学位收益，即通过提供"证书课程"收取费用。例如，与新加坡国立大学法学院联合开设知识产权法学课程，由国立大学授予知识产权法硕士证书，该证书是新加坡专利代理人的前提资格条件。二是培训收费，即通过提供"技能课程"和"基础课程"收取费用。"技能课程"面向已经具备知识产权知识的工作人员，参加该课程可以获得知识产权技能框架和技能资格。"基础课程"主要面向知识产权入门者培训知识产权体系的基础知识，并能够熟练将知识产权应用于具体领域或一般业务流程。例如，2009 年推出面向政府和公共机构知识产权课程后，2012 年即被《智力资产管理》杂志评为全球 10 家最有影响力的知识产权培训机构之一。三是咨询收费。学院通过承担中小会议、大专院校技术转移中心、研发人员、专利代理人和律师的咨询业务收取费用。这些专业客户也丰富了学院的研究和教学资源。作为新加坡唯一的知识产权教育和培训中心，学院还探索出提供个性化、高端化的培训模式，独特的培养模式和课程设置，使其成为"新加坡知识产权智慧聚集地"。新加坡政府在确定建设"在亚洲的世界知识产权枢纽"的国家目标后，重点打造了新加坡知识产权学院。《广东省知识产权保护和运用"十四五"规划》提出"推动粤港澳大湾区知识产权国际合作高地建设"的目标，因此可以考虑与新加坡知识产权学院开展合作办学，结合湾区当地发展需求和特点，打造符合湾区实际、更加先进的知识产权教育模式，逐步构建实用性、国际化的湾区涉外知识产权法治人才培育体系。

四、引进优质涉外知识产权服务资源落户湾区

积极引进涉外知识产权服务机构，是发展湾区涉外知识产权服务业的捷径。建议深化外国专利代理机构在华设立常驻代表机构等改革试点，鼓励高水平外国机构到粤港澳大湾区开展知识产权服务。充分利用中新广州知识城国际知识产权服务大厅等粤港澳大湾区国际知识产权公共服务平台，推动国内外各类知识产权要素和资源加速集聚整合，支持粤港澳创新主体与国际知识产权服务机构深化对接，打通创新主体寻找国内外知识产权多元化专业服务的"最后一公里"。创造良好的粤港澳大湾区知识产权服务市场环境，简化涉外知识产权服务机构审批流程，降低涉外机构成本，制定统一的粤港澳大湾区知识产权机构服务标准规范，打造一个公平竞争、高效有序、开放包容的市场环境，吸引外国机构进入湾区发展。

五、培育湾区知识产权本土国际化服务机构

建议加强国际化知识产权服务机构培育布局，提升湾区知识产权的国际竞争力要支持湾区知识产权服务机构开展全球化知识产权服务，强化具有国际影响力的知识产权服务品牌输出，抢占全球知识产权创造的制高点。促进粤港澳大湾区知识产权服务业开放创新，加快知识产权服务出口基地建设，培育发展知识产权服务贸易。例如，产品目标市场是在欧洲，还是东盟国家，根据不同国家或地区的规则决定是先在目标市场销售产品随后布局专利，还是市场未动专利先行。鼓励湾区本土知识产权服务机构开展全球化知识产权服务。要加强知识产权国际化运营，增加服务大湾区高质量发展的国际知识产权资源供给能力。要根据不同创新主体行业类型、经营规模、目标市场，有针对性地为涉外知识产权提供专项咨询服务。支持有条件的知识产权服务机构到境外设立分支机构或代表处，打造一批具有国际影响力的湾区知识产权服务品牌机构，抢占全球知识产权创造的制高点，推动跨境知识产权服务业高质量发展，提升湾区知识产权影响力。

六、深化湾区涉外知识产权服务机构的对接合作

聚合粤港澳创新链优势资源，支持粤港澳创新主体与国际知识产权服务机构深化对接，各取所需、互利共赢，不断提升粤港澳大湾区知识产权服务机构的国际运营能力。欧美日韩等发达国家和地区知识产权服务业整体具有较高的水平和良好的信誉，具有更强的国际化经营能力和资源，能够为创新主体提供跨国知识产权布局、国际专利申请、海外侵权维权、国际商务谈判咨询等国际化、多元化、综合性服务；而湾区知识产权服务机构虽然与本地创新主体建立了密切的联系，有良好的客户基础，但涉外知识产权服务能力有待提升。要深化粤港澳大湾区服务机构与涉外知识产权服务机构对接，推动湾区机构与国际知识产权组织、知识产权律师协会等开展交流活动，建立合作关系，各取所需、互利共赢，不断夯实粤港澳大湾区知识产权服务机构的综合能力。利用粤港澳大湾区知识产权交易博览会暨国际地理标志产品交易博览会、亚洲知识产权营商论坛等平台，加强知识产权保护和运用，开拓业务对接合作领域。

第二节　加强粤港澳大湾区涉外知识产权法治建设

近年来，粤港澳大湾区涉外法治建设加快推进。尤其是广东持续优化涉外制度供给，加快推进外商外贸保护地方立法，出台《广东省外商投资权益保护条例》，明确外商权益保护范围，规定了优化政务服务、完善外商投资企业投诉处理机制等要求。强化大湾区建设制度供给，出台《横琴粤澳深度合作区发展促进条例》《深圳经济特区前海合作区投资者保护条例》等，将一批省级行政职权调整由横琴粤澳深度合作区执行委员会及其工作机构实施。对与《区域全面经济伙伴关系协定》（RCEP）内容不符的省政府规章进行专项清理，按程序废止、修改规章4件，持续加强大湾区及横琴、前海、南沙、河套等重大合作平台建设制度保障，推进规则衔接、机制对接"软联通"。知识产权是国际投资贸易的标配，涉外知识产权法治建设也是当前和今后一段时间推进粤港澳大湾区涉外法治建设的重中之重。

一、推动世界知识产权组织等国际知识产权资源落户粤港澳大湾区

世界知识产权组织（World Intellectual Property Organization，WIPO）于1967年7月14日成立，1974年12月成为联合国专门机构。其宗旨是通过国家之间的合作，并在适当情况下与其他国际组织配合，促进世界范围内的知识产权保护；保证各知识产权联盟间的行政合作。WIPO有193个成员。其组织机构主要为大会及各联盟的成员国大会、协调委员会、国际局、成员国会议。WIPO是致力于利用知识产权（专利、版权、商标等）作为激励创新与创造手段的联合国机构，是全球三个最主要的管理知识产权条约的国际组织之一。2023年国家知识产权局、广东省人民政府召开的共建国际一流湾区知识产权强省推进大会提出，要推动世界知识产权组织资源落户湾区。

　　粤港澳大湾区知识产权创造活跃，对于世界知识产权组织所提供的国际知识产权服务体系运用广泛且频繁，众多湾区创新主体对于知识产权全球布局、走向国际市场有较大需求。2022 年，广东省的 PCT 国际专利申请数量达到 24290 件，占全国受理量的35.14%，连续 3 年位于全国之首；马德里商标国际注册申请量 1551 件，占全国总量的26.62%，保持全国首位。同时，粤港澳三地具有常态化的合作机制，联合开展的粤港澳大湾区知识产权交易博览会暨国际地理标志产品交易博览会、粤港澳大湾区高价值专利培育布局大赛、亚洲知识产权营商论坛等品牌合作成果声誉斐然、影响广泛。引进国际知识产权资源在湾区落户建设，具有现实需求和产业基础。可考虑推动 WIPO 在粤港澳大湾区设立中国办事处的湾区联络点，便利湾区创新主体知识产权工作的开展，加强湾区的国际合作。另外，粤港澳大湾区外观设计专利国内申请量、授权量全国第一，对外观设计国际保护也有较大需求，还可以考虑推动 WIPO《工业品外观设计国际注册海牙协定》在湾区设立外观设计申请与保护中心。通过推动 WIPO 分支机构落户湾区，可以积极发挥WIPO 等国际组织在湾区知识产权交流合作及规则完善中的作用，拓展海外发明、外观设计专利、商标等布局渠道，推动湾区与国际标准制定有效结合，让湾区创新主体共享到国际最新信息，辅助品牌和产品布局战略，加快湾区知识产权国际合作高地的建设。

二、把粤港澳大湾区打造成为国际知识产权诉讼优选地

　　广东地处改革开放前沿，既是中国知识产权案件量最大的省份，也是涉外涉港澳知识产权案件数量最多的省份。湾区知识产权国际保护水平正在不断提升。广州知识产权法院跨区域远程诉讼服务机制被写入《知识产权强国建设纲要（2021—2035 年）》。2021 年 9 月，广州互联网法院成立全国首个数据纠纷合议庭，为大数据、人工智能等新领域新业态司法保护提供专业审判。深圳中级人民法院"率先形成最严格的知识产权保护体系"作为经济特区创新举措和经验做法，被国家发展改革委向全国推广。近几年，广州知识产权法院受理的各类知识产权纠纷案件当事人涉及美国、日本、欧盟等世界主要发达国家和经济体，且知名外国跨国企业选择该院诉讼情况显著增多，高通、苹果、三星等国际跨国科技企业和华为、TCL 等国内高科技龙头企业纷纷选择该院作为解决知识产权纠纷之地，国际知识产权诉讼"优选地"的成效显著。

　　仲裁与调解通常是处理国际法律纠纷的优先选择。WIPO 仲裁与调解机构是一个中立的、国际性、非营利的争议解决机构，提供多种经济高效的替代性争议解决（ADR）服务，使私人主体之间可通过诉讼以外的方式，有效地解决国内或跨境知识产权和技术争议。该机构拥有一个庞大的知识产权专家库，库里有 2000 多名覆盖知识产权各个细分领域的专家，可提供全方位、多语种服务，满足企业和个人的各种需求。2019年，经司法部批准，WIPO 在上海自贸试验区设立 WIPO 仲裁与调解上海中心（以下简称 WIPO 上海中心）在中国境内开展涉外知识产权争议案件的仲裁与调解业务。这是我国政府批准的唯一一家境外仲裁与调解机构，也是中国首家落地境内的国际仲裁调解机构。2021 年 10 月，上海市高级人民法院与世界知识产权组织签订《加强知识产权领域替代性争议解决交流与合作谅解备忘录》，将委托调解案件的范围从上海知识产权法院、

上海市浦东新区人民法院两家法院扩大至多家法院。从 WIPO 上海中心已收案件来看，呈现 3 个特点：一是类型多样化，涉及知识产权各个领域；二是原告均为发达国家的知名企业；三是诉调成功率较高，调解成功率高达 30% 以上。上海知识产权法院优化合作对接机制，委托 WIPO 上海中心成功调解一起侵害发明专利权纠纷案，后原告代理律师在英国《知识产权杂志》发表文章，高度赞扬法院与 WIPO 上海中心的合作模式。WIPO 上海中心已经成为深度参与全球知识产权治理的重要平台，多年积累的良好口碑也有助于消除国外针对中国知识产权保护环境的负面舆论，成为打造涉外知识产权争议解决的国际首选地。

建议积极借鉴在上海自贸试验区设立 WIPO 上海中心的成功经验，争取在深圳前海、河套或者中新广州知识城、南沙，建设 WIPO 知识产权仲裁与调解粤港澳大湾区中心，把粤港澳大湾区打造成为名副其实的国际知识产权诉讼优选地。2023 年 12 月，世界知识产权组织总干事邓鸿森访问广东，双方表达了开展更紧密更深入更务实的合作，积极探索知识产权保护与创新发展的有效路径，积极打造知识产权纠纷解决优选地，着力营造市场化法治化国际化的营商环境和创新生态的共同意愿。2023 年 12 月 9 日，广东省高级人民法院和世界知识产权组织仲裁与调解中心签署《加强知识产权领域替代性争议解决交流与合作协议》，双方进入了紧密合作、共谋发展的新阶段，为促进涉外涉港澳知识产权纠纷多途径化解、发挥司法与专业调解的叠加优势提供了新路径，努力成为中国法院深度参与世界知识产权组织框架下全球知识产权治理的新典范，进一步深化沟通互信、合作互利，共同推动全球知识产权治理体系向着更加公正合理的方向发展，为湾区构建国际化、市场化、法治化营商环境作出积极贡献。

三、积极参与知识产权全球治理

建议推动湾区知识产权服务机构加强与各国知识产权机构的交流合作，推动信息共享。拓展海外外观设计专利布局渠道，推动专利与国际标准制定有效结合。广泛参与多边和双边协调联动的国际合作格局建设。积极维护和发展知识产权多边合作体系，利用好国际条约，加强在联合国、世界贸易组织等国际框架和多边机制中的合作。深化与共建"一带一路"国家和地区知识产权务实合作，打造高层次合作平台，推进信息、数据资源项目合作，探索向共建"一带一路"国家和地区提供国际外观设计专利检索、审查、培训多样化服务。加强构建多边、小多边、双边等形式的知识产权合作保护规则，积极探索互信互利、平等协商、尊重多样文明、谋求共同发展的新规则体系。

培养、鼓励、推荐湾区国际化的知识产权高端人才在 WIPO 等知识产权国际组织任职，积极参与并推动知识产权国际规则的制定和落地，推动知识产权国际秩序向着更加公正合理的方向发展。加强知识产权对外工作力量，积极参与国际知识产权保护协会（AIPPI）等非政府组织在知识产权国际交流合作中的作用。充分发挥湾区国际知识产权人才专家智库作用，为粤港澳知识产权发展全局性、关键性、前瞻性问题提供战略层面的咨询建议。深度参与知识产权领域对外开放，完善国际知识产权交流机制，参与推动完善相关国际贸易、国际投资等国际规则和标准。

第十一章　推动粤港澳大湾区知识产权规则衔接融合的路径探析

在过去的二十余年，粤港澳三地的知识产权事业改革发展取得重大进展，合作机制不断完善，合作领域持续扩大，交流频率不断增加，合作渠道逐步畅通，为国际一流湾区和国际知识产权合作高地建设打下了良好的工作基础。进入新发展阶段，知识产权作为国家发展战略性资源和国际竞争力核心要素的作用更加凸显。河套、前海、横琴、南沙等粤港澳重大合作平台建设，对知识产权创造、运用、管理与保护等也提出了更高要求，需要粤港澳三地知识产权规则深度衔接，建立知识产权协同发展机制。

第一节　探索创建常态化协调、实质性促进的粤港澳大湾区知识产权规则融合三方工作机制

当前，粤港澳大湾区知识产权规则衔接融合的问题和障碍主要有以下几方面：

（1）粤港澳三地知识产权规则内容不一致、不衔接。在"一国两制"的制度框架下，粤港澳大湾区存在分属三个不同关税区、三套不同经贸规则、三地知识产权法律规则差异大的客观情况。一是粤港澳三地知识产权制度差异大，专利、商标等的保护期及续展规定各不相同。二是粤港澳三地知识产权注册登记方面的法律规定存在较大差异。三是粤港澳三地知识产权认定标准不一致。四是粤港澳三地知识产权行政和司法协同保护机制有待进一步完善。五是主要知识产权国际条约的适用情况各不相同。六是在跨境知识产权保护方面，大湾区三地的保护措施仅立足于政策层面或执法层面，并未解决在法律层面的差异化等问题，也未能在 CEPA 框架下制定有效且适用于粤港澳三地的统一知识产权规则。

（2）粤港澳三地知识产权规则实践不同步、不协调。湾区知识产权服务管理机构众多，实行多头管理，具体表现为知识产权部门或服务机构存在职能缺项或重叠的现象。机构职能缺项主要表现在：专利、商标、版权与商业秘密业务一直处于分散管理的状态，知识产权管理部门尚未将版权与商业秘密业务纳入湾区知识产权业务咨询服务工作的清单中。湾区知识产权合作建设多采用签署合作协议等方式进行，合作主体通常是广东省政府与港澳特别行政区，例如，粤港保护知识产权合作专责小组、粤澳知识产权工作小组的成员单位包括广东省市场监督管理局（知识产权局）、广东省版权局、广东省公安厅、广东省商务厅、海关总署广东分署等。但合作协议基本不会明确规定合作各方的权利、义务与责任，也未建立保障合作的权利划分与责任落实制度，导致合作得不到有效的制度保障。

（3）粤港澳三地湾区知识产权规则融合不系统、不充分。为促进湾区知识产权合作

发展，近年来粤港澳三地在知识产权跨境保护、交易运营、培育布局、维权援助、人才培养、宣传推广等规则衔接与融合工作方面做了大量工作，针对湾区知识产权的政策越来越多，涉及知识产权创造、运用、保护、管理和服务等全链条各领域工作。但是粤港澳三地知识产权规则的衔接和融合多是通过行政法规、规章制度等自行调整，各项行政法规、规章制度相对独立，彼此之间并未构成一个完整的政策体系，未能形成一套系统性的湾区知识产权规则衔接工作制度。由于没有系统性的湾区知识产权合作制度对粤港澳知识产权规则衔接和融合工作的问题进行统一规定，湾区各地出台不同政策考虑的侧重点、利益诉求等各不相同，各规定之间缺少系统性与同一性，导致粤港澳三地知识产权资源流动不顺畅。

粤港澳大湾区已有常态化的粤港、粤澳交流合作机制。2003年8月，粤港两地政府于第六次粤港合作联席会议后成立"粤港保护知识产权合作专责小组"，建立年度工作会议机制，每年定期召开工作会议总结上一年度合作情况、商定下一年度合作项目。2022年12月，粤港保护知识产权合作专责小组粤方组长和广东省市场监督管理局（知识产权局）局长和专责小组港方组长、香港特别行政区政府知识产权署署长共同签署了《粤港知识产权合作计划（2022年下半年至2023年）》，确定了2023年粤港知识产权的合作项目。根据合作计划，粤港双方将继续围绕强化粤港澳大湾区知识产权合作、推进粤港知识产权保护合作、促进粤港知识产权贸易和服务合作、强化粤港知识产权交流研讨、深化粤港知识产权宣传教育等6个方面推进实施新一年度合作项目24项，至2023年5月已完成合作项目19项，粤港双方共同举办了"粤港澳大湾区高价值专利培育布局大赛"，持续加强粤港澳知识产权人才培养，举办"粤港知识产权与中小企业发展研讨会""亚洲知识产权营商论坛"，持续开展知识产权跨境保护合作，推进知识产权仲裁与调解，在粤设立首批香港特别行政区知识产权问询点，推动青少年知识产权知识普及等。粤澳两地政府于2012年签署《粤澳知识产权合作备忘录》，并成立粤澳知识产权工作小组，构建粤澳知识产权合作常态化机制，至今粤澳知识产权工作小组已召开工作会议四次，制定实施《粤澳知识产权合作协议（2012—2014年）》《粤澳知识产权合作协议（2019—2020年）》等合作文件，聚焦信息共享、跨境执法协作、宣传培训等方面开展合作项目超过300项。

作为粤港、粤澳在知识产权不同范畴的交流和合作的重要平台，粤港保护知识产权合作专责小组和粤澳知识产权工作小组主要通过签署粤港、粤澳知识产权合作协议发挥作用。粤港、粤澳双方知识产权合作机制往往难以同时协调三地知识产权规则实践的衔接与融合，而构建上下联动、左右衔接、相互融通、互为支撑的粤港澳三地知识产权规则执行体系格局，是打造湾区知识产权统一治理体系关键的一环。建议对粤港澳三地可衔接融合的知识产权规则进行系统谋划，明确规则定位、实施目标和实施机制，协调推进粤港澳三地知识产权规则之间的衔接与融合。粤港澳三地各知识产权部门跨域整体性治理，可以借鉴世界其他湾区的治理经验，立足粤港澳知识产权治理全局的高度，在充实粤港、粤澳双方知识产权交流合作机制的基础上，探索创建粤港澳大湾区知识产权规则融合的三方交流合作机制。该三方交流合作机制的主要工作职责就是常态化协调、实质性促进粤港澳三地现有知识产权规则衔接与融合，进一步明确各知识产权管理机构的职责分工，聚焦研判湾区知识产权发展方向，找准湾区各地知识产权发展的切入点与突破口，为湾区适时调整知识产权重点发展方向提供规则指引和法治保障。具体可以通过建立各知识产权管理机构间常态化协调对话交流制度，针对当下阻碍湾区知识产权资源流动的规则不一致、不衔接等实质性问题，组织相关知识产权部门、智库和服务机构间的交流对话，定期开展专题研讨会、协调推进会等线上、线下交流活动。

第二节　探索以服务便利化、管理标准化和规则条约化为路径，逐步推进粤港澳大湾区知识产权规则的衔接融合

当前与湾区知识产权规则衔接直接相关的国家层面政策较少，顶层设计的缺乏为湾区知识产权规则衔接与融合工作带来了挑战。由于港澳在行政、经济等层面拥有远高于广东的高度自治权，三地需要持续拓展深化以知识产权机制对接、规则衔接为重点的"软联通"，找准大湾区知识产权规则衔接与融合路径的切口。粤港澳三地可以探索以服务便利化、管理标准化和规则条约化为"软联通"路径，由易而难、稳妥有序逐步推动湾区知识产权体制机制互联互通，最终实现湾区知识产权规则实践一体化"大格局"的融合发展。

一、探索湾区知识产权服务便利化路径

服务便利化，是推进粤港澳大湾区知识产权规则衔接融合的第一步，也是目前推进规则实践融合的主要工作。2020年11月30日，习近平总书记在十九届中央政治局第二十五次集体学习时强调，"要形成便民利民的知识产权公共服务体系"。2021年10月20日起，广东在国家知识产权局广东业务受理窗口等十二个知识产权政务服务窗口正式设立"香港特别行政区知识产权问询点"，面向公众提供在香港申请商标注册、批予专利、外观设计注册相关业务的一般咨询服务，社会公众和创新主体不用专程赴港即可了解香港知识产权一般性业务办理流程和相关资讯服务，粤港知识产权业务咨询服务便利化程度明显提升。为推动粤澳知识产权公共服务互融互通，横琴可充分发挥毗邻澳门的独特区位优势，将澳门的商标业务咨询服务纳入国家知识产权局商标业务珠海横琴受理窗口服务范畴和流程，紧密结合市场主体和社会公众的实际需求，提供专利、外观设计注册等便利化服务。珠三角九市具备良好的知识产权公共服务"一窗通办"基础，广东省知识产权保护中心、深圳市知识产权保护中心、广州知识产权保护中心与佛山市知识产权保护中心等已实现专利预审、商标受理等知识产权业务"一窗通办"。在国家知识产权局发布的全国专利商标业务受理窗口信息公告中，国家知识产权局专利局广州代办处已实现"一窗通办"的综合性窗口，集专利、商标、地理标志、集成电路布图设计和国防专利为一体的省级知识产权综合业务窗口基本形成。国家知识产权局专利局深圳代办处侧重于专利业务，包括专利受理、专利缴费、专利事务服务与香港、澳门特区申请人在

内地发明专利优先审查申请等。

国家知识产权局还开通了港、澳申请人在内地发明专利优先审查申请业务，在知识产权公共服务"软联通"方面大力支持三地协同创新、合作发展。自 2023 年 1 月 1 日、7 月 1 日起，国家知识产权局专利局广州代办处和深圳代办处先后开展香港、澳门申请人在内地发明专利优先审查申请业务。港、澳申请人可通过两个代办处提交申请材料，经受理和推荐后，符合相关条件的发明专利申请可在内地获得优先审查，可实现符合推荐条件的优先审查申请自收到之日起 1 个工作日内完成数据采集、推荐、审核等流程，并报送国家知识产权局。2023 年，广东省知识产权领域深入贯彻落实粤港澳大湾区建设重大战略部署，以知识产权公共服务"软联通"为突破，推动三地"一体化"创新合作。在广东设置 20 个"香港特别行政区知识产权问询点"，在香港设置"内地知识产权咨询邮箱"，分别面向湾区创新主体开展知识产权业务受理、政策咨询等服务。

《知识产权公共服务普惠工程实施方案（2023—2025 年）》明确提出：提高知识产权公共服务便利度。推动实现知识产权业务线上办理统一认证、统一登录。持续深化"减证便民"，扩大电子证照共享应用。探索进一步扩大知识产权综合业务受理窗口业务受理范围，推行知识产权业务告知承诺办理。探索推进知识产权高频服务事项业务办理移动端建设，逐步实现"掌上查、指尖办"。加强与市场监管、公安等部门间相关数据共享，通过经营主体、自然人等信息核验，探索在专利、商标权利人办理名称和地址变更过程中，减少提交相关证明文件。升级商标网上服务系统，实现图形商标"以图搜图"查询检索，进一步提升商标业务网上可办率。健全知识产权行政诉讼案件线上应诉工作机制，更大范围推行专利、商标巡回审理、远程审理。为进一步提升湾区知识产权业务办理便利化程度，更好满足社会公众与创新主体对便捷、高效服务的需求，可探索依托湾区各地知识产权保护中心，整合优化受理窗口服务资源，丰富受理窗口服务手段，优化服务措施，对专利、商标受理、版权登记等知识产权服务事项进行全面梳理，将版权保护列入"一趟不用跑"与"最多跑一趟"办事清单，形成湾区知识产权公共服务事项清单、业务"明白纸"。同时加强知识产权业务质量管理与人员学习培训，优化窗口服务流程、提高工作效率，持续提升受理窗口服务水平与辐射效应，着力推进"一窗受理、集成服务、一次办结"的便利化服务模式，为推进粤港澳大湾区知识产权规则的衔接融合夯实工作基础。要推动实现湾区知识产权业务线上统一认证、统一办理、"减证便民"和"掌上查、指尖办"，就离不开湾区一体化知识产权数字公共服务合作平台作为支撑。

2023 年 9 月，国家知识产权局在北京举行知识产权公共服务普惠工程专题新闻发布会，解读《知识产权公共服务普惠工程实施方案（2023—2025 年）》。国家知识产权局公共服务司司长王培章在会上表示，截至目前，中国已基本形成便民利民的知识产权公共服务体系，并形成知识产权管理部门、高校、科研院所、社会化机构等多元参与的公共服务工作格局。国家知识产权公共服务网初步实现了知识产权业务"一网通办"，但在国家知识产权公共服务网中的全国知识产权公共服务网点显示，香港和澳门作为粤港澳大湾区建设的重要极点，目前还未有布局技术与创新支持中心（TISC），应围绕粤港澳大湾区一体化建设，加强知识产权公共服务重要网点建设，推进在香港、澳门建设TISC。

"一网一窗通办"是推动湾区知识产权政务服务集成化的重要举措，线下实体政务服务窗口是创新主体业务办理的一种方式，线上政务服务平台则比实体窗口更加方便高效，目前线上政务服务与线下实体政务服务相辅相成、相得益彰。香港、澳门在湾区知识产权服务"一网通行"方面的便利化措施较少，而广东正推进知识产权"一件事"集成服务改革，逐步实现湾区知识产权业务"一网通办"。现阶段已建成的湾区知识产权公共服务平台有粤港澳创新创业知识产权综合服务平台、粤港澳知识产权大数据综合服务平台、广东知识产权"一件事"集成服务平台、深圳市知识产权信息公共服务平台等。从整体来看，香港、澳门知识产权公共服务机构在知识产权公共服务平台的建设中参与度较低，湾区知识产权公共服务便利一体化平台建设有待推进。如果能把目前和今后的各类知识产权服务窗口和平台，通过粤港澳三地知识产权工作机制整合成为湾区知识产权一体化大平台，则将有效促进三地知识产权规则的衔接融合进程。重点可以在以下两个方面探索加快推进大平台的构建：

一是优化现有知识产权服务平台，实现湾区知识产权业务掌上办理。在广东省知识产权"一件事"集成服务平台的基础上，将湾区知识产权业务纳入广东政务服务网——全国一体化在线政务服务平台办理。在"减时间、减材料"的基础上进一步优化办事流程，推动更多知识产权业务实现线上"集成办理"，加快推进专利、商标与版权等业务办理系统移动端建设，推动高频知识产权服务事项逐步实现"掌上查、指尖办"。扩展知识产权业务"一网通办"范围，对于能够网络办理的业务，应全部实现网络办理，一般业务实现"零材料、零跑腿、全程网办"。粤港"跨境通办"合作加速，《粤港政务服务"跨境通办"合作协议》明确，加快两地政务服务双向互通，为两地居民与企业跨境办事提供更便捷的政务服务。在粤港"跨境通办"合作的基础上，拓展粤港"跨境通办"服务事项，研究将知识产权业务纳入粤港"跨境通办"服务范围。对接香港的个人化数码服务平台"智方便"手机App与"广东省统一身份认证平台"，方便香港、广东省居民通过"智方便""广东省统一身份认证平台"享用多项香港、广东省知识产权政务服务。通过经营主体、自然人等信息核验，探索在专利、商标权利人办理名称和地址变更过程中，减少提交相关证明文件。根据江门市政务服务数据管理局的有关信息，自2021年起，江门在香港、澳门相继设立跨境通办政务服务专区，这是全国首创地级市政府设在境外的综合性政务服务专区，通过视频办、自助办、指尖办办理政府服务，历经2年时间，已累计服务7000多人次。在此基础上，增设湾区知识产权业务，扩展"湾区政务通"可视化智慧机服务范围，将事项覆盖范围从省内拓展至泛珠三角区域。对接省"粤智助"平台，引入在先身份核验、远程视频、数字空间、区块链等新技术，优化"跨境通办"专区服务与功能，提升办事的易用度和便捷度。

二是加强湾区知识产权业务"一网通办"技术支撑能力。依托广东省一体化政务服务平台综合受理系统，推动湾区知识产权业务服务线上线下全面融合，构建全天在线、渠道多元的一体化政务服务体系。对接国家知识产权公共服务网、新一代地方专利检索及分析系统（广东站点）、广东省知识产权公共信息综合服务平台、国家知识产权局专利局广州代办处等国家级及省级知识产权公共服务资源。加强与市场监管、版权等部门间相关数据共享，实现平台数据的双向实时互通，进一步提升知识产权公共服务的可及性与便利化程度，推动创新主体有效利用知识产权信息，提高创新能力。加快建立广东省一体化知识产权数字服务平台，围绕新领域、新业态布局建设一批数据库，夯实知识产权数字化基础。

二、探索湾区知识产权管理标准化路径

知识产权是科技创新的刚需、国际贸易的标配，和标准一样是世界"通用语言"。国外知识产权标准化起步早，国际标准化组织（International Organization for Standardization，ISO）在 1977 年便制定了《专利文件参考书目、基本和补充要素》；2017 年修订了《ISO 出版物发行、销售、复制及 ISO 版权保护政策》，以标准政策实现对知识产权尤其是版权的保护。美国标准化协会（American National Standard Institute，ANSI）在 1997 年制定了规范早期专利公开和识别的《ANSI 专利政策实施导则》，规范商标权使用的《ANSI 关于嵌入式商标的导则》。欧洲标准化委员会在 2008 年成立创新管理标准工作小组 CEN/TC389，其组织发布的系列标准《欧洲标准化组织指南》规范了欧洲标准化组织制定、执行标准中知识产权问题的基本政策。

习近平总书记强调"标准决定质量，有什么样的标准就有什么样的质量，只有高标准才有高质量"。2014 年国家知识产权局和中国标准化研究院联合申请对口 ISO/TC 279 创新管理标准化技术委员会，2015 年全国知识管理标准化技术委员会（SAC/TC554）正式成立，下设创新管理分技术委员会和地理标志分技术委员会。SAC/TC554 的成立标志着我国从国家战略高度开始统合知识产权、知识管理等领域资源，构建全国知识管理标准化体系。在地方知识产权标准化组织设立方面，省一级仅有江苏、广东、浙江以及山西成立了知识产权标准化技术委员会。广东省知识产权服务标准化技术委员会（GD/TC 123）于 2017 年 4 月 20 日由广东省市场监督管理局（原广东省质量技术监督局）批准成立，为我国首个省级知识产权服务标准化技术委员会，主要负责全省知识产权服务标准化相关技术工作。江苏省知识管理标准化技术委员会（JS/TC13）成立于 2015 年，受江苏省专业化标准技术管理委员会领导，主要负责全省知识产权、传统知识、组织知识等知识管理领域内标准化工作。市一级则仅有杭州、宁波成立了知识产权标准化技术委员会。2016 年，中共中央、国务院印发的《国家创新驱动发展战略纲要》提出，要实施知识产权、标准、质量和品牌战略，健全技术创新、专利保护与标准化互动支撑机制，及时将先进技术转化为标准。《知识产权强国建设纲要（2021—2035 年）》对专利与国际标准制定有效结合，知识产权保护、公共服务中加强知识产权标准化工作进行部署，明确提出要完善标准必要专利制度、加强标准制定过程中的知识产权保护，创新成果产业化应用。国务院印发的《"十四五"国家知识产权保护和运用规划》要求促进技术、专利与标准协同发展，研究制定标准必要专利许可指南，引导创新主体将自主知识产权转化为技术标准，推动创新主体加强知识产权管理标准化体系建设等。近年来，国家知

识产权局作为国务院标准化协调推进部际联席会议成员单位，扎实推进知识产权标准化工作，知识产权与标准化融合机制逐步建立，高质量的知识产权领域标准化体系逐渐形成，标准国际化水平明显加快，积极参与创新管理体系国际标准研制工作，牵头制定首个知识产权领域国际标准，推动国内国际标准化协同发展，建立互利共赢的国际标准化合作伙伴关系，为国家标准化改革发展贡献了知识产权力量，为吸引全球创新资源、提升产业技术水平、参与国际合作与竞争提供新支撑。

我国知识产权领域现行、即将实施的国家标准有 178 项，计划中 30 项，集中在专利导航、知识管理、地理标志 3 类。地方知识产权领域现行标准 1551 项，集中在地理标志和知识产权管理服务方面，即使与保护相关，也多为知识产权风险防范、侵权咨询、调解服务等流程性规范，覆盖面较小。现行知识产权地方标准大多来源于经济发达地区，如广东省就发布实施了 225 项。广东省于 2022 年发布《企业知识产权国际合规管理规范》（DB44/T 2361—2022），采用标准试点推广模式，培育一批知识产权国际合规管理代表性企业。

《知识产权公共服务普惠工程实施方案（2023—2025 年）》提出：推进知识产权公共服务标准化规范化。推广应用《知识产权政务服务事项办事指南》，统一规范专利、商标、地理标志、集成电路布图设计登记注册等相关业务办理。各地知识产权管理部门要积极推行知识产权服务事项清单化管理，制定发布地方知识产权政务服务事项办事指南，实现同标准受理、无差异办理。制定发布国家知识产权公共服务重要网点共性公共服务事项清单，鼓励支持各级各类知识产权公共服务机构发布个性化公共服务事项清单。推进建设知识产权公共服务标准化城市。围绕提升知识产权公共服务标准化、规范化和便利化水平，推动更多知识产权领域依申请办理的行政权力事项和公共服务事项，入驻地方政务服务中心，提供专利、商标、地理标志、集成电路布图设计等知识产权业务的受理、缴费、查询、检索、咨询等"一站式"服务，并形成相关服务事项清单。扩展知识产权业务"一网通办"范围，推动更多知识产权服务事项网上可办，推动在创新需求集中的产业园区设立知识产权公共服务网点或工作站，实现知识产权公共服务标准统一、线上线下服务协同、数据信息互联共享、区域公共服务发展平衡。明确指出需要强化标准支撑的关键环节，包括政策公平、数据共享两个方面，集中在知识产权公共服务事项范围、优化知识产权公共服务事项管理和知识产权数据的标准化三个环节。其中，政策公平方面主要集中在知识产权公共服务事项范围和优化知识产权公共服务事项管理两个环节。要推广应用《知识产权政务服务事项办事指南》，目标在于统一规范专利、商标、地理标志、集成电路布图设计登记注册等相关业务办理；要支持地方制定发布知识产权行政服务事项办事指南，目标在于实现同标准受理、无差异办理；要制定发布国家知识产权公共服务机构重要网点共性公共服务事项清单，鼓励支持发布个性化公共服务事项清单。在数据方面，知识产权数据的标准化是主要环节。该方案还提出要建立知识产权数据清单供给模式，进一步加大知识产权标准化数据的供给力度。明确指出推进建设知识产权公共服务标准的主要抓手，即推进建设知识产权公共服务标准化城市，其目标在于以城市为单位实现公共服务标准统一、线上线下服务协同、数据信息互联共享、区域公共服务发展平衡，更好满足创新发展需要和社会公众需求。2023 年 7 月，北京、上海、广州、深圳、长春、杭州、长沙、昆明、苏州 9 个城市作为第一批试点城市已启动试点，到 2025 年全国将建成 30 个知识产权公共服务标准化城市。明确建设知识产权公共服务标准的应用领域，是面向国家战略科技力量、面向新领域新业态、面向区域重点产业、面向乡村振兴、面向西部地区帮扶。在面向国家战略科技力量的知识产权服务中，要积极推动标准化与科技创新的互动发展，积极开展技术标准与专利的协同协作，做好标准制定中的知识产权保护服务。

在深入推进湾区科技建设的大背景下，知识产权标准是粤港澳三地实现知识产权"软联通"最好的技术沟通与交流语言。国家发展改革委发布的《粤港澳大湾区国际一流营商环境建设三年行动计划》提出要推进"湾区通"工程建设，强调推动三地行业标准共通，提出"湾区标准"和"湾区认证"，推动大湾区标准化研究中心建设，为湾区企业深化合作创造更好条件。根据广东省市场监督管理局（知识产权局）发布的《促进粤港澳大湾区标准发展指南（试行）》，"湾区标准"的全称是"粤港澳大湾区共通执行标准"，是为满足粤港澳大湾区经济社会高质量发展需求，经粤港澳大湾区利益相关方共商确认在粤港澳大湾区实施的国际标准、国家标准、行业标准、地方标准、团体标准等各类标准。2023 年粤港澳大湾区推出"湾区标准"，首批共有 110 项标准纳入"湾区标准"清单，涵盖食品、粤菜、中医药、交通、养老、物流等 25 个领域，湾区知识产权规则衔接可借鉴该做法，以知识产权管理标准化为载体促进粤港澳大湾区知识产权联通、贯通和融通。一是以现有知识产权国际标准为参考，构建湾区企业知识产权管理标准。为促进粤港澳三地企业与国际接轨，以我国提出并推动制定的首个知识产权管理国际标准《创新管理—知识产权管理指南（ISO 56005）》为参考，在《企业知识产权合规管理体系要求》（GB/T 29490—2023）的基础上，搭建涵盖行业政策导向、发展趋势、标准制修订、从业人员培训、企业贯标、技术合作等内容要素的湾区企业知识产权标准化服务体系。通过湾区知识产权交流合作机制，组织粤港澳三地知识产权行政管理部门、行业协会、创新主体与知识产权标准化专家共同研究制定湾区企业知识产权管理标准，经粤港澳三方确认后纳入"湾区标准"清单。之后，应根据实施应用情况，充分听取需求方对于标准的应用意见，不断升级并调整优化相关标准。二是做好湾区知识产权公共服务标准制定工作的顶层设计，强化分类指导。制定以"湾区知识产权标准体系建设"为主题的相关政策文件，为湾区知识产权标准化工作开展提供政策环境与行动指南。在《知识产权侵权纠纷技术检验鉴定工作规范》（DB4403/T 263—2022）、《知识产权服务规范一般要求》（DB44/T 1424—2014）等标准的基础上，整合现有湾区知识产权公共服务标准，构建湾区知识产权公共服务通用基础标准体系、服务保障标准体系、服务提供标准体系及业务支撑标准等子体系。

三、探索湾区知识产权规则条约化路径

粤港澳三地知识产权规则分属"三法域"，是"一国两制"带来的特殊历史产物。内地与澳门属于大陆法系，香港是英美法系，粤港澳三地的知识产权规则差异较大，大

湾区区际知识产权规则冲突明显。以合理方式妥善处理三地知识产权规则的主要差异，才能更好服务前海、河套、横琴、南沙等湾区未来科技创新合作平台的知识产权保护需求。规则条约化是解决三地不同法域知识产权规则差异与冲突最直接、最有效的途径。粤港澳三个不同法域可以通过加入共同国际条约，实现知识产权规则的融合统一。

目前粤港澳三地都适用的知识产权国际条约有《与贸易有关的知识产权协定》《保护工业产权巴黎公约》《保护文学和艺术作品伯尔尼公约》《世界知识产权组织版权条约》《世界知识产权组织表演和录音制品条约》《关于为盲人、视力障碍者或其他印刷品阅读障碍者获得已出版作品提供便利的马拉喀什条约》《商标注册用商品和服务国际分类尼斯协定》，这些领域的知识产权规则实际上已经实现了粤港澳大湾区知识产权部分国际规则的融合统一。

珠三角九市已适用，但港澳地区还没有都适用的国际条约有《商标国际注册马德里协定》《商标法条约》《商标国际注册马德里协定有关议定书》《商标法新加坡条约》《专利合作条约》《国际承认用于专利程序的微生物保存布达佩斯条约》《建立工业品外观设计国际分类洛迦诺协定》《国际专利分类斯特拉斯堡协定》《工业品外观设计国际注册海牙协定》《保护录音制品制作者防止未经许可复制其录音制品公约》《视听表演北京条约》《关于集成电路知识产权的华盛顿条约》《国际植物新品种保护公约》，这些领域的知识产权规则实际上是未来实现规则融合统一的主要工作目标。可以通过三地知识产权交流合作机制，逐步协调推进港澳地区加入这些未加入的知识产权国际条约。对于目前港澳地区还没有加入的知识产权国际条约或者不属于国际条约的知识产权规则，粤港澳三地可以在保持原有知识产权制度差异的前提下，采取以下措施逐步促进规则融合：

一是充分利用前海、河套、横琴、南沙等创新改革试验区的政策，以这些试验区作为湾区知识产权规则改革创新"小切口"推进知识产权规则的衔接对接，并把行之有效的"小切口"改革成果在粤港澳大湾区乃至全国进行复制推广。广州黄埔区出台了"粤港澳知识产权互认10条"，通过给予启动资金吸引由港澳籍居民设立的且积极开展工作的知识产权服务机构，同时鼓励港澳籍居民在广州黄埔就职从事知识产权服务工作。南沙新区出台了《广州南沙新区（自贸片区）促进知识产权高质量发展扶持办法》，吸引知识产权服务机构落地广州南沙新区，鼓励知识产权服务机构发展壮大。深圳出台了《关于协同打造前海深港知识产权创新高地的十六条措施》，给予落户前海的香港及国际知识产权服务机构一定的奖励。为了打造国际知识产权人才港，《广东省中新广州知识城条例》注重人才管理改革创新，鼓励在知识城办学，创新人才培养模式，设立人才发展专项资金，为人才发展提供资金支持。深圳等地还有权限比较大的特区立法权，可以充分用好特区立法权为大湾区涉外知识产权法治创新赋能，在知识产权规则融合方面探索开展先行先试、立法创新。

二是充分利用粤港澳知识产权交流合作机制，协调三方制定或修改知识产权创造、保护、运用、管理等环节的知识产权规则，尽可能消除或减少适用于粤港澳三地知识产权规则的差异和冲突。可深入研究如何参考借鉴欧盟通过签署《统一专利法院协议》和单一专利制度推进区域内不同法域专利程序简化和标准统一的规则统一管理模式。《统一专利法院协议》和单一专利制度已于 2023 年 6 月 1 日生效。此前欧洲专利保护需要在每个法域单独申请，由于欧洲每个法域的专利法律和诉讼程序不同，导致欧洲专利诉讼复杂、成本高昂。欧洲单一专利是欧洲专利局根据《欧洲专利公约》的规则和程序授予的欧洲专利。该专利权利人在已经加入《统一专利法院协议》的欧盟成员国内，经申请可在专利申请、审查、授权、救济等方面享有统一专利保护权利。单一专利途径不取代传统申请欧洲专利的途径。申请人在申请欧洲专利时可以根据自身情况和需求有更多的选择。为了推行单一专利制度，欧洲专利局设立了统一专利法院（Unified Patent Court，UPC）。欧洲统一专利法院成立后，权利人可以在该法院开展诉讼。该法院在所有签署统一专利法院协议的欧洲成员国内拥有专属管辖权。管辖权包括专利侵权、否定声明以及无效等法律行为。若专利申请人不想受 UPC 管辖，可以在过渡期内选择退出 UPC 系统。《统一专利法院协议》和单一专利制度已经对欧洲传统专利造成深刻影响：《统一专利法院协议》正式生效后，不管是否在《统一专利法院协议》生效之前或之后所有被授权在该协议的成员国内生效的欧洲专利，无论是作为统一专利集体生效还是各自国家单独生效都会受到 UPC 的管辖。该制度简化了欧洲专利授权程序，申请人只需要向欧洲专利局递交一份申请文件，就可以在整个欧洲范围内获得专利权，申请人可以更便捷高效获取专利权，大大节约了专利维护成本。欧洲统一专利法院统一负责处理欧洲范围内的专利纠纷，有利于专利权的统一保护。在粤港澳三地存在类似的不同知识产权规则法域差异问题，欧洲《统一专利法院协议》和单一专利制度，为如何借助粤港澳三地交流合作机制和服务管理平台推进知识产权规则的融合统一提供了一个有现实借鉴基础的管理思路和参考模式。

参考文献

［1］新城计丨旧金山湾区成功原因及对创新驱动区域发展的启示［EB/OL］.（2021-02-03）［2024-03-05］. http://finance. sina. com. cn/jjxw/2021-02-03/doc-ikftssap2717029. shtml.

［2］Overview of the functional responsibilities of our offices［EB/OL］.［2024-03-29］. http://ustr. gov/about-us/organization.

［3］刘影. 日本知识产权制度的历史考察及启示［J］. 国外社会科学前沿，2020（11）：28-35.

［4］吴汉东. 知识产权法［M］. 北京：法律出版社，2021：46.

［5］二〇二〇年中国知识产权保护状况［EB/OL］.（2021-04-25）［2023-03-29］. http://www. cnipa. gov. cn/art/2023/6/30/art_91_186011.

［6］国家知识产权局 2022 年度报告［EB/OL］.（2023-06-05）［2024-03-29］. http://www. cnipa. gov. cn/module/download/down. jsp?i_ID=185538&colID=3249.

［7］对外投资合作国别（地区）指南　中国澳门（2023 年版）［EB/OL］.［2023-12-05］. http://www. mofcom. gov. cn/dl/gbdqzn/upload/zhongguoaomen. pdf.

［8］莫嘉明. 浅谈《广东省中新广州知识城条例》［EB/OL］.（2022-03-17）［2023-12-05］. http://www. mzyfz. com/cms/rendalifa/lifazhuanti/difangrenda/html/1155/2022-03-17/content-1557875. html.

［9］《广州市中新广州知识城条例》立法思路及重点内容解读［EB/OL］.（2014-04-11）［2023-08-18］. http://www. ys-ysy. com/policyshow. aspx?a=30.

［10］广东发布 2022 年知识产权保护状况白皮书［EB/OL］.（2023-04-24）［2023-08-19］. http://amr. gd. gov. cn/gkmlpt/content/4/4170/mpost_4170606. html#2963.

［11］广东法院知识产权司法保护状况白皮书（2022 年度）［EB/OL］.（2023-04-23）［2024-03-29］. http://www. gdcourts. gov. cn/gsxx/quanweifabu/baipishu/content/post_1151345. html.

［12］广州知识产权法院发布"十三五"知识产权司法保护白皮书［EB/OL］.（2021-04-23）［2024-03-29］. http://www. law-lib. com/fzdt/newshtml/gddt/20210423131851. htm.

［13］知识产权综改试验 8 年，中新广州知识城如何赋能新质生产力？［EB/OL］.（2024-03-07）［2024-03-29］. http://baijiahao. baidu. com/s?id=1792853680235933852&wfr=spider&for=pc.

［14］2023 年广州知识产权质押融资工作取得新成绩［EB/OL］.（2024-02-02）［2024-02-03］. http://scjgj. gz. gov. cn/gkmlpt/content/9/9477/post_9477321. html#765.

［15］发明专利创造量质齐升　创新驱动南沙高质量发展［EB/OL］.（2024-02-04）［2024-02-06］. http://www. gzns. gov. cn/gznsscjg/gkmlpt/content/9/9480/post_9480048. html#9860.

［16］广州知识产权发展与保护状况（2022 年）［EB/OL］.（2023-04-26）［2023-11-06］. http://scjgj. gz. gov. cn/zwdt/tzgg/content/post_8949982. html.

［17］2022 年珠海市中级人民法院工作报告［EB/OL］.（2022-03-10）［2024-03-29］. http://www. zhcourt. gov. cn/article/detail/2022/03/id/6567935. shtml.

［18］专利简介—专利的种类［EB/OL］.（2023-01-09）［2023-12-06］. http://www. ipd. gov.

hk/sc/patents/patent-basics/index. html.

[19] 商标法例 [EB/OL]. (2023-01-05) [2023-12-06]. http://www. ipd. gov. hk/sc/trade-marks/trade-marks-laws/index. html.

[20] 注册外观设计法例 [EB/OL]. (2023-01-04) [2023-12-06]. http://www. ipd. gov. hk/sc/designs/registered-designs-laws/index. html.

[21] 何谓版权 [EB/OL]. (2023-01-04) [2023-12-08]. http://www. ipd. gov. hk/sc/copyright/what-is-copyright/index. html.

[22] 香港知识产权诉讼及维权简要指南 [EB/OL]. (2022-06-15) [2023-12-23]. http://rouse. com/insights/news/2022/%E9%A6%99%E6%B8%AF%E7%9F%A5%E8%AF%86%E4%BA%A7%E6%9D%83%E8%AF%89%E8%AE%BC%E5%8F%8A%E7%BB%B4%E6%9D%83%E7%AE%80%E8%A6%81%E6%8C%87%E5%8D%97.

[23] 诉讼纠纷解决的机制 [EB/OL]. (2023-01-04) [2024-04-15]. http://www. ip. gov. hk/sc/enforcing-ip/dispute/index. html.

[24] 工业产权法律制度 [EB/OL]. (1999-12-13) [2024-03-02]. http://bo. io. gov. mo/bo/i/99/50/codrjpicn/codrjpi001. asp.

[25] 《内地与澳门关于建立更紧密经贸关系的安排》补充协议十 [EB/OL]. [2024-03-02]. http://www. gov. cn/gongbao/content/2013/content_2515019. htm.

[26] 著作权及有关权利之制度 [EB/OL]. (1999-08-16) [2024-03-02]. http://bo. io. gov. mo/bo/i/99/33/declei43_cn. asp.

[27] 澳门刑法典 [EB/OL]. (1995-11-14) [2024-03-04]. http://bo. io. gov. mo/bo/i/95/46/codpen,cn/codpen0001. asp#a200.

[28] 澳门民法典 [EB/OL]. [2024-03-04]. http://bo. io. gov. mo/bo/i/99/31/codcivcn/default. asp.

[29] 仲裁法 [EB/OL]. (2019-11-05) [2024-03-07]. http://bo. io. gov. mo/bo/i/2019/44/lei19_cn. asp.

[30] 南沙:面向世界 奔赴"芯晨大海" [EB/OL]. (2023-04-18) [2023-10-15]. http://www. gz. gov. cn/zt/d9jzggztznh/zszl/content/post_8927093. html.

[31] 黄孝恕. 国际化视角与市场化运作的完美结合:新加坡知识产权学院的有益借鉴 [EB/OL]. (2017-09-25) [2023-11-06]. http://www. sohu. com/a/194561175_740456.

[32] 俞陶然. 外资企业在上海遇到"老赖",国际仲裁机构与上海法院联手出招 [EB/OL]. (2022-07-31) [2023-12-11]. http://export. shobserver. com/baijiahao/html/513208. html.

[33] 谢伟. 粤港澳大湾区环境行政执法协调研究 [J]. 广东社会科学, 2018 (3):246-233.

[34] 江门:500余项政务服务"走出去",联通港澳"零距离" [EB/OL]. (2023-04-24) [2024-01-05]. http://static. nfapp. southcn. com/content/202304/24/c7605252. html.

[35] 程秀才, 秦珡琛, 曹坤. 知识产权保护标准化问题及对策建议 [J]. 标准科学, 2023 (1):61-66.

[36] 欧洲专利制度的重大里程碑,欧洲单一专利及统一专利法院制度 [EB/OL]. (2023-02-21) [2024-01-12]. http://baijiahao. baidu. com/s?id=1758343625160064691&wfr=spider&for=pc.

下篇 >>>>>>>>>>

粤港澳知识产权制度汇编

一、国家主要知识产权制度

中华人民共和国商标法

（1982 年 8 月 23 日第五届全国人民代表大会常务委员会第二十四次会议通过　根据 1993 年 2 月 22 日第七届全国人民代表大会常务委员会第三十次会议《关于修改〈中华人民共和国商标法〉的决定》第一次修正　根据 2001 年 10 月 27 日第九届全国人民代表大会常务委员会第二十四次会议《关于修改〈中华人民共和国商标法〉的决定》第二次修正　根据 2013 年 8 月 30 日第十二届全国人民代表大会常务委员会第四次会议《关于修改〈中华人民共和国商标法〉的决定》第三次修正　根据 2019 年 4 月 23 日第十三届全国人民代表大会常务委员会第十次会议《关于修改〈中华人民共和国建筑法〉等八部法律的决定》第四次修正）

第一章　总　　则

第一条　为了加强商标管理，保护商标专用权，促使生产、经营者保证商品和服务质量，维护商标信誉，以保障消费者和生产、经营者的利益，促进社会主义市场经济的发展，特制定本法。

第二条　国务院工商行政管理部门商标局主管全国商标注册和管理的工作。

国务院工商行政管理部门设立商标评审委员会，负责处理商标争议事宜。

第三条　经商标局核准注册的商标为注册商标，包括商品商标、服务商标和集体商标、证明商标；商标注册人享有商标专用权，受法律保护。

本法所称集体商标，是指以团体、协会或者其他组织名义注册，供该组织成员在商事活动中使用，以表明使用者在该组织中的成员资格的标志。

本法所称证明商标，是指由对某种商品或者服务具有监督能力的组织所控制，而由该组织以外的单位或者个人使用于其商品或者服务，用以证明该商品或者服务的原产地、原料、制造方法、质量或者其他特定品质的标志。

集体商标、证明商标注册和管理的特殊事项，由国务院工商行政管理部门规定。

第四条　自然人、法人或者其他组织在生产经营活动中，对其商品或者服务需要取得商标专用权的，应当向商标局申请商标注册。不以使用为目的的恶意商标注册申请，应当予以驳回。

本法有关商品商标的规定，适用于服务商标。

第五条　两个以上的自然人、法人或者其他组织可以共同向商标局申请注册同一商标，共同享有和行使该商标专用权。

第六条　法律、行政法规规定必须使用注册商标的商品，必须申请商标注册，未经核准注册的，不得在市场销售。

第七条　申请注册和使用商标，应当遵循诚实信用原则。

商标使用人应当对其使用商标的商品质量负责。各级工商行政管理部门应当通过商标管理，制止欺骗消费者的行为。

第八条　任何能够将自然人、法人或者其他组织的商品与他人的商品区别开的标志，包括文字、图形、字母、数字、三维标志、颜色组合和声音等，以及上述要素的组合，均可以作为商标申请注册。

第九条　申请注册的商标，应当有显著特征，便于识别，并不得与他人在先取得的合法权利相冲突。

商标注册人有权标明"注册商标"或者注册标记。

第十条　下列标志不得作为商标使用：

（一）同中华人民共和国的国家名称、国旗、国徽、国歌、军旗、军徽、军歌、勋章等相同或者近似的，以及同中央国家机关的名称、标志、所在地特定地点的名称或者标志性建筑物的名称、图形相同的；

（二）同外国的国家名称、国旗、国徽、军旗等相同或者近似的，但经该国政府同意的除外；

（三）同政府间国际组织的名称、旗帜、徽记等相同或者近似的，但经该组织同意或者不易误导公众的除外；

（四）与表明实施控制、予以保证的官方标志、检验印记相同或者近似的，但经授权的除外；

（五）同"红十字"、"红新月"的名称、标志相同或者近似的；

（六）带有民族歧视性的；

（七）带有欺骗性，容易使公众对商品的质量等特点或者产地产生误认的；

（八）有害于社会主义道德风尚或者有其他不良影响的。

县级以上行政区划的地名或者公众知晓的外国地名，不得作为商标。但是，地名具有其他含义或者作为集体商标、证明商标组成部分的除外；已经注册的使用地名的商标继续有效。

第十一条　下列标志不得作为商标注册：

（一）仅有本商品的通用名称、图形、型号的；

（二）仅直接表示商品的质量、主要原料、功能、用途、重量、数量及其他特点的；

（三）其他缺乏显著特征的。

前款所列标志经过使用取得显著特征，并便于识别的，可以作为商标注册。

第十二条　以三维标志申请注册商标的，仅由商品自身的性质产生的形状、为获得技术效果而需有的商品形状或者使商品具有实质性价值的形状，不得注册。

第十三条 为相关公众所熟知的商标，持有人认为其权利受到侵害时，可以依照本法规定请求驰名商标保护。

就相同或者类似商品申请注册的商标是复制、摹仿或者翻译他人未在中国注册的驰名商标，容易导致混淆的，不予注册并禁止使用。

就不相同或者不相类似商品申请注册的商标是复制、摹仿或者翻译他人已经在中国注册的驰名商标，误导公众，致使该驰名商标注册人的利益可能受到损害的，不予注册并禁止使用。

第十四条 驰名商标应当根据当事人的请求，作为处理涉及商标案件需要认定的事实进行认定。认定驰名商标应当考虑下列因素：

（一）相关公众对该商标的知晓程度；

（二）该商标使用的持续时间；

（三）该商标的任何宣传工作的持续时间、程度和地理范围；

（四）该商标作为驰名商标受保护的记录；

（五）该商标驰名的其他因素。

在商标注册审查、工商行政管理部门查处商标违法案件过程中，当事人依照本法第十三条规定主张权利的，商标局根据审查、处理案件的需要，可以对商标驰名情况作出认定。

在商标争议处理过程中，当事人依照本法第十三条规定主张权利的，商标评审委员会根据处理案件的需要，可以对商标驰名情况作出认定。

在商标民事、行政案件审理过程中，当事人依照本法第十三条规定主张权利的，最高人民法院指定的人民法院根据审理案件的需要，可以对商标驰名情况作出认定。

生产、经营者不得将"驰名商标"字样用于商品、商品包装或者容器上，或者用于广告宣传、展览以及其他商业活动中。

第十五条 未经授权，代理人或者代表人以自己的名义将被代理人或者被代表人的商标进行注册，被代理人或者被代表人提出异议的，不予注册并禁止使用。

就同一种商品或者类似商品申请注册的商标与他人在先使用的未注册商标相同或者近似，申请人与该他人具有前款规定以外的合同、业务往来关系或者其他关系而明知该他人商标存在，该他人提出异议的，不予注册。

第十六条 商标中有商品的地理标志，而该商品并非来源于该标志所标示的地区，误导公众的，不予注册并禁止使用；但是，已经善意取得注册的继续有效。

前款所称地理标志，是指标示某商品来源于某地区，该商品的特定质量、信誉或者其他特征，主要由该地区的自然因素或者人文因素所决定的标志。

第十七条 外国人或者外国企业在中国申请商标注册的，应当按其所属国和中华人民共和国签订的协议或者共同参加的国际条约办理，或者按对等原则办理。

第十八条 申请商标注册或者办理其他商标事宜，可以自行办理，也可以委托依法设立的商标代理机构办理。

外国人或者外国企业在中国申请商标注册和办理其他商标事宜的，应当委托依法设立的商标代理机构办理。

第十九条 商标代理机构应当遵循诚实信用原则，遵守法律、行政法规，按照被代理人的委托办理商标注册申请或者其他商标事宜；对在代理过程中知悉的被代理人的商业秘密，负有保密义务。

委托人申请注册的商标可能存在本法规定不得注册情形的，商标代理机构应当明确告知委托人。

商标代理机构知道或者应当知道委托人申请注册的商标属于本法第四条、第十五条和第三十二条规定情形的，不得接受其委托。

商标代理机构除对其代理服务申请商标注册外，不得申请注册其他商标。

第二十条 商标代理行业组织应当按照章程规定，严格执行吸纳会员的条件，对违反行业自律规范的会员实行惩戒。商标代理行业组织对其吸纳的会员和对会员的惩戒情况，应当及时向社会公布。

第二十一条 商标国际注册遵循中华人民共和国缔结或者参加的有关国际条约确立的制度，具体办法由国务院规定。

第二章 商标注册的申请

第二十二条 商标注册申请人应当按规定的商品分类表填报使用商标的商品类别和商品名称，提出注册申请。

商标注册申请人可以通过一份申请就多个类别的商品申请注册同一商标。

商标注册申请等有关文件，可以以书面方式或者数据电文方式提出。

第二十三条 注册商标需要在核定使用范围之外的商品上取得商标专用权的，应当另行提出注册申请。

第二十四条 注册商标需要改变其标志的，应当重新提出注册申请。

第二十五条 商标注册申请人自其商标在外国第一次提出商标注册申请之日起六个月内，又在中国就相同商品以同一商标提出商标注册申请的，依照该外国同中国签订的协议或者共同参加的国际条约，或者按照相互承认优先权的原则，可以享有优先权。

依照前款要求优先权的，应当在提出商标注册申请的时候提出书面声明，并且在三个月内提交第一次提出的商标注册申请文件的副本；未提出书面声明或者逾期未提交商标注册申请文件副本的，视为未要求优先权。

第二十六条 商标在中国政府主办的或者承认的国际展览会展出的商品上首次使用的，自该商品展出之日起六个月内，该商标的注册申请人可以享有优先权。

依照前款要求优先权的，应当在提出商标注册申请的时候提出书面声明，并且在三个月内提交展出其商品的展览会名称、在展出商品上使用该商标的证据、展出日期等证明文件；未提出书面声明或者逾期未提交证明文件的，视为未要求优先权。

第二十七条 为申请商标注册所申报的事项和所提供的材料应当真实、准确、完整。

第三章　商标注册的审查和核准

第二十八条　对申请注册的商标，商标局应当自收到商标注册申请文件之日起九个月内审查完毕，符合本法有关规定的，予以初步审定公告。

第二十九条　在审查过程中，商标局认为商标注册申请内容需要说明或者修正的，可以要求申请人做出说明或者修正。申请人未做出说明或者修正的，不影响商标局做出审查决定。

第三十条　申请注册的商标，凡不符合本法有关规定或者同他人在同一种商品或者类似商品上已经注册的或者初步审定的商标相同或者近似的，由商标局驳回申请，不予公告。

第三十一条　两个或者两个以上的商标注册申请人，在同一种商品或者类似商品上，以相同或者近似的商标申请注册的，初步审定并公告申请在先的商标；同一天申请的，初步审定并公告使用在先的商标，驳回其他人的申请，不予公告。

第三十二条　申请商标注册不得损害他人现有的在先权利，也不得以不正当手段抢先注册他人已经使用并有一定影响的商标。

第三十三条　对初步审定公告的商标，自公告之日起三个月内，在先权利人、利害关系人认为违反本法第十三条第二款和第三款、第十五条、第十六条第一款、第三十条、第三十一条、第三十二条规定的，或者任何人认为违反本法第四条、第十条、第十一条、第十二条、第十九条第四款规定的，可以向商标局提出异议。公告期满无异议的，予以核准注册，发给商标注册证，并予公告。

第三十四条　对驳回申请、不予公告的商标，商标局应当书面通知商标注册申请人。商标注册申请人不服的，可以自收到通知之日起十五日内向商标评审委员会申请复审。商标评审委员会应当自收到申请之日起九个月内做出决定，并书面通知申请人。有特殊情况需要延长的，经国务院工商行政管理部门批准，可以延长三个月。当事人对商标评审委员会的决定不服的，可以自收到通知之日起三十日内向人民法院起诉。

第三十五条　对初步审定公告的商标提出异议的，商标局应当听取异议人和被异议人陈述事实和理由，经调查核实后，自公告期满之日起十二个月内做出是否准予注册的决定，并书面通知异议人和被异议人。有特殊情况需要延长的，经国务院工商行政管理部门批准，可以延长六个月。

商标局做出准予注册决定的，发给商标注册证，并予公告。异议人不服的，可以依照本法第四十四条、第四十五条的规定向商标评审委员会请求宣告该注册商标无效。

商标局做出不予注册决定，被异议人不服的，可以自收到通知之日起十五日内向商标评审委员会申请复审。商标评审委员会应当自收到申请之日起十二个月内做出复审决定，并书面通知异议人和被异议人。有特殊情况需要延长的，经国务院工商行政管理部门批准，可以延长六个月。被异议人对商标评审委员会的决定不服的，可以自收到通知之日起三十日内向人民法院起诉。人民法院应当通知异议人作为第三人参加诉讼。

商标评审委员会在依照前款规定进行复审的过程中，所涉及的在先权利的确定必须以人民法院正在审理或者行政机关正在处理的另一案件的结果为依据的，可以中止审查。中止原因消除后，应当恢复审查程序。

第三十六条 法定期限届满，当事人对商标局做出的驳回申请决定、不予注册决定不申请复审或者对商标评审委员会做出的复审决定不向人民法院起诉的，驳回申请决定、不予注册决定或者复审决定生效。

经审查异议不成立而准予注册的商标，商标注册申请人取得商标专用权的时间自初步审定公告三个月期满之日起计算。自该商标公告期满之日起至准予注册决定做出前，对他人在同一种或者类似商品上使用与该商标相同或者近似的标志的行为不具有追溯力；但是，因该使用人的恶意给商标注册人造成的损失，应当给予赔偿。

第三十七条 对商标注册申请和商标复审申请应当及时进行审查。

第三十八条 商标注册申请人或者注册人发现商标申请文件或者注册文件有明显错误的，可以申请更正。商标局依法在其职权范围内作出更正，并通知当事人。

前款所称更正错误不涉及商标申请文件或者注册文件的实质性内容。

第四章　注册商标的续展、变更、转让和使用许可

第三十九条 注册商标的有效期为十年，自核准注册之日起计算。

第四十条 注册商标有效期满，需要继续使用的，商标注册人应当在期满前十二个月内按照规定办理续展手续；在此期间未能办理的，可以给予六个月的宽展期。每次续展注册的有效期为十年，自该商标上一届有效期满次日起计算。期满未办理续展手续的，注销其注册商标。

商标局应当对续展注册的商标予以公告。

第四十一条 注册商标需要变更注册人的名义、地址或者其他注册事项的，应当提出变更申请。

第四十二条 转让注册商标的，转让人和受让人应当签订转让协议，并共同向商标局提出申请。受让人应当保证使用该注册商标的商品质量。

转让注册商标的，商标注册人对其在同一种商品上注册的近似的商标，或者在类似商品上注册的相同或者近似的商标，应当一并转让。

对容易导致混淆或者有其他不良影响的转让，商标局不予核准，书面通知申请人并说明理由。

转让注册商标经核准后，予以公告。受让人自公告之日起享有商标专用权。

第四十三条 商标注册人可以通过签订商标使用许可合同，许可他人使用其注册商标。许可人应当监督被许可人使用其注册商标的商品质量。被许可人应当保证使用该注册商标的商品质量。

经许可使用他人注册商标的，必须在使用该注册商标的商品上标明被许可人的名称和商品产地。

许可他人使用其注册商标的，许可人应当将其商标使用许可报商标局备案，由商标局公告。商标使用许可未经备案不得对抗善意第三人。

第五章　注册商标的无效宣告

第四十四条　已经注册的商标，违反本法第四条、第十条、第十一条、第十二条、第十九条第四款规定的，或者是以欺骗手段或者其他不正当手段取得注册的，由商标局宣告该注册商标无效；其他单位或者个人可以请求商标评审委员会宣告该注册商标无效。

商标局做出宣告注册商标无效的决定，应当书面通知当事人。当事人对商标局的决定不服的，可以自收到通知之日起十五日内向商标评审委员会申请复审。商标评审委员会应当自收到申请之日起九个月内做出决定，并书面通知当事人。有特殊情况需要延长的，经国务院工商行政管理部门批准，可以延长三个月。当事人对商标评审委员会的决定不服的，可以自收到通知之日起三十日内向人民法院起诉。

其他单位或者个人请求商标评审委员会宣告注册商标无效的，商标评审委员会收到申请后，应当书面通知有关当事人，并限期提出答辩。商标评审委员会应当自收到申请之日起九个月内做出维持注册商标或者宣告注册商标无效的裁定，并书面通知当事人。有特殊情况需要延长的，经国务院工商行政管理部门批准，可以延长三个月。当事人对商标评审委员会的裁定不服的，可以自收到通知之日起三十日内向人民法院起诉。人民法院应当通知商标裁定程序的对方当事人作为第三人参加诉讼。

第四十五条　已经注册的商标，违反本法第十三条第二款和第三款、第十五条、第十六条第一款、第三十条、第三十一条、第三十二条规定的，自商标注册之日起五年内，在先权利人或者利害关系人可以请求商标评审委员会宣告该注册商标无效。对恶意注册的，驰名商标所有人不受五年的时间限制。

商标评审委员会收到宣告注册商标无效的申请后，应当书面通知有关当事人，并限期提出答辩。商标评审委员会应当自收到申请之日起十二个月内做出维持注册商标或者宣告注册商标无效的裁定，并书面通知当事人。有特殊情况需要延长的，经国务院工商行政管理部门批准，可以延长六个月。当事人对商标评审委员会的裁定不服的，可以自收到通知之日起三十日内向人民法院起诉。人民法院应当通知商标裁定程序的对方当事人作为第三人参加诉讼。

商标评审委员会在依照前款规定对无效宣告请求进行审查的过程中，所涉及的在先权利的确定必须以人民法院正在审理或者行政机关正在处理的另一案件的结果为依据的，可以中止审查。中止原因消除后，应当恢复审查程序。

第四十六条　法定期限届满，当事人对商标局宣告注册商标无效的决定不申请复审或者对商标评审委员会的复审决定、维持注册商标或者宣告注册商标无效的裁定不向人民法院起诉的，商标局的决定或者商标评审委员会的复审决定、裁定生效。

第四十七条　依照本法第四十四条、第四十五条的规定宣告无效的注册商标，由商标局予以公告，该注册商标专用权视为自始即不存在。

宣告注册商标无效的决定或者裁定，对宣告无效前人民法院做出并已执行的商标侵权案件的判决、裁定、调解书和工商行政管理部门做出并已执行的商标侵权案件的处理决定以及已经履行的商标转让或者使用许可合同不具有追溯力。但是，因商标注册人的恶意给他人造成的损失，应当给予赔偿。

依照前款规定不返还商标侵权赔偿金、商标转让费、商标使用费，明显违反公平原则的，应当全部或者部分返还。

第六章　商标使用的管理

第四十八条　本法所称商标的使用，是指将商标用于商品、商品包装或者容器以及商品交易文书上，或者将商标用于广告宣传、展览以及其他商业活动中，用于识别商品来源的行为。

第四十九条　商标注册人在使用注册商标的过程中，自行改变注册商标、注册人名义、地址或者其他注册事项的，由地方工商行政管理部门责令限期改正；期满不改正的，由商标局撤销其注册商标。

注册商标成为其核定使用的商品的通用名称或者没有正当理由连续三年不使用的，任何单位或者个人可以向商标局申请撤销该注册商标。商标局应当自收到申请之日起九个月内做出决定。有特殊情况需要延长的，经国务院工商行政管理部门批准，可以延长三个月。

第五十条　注册商标被撤销、被宣告无效或者期满不再续展的，自撤销、宣告无效或者注销之日起一年内，商标局对与该商标相同或者近似的商标注册申请，不予核准。

第五十一条　违反本法第六条规定的，由地方工商行政管理部门责令限期申请注册，违法经营额五万元以上的，可以处违法经营额百分之二十以下的罚款，没有违法经营额或者违法经营额不足五万元的，可以处一万元以下的罚款。

第五十二条　将未注册商标冒充注册商标使用的，或者使用未注册商标违反本法第十条规定的，由地方工商行政管理部门予以制止，限期改正，并可以予以通报，违法经营额五万元以上的，可以处违法经营额百分之二十以下的罚款，没有违法经营额或者违法经营额不足五万元的，可以处一万元以下的罚款。

第五十三条　违反本法第十四条第五款规定的，由地方工商行政管理部门责令改正，处十万元罚款。

第五十四条　对商标局撤销或者不予撤销注册商标的决定，当事人不服的，可以自收到通知之日起十五日内向商标评审委员会申请复审。商标评审委员会应当自收到申请之日起九个月内做出决定，并书面通知当事人。有特殊情况需要延长的，经国务院工商行政管理部门批准，可以延长三个月。当事人对商标评审委员会的决定不服的，可以自收到通知之日起三十日内向人民法院起诉。

第五十五条　法定期限届满，当事人对商标局做出的撤销注册商标的决定不申请复审或者对商标评审委员会做出的复审决定不向人民法院起诉的，撤销注册商标的决定、复审决定生效。

被撤销的注册商标，由商标局予以公告，该注册商标专用权自公告之日起终止。

第七章　注册商标专用权的保护

第五十六条　注册商标的专用权，以核准注册的商标和核定使用的商品为限。

第五十七条　有下列行为之一的，均属侵犯注册商标专用权：

（一）未经商标注册人的许可，在同一种商品上使用与其注册商标相同的商标的；

（二）未经商标注册人的许可，在同一种商品上使用与其注册商标近似的商标，或者在类似商品上使用与其注册商标相同或者近似的商标，容易导致混淆的；

（三）销售侵犯注册商标专用权的商品的；

（四）伪造、擅自制造他人注册商标标识或者销售伪造、擅自制造的注册商标标识的；

（五）未经商标注册人同意，更换其注册商标并将该更换商标的商品又投入市场的；

（六）故意为侵犯他人商标专用权行为提供便利条件，帮助他人实施侵犯商标专用权行为的；

（七）给他人的注册商标专用权造成其他损害的。

第五十八条　将他人注册商标、未注册的驰名商标作为企业名称中的字号使用，误导公众，构成不正当竞争行为的，依照《中华人民共和国反不正当竞争法》处理。

第五十九条　注册商标中含有的本商品的通用名称、图形、型号，或者直接表示商品的质量、主要原料、功能、用途、重量、数量及其他特点，或者含有的地名，注册商标专用权人无权禁止他人正当使用。

三维标志注册商标中含有的商品自身的性质产生的形状、为获得技术效果而需有的商品形状或者使商品具有实质性价值的形状，注册商标专用权人无权禁止他人正当使用。

商标注册人申请商标注册前，他人已经在同一种商品或者类似商品上先于商标注册人使用与注册商标相同或者近似并有一定影响的商标的，注册商标专用权人无权禁止该使用人在原使用范围内继续使用该商标，但可以要求其附加适当区别标识。

第六十条　有本法第五十七条所列侵犯注册商标专用权行为之一，引起纠纷的，由当事人协商解决；不愿协商或者协商不成的，商标注册人或者利害关系人可以向人民法院起诉，也可以请求工商行政管理部门处理。

工商行政管理部门处理时，认定侵权行为成立的，责令立即停止侵权行为，没收、销毁侵权商品和主要用于制造侵权商品、伪造注册商标标识的工具，违法经营额五万元以上的，可以处违法经营额五倍以下的罚款，没有违法经营额或者违法经营额不足五万元的，可以处二十五万元以下的罚款。对五年内实施两次以上商标侵权行为或者有其他严重情节的，应当从重处罚。销售不知道是侵犯注册商标专用权的商品，能证明该商品是自己合法取得并说明提供者的，由工商行政管理部门责令停止销售。

对侵犯商标专用权的赔偿数额的争议，当事人可以请求进行处理的工商行政管理部门调解，也可以依照《中华人民共和国民事诉讼法》向人民法院起诉。经工商行政管理部门调解，当事人未达成协议或者调解书生效后不履行的，当事人可以依照《中华人民共和国民事诉讼法》向人民法院起诉。

第六十一条　对侵犯注册商标专用权的行为，工商行政管理部门有权依法查处；涉嫌犯罪的，应当及时移送司法机关依法处理。

第六十二条　县级以上工商行政管理部门根据已经取得的违法嫌疑证据或者举报，对涉嫌侵犯他人注册商标专用权的行为进行查处时，可以行使下列职权：

（一）询问有关当事人，调查与侵犯他人注册商标专用权有关的情况；

（二）查阅、复制当事人与侵权活动有关的合同、发票、账簿以及其他有关资料；

（三）对当事人涉嫌从事侵犯他人注册商标专用权活动的场所实施现场检查；

（四）检查与侵权活动有关的物品；对有证据证明是侵犯他人注册商标专用权的物品，可以查封或者扣押。

工商行政管理部门依法行使前款规定的职权时，当事人应当予以协助、配合，不得拒绝、阻挠。

在查处商标侵权案件过程中，对商标权属存在争议或者权利人同时向人民法院提起商标侵权诉讼的，工商行政管理部门可以中止案件的查处。中止原因消除后，应当恢复或者终结案件查处程序。

第六十三条　侵犯商标专用权的赔偿数额，按照权利人因被侵权所受到的实际损失确定；实际损失难以确定的，可以按照侵权人因侵权所获得的利益确定；权利人的损失或者侵权人获得的利益难以确定的，参照该商标许可使用费的倍数合理确定。对恶意侵犯商标专用权，情节严重的，可以在按照上述方法确定数额的一倍以上五倍以下确定赔偿数额。赔偿数额应当包括权利人为制止侵权行为所支付的合理开支。

人民法院为确定赔偿数额，在权利人已经尽力举证，而与侵权行为相关的账簿、资料主要由侵权人掌握的情况下，可以责令侵权人提供与侵权行为相关的账簿、资料；侵权人不提供或者提供虚假的账簿、资料的，人民法院可以参考权利人的主张和提供的证据判定赔偿数额。

权利人因被侵权所受到的实际损失、侵权人因侵权所获得的利益、注册商标许可使用费难以确定的，由人民法院根据侵权行为的情节判决给予五百万元以下的赔偿。

人民法院审理商标纠纷案件，应权利人请求，对属于假冒注册商标的商品，除特殊情况外，责令销毁；对主要用于制造假冒注册商标的商品的材料、工具，责令销毁，且不予补偿；或者在特殊情况下，责令禁止前述材料、工具进入商业渠道，且不予补偿。

假冒注册商标的商品不得在仅去除假冒注册商标后进入商业渠道。

第六十四条　注册商标专用权人请求赔偿，被控侵权人以注册商标专用权人未使用注册商标提出抗辩的，人民法院可以要求注册商标专用权人提供此前三年内实际使用该注册商标的证据。注册商标专用权人不能证明此前三年内实际使用过该注册商标，也不能证明因侵权行为受到其他损失的，被控侵权人不承担赔偿责任。

销售不知道是侵犯注册商标专用权的商品，能证明该商品是自己合法取得并说明提供者的，不承担赔偿责任。

第六十五条　商标注册人或者利害关系人有证据证明他人正在实施或者即将实施侵

犯其注册商标专用权的行为，如不及时制止将会使其合法权益受到难以弥补的损害的，可以依法在起诉前向人民法院申请采取责令停止有关行为和财产保全的措施。

第六十六条　为制止侵权行为，在证据可能灭失或者以后难以取得的情况下，商标注册人或者利害关系人可以依法在起诉前向人民法院申请保全证据。

第六十七条　未经商标注册人许可，在同一种商品上使用与其注册商标相同的商标，构成犯罪的，除赔偿被侵权人的损失外，依法追究刑事责任。

伪造、擅自制造他人注册商标标识或者销售伪造、擅自制造的注册商标标识，构成犯罪的，除赔偿被侵权人的损失外，依法追究刑事责任。

销售明知是假冒注册商标的商品，构成犯罪的，除赔偿被侵权人的损失外，依法追究刑事责任。

第六十八条　商标代理机构有下列行为之一的，由工商行政管理部门责令限期改正，给予警告，处一万元以上十万元以下的罚款；对直接负责的主管人员和其他直接责任人员给予警告，处五千元以上五万元以下的罚款；构成犯罪的，依法追究刑事责任：

（一）办理商标事宜过程中，伪造、变造或者使用伪造、变造的法律文件、印章、签名的；

（二）以诋毁其他商标代理机构等手段招徕商标代理业务或者以其他不正当手段扰乱商标代理市场秩序的；

（三）违反本法第四条、第十九条第三款和第四款规定的。

商标代理机构有前款规定行为的，由工商行政管理部门记入信用档案；情节严重的，商标局、商标评审委员会并可以决定停止受理其办理商标代理业务，予以公告。

商标代理机构违反诚实信用原则，侵害委托人合法利益的，应当依法承担民事责任，并由商标代理行业组织按照章程规定予以惩戒。

对恶意申请商标注册的，根据情节给予警告、罚款等行政处罚；对恶意提起商标诉讼的，由人民法院依法给予处罚。

第六十九条　从事商标注册、管理和复审工作的国家机关工作人员必须秉公执法，廉洁自律，忠于职守，文明服务。

商标局、商标评审委员会以及从事商标注册、管理和复审工作的国家机关工作人员不得从事商标代理业务和商品生产经营活动。

第七十条　工商行政管理部门应当建立健全内部监督制度，对负责商标注册、管理和复审工作的国家机关工作人员执行法律、行政法规和遵守纪律的情况，进行监督检查。

第七十一条　从事商标注册、管理和复审工作的国家机关工作人员玩忽职守、滥用职权、徇私舞弊，违法办理商标注册、管理和复审事项，收受当事人财物，牟取不正当利益，构成犯罪的，依法追究刑事责任；尚不构成犯罪的，依法给予处分。

第八章　附　　则

第七十二条　申请商标注册和办理其他商标事宜的，应当缴纳费用，具体收费标准另定。

第七十三条 本法自 1983 年 3 月 1 日起施行。1963 年 4 月 10 日国务院公布的《商标管理条例》同时废止；其他有关商标管理的规定，凡与本法抵触的，同时失效。

本法施行前已经注册的商标继续有效。

中华人民共和国专利法

（1984 年 3 月 12 日第六届全国人民代表大会常务委员会第四次会议通过　根据 1992 年 9 月 4 日第七届全国人民代表大会常务委员会第二十七次会议《关于修改〈中华人民共和国专利法〉的决定》第一次修正　根据 2000 年 8 月 25 日第九届全国人民代表大会常务委员会第十七次会议《关于修改〈中华人民共和国专利法〉的决定》第二次修正　根据 2008 年 12 月 27 日第十一届全国人民代表大会常务委员会第六次会议《关于修改〈中华人民共和国专利法〉的决定》第三次修正　根据 2020 年 10 月 17 日第十三届全国人民代表大会常务委员会第二十二次会议《关于修改〈中华人民共和国专利法〉的决定》第四次修正）

第一章　总　　则

第一条　为了保护专利权人的合法权益，鼓励发明创造，推动发明创造的应用，提高创新能力，促进科学技术进步和经济社会发展，制定本法。

第二条　本法所称的发明创造是指发明、实用新型和外观设计。

发明，是指对产品、方法或者其改进所提出的新的技术方案。

实用新型，是指对产品的形状、构造或者其结合所提出的适于实用的新的技术方案。

外观设计，是指对产品的整体或者局部的形状、图案或者其结合以及色彩与形状、图案的结合所作出的富有美感并适于工业应用的新设计。

第三条　国务院专利行政部门负责管理全国的专利工作；统一受理和审查专利申请，依法授予专利权。

省、自治区、直辖市人民政府管理专利工作的部门负责本行政区域内的专利管理工作。

第四条　申请专利的发明创造涉及国家安全或者重大利益需要保密的，按照国家有关规定办理。

第五条　对违反法律、社会公德或者妨害公共利益的发明创造，不授予专利权。

对违反法律、行政法规的规定获取或者利用遗传资源，并依赖该遗传资源完成的发明创造，不授予专利权。

第六条　执行本单位的任务或者主要是利用本单位的物质技术条件所完成的发明创造为职务发明创造。职务发明创造申请专利的权利属于该单位，申请被批准后，该单位为专利权人。该单位可以依法处置其职务发明创造申请专利的权利和专利权，促进相关发明创造的实施和运用。

非职务发明创造，申请专利的权利属于发明人或者设计人；申请被批准后，该发明人或者设计人为专利权人。

利用本单位的物质技术条件所完成的发明创造，单位与发明人或者设计人订有合同，对申请专利的权利和专利权的归属作出约定的，从其约定。

第七条 对发明人或者设计人的非职务发明创造专利申请，任何单位或者个人不得压制。

第八条 两个以上单位或者个人合作完成的发明创造、一个单位或者个人接受其他单位或者个人委托所完成的发明创造，除另有协议的以外，申请专利的权利属于完成或者共同完成的单位或者个人；申请被批准后，申请的单位或者个人为专利权人。

第九条 同样的发明创造只能授予一项专利权。但是，同一申请人同日对同样的发明创造既申请实用新型专利又申请发明专利，先获得的实用新型专利权尚未终止，且申请人声明放弃该实用新型专利权的，可以授予发明专利权。

两个以上的申请人分别就同样的发明创造申请专利的，专利权授予最先申请的人。

第十条 专利申请权和专利权可以转让。

中国单位或者个人向外国人、外国企业或者外国其他组织转让专利申请权或者专利权的，应当依照有关法律、行政法规的规定办理手续。

转让专利申请权或者专利权的，当事人应当订立书面合同，并向国务院专利行政部门登记，由国务院专利行政部门予以公告。专利申请权或者专利权的转让自登记之日起生效。

第十一条 发明和实用新型专利权被授予后，除本法另有规定的以外，任何单位或者个人未经专利权人许可，都不得实施其专利，即不得为生产经营目的制造、使用、许诺销售、销售、进口其专利产品，或者使用其专利方法以及使用、许诺销售、销售、进口依照该专利方法直接获得的产品。

外观设计专利权被授予后，任何单位或者个人未经专利权人许可，都不得实施其专利，即不得为生产经营目的制造、许诺销售、销售、进口其外观设计专利产品。

第十二条 任何单位或者个人实施他人专利的，应当与专利权人订立实施许可合同，向专利权人支付专利使用费。被许可人无权允许合同规定以外的任何单位或者个人实施该专利。

第十三条 发明专利申请公布后，申请人可以要求实施其发明的单位或者个人支付适当的费用。

第十四条 专利申请权或者专利权的共有人对权利的行使有约定的，从其约定。没有约定的，共有人可以单独实施或者以普通许可方式许可他人实施该专利；许可他人实施该专利的，收取的使用费应当在共有人之间分配。

除前款规定的情形外，行使共有的专利申请权或者专利权应当取得全体共有人的同意。

第十五条 被授予专利权的单位应当对职务发明创造的发明人或者设计人给予奖励；发明创造专利实施后，根据其推广应用的范围和取得的经济效益，对发明人或者设计人给予合理的报酬。

国家鼓励被授予专利权的单位实行产权激励，采取股权、期权、分红等方式，使发明人或者设计人合理分享创新收益。

第十六条 发明人或者设计人有权在专利文件中写明自己是发明人或者设计人。

专利权人有权在其专利产品或者该产品的包装上标明专利标识。

第十七条 在中国没有经常居所或者营业所的外国人、外国企业或者外国其他组织在中国申请专利的，依照其所属国同中国签订的协议或者共同参加的国际条约，或者依照互惠原则，根据本法办理。

第十八条 在中国没有经常居所或者营业所的外国人、外国企业或者外国其他组织在中国申请专利和办理其他专利事务的，应当委托依法设立的专利代理机构办理。

中国单位或者个人在国内申请专利和办理其他专利事务的，可以委托依法设立的专利代理机构办理。

专利代理机构应当遵守法律、行政法规，按照被代理人的委托办理专利申请或者其他专利事务；对被代理人发明创造的内容，除专利申请已经公布或者公告的以外，负有保密责任。专利代理机构的具体管理办法由国务院规定。

第十九条 任何单位或者个人将在中国完成的发明或者实用新型向外国申请专利的，应当事先报经国务院专利行政部门进行保密审查。保密审查的程序、期限等按照国务院的规定执行。

中国单位或者个人可以根据中华人民共和国参加的有关国际条约提出专利国际申请。申请人提出专利国际申请的，应当遵守前款规定。

国务院专利行政部门依照中华人民共和国参加的有关国际条约、本法和国务院有关规定处理专利国际申请。

对违反本条第一款规定向外国申请专利的发明或者实用新型，在中国申请专利的，不授予专利权。

第二十条 申请专利和行使专利权应当遵循诚实信用原则。不得滥用专利权损害公共利益或者他人合法权益。

滥用专利权，排除或者限制竞争，构成垄断行为的，依照《中华人民共和国反垄断法》处理。

第二十一条 国务院专利行政部门应当按照客观、公正、准确、及时的要求，依法处理有关专利的申请和请求。

国务院专利行政部门应当加强专利信息公共服务体系建设，完整、准确、及时发布专利信息，提供专利基础数据，定期出版专利公报，促进专利信息传播与利用。

在专利申请公布或者公告前，国务院专利行政部门的工作人员及有关人员对其内容负有保密责任。

第二章 授予专利权的条件

第二十二条 授予专利权的发明和实用新型，应当具备新颖性、创造性和实用性。

新颖性，是指该发明或者实用新型不属于现有技术；也没有任何单位或者个人就同样的发明或者实用新型在申请日以前向国务院专利行政部门提出过申请，并记载在申请日以后公布的专利申请文件或者公告的专利文件中。

创造性，是指与现有技术相比，该发明具有突出的实质性特点和显著的进步，该实用新型具有实质性特点和进步。

实用性，是指该发明或者实用新型能够制造或者使用，并且能够产生积极效果。

本法所称现有技术，是指申请日以前在国内外为公众所知的技术。

第二十三条 授予专利权的外观设计，应当不属于现有设计；也没有任何单位或者个人就同样的外观设计在申请日以前向国务院专利行政部门提出过申请，并记载在申请日以后公告的专利文件中。

授予专利权的外观设计与现有设计或者现有设计特征的组合相比，应当具有明显区别。

授予专利权的外观设计不得与他人在申请日以前已经取得的合法权利相冲突。

本法所称现有设计，是指申请日以前在国内外为公众所知的设计。

第二十四条 申请专利的发明创造在申请日以前六个月内，有下列情形之一的，不丧失新颖性：

（一）在国家出现紧急状态或者非常情况时，为公共利益目的首次公开的；

（二）在中国政府主办或者承认的国际展览会上首次展出的；

（三）在规定的学术会议或者技术会议上首次发表的；

（四）他人未经申请人同意而泄露其内容的。

第二十五条 对下列各项，不授予专利权：

（一）科学发现；

（二）智力活动的规则和方法；

（三）疾病的诊断和治疗方法；

（四）动物和植物品种；

（五）原子核变换方法以及用原子核变换方法获得的物质；

（六）对平面印刷品的图案、色彩或者二者的结合作出的主要起标识作用的设计。

对前款第（四）项所列产品的生产方法，可以依照本法规定授予专利权。

第三章 专利的申请

第二十六条 申请发明或者实用新型专利的，应当提交请求书、说明书及其摘要和权利要求书等文件。

请求书应当写明发明或者实用新型的名称，发明人的姓名，申请人姓名或者名称、地址，以及其他事项。

说明书应当对发明或者实用新型作出清楚、完整的说明，以所属技术领域的技术人员能够实现为准；必要的时候，应当有附图。摘要应当简要说明发明或者实用新型的技术要点。

权利要求书应当以说明书为依据，清楚、简要地限定要求专利保护的范围。

依赖遗传资源完成的发明创造，申请人应当在专利申请文件中说明该遗传资源的直接来源和原始来源；申请人无法说明原始来源的，应当陈述理由。

第二十七条 申请外观设计专利的，应当提交请求书、该外观设计的图片或者照片以及对该外观设计的简要说明等文件。

申请人提交的有关图片或者照片应当清楚地显示要求专利保护的产品的外观设计。

第二十八条　国务院专利行政部门收到专利申请文件之日为申请日。如果申请文件是邮寄的，以寄出的邮戳日为申请日。

第二十九条　申请人自发明或者实用新型在外国第一次提出专利申请之日起十二个月内，或者自外观设计在外国第一次提出专利申请之日起六个月内，又在中国就相同主题提出专利申请的，依照该外国同中国签订的协议或者共同参加的国际条约，或者依照相互承认优先权的原则，可以享有优先权。

申请人自发明或者实用新型在中国第一次提出专利申请之日起十二个月内，或者自外观设计在中国第一次提出专利申请之日起六个月内，又向国务院专利行政部门就相同主题提出专利申请的，可以享有优先权。

第三十条　申请人要求发明、实用新型专利优先权的，应当在申请的时候提出书面声明，并且在第一次提出申请之日起十六个月内，提交第一次提出的专利申请文件的副本。

申请人要求外观设计专利优先权的，应当在申请的时候提出书面声明，并且在三个月内提交第一次提出的专利申请文件的副本。

申请人未提出书面声明或者逾期未提交专利申请文件副本的，视为未要求优先权。

第三十一条　一件发明或者实用新型专利申请应当限于一项发明或者实用新型。属于一个总的发明构思的两项以上的发明或者实用新型，可以作为一件申请提出。

一件外观设计专利申请应当限于一项外观设计。同一产品两项以上的相似外观设计，或者用于同一类别并且成套出售或者使用的产品的两项以上外观设计，可以作为一件申请提出。

第三十二条　申请人可以在被授予专利权之前随时撤回其专利申请。

第三十三条　申请人可以对其专利申请文件进行修改，但是，对发明和实用新型专利申请文件的修改不得超出原说明书和权利要求书记载的范围，对外观设计专利申请文件的修改不得超出原图片或者照片表示的范围。

第四章　专利申请的审查和批准

第三十四条　国务院专利行政部门收到发明专利申请后，经初步审查认为符合本法要求的，自申请日起满十八个月，即行公布。国务院专利行政部门可以根据申请人的请求早日公布其申请。

第三十五条　发明专利申请自申请日起三年内，国务院专利行政部门可以根据申请人随时提出的请求，对其申请进行实质审查；申请人无正当理由逾期不请求实质审查的，该申请即被视为撤回。

国务院专利行政部门认为必要的时候，可以自行对发明专利申请进行实质审查。

第三十六条　发明专利的申请人请求实质审查的时候，应当提交在申请日前与其发明有关的参考资料。

发明专利已经在外国提出过申请的，国务院专利行政部门可以要求申请人在指定期限内提交该国为审查其申请进行检索的资料或者审查结果的资料；无正当理由逾期不提交的，该申请即被视为撤回。

第三十七条　国务院专利行政部门对发明专利申请进行实质审查后，认为不符合本法规定的，应当通知申请人，要求其在指定的期限内陈述意见，或者对其申请进行修改；无正当理由逾期不答复的，该申请即被视为撤回。

第三十八条　发明专利申请经申请人陈述意见或者进行修改后，国务院专利行政部门仍然认为不符合本法规定的，应当予以驳回。

第三十九条　发明专利申请经实质审查没有发现驳回理由的，由国务院专利行政部门作出授予发明专利权的决定，发给发明专利证书，同时予以登记和公告。发明专利权自公告之日起生效。

第四十条　实用新型和外观设计专利申请经初步审查没有发现驳回理由的，由国务院专利行政部门作出授予实用新型专利权或者外观设计专利权的决定，发给相应的专利证书，同时予以登记和公告。实用新型专利权和外观设计专利权自公告之日起生效。

第四十一条　专利申请人对国务院专利行政部门驳回申请的决定不服的，可以自收到通知之日起三个月内向国务院专利行政部门请求复审。国务院专利行政部门复审后，作出决定，并通知专利申请人。

专利申请人对国务院专利行政部门的复审决定不服的，可以自收到通知之日起三个月内向人民法院起诉。

第五章　专利权的期限、终止和无效

第四十二条　发明专利权的期限为二十年，实用新型专利权的期限为十年，外观设计专利权的期限为十五年，均自申请日起计算。

自发明专利申请日起满四年，且自实质审查请求之日起满三年后授予发明专利权的，国务院专利行政部门应专利权人的请求，就发明专利在授权过程中的不合理延迟给予专利权期限补偿，但由申请人引起的不合理延迟除外。

为补偿新药上市审评审批占用的时间，对在中国获得上市许可的新药相关发明专利，国务院专利行政部门应专利权人的请求给予专利权期限补偿。补偿期限不超过五年，新药批准上市后总有效专利权期限不超过十四年。

第四十三条　专利权人应当自被授予专利权的当年开始缴纳年费。

第四十四条　有下列情形之一的，专利权在期限届满前终止：

（一）没有按照规定缴纳年费的；

（二）专利权人以书面声明放弃其专利权的。

专利权在期限届满前终止的，由国务院专利行政部门登记和公告。

第四十五条　自国务院专利行政部门公告授予专利权之日起，任何单位或者个人认为该专利权的授予不符合本法有关规定的，可以请求国务院专利行政部门宣告该专利权无效。

第四十六条　国务院专利行政部门对宣告专利权无效的请求应当及时审查和作出决定，并通知请求人和专利权人。宣告专利权无效的决定，由国务院专利行政部门登记和公告。

对国务院专利行政部门宣告专利权无效或者维持专利权的决定不服的，可以自收到通知之日起三个月内向人民法院起诉。人民法院应当通知无效宣告请求程序的对方当事人作为第三人参加诉讼。

第四十七条　宣告无效的专利权视为自始即不存在。

宣告专利权无效的决定，对在宣告专利权无效前人民法院作出并已执行的专利侵权的判决、调解书，已经履行或者强制执行的专利侵权纠纷处理决定，以及已经履行的专利实施许可合同和专利权转让合同，不具有追溯力。但是因专利权人的恶意给他人造成的损失，应当给予赔偿。

依照前款规定不返还专利侵权赔偿金、专利使用费、专利权转让费，明显违反公平原则的，应当全部或者部分返还。

第六章　专利实施的特别许可

第四十八条　国务院专利行政部门、地方人民政府管理专利工作的部门应当会同同级相关部门采取措施，加强专利公共服务，促进专利实施和运用。

第四十九条　国有企业事业单位的发明专利，对国家利益或者公共利益具有重大意义的，国务院有关主管部门和省、自治区、直辖市人民政府报经国务院批准，可以决定在批准的范围内推广应用，允许指定的单位实施，由实施单位按照国家规定向专利权人支付使用费。

第五十条　专利权人自愿以书面方式向国务院专利行政部门声明愿意许可任何单位或者个人实施其专利，并明确许可使用费支付方式、标准的，由国务院专利行政部门予以公告，实行开放许可。就实用新型、外观设计专利提出开放许可声明的，应当提供专利权评价报告。

专利权人撤回开放许可声明的，应当以书面方式提出，并由国务院专利行政部门予以公告。开放许可声明被公告撤回的，不影响在先给予的开放许可的效力。

第五十一条　任何单位或者个人有意愿实施开放许可的专利的，以书面方式通知专利权人，并依照公告的许可使用费支付方式、标准支付许可使用费后，即获得专利实施许可。

开放许可实施期间，对专利权人缴纳专利年费相应给予减免。

实行开放许可的专利权人可以与被许可人就许可使用费进行协商后给予普通许可，但不得就该专利给予独占或者排他许可。

第五十二条　当事人就实施开放许可发生纠纷的，由当事人协商解决；不愿协商或者协商不成的，可以请求国务院专利行政部门进行调解，也可以向人民法院起诉。

第五十三条　有下列情形之一的，国务院专利行政部门根据具备实施条件的单位或者个人的申请，可以给予实施发明专利或者实用新型专利的强制许可：

（一）专利权人自专利权被授予之日起满三年，且自提出专利申请之日起满四年，无正当理由未实施或者未充分实施其专利的；

（二）专利权人行使专利权的行为被依法认定为垄断行为，为消除或者减少该行为对竞争产生的不利影响的。

第五十四条 在国家出现紧急状态或者非常情况时，或者为了公共利益的目的，国务院专利行政部门可以给予实施发明专利或者实用新型专利的强制许可。

第五十五条 为了公共健康目的，对取得专利权的药品，国务院专利行政部门可以给予制造并将其出口到符合中华人民共和国参加的有关国际条约规定的国家或者地区的强制许可。

第五十六条 一项取得专利权的发明或者实用新型比前已经取得专利权的发明或者实用新型具有显著经济意义的重大技术进步，其实施又有赖于前一发明或者实用新型的实施的，国务院专利行政部门根据后一专利权人的申请，可以给予实施前一发明或者实用新型的强制许可。

在依照前款规定给予实施强制许可的情形下，国务院专利行政部门根据前一专利权人的申请，也可以给予实施后一发明或者实用新型的强制许可。

第五十七条 强制许可涉及的发明创造为半导体技术的，其实施限于公共利益的目的和本法第五十三条第（二）项规定的情形。

第五十八条 除依照本法第五十三条第（二）项、第五十五条规定给予的强制许可外，强制许可的实施应当主要为了供应国内市场。

第五十九条 依照本法第五十三条第（一）项、第五十六条规定申请强制许可的单位或者个人应当提供证据，证明其以合理的条件请求专利权人许可其实施专利，但未能在合理的时间内获得许可。

第六十条 国务院专利行政部门作出的给予实施强制许可的决定，应当及时通知专利权人，并予以登记和公告。

给予实施强制许可的决定，应当根据强制许可的理由规定实施的范围和时间。强制许可的理由消除并不再发生时，国务院专利行政部门应当根据专利权人的请求，经审查后作出终止实施强制许可的决定。

第六十一条 取得实施强制许可的单位或者个人不享有独占的实施权，并且无权允许他人实施。

第六十二条 取得实施强制许可的单位或者个人应当付给专利权人合理的使用费，或者依照中华人民共和国参加的有关国际条约的规定处理使用费问题。付给使用费的，其数额由双方协商；双方不能达成协议的，由国务院专利行政部门裁决。

第六十三条 专利权人对国务院专利行政部门关于实施强制许可的决定不服的，专利权人和取得实施强制许可的单位或者个人对国务院专利行政部门关于实施强制许可的使用费的裁决不服的，可以自收到通知之日起三个月内向人民法院起诉。

第七章　专利权的保护

第六十四条 发明或者实用新型专利权的保护范围以其权利要求的内容为准，说明书及附图可以用于解释权利要求的内容。

外观设计专利权的保护范围以表示在图片或者照片中的该产品的外观设计为准，简要说明可以用于解释图片或者照片所表示的该产品的外观设计。

第六十五条　未经专利权人许可，实施其专利，即侵犯其专利权，引起纠纷的，由当事人协商解决；不愿协商或者协商不成的，专利权人或者利害关系人可以向人民法院起诉，也可以请求管理专利工作的部门处理。管理专利工作的部门处理时，认定侵权行为成立的，可以责令侵权人立即停止侵权行为，当事人不服的，可以自收到处理通知之日起十五日内依照《中华人民共和国行政诉讼法》向人民法院起诉；侵权人期满不起诉又不停止侵权行为的，管理专利工作的部门可以申请人民法院强制执行。进行处理的管理专利工作的部门应当事人的请求，可以就侵犯专利权的赔偿数额进行调解；调解不成的，当事人可以依照《中华人民共和国民事诉讼法》向人民法院起诉。

第六十六条　专利侵权纠纷涉及新产品制造方法的发明专利的，制造同样产品的单位或者个人应当提供其产品制造方法不同于专利方法的证明。

专利侵权纠纷涉及实用新型专利或者外观设计专利的，人民法院或者管理专利工作的部门可以要求专利权人或者利害关系人出具由国务院专利行政部门对相关实用新型或者外观设计进行检索、分析和评价后作出的专利权评价报告，作为审理、处理专利侵权纠纷的证据；专利权人、利害关系人或者被控侵权人也可以主动出具专利权评价报告。

第六十七条　在专利侵权纠纷中，被控侵权人有证据证明其实施的技术或者设计属于现有技术或者现有设计的，不构成侵犯专利权。

第六十八条　假冒专利的，除依法承担民事责任外，由负责专利执法的部门责令改正并予公告，没收违法所得，可以处违法所得五倍以下的罚款；没有违法所得或者违法所得在五万元以下的，可以处二十五万元以下的罚款；构成犯罪的，依法追究刑事责任。

第六十九条　负责专利执法的部门根据已经取得的证据，对涉嫌假冒专利行为进行查处时，有权采取下列措施：

（一）询问有关当事人，调查与涉嫌违法行为有关的情况；

（二）对当事人涉嫌违法行为的场所实施现场检查；

（三）查阅、复制与涉嫌违法行为有关的合同、发票、账簿以及其他有关资料；

（四）检查与涉嫌违法行为有关的产品；

（五）对有证据证明是假冒专利的产品，可以查封或者扣押。

管理专利工作的部门应专利权人或者利害关系人的请求处理专利侵权纠纷时，可以采取前款第（一）项、第（二）项、第（四）项所列措施。

负责专利执法的部门、管理专利工作的部门依法行使前两款规定的职权时，当事人应当予以协助、配合，不得拒绝、阻挠。

第七十条　国务院专利行政部门可以应专利权人或者利害关系人的请求处理在全国有重大影响的专利侵权纠纷。

地方人民政府管理专利工作的部门应专利权人或者利害关系人请求处理专利侵权纠纷，对在本行政区域内侵犯其同一专利权的案件可以合并处理；对跨区域侵犯其同一专利权的案件可以请求上级地方人民政府管理专利工作的部门处理。

第七十一条 侵犯专利权的赔偿数额按照权利人因被侵权所受到的实际损失或者侵权人因侵权所获得的利益确定；权利人的损失或者侵权人获得的利益难以确定的，参照该专利许可使用费的倍数合理确定。对故意侵犯专利权，情节严重的，可以在按照上述方法确定数额的一倍以上五倍以下确定赔偿数额。

权利人的损失、侵权人获得的利益和专利许可使用费均难以确定的，人民法院可以根据专利权的类型、侵权行为的性质和情节等因素，确定给予三万元以上五百万元以下的赔偿。

赔偿数额还应当包括权利人为制止侵权行为所支付的合理开支。

人民法院为确定赔偿数额，在权利人已经尽力举证，而与侵权行为相关的账簿、资料主要由侵权人掌握的情况下，可以责令侵权人提供与侵权行为相关的账簿、资料；侵权人不提供或者提供虚假的账簿、资料的，人民法院可以参考权利人的主张和提供的证据判定赔偿数额。

第七十二条 专利权人或者利害关系人有证据证明他人正在实施或者即将实施侵犯专利权、妨碍其实现权利的行为，如不及时制止将会使其合法权益受到难以弥补的损害的，可以在起诉前依法向人民法院申请采取财产保全、责令作出一定行为或者禁止作出一定行为的措施。

第七十三条 为了制止专利侵权行为，在证据可能灭失或者以后难以取得的情况下，专利权人或者利害关系人可以在起诉前依法向人民法院申请保全证据。

第七十四条 侵犯专利权的诉讼时效为三年，自专利权人或者利害关系人知道或者应当知道侵权行为以及侵权人之日起计算。

发明专利申请公布后至专利权授予前使用该发明未支付适当使用费的，专利权人要求支付使用费的诉讼时效为三年，自专利权人知道或者应当知道他人使用其发明之日起计算，但是，专利权人于专利权授予之日前即已知道或者应当知道的，自专利权授予之日起计算。

第七十五条 有下列情形之一的，不视为侵犯专利权：

（一）专利产品或者依照专利方法直接获得的产品，由专利权人或者经其许可的单位、个人售出后，使用、许诺销售、销售、进口该产品的；

（二）在专利申请日前已经制造相同产品、使用相同方法或者已经作好制造、使用的必要准备，并且仅在原有范围内继续制造、使用的；

（三）临时通过中国领陆、领水、领空的外国运输工具，依照其所属国同中国签订的协议或者共同参加的国际条约，或者依照互惠原则，为运输工具自身需要而在其装置和设备中使用有关专利的；

（四）专为科学研究和实验而使用有关专利的；

（五）为提供行政审批所需要的信息，制造、使用、进口专利药品或者专利医疗器械的，以及专门为其制造、进口专利药品或者专利医疗器械的。

第七十六条 药品上市审评审批过程中，药品上市许可申请人与有关专利权人或者利害关系人，因申请注册的药品相关的专利权产生纠纷的，相关当事人可以向人民法院起诉，请求就申请注册的药品相关技术方案是否落入他人药品专利权保护范围作出判决。国务院药品监督管理部门在规定的期限内，可以根据人民法院生效裁判作出是否暂停批准相关药品上市的决定。

药品上市许可申请人与有关专利权人或者利害关系人也可以就申请注册的药品相关的专利权纠纷，向国务院专利行政部门请求行政裁决。

国务院药品监督管理部门会同国务院专利行政部门制定药品上市许可审批与药品上市许可申请阶段专利权纠纷解决的具体衔接办法，报国务院同意后实施。

第七十七条　为生产经营目的使用、许诺销售或者销售不知道是未经专利权人许可而制造并售出的专利侵权产品，能证明该产品合法来源的，不承担赔偿责任。

第七十八条　违反本法第十九条规定向外国申请专利，泄露国家秘密的，由所在单位或者上级主管机关给予行政处分；构成犯罪的，依法追究刑事责任。

第七十九条　管理专利工作的部门不得参与向社会推荐专利产品等经营活动。

管理专利工作的部门违反前款规定的，由其上级机关或者监察机关责令改正，消除影响，有违法收入的予以没收；情节严重的，对直接负责的主管人员和其他直接责任人员依法给予处分。

第八十条　从事专利管理工作的国家机关工作人员以及其他有关国家机关工作人员玩忽职守、滥用职权、徇私舞弊，构成犯罪的，依法追究刑事责任；尚不构成犯罪的，依法给予处分。

第八章　附　　则

第八十一条　向国务院专利行政部门申请专利和办理其他手续，应当按照规定缴纳费用。

第八十二条　本法自 1985 年 4 月 1 日起施行。

中华人民共和国著作权法

（1990 年 9 月 7 日第七届全国人民代表大会常务委员会第十五次会议通过　根据 2001 年 10 月 27 日第九届全国人民代表大会常务委员会第二十四次会议《关于修改〈中华人民共和国著作权法〉的决定》第一次修正　根据 2010 年 2 月 26 日第十一届全国人民代表大会常务委员会第十三次会议《关于修改〈中华人民共和国著作权法〉的决定》第二次修正　根据 2020 年 11 月 11 日第十三届全国人民代表大会常务委员会第二十三次会议《关于修改〈中华人民共和国著作权法〉的决定》第三次修正）

第一章　总　则

第一条　为保护文学、艺术和科学作品作者的著作权，以及与著作权有关的权益，鼓励有益于社会主义精神文明、物质文明建设的作品的创作和传播，促进社会主义文化和科学事业的发展与繁荣，根据宪法制定本法。

第二条　中国公民、法人或者非法人组织的作品，不论是否发表，依照本法享有著作权。

外国人、无国籍人的作品根据其作者所属国或者经常居住地国同中国签订的协议或者共同参加的国际条约享有的著作权，受本法保护。

外国人、无国籍人的作品首先在中国境内出版的，依照本法享有著作权。

未与中国签订协议或者共同参加国际条约的国家的作者以及无国籍人的作品首次在中国参加的国际条约的成员国出版的，或者在成员国和非成员国同时出版的，受本法保护。

第三条　本法所称的作品，是指文学、艺术和科学领域内具有独创性并能以一定形式表现的智力成果，包括：

（一）文字作品；

（二）口述作品；

（三）音乐、戏剧、曲艺、舞蹈、杂技艺术作品；

（四）美术、建筑作品；

（五）摄影作品；

（六）视听作品；

（七）工程设计图、产品设计图、地图、示意图等图形作品和模型作品；

（八）计算机软件；

（九）符合作品特征的其他智力成果。

第四条　著作权人和与著作权有关的权利人行使权利，不得违反宪法和法律，不得损害公共利益。国家对作品的出版、传播依法进行监督管理。

第五条　本法不适用于：

（一）法律、法规，国家机关的决议、决定、命令和其他具有立法、行政、司法性质的文件，及其官方正式译文；

（二）单纯事实消息；

（三）历法、通用数表、通用表格和公式。

第六条　民间文学艺术作品的著作权保护办法由国务院另行规定。

第七条　国家著作权主管部门负责全国的著作权管理工作；县级以上地方主管著作权的部门负责本行政区域的著作权管理工作。

第八条　著作权人和与著作权有关的权利人可以授权著作权集体管理组织行使著作权或者与著作权有关的权利。依法设立的著作权集体管理组织是非营利法人，被授权后可以以自己的名义为著作权人和与著作权有关的权利人主张权利，并可以作为当事人进行涉及著作权或者与著作权有关的权利的诉讼、仲裁、调解活动。

著作权集体管理组织根据授权向使用者收取使用费。使用费的收取标准由著作权集体管理组织和使用者代表协商确定，协商不成的，可以向国家著作权主管部门申请裁决，对裁决不服的，可以向人民法院提起诉讼；当事人也可以直接向人民法院提起诉讼。

著作权集体管理组织应当将使用费的收取和转付、管理费的提取和使用、使用费的未分配部分等总体情况定期向社会公布，并应当建立权利信息查询系统，供权利人和使用者查询。国家著作权主管部门应当依法对著作权集体管理组织进行监督、管理。

著作权集体管理组织的设立方式、权利义务、使用费的收取和分配，以及对其监督和管理等由国务院另行规定。

第二章　著作权

第一节　著作权人及其权利

第九条　著作权人包括：

（一）作者；

（二）其他依照本法享有著作权的自然人、法人或者非法人组织。

第十条　著作权包括下列人身权和财产权：

（一）发表权，即决定作品是否公之于众的权利；

（二）署名权，即表明作者身份，在作品上署名的权利；

（三）修改权，即修改或者授权他人修改作品的权利；

（四）保护作品完整权，即保护作品不受歪曲、篡改的权利；

（五）复制权，即以印刷、复印、拓印、录音、录像、翻录、翻拍、数字化等方式将作品制作一份或者多份的权利；

（六）发行权，即以出售或者赠与方式向公众提供作品的原件或者复制件的权利；

（七）出租权，即有偿许可他人临时使用视听作品、计算机软件的原件或者复制件的权利，计算机软件不是出租的主要标的的除外；

（八）展览权，即公开陈列美术作品、摄影作品的原件或者复制件的权利；

（九）表演权，即公开表演作品，以及用各种手段公开播送作品的表演的权利；

（十）放映权，即通过放映机、幻灯机等技术设备公开再现美术、摄影、视听作品等的权利；

（十一）广播权，即以有线或者无线方式公开传播或者转播作品，以及通过扩音器或者其他传送符号、声音、图像的类似工具向公众传播广播的作品的权利，但不包括本款第十二项规定的权利；

（十二）信息网络传播权，即以有线或者无线方式向公众提供，使公众可以在其选定的时间和地点获得作品的权利；

（十三）摄制权，即以摄制视听作品的方法将作品固定在载体上的权利；

（十四）改编权，即改变作品，创作出具有独创性的新作品的权利；

（十五）翻译权，即将作品从一种语言文字转换成另一种语言文字的权利；

（十六）汇编权，即将作品或者作品的片段通过选择或者编排，汇集成新作品的权利；

（十七）应当由著作权人享有的其他权利。

著作权人可以许可他人行使前款第五项至第十七项规定的权利，并依照约定或者本法有关规定获得报酬。

著作权人可以全部或者部分转让本条第一款第五项至第十七项规定的权利，并依照约定或者本法有关规定获得报酬。

第二节　著作权归属

第十一条　著作权属于作者，本法另有规定的除外。

创作作品的自然人是作者。

由法人或者非法人组织主持，代表法人或者非法人组织意志创作，并由法人或者非法人组织承担责任的作品，法人或者非法人组织视为作者。

第十二条　在作品上署名的自然人、法人或者非法人组织为作者，且该作品上存在相应权利，但有相反证明的除外。

作者等著作权人可以向国家著作权主管部门认定的登记机构办理作品登记。

与著作权有关的权利参照适用前两款规定。

第十三条　改编、翻译、注释、整理已有作品而产生的作品，其著作权由改编、翻译、注释、整理人享有，但行使著作权时不得侵犯原作品的著作权。

第十四条　两人以上合作创作的作品，著作权由合作作者共同享有。没有参加创作的人，不能成为合作作者。

合作作品的著作权由合作作者通过协商一致行使；不能协商一致，又无正当理由的，任何一方不得阻止他方行使除转让、许可他人专有使用、出质以外的其他权利，但是所得收益应当合理分配给所有合作作者。

合作作品可以分割使用的，作者对各自创作的部分可以单独享有著作权，但行使著作权时不得侵犯合作作品整体的著作权。

第十五条　汇编若干作品、作品的片段或者不构成作品的数据或者其他材料，对其内容的选择或者编排体现独创性的作品，为汇编作品，其著作权由汇编人享有，但行使著作权时，不得侵犯原作品的著作权。

第十六条　使用改编、翻译、注释、整理、汇编已有作品而产生的作品进行出版、演出和制作录音录像制品，应当取得该作品的著作权人和原作品的著作权人许可，并支付报酬。

第十七条　视听作品中的电影作品、电视剧作品的著作权由制作者享有，但编剧、导演、摄影、作词、作曲等作者享有署名权，并有权按照与制作者签订的合同获得报酬。

前款规定以外的视听作品的著作权归属由当事人约定；没有约定或者约定不明确的，由制作者享有，但作者享有署名权和获得报酬的权利。

视听作品中的剧本、音乐等可以单独使用的作品的作者有权单独行使其著作权。

第十八条　自然人为完成法人或者非法人组织工作任务所创作的作品是职务作品，除本条第二款的规定以外，著作权由作者享有，但法人或者非法人组织有权在其业务范围内优先使用。作品完成两年内，未经单位同意，作者不得许可第三人以与单位使用的相同方式使用该作品。

有下列情形之一的职务作品，作者享有署名权，著作权的其他权利由法人或者非法人组织享有，法人或者非法人组织可以给予作者奖励：

（一）主要是利用法人或者非法人组织的物质技术条件创作，并由法人或者非法人组织承担责任的工程设计图、产品设计图、地图、示意图、计算机软件等职务作品；

（二）报社、期刊社、通讯社、广播电台、电视台的工作人员创作的职务作品；

（三）法律、行政法规规定或者合同约定著作权由法人或者非法人组织享有的职务作品。

第十九条　受委托创作的作品，著作权的归属由委托人和受托人通过合同约定。合同未作明确约定或者没有订立合同的，著作权属于受托人。

第二十条　作品原件所有权的转移，不改变作品著作权的归属，但美术、摄影作品原件的展览权由原件所有人享有。

作者将未发表的美术、摄影作品的原件所有权转让给他人，受让人展览该原件不构成对作者发表权的侵犯。

第二十一条　著作权属于自然人的，自然人死亡后，其本法第十条第一款第五项至第十七项规定的权利在本法规定的保护期内，依法转移。

著作权属于法人或者非法人组织的，法人或者非法人组织变更、终止后，其本法第十条第一款第五项至第十七项规定的权利在本法规定的保护期内，由承受其权利义务的法人或者非法人组织享有；没有承受其权利义务的法人或者非法人组织的，由国家享有。

第三节　权利的保护期

第二十二条　作者的署名权、修改权、保护作品完整权的保护期不受限制。

第二十三条　自然人的作品，其发表权、本法第十条第一款第五项至第十七项规定的权利的保护期为作者终生及其死亡后五十年，截止于作者死亡后第五十年的 12 月 31 日；如果是合作作品，截止于最后死亡的作者死亡后第五十年的 12 月 31 日。

法人或者非法人组织的作品、著作权（署名权除外）由法人或者非法人组织享有的职务作品，其发表权的保护期为五十年，截止于作品创作完成后第五十年的 12 月 31 日；本法第十条第一款第五项至第十七项规定的权利的保护期为五十年，截止于作品首次发表后第五十年的 12 月 31 日，但作品自创作完成后五十年内未发表的，本法不再保护。

视听作品，其发表权的保护期为五十年，截止于作品创作完成后第五十年的 12 月 31 日；本法第十条第一款第五项至第十七项规定的权利的保护期为五十年，截止于作品首次发表后第五十年的 12 月 31 日，但作品自创作完成后五十年内未发表的，本法不再保护。

第四节　权利的限制

第二十四条　在下列情况下使用作品，可以不经著作权人许可，不向其支付报酬，但应当指明作者姓名或者名称、作品名称，并且不得影响该作品的正常使用，也不得不合理地损害著作权人的合法权益：

（一）为个人学习、研究或者欣赏，使用他人已经发表的作品；

（二）为介绍、评论某一作品或者说明某一问题，在作品中适当引用他人已经发表的作品；

（三）为报道新闻，在报纸、期刊、广播电台、电视台等媒体中不可避免地再现或者引用已经发表的作品；

（四）报纸、期刊、广播电台、电视台等媒体刊登或者播放其他报纸、期刊、广播电台、电视台等媒体已经发表的关于政治、经济、宗教问题的时事性文章，但著作权人声明不许刊登、播放的除外；

（五）报纸、期刊、广播电台、电视台等媒体刊登或者播放在公众集会上发表的讲话，但作者声明不许刊登、播放的除外；

（六）为学校课堂教学或者科学研究，翻译、改编、汇编、播放或者少量复制已经发表的作品，供教学或者科研人员使用，但不得出版发行；

（七）国家机关为执行公务在合理范围内使用已经发表的作品；

（八）图书馆、档案馆、纪念馆、博物馆、美术馆、文化馆等为陈列或者保存版本的需要，复制本馆收藏的作品；

（九）免费表演已经发表的作品，该表演未向公众收取费用，也未向表演者支付报酬，且不以营利为目的；

（十）对设置或者陈列在公共场所的艺术作品进行临摹、绘画、摄影、录像；

（十一）将中国公民、法人或者非法人组织已经发表的以国家通用语言文字创作的作品翻译成少数民族语言文字作品在国内出版发行；

（十二）以阅读障碍者能够感知的无障碍方式向其提供已经发表的作品；

（十三）法律、行政法规规定的其他情形。

前款规定适用于对与著作权有关的权利的限制。

第二十五条 为实施义务教育和国家教育规划而编写出版教科书，可以不经著作权人许可，在教科书中汇编已经发表的作品片段或者短小的文字作品、音乐作品或者单幅的美术作品、摄影作品、图形作品，但应当按照规定向著作权人支付报酬，指明作者姓名或者名称、作品名称，并且不得侵犯著作权人依照本法享有的其他权利。

前款规定适用于对与著作权有关的权利的限制。

第三章 著作权许可使用和转让合同

第二十六条 使用他人作品应当同著作权人订立许可使用合同，本法规定可以不经许可的除外。

许可使用合同包括下列主要内容：

（一）许可使用的权利种类；

（二）许可使用的权利是专有使用权或者非专有使用权；

（三）许可使用的地域范围、期间；

（四）付酬标准和办法；

（五）违约责任；

（六）双方认为需要约定的其他内容。

第二十七条 转让本法第十条第一款第五项至第十七项规定的权利，应当订立书面合同。

权利转让合同包括下列主要内容：

（一）作品的名称；

（二）转让的权利种类、地域范围；

（三）转让价金；

（四）交付转让价金的日期和方式；

（五）违约责任；

（六）双方认为需要约定的其他内容。

第二十八条 以著作权中的财产权出质的，由出质人和质权人依法办理出质登记。

第二十九条 许可使用合同和转让合同中著作权人未明确许可、转让的权利，未经著作权人同意，另一方当事人不得行使。

第三十条 使用作品的付酬标准可以由当事人约定，也可以按照国家著作权主管部门会同有关部门制定的付酬标准支付报酬。当事人约定不明确的，按照国家著作权主管部门会同有关部门制定的付酬标准支付报酬。

第三十一条 出版者、表演者、录音录像制作者、广播电台、电视台等依照本法有关规定使用他人作品的，不得侵犯作者的署名权、修改权、保护作品完整权和获得报酬的权利。

第四章　与著作权有关的权利

第一节　图书、报刊的出版

第三十二条　图书出版者出版图书应当和著作权人订立出版合同，并支付报酬。

第三十三条　图书出版者对著作权人交付出版的作品，按照合同约定享有的专有出版权受法律保护，他人不得出版该作品。

第三十四条　著作权人应当按照合同约定期限交付作品。图书出版者应当按照合同约定的出版质量、期限出版图书。

图书出版者不按照合同约定期限出版，应当依照本法第六十一条的规定承担民事责任。

图书出版者重印、再版作品的，应当通知著作权人，并支付报酬。图书脱销后，图书出版者拒绝重印、再版的，著作权人有权终止合同。

第三十五条　著作权人向报社、期刊社投稿的，自稿件发出之日起十五日内未收到报社通知决定刊登的，或者自稿件发出之日起三十日内未收到期刊社通知决定刊登的，可以将同一作品向其他报社、期刊社投稿。双方另有约定的除外。

作品刊登后，除著作权人声明不得转载、摘编的外，其他报刊可以转载或者作为文摘、资料刊登，但应当按照规定向著作权人支付报酬。

第三十六条　图书出版者经作者许可，可以对作品修改、删节。

报社、期刊社可以对作品作文字性修改、删节。对内容的修改，应当经作者许可。

第三十七条　出版者有权许可或者禁止他人使用其出版的图书、期刊的版式设计。

前款规定的权利的保护期为十年，截止于使用该版式设计的图书、期刊首次出版后第十年的 12 月 31 日。

第二节　表　演

第三十八条　使用他人作品演出，表演者应当取得著作权人许可，并支付报酬。演出组织者组织演出，由该组织者取得著作权人许可，并支付报酬。

第三十九条　表演者对其表演享有下列权利：

（一）表明表演者身份；

（二）保护表演形象不受歪曲；

（三）许可他人从现场直播和公开传送其现场表演，并获得报酬；

（四）许可他人录音录像，并获得报酬；

（五）许可他人复制、发行、出租录有其表演的录音录像制品，并获得报酬；

（六）许可他人通过信息网络向公众传播其表演，并获得报酬。

被许可人以前款第三项至第六项规定的方式使用作品，还应当取得著作权人许可，并支付报酬。

第四十条 演员为完成本演出单位的演出任务进行的表演为职务表演，演员享有表明身份和保护表演形象不受歪曲的权利，其他权利归属由当事人约定。当事人没有约定或者约定不明确的，职务表演的权利由演出单位享有。

职务表演的权利由演员享有的，演出单位可以在其业务范围内免费使用该表演。

第四十一条 本法第三十九条第一款第一项、第二项规定的权利的保护期不受限制。

本法第三十九条第一款第三项至第六项规定的权利的保护期为五十年，截止于该表演发生后第五十年的 12 月 31 日。

第三节 录音录像

第四十二条 录音录像制作者使用他人作品制作录音录像制品，应当取得著作权人许可，并支付报酬。

录音制作者使用他人已经合法录制为录音制品的音乐作品制作录音制品，可以不经著作权人许可，但应当按照规定支付报酬；著作权人声明不许使用的不得使用。

第四十三条 录音录像制作者制作录音录像制品，应当同表演者订立合同，并支付报酬。

第四十四条 录音录像制作者对其制作的录音录像制品，享有许可他人复制、发行、出租、通过信息网络向公众传播并获得报酬的权利；权利的保护期为五十年，截止于该制品首次制作完成后第五十年的 12 月 31 日。

被许可人复制、发行、通过信息网络向公众传播录音录像制品，应当同时取得著作权人、表演者许可，并支付报酬；被许可人出租录音录像制品，还应当取得表演者许可，并支付报酬。

第四十五条 将录音制品用于有线或者无线公开传播，或者通过传送声音的技术设备向公众公开播送的，应当向录音制作者支付报酬。

第四节 广播电台、电视台播放

第四十六条 广播电台、电视台播放他人未发表的作品，应当取得著作权人许可，并支付报酬。

广播电台、电视台播放他人已发表的作品，可以不经著作权人许可，但应当按照规定支付报酬。

第四十七条 广播电台、电视台有权禁止未经其许可的下列行为：

（一）将其播放的广播、电视以有线或者无线方式转播；

（二）将其播放的广播、电视录制以及复制；

（三）将其播放的广播、电视通过信息网络向公众传播。

广播电台、电视台行使前款规定的权利，不得影响、限制或者侵害他人行使著作权或者与著作权有关的权利。

本条第一款规定的权利的保护期为五十年，截止于该广播、电视首次播放后第五十年的 12 月 31 日。

第四十八条　电视台播放他人的视听作品、录像制品，应当取得视听作品著作权人或者录像制作者许可，并支付报酬；播放他人的录像制品，还应当取得著作权人许可，并支付报酬。

第五章　著作权和与著作权有关的权利的保护

第四十九条　为保护著作权和与著作权有关的权利，权利人可以采取技术措施。

未经权利人许可，任何组织或者个人不得故意避开或者破坏技术措施，不得以避开或者破坏技术措施为目的制造、进口或者向公众提供有关装置或者部件，不得故意为他人避开或者破坏技术措施提供技术服务。但是，法律、行政法规规定可以避开的情形除外。

本法所称的技术措施，是指用于防止、限制未经权利人许可浏览、欣赏作品、表演、录音录像制品或者通过信息网络向公众提供作品、表演、录音录像制品的有效技术、装置或者部件。

第五十条　下列情形可以避开技术措施，但不得向他人提供避开技术措施的技术、装置或者部件，不得侵犯权利人依法享有的其他权利：

（一）为学校课堂教学或者科学研究，提供少量已经发表的作品，供教学或者科研人员使用，而该作品无法通过正常途径获取；

（二）不以营利为目的，以阅读障碍者能够感知的无障碍方式向其提供已经发表的作品，而该作品无法通过正常途径获取；

（三）国家机关依照行政、监察、司法程序执行公务；

（四）对计算机及其系统或者网络的安全性能进行测试；

（五）进行加密研究或者计算机软件反向工程研究。

前款规定适用于对与著作权有关的权利的限制。

第五十一条　未经权利人许可，不得进行下列行为：

（一）故意删除或者改变作品、版式设计、表演、录音录像制品或者广播、电视上的权利管理信息，但由于技术上的原因无法避免的除外；

（二）知道或者应当知道作品、版式设计、表演、录音录像制品或者广播、电视上的权利管理信息未经许可被删除或者改变，仍然向公众提供。

第五十二条　有下列侵权行为的，应当根据情况，承担停止侵害、消除影响、赔礼道歉、赔偿损失等民事责任：

（一）未经著作权人许可，发表其作品的；

（二）未经合作作者许可，将与他人合作创作的作品当作自己单独创作的作品发表的；

（三）没有参加创作，为谋取个人名利，在他人作品上署名的；

（四）歪曲、篡改他人作品的；

（五）剽窃他人作品的；

（六）未经著作权人许可，以展览、摄制视听作品的方法使用作品，或者以改编、翻译、注释等方式使用作品的，本法另有规定的除外；

（七）使用他人作品，应当支付报酬而未支付的；

（八）未经视听作品、计算机软件、录音录像制品的著作权人、表演者或者录音录像制作者许可，出租其作品或者录音录像制品的原件或者复制件的，本法另有规定的除外；

（九）未经出版者许可，使用其出版的图书、期刊的版式设计的；

（十）未经表演者许可，从现场直播或者公开传送其现场表演，或者录制其表演的；

（十一）其他侵犯著作权以及与著作权有关的权利的行为。

第五十三条 有下列侵权行为的，应当根据情况，承担本法第五十二条规定的民事责任；侵权行为同时损害公共利益的，由主管著作权的部门责令停止侵权行为，予以警告，没收违法所得，没收、无害化销毁处理侵权复制品以及主要用于制作侵权复制品的材料、工具、设备等，违法经营额五万元以上的，可以并处违法经营额一倍以上五倍以下的罚款；没有违法经营额、违法经营额难以计算或者不足五万元的，可以并处二十五万元以下的罚款；构成犯罪的，依法追究刑事责任：

（一）未经著作权人许可，复制、发行、表演、放映、广播、汇编、通过信息网络向公众传播其作品的，本法另有规定的除外；

（二）出版他人享有专有出版权的图书的；

（三）未经表演者许可，复制、发行录有其表演的录音录像制品，或者通过信息网络向公众传播其表演的，本法另有规定的除外；

（四）未经录音录像制作者许可，复制、发行、通过信息网络向公众传播其制作的录音录像制品的，本法另有规定的除外；

（五）未经许可，播放、复制或者通过信息网络向公众传播广播、电视的，本法另有规定的除外；

（六）未经著作权人或者与著作权有关的权利人许可，故意避开或者破坏技术措施的，故意制造、进口或者向他人提供主要用于避开、破坏技术措施的装置或者部件的，或者故意为他人避开或者破坏技术措施提供技术服务的，法律、行政法规另有规定的除外；

（七）未经著作权人或者与著作权有关的权利人许可，故意删除或者改变作品、版式设计、表演、录音录像制品或者广播、电视上的权利管理信息的，知道或者应当知道作品、版式设计、表演、录音录像制品或者广播、电视上的权利管理信息未经许可被删除或者改变，仍然向公众提供的，法律、行政法规另有规定的除外；

（八）制作、出售假冒他人署名的作品的。

第五十四条 侵犯著作权或者与著作权有关的权利的，侵权人应当按照权利人因此受到的实际损失或者侵权人的违法所得给予赔偿；权利人的实际损失或者侵权人的违法所得难以计算的，可以参照该权利使用费给予赔偿。对故意侵犯著作权或者与著作权有关的权利，情节严重的，可以在按照上述方法确定数额的一倍以上五倍以下给予赔偿。

权利人的实际损失、侵权人的违法所得、权利使用费难以计算的，由人民法院根据侵权行为的情节，判决给予五百元以上五百万元以下的赔偿。

赔偿数额还应当包括权利人为制止侵权行为所支付的合理开支。

人民法院为确定赔偿数额，在权利人已经尽了必要举证责任，而与侵权行为相关的账簿、资料等主要由侵权人掌握的，可以责令侵权人提供与侵权行为相关的账簿、资料等；侵权人不提供，或者提供虚假的账簿、资料等的，人民法院可以参考权利人的主张和提供的证据确定赔偿数额。

人民法院审理著作权纠纷案件，应权利人请求，对侵权复制品，除特殊情况外，责令销毁；对主要用于制造侵权复制品的材料、工具、设备等，责令销毁，且不予补偿；或者在特殊情况下，责令禁止前述材料、工具、设备等进入商业渠道，且不予补偿。

第五十五条 主管著作权的部门对涉嫌侵犯著作权和与著作权有关的权利的行为进行查处时，可以询问有关当事人，调查与涉嫌违法行为有关的情况；对当事人涉嫌违法行为的场所和物品实施现场检查；查阅、复制与涉嫌违法行为有关的合同、发票、账簿以及其他有关资料；对于涉嫌违法行为的场所和物品，可以查封或者扣押。

主管著作权的部门依法行使前款规定的职权时，当事人应当予以协助、配合，不得拒绝、阻挠。

第五十六条 著作权人或者与著作权有关的权利人有证据证明他人正在实施或者即将实施侵犯其权利、妨碍其实现权利的行为，如不及时制止将会使其合法权益受到难以弥补的损害的，可以在起诉前依法向人民法院申请采取财产保全、责令作出一定行为或者禁止作出一定行为等措施。

第五十七条 为制止侵权行为，在证据可能灭失或者以后难以取得的情况下，著作权人或者与著作权有关的权利人可以在起诉前依法向人民法院申请保全证据。

第五十八条 人民法院审理案件，对于侵犯著作权或者与著作权有关的权利的，可以没收违法所得、侵权复制品以及进行违法活动的财物。

第五十九条 复制品的出版者、制作者不能证明其出版、制作有合法授权的，复制品的发行者或者视听作品、计算机软件、录音录像制品的复制品的出租者不能证明其发行、出租的复制品有合法来源的，应当承担法律责任。

在诉讼程序中，被诉侵权人主张其不承担侵权责任的，应当提供证据证明已经取得权利人的许可，或者具有本法规定的不经权利人许可而可以使用的情形。

第六十条 著作权纠纷可以调解，也可以根据当事人达成的书面仲裁协议或者著作权合同中的仲裁条款，向仲裁机构申请仲裁。

当事人没有书面仲裁协议，也没有在著作权合同中订立仲裁条款的，可以直接向人民法院起诉。

第六十一条 当事人因不履行合同义务或者履行合同义务不符合约定而承担民事责任，以及当事人行使诉讼权利、申请保全等，适用有关法律的规定。

第六章　附　　则

第六十二条　本法所称的著作权即版权。

第六十三条　本法第二条所称的出版，指作品的复制、发行。

第六十四条　计算机软件、信息网络传播权的保护办法由国务院另行规定。

第六十五条　摄影作品，其发表权、本法第十条第一款第五项至第十七项规定的权利的保护期在 2021 年 6 月 1 日前已经届满，但依据本法第二十三条第一款的规定仍在保护期内的，不再保护。

第六十六条　本法规定的著作权人和出版者、表演者、录音录像制作者、广播电台、电视台的权利，在本法施行之日尚未超过本法规定的保护期的，依照本法予以保护。

本法施行前发生的侵权或者违约行为，依照侵权或者违约行为发生时的有关规定处理。

第六十七条　本法自 1991 年 6 月 1 日起施行。

中华人民共和国植物新品种保护条例

(1997 年 3 月 20 日中华人民共和国国务院令第 213 号公布　根据 2013 年 1 月 31 日《国务院关于修改〈中华人民共和国植物新品种保护条例〉的决定》第一次修订　根据 2014 年 7 月 29 日《国务院关于修改部分行政法规的决定》第二次修订)

第一章　总　　则

第一条　为了保护植物新品种权，鼓励培育和使用植物新品种，促进农业、林业的发展，制定本条例。

第二条　本条例所称植物新品种，是指经过人工培育的或者对发现的野生植物加以开发，具备新颖性、特异性、一致性和稳定性并有适当命名的植物品种。

第三条　国务院农业、林业行政部门（以下统称审批机关）按照职责分工共同负责植物新品种权申请的受理和审查并对符合本条例规定的植物新品种授予植物新品种权（以下称品种权）。

第四条　完成关系国家利益或者公共利益并有重大应用价值的植物新品种育种的单位或者个人，由县级以上人民政府或者有关部门给予奖励。

第五条　生产、销售和推广被授予品种权的植物新品种（以下称授权品种），应当按照国家有关种子的法律、法规的规定审定。

第二章　品种权的内容和归属

第六条　完成育种的单位或者个人对其授权品种，享有排他的独占权。任何单位或者个人未经品种权所有人（以下称品种权人）许可，不得为商业目的生产或者销售该授权品种的繁殖材料，不得为商业目的将该授权品种的繁殖材料重复使用于生产另一品种的繁殖材料；但是，本条例另有规定的除外。

第七条　执行本单位的任务或者主要是利用本单位的物质条件所完成的职务育种，植物新品种的申请权属于该单位；非职务育种，植物新品种的申请权属于完成育种的个人。申请被批准后，品种权属于申请人。

委托育种或者合作育种，品种权的归属由当事人在合同中约定；没有合同约定的，品种权属于受委托完成或者共同完成育种的单位或者个人。

第八条　一个植物新品种只能授予一项品种权。两个以上的申请人分别就同一个植物新品种申请品种权的，品种权授予最先申请的人；同时申请的，品种权授予最先完成该植物新品种育种的人。

第九条　植物新品种的申请权和品种权可以依法转让。

中国的单位或者个人就其在国内培育的植物新品种向外国人转让申请权或者品种权的，应当经审批机关批准。

国有单位在国内转让申请权或者品种权的，应当按照国家有关规定报经有关行政主管部门批准。

转让申请权或者品种权的，当事人应当订立书面合同，并向审批机关登记，由审批机关予以公告。

第十条　在下列情况下使用授权品种的，可以不经品种权人许可，不向其支付使用费，但是不得侵犯品种权人依照本条例享有的其他权利：

（一）利用授权品种进行育种及其他科研活动；

（二）农民自繁自用授权品种的繁殖材料。

第十一条　为了国家利益或者公共利益，审批机关可以作出实施植物新品种强制许可的决定，并予以登记和公告。

取得实施强制许可的单位或者个人应当付给品种权人合理的使用费，其数额由双方商定；双方不能达成协议的，由审批机关裁决。

品种权人对强制许可决定或者强制许可使用费的裁决不服的，可以自收到通知之日起3个月内向人民法院提起诉讼。

第十二条　不论授权品种的保护期是否届满，销售该授权品种应当使用其注册登记的名称。

第三章　授予品种权的条件

第十三条　申请品种权的植物新品种应当属于国家植物品种保护名录中列举的植物的属或者种。植物品种保护名录由审批机关确定和公布。

第十四条　授予品种权的植物新品种应当具备新颖性。新颖性，是指申请品种权的植物新品种在申请日前该品种繁殖材料未被销售，或者经育种者许可，在中国境内销售该品种繁殖材料未超过1年；在中国境外销售藤本植物、林木、果树和观赏树木品种繁殖材料未超过6年，销售其他植物品种繁殖材料未超过4年。

第十五条　授予品种权的植物新品种应当具备特异性。特异性，是指申请品种权的植物新品种应当明显区别于在递交申请以前已知的植物品种。

第十六条　授予品种权的植物新品种应当具备一致性。一致性，是指申请品种权的植物新品种经过繁殖，除可以预见的变异外，其相关的特征或者特性一致。

第十七条　授予品种权的植物新品种应当具备稳定性。稳定性，是指申请品种权的植物新品种经过反复繁殖后或者在特定繁殖周期结束时，其相关的特征或者特性保持不变。

第十八条　授予品种权的植物新品种应当具备适当的名称，并与相同或者相近的植物属或者种中已知品种的名称相区别。该名称经注册登记后即为该植物新品种的通用名称。

下列名称不得用于品种命名：

（一）仅以数字组成的；

（二）违反社会公德的；

（三）对植物新品种的特征、特性或者育种者的身份等容易引起误解的。

第四章　品种权的申请和受理

第十九条　中国的单位和个人申请品种权的，可以直接或者委托代理机构向审批机关提出申请。

中国的单位和个人申请品种权的植物新品种涉及国家安全或者重大利益需要保密的，应当按照国家有关规定办理。

第二十条　外国人、外国企业或者外国其他组织在中国申请品种权的，应当按其所属国和中华人民共和国签订的协议或者共同参加的国际条约办理，或者根据互惠原则，依照本条例办理。

第二十一条　申请品种权的，应当向审批机关提交符合规定格式要求的请求书、说明书和该品种的照片。

申请文件应当使用中文书写。

第二十二条　审批机关收到品种权申请文件之日为申请日；申请文件是邮寄的，以寄出的邮戳日为申请日。

第二十三条　申请人自在外国第一次提出品种权申请之日起 12 个月内，又在中国就该植物新品种提出品种权申请的，依照该外国同中华人民共和国签订的协议或者共同参加的国际条约，或者根据相互承认优先权的原则，可以享有优先权。

申请人要求优先权的，应当在申请时提出书面说明，并在 3 个月内提交经原受理机关确认的第一次提出的品种权申请文件的副本；未依照本条例规定提出书面说明或者提交申请文件副本的，视为未要求优先权。

第二十四条　对符合本条例第二十一条规定的品种权申请，审批机关应当予以受理，明确申请日、给予申请号，并自收到申请之日起 1 个月内通知申请人缴纳申请费。

对不符合或者经修改仍不符合本条例第二十一条规定的品种权申请，审批机关不予受理，并通知申请人。

第二十五条　申请人可以在品种权授予前修改或者撤回品种权申请。

第二十六条　中国的单位或者个人将国内培育的植物新品种向国外申请品种权的，应当按照职责分工向省级人民政府农业、林业行政部门登记。

第五章　品种权的审查与批准

第二十七条　申请人缴纳申请费后，审批机关对品种权申请的下列内容进行初步审查：

（一）是否属于植物品种保护名录列举的植物属或者种的范围；

（二）是否符合本条例第二十条的规定；

（三）是否符合新颖性的规定；

（四）植物新品种的命名是否适当。

第二十八条　审批机关应当自受理品种权申请之日起 6 个月内完成初步审查。对经初步审查合格的品种权申请，审批机关予以公告，并通知申请人在 3 个月内缴纳审查费。

对经初步审查不合格的品种权申请，审批机关应当通知申请人在 3 个月内陈述意见或者予以修正；逾期未答复或者修正后仍然不合格的，驳回申请。

第二十九条　申请人按照规定缴纳审查费后，审批机关对品种权申请的特异性、一致性和稳定性进行实质审查。

申请人未按照规定缴纳审查费的，品种权申请视为撤回。

第三十条　审批机关主要依据申请文件和其他有关书面材料进行实质审查。审批机关认为必要时，可以委托指定的测试机构进行测试或者考察业已完成的种植或者其他试验的结果。

因审查需要，申请人应当根据审批机关的要求提供必要的资料和该植物新品种的繁殖材料。

第三十一条　对经实质审查符合本条例规定的品种权申请，审批机关应当作出授予品种权的决定，颁发品种权证书，并予以登记和公告。

对经实质审查不符合本条例规定的品种权申请，审批机关予以驳回，并通知申请人。

第三十二条　审批机关设立植物新品种复审委员会。

对审批机关驳回品种权申请的决定不服的，申请人可以自收到通知之日起 3 个月内，向植物新品种复审委员会请求复审。植物新品种复审委员会应当自收到复审请求书之日起 6 个月内作出决定，并通知申请人。

申请人对植物新品种复审委员会的决定不服的，可以自接到通知之日起 15 日内向人民法院提起诉讼。

第三十三条　品种权被授予后，在自初步审查合格公告之日起至被授予品种权之日止的期间，对未经申请人许可，为商业目的生产或者销售该授权品种的繁殖材料的单位和个人，品种权人享有追偿的权利。

第六章　期限、终止和无效

第三十四条　品种权的保护期限，自授权之日起，藤本植物、林木、果树和观赏树木为 20 年，其他植物为 15 年。

第三十五条　品种权人应当自被授予品种权的当年开始缴纳年费，并且按照审批机关的要求提供用于检测的该授权品种的繁殖材料。

第三十六条　有下列情形之一的，品种权在其保护期限届满前终止：

（一）品种权人以书面声明放弃品种权的；

（二）品种权人未按照规定缴纳年费的；

（三）品种权人未按照审批机关的要求提供检测所需的该授权品种的繁殖材料的；

（四）经检测该授权品种不再符合被授予品种权时的特征和特性的。

品种权的终止，由审批机关登记和公告。

第三十七条 自审批机关公告授予品种权之日起，植物新品种复审委员会可以依据职权或者依据任何单位或者个人的书面请求，对不符合本条例第十四条、第十五条、第十六条和第十七条规定的，宣告品种权无效；对不符合本条例第十八条规定的，予以更名。宣告品种权无效或者更名的决定，由审批机关登记和公告，并通知当事人。

对植物新品种复审委员会的决定不服的，可以自收到通知之日起 3 个月内向人民法院提起诉讼。

第三十八条 被宣告无效的品种权视为自始不存在。

宣告品种权无效的决定，对在宣告前人民法院作出并已执行的植物新品种侵权的判决、裁定，省级以上人民政府农业、林业行政部门作出并已执行的植物新品种侵权处理决定，以及已经履行的植物新品种实施许可合同和植物新品种权转让合同，不具有追溯力；但是，因品种权人的恶意给他人造成损失的，应当给予合理赔偿。

依照前款规定，品种权人或者品种权转让人不向被许可实施人或者受让人返还使用费或者转让费，明显违反公平原则的，品种权人或者品种权转让人应当向被许可实施人或者受让人返还全部或者部分使用费或者转让费。

第七章 罚 则

第三十九条 未经品种权人许可，以商业目的生产或者销售授权品种的繁殖材料的，品种权人或者利害关系人可以请求省级以上人民政府农业、林业行政部门依据各自的职权进行处理，也可以直接向人民法院提起诉讼。

省级以上人民政府农业、林业行政部门依据各自的职权，根据当事人自愿的原则，对侵权所造成的损害赔偿可以进行调解。调解达成协议的，当事人应当履行；调解未达成协议的，品种权人或者利害关系人可以依照民事诉讼程序向人民法院提起诉讼。

省级以上人民政府农业、林业行政部门依据各自的职权处理品种权侵权案件时，为维护社会公共利益，可以责令侵权人停止侵权行为，没收违法所得和植物品种繁殖材料；货值金额 5 万元以上的，可处货值金额 1 倍以上 5 倍以下的罚款；没有货值金额或者货值金额 5 万元以下的，根据情节轻重，可处 25 万元以下的罚款。

第四十条 假冒授权品种的，由县级以上人民政府农业、林业行政部门依据各自的职权责令停止假冒行为，没收违法所得和植物品种繁殖材料；货值金额 5 万元以上的，处货值金额 1 倍以上 5 倍以下的罚款；没有货值金额或者货值金额 5 万元以下的，根据情节轻重，处 25 万元以下的罚款；情节严重，构成犯罪的，依法追究刑事责任。

第四十一条 省级以上人民政府农业、林业行政部门依据各自的职权在查处品种权侵权案件和县级以上人民政府农业、林业行政部门依据各自的职权在查处假冒授权品种案件时，根据需要，可以封存或者扣押与案件有关的植物品种的繁殖材料，查阅、复制或者封存与案件有关的合同、账册及有关文件。

第四十二条 销售授权品种未使用其注册登记的名称的，由县级以上人民政府农业、林业行政部门依据各自的职权责令限期改正，可以处 1000 元以下的罚款。

第四十三条 当事人就植物新品种的申请权和品种权的权属发生争议的，可以向人民法院提起诉讼。

第四十四条　县级以上人民政府农业、林业行政部门的及有关部门的工作人员滥用职权、玩忽职守、徇私舞弊、索贿受贿，构成犯罪的，依法追究刑事责任；尚不构成犯罪的，依法给予行政处分。

第八章　附　　则

第四十五条　审批机关可以对本条例施行前首批列入植物品种保护名录的和本条例施行后新列入植物品种保护名录的植物属或者种的新颖性要求作出变通性规定。

第四十六条　本条例自 1997 年 10 月 1 日起施行。

集成电路布图设计保护条例

(2001 年 3 月 28 日国务院第 36 次常务会议通过 2001 年 4 月 2 日

中华人民共和国国务院令第 300 号公布 自 2001 年 10 月 1 日起施行)

第一章 总 则

第一条 为了保护集成电路布图设计专有权，鼓励集成电路技术的创新，促进科学技术的发展，制定本条例。

第二条 本条例下列用语的含义：

(一) 集成电路，是指半导体集成电路，即以半导体材料为基片，将至少有一个是有源元件的两个以上元件和部分或者全部互连线路集成在基片之中或者基片之上，以执行某种电子功能的中间产品或者最终产品；

(二) 集成电路布图设计 (以下简称布图设计)，是指集成电路中至少有一个是有源元件的两个以上元件和部分或者全部互连线路的三维配置，或者为制造集成电路而准备的上述三维配置；

(三) 布图设计权利人，是指依照本条例的规定，对布图设计享有专有权的自然人、法人或者其他组织；

(四) 复制，是指重复制作布图设计或者含有该布图设计的集成电路的行为；

(五) 商业利用，是指为商业目的进口、销售或者以其他方式提供受保护的布图设计、含有该布图设计的集成电路或者含有该集成电路的物品的行为。

第三条 中国自然人、法人或者其他组织创作的布图设计，依照本条例享有布图设计专有权。

外国人创作的布图设计首先在中国境内投入商业利用的，依照本条例享有布图设计专有权。

外国人创作的布图设计，其创作者所属国同中国签订有关布图设计保护协议或者与中国共同参加有关布图设计保护国际条约的，依照本条例享有布图设计专有权。

第四条 受保护的布图设计应当具有独创性，即该布图设计是创作者自己的智力劳动成果，并且在其创作时该布图设计在布图设计创作者和集成电路制造者中不是公认的常规设计。

受保护的由常规设计组成的布图设计，其组合作为整体应当符合前款规定的条件。

第五条 本条例对布图设计的保护，不延及思想、处理过程、操作方法或者数学概念等。

第六条 国务院知识产权行政部门依照本条例的规定，负责布图设计专有权的有关管理工作。

第二章　布图设计专有权

第七条　布图设计权利人享有下列专有权：

（一）对受保护的布图设计的全部或者其中任何具有独创性的部分进行复制；

（二）将受保护的布图设计、含有该布图设计的集成电路或者含有该集成电路的物品投入商业利用。

第八条　布图设计专有权经国务院知识产权行政部门登记产生。

未经登记的布图设计不受本条例保护。

第九条　布图设计专有权属于布图设计创作者，本条例另有规定的除外。

由法人或者其他组织主持，依据法人或者其他组织的意志而创作，并由法人或者其他组织承担责任的布图设计，该法人或者其他组织是创作者。

由自然人创作的布图设计，该自然人是创作者。

第十条　两个以上自然人、法人或者其他组织合作创作的布图设计，其专有权的归属由合作者约定；未作约定或者约定不明的，其专有权由合作者共同享有。

第十一条　受委托创作的布图设计，其专有权的归属由委托人和受托人双方约定；未作约定或者约定不明的，其专有权由受托人享有。

第十二条　布图设计专有权的保护期为 10 年，自布图设计登记申请之日或者在世界任何地方首次投入商业利用之日起计算，以较前日期为准。但是，无论是否登记或者投入商业利用，布图设计自创作完成之日起 15 年后，不再受本条例保护。

第十三条　布图设计专有权属于自然人的，该自然人死亡后，其专有权在本条例规定的保护期内依照继承法的规定转移。

布图设计专有权属于法人或者其他组织的，法人或者其他组织变更、终止后，其专有权在本条例规定的保护期内由承继其权利、义务的法人或者其他组织享有；没有承继其权利、义务的法人或者其他组织的，该布图设计进入公有领域。

第三章　布图设计的登记

第十四条　国务院知识产权行政部门负责布图设计登记工作，受理布图设计登记申请。

第十五条　申请登记的布图设计涉及国家安全或者重大利益，需要保密的，按照国家有关规定办理。

第十六条　申请布图设计登记，应当提交：

（一）布图设计登记申请表；

（二）布图设计的复制件或者图样；

（三）布图设计已投入商业利用的，提交含有该布图设计的集成电路样品；

（四）国务院知识产权行政部门规定的其他材料。

第十七条　布图设计自其在世界任何地方首次商业利用之日起 2 年内，未向国务院知识产权行政部门提出登记申请的，国务院知识产权行政部门不再予以登记。

第十八条 布图设计登记申请经初步审查，未发现驳回理由的，由国务院知识产权行政部门予以登记，发给登记证明文件，并予以公告。

第十九条 布图设计登记申请人对国务院知识产权行政部门驳回其登记申请的决定不服的，可以自收到通知之日起 3 个月内，向国务院知识产权行政部门请求复审。国务院知识产权行政部门复审后，作出决定，并通知布图设计登记申请人。布图设计登记申请人对国务院知识产权行政部门的复审决定仍不服的，可以自收到通知之日起 3 个月内向人民法院起诉。

第二十条 布图设计获准登记后，国务院知识产权行政部门发现该登记不符合本条例规定的，应当予以撤销，通知布图设计权利人，并予以公告。布图设计权利人对国务院知识产权行政部门撤销布图设计登记的决定不服的，可以自收到通知之日起 3 个月内向人民法院起诉。

第二十一条 在布图设计登记公告前，国务院知识产权行政部门的工作人员对其内容负有保密义务。

第四章　布图设计专有权的行使

第二十二条 布图设计权利人可以将其专有权转让或者许可他人使用其布图设计。

转让布图设计专有权的，当事人应当订立书面合同，并向国务院知识产权行政部门登记，由国务院知识产权行政部门予以公告。布图设计专有权的转让自登记之日起生效。

许可他人使用其布图设计的，当事人应当订立书面合同。

第二十三条 下列行为可以不经布图设计权利人许可，不向其支付报酬：

（一）为个人目的或者单纯为评价、分析、研究、教学等目的而复制受保护的布图设计的；

（二）在依据前项评价、分析受保护的布图设计的基础上，创作出具有独创性的布图设计的；

（三）对自己独立创作的与他人相同的布图设计进行复制或者将其投入商业利用的。

第二十四条 受保护的布图设计、含有该布图设计的集成电路或者含有该集成电路的物品，由布图设计权利人或者经其许可投放市场后，他人再次商业利用的，可以不经布图设计权利人许可，并不向其支付报酬。

第二十五条 在国家出现紧急状态或者非常情况时，或者为了公共利益的目的，或者经人民法院、不正当竞争行为监督检查部门依法认定布图设计权利人有不正当竞争行为而需要给予补救时，国务院知识产权行政部门可以给予使用其布图设计的非自愿许可。

第二十六条 国务院知识产权行政部门作出给予使用布图设计非自愿许可的决定，应当及时通知布图设计权利人。

给予使用布图设计非自愿许可的决定，应当根据非自愿许可的理由，规定使用的范围和时间，其范围应当限于为公共目的非商业性使用，或者限于经人民法院、不正当竞争行为监督检查部门依法认定布图设计权利人有不正当竞争行为而需要给予的补救。

非自愿许可的理由消除并不再发生时，国务院知识产权行政部门应当根据布图设计权利人的请求，经审查后作出终止使用布图设计非自愿许可的决定。

第二十七条　取得使用布图设计非自愿许可的自然人、法人或者其他组织不享有独占的使用权，并且无权允许他人使用。

第二十八条　取得使用布图设计非自愿许可的自然人、法人或者其他组织应当向布图设计权利人支付合理的报酬，其数额由双方协商；双方不能达成协议的，由国务院知识产权行政部门裁决。

第二十九条　布图设计权利人对国务院知识产权行政部门关于使用布图设计非自愿许可的决定不服的，布图设计权利人和取得非自愿许可的自然人、法人或者其他组织对国务院知识产权行政部门关于使用布图设计非自愿许可的报酬的裁决不服的，可以自收到通知之日起 3 个月内向人民法院起诉。

第五章　法律责任

第三十条　除本条例另有规定的外，未经布图设计权利人许可，有下列行为之一的，行为人必须立即停止侵权行为，并承担赔偿责任：

（一）复制受保护的布图设计的全部或者其中任何具有独创性的部分的；

（二）为商业目的进口、销售或者以其他方式提供受保护的布图设计、含有该布图设计的集成电路或者含有该集成电路的物品的。

侵犯布图设计专有权的赔偿数额，为侵权人所获得的利益或者被侵权人所受到的损失，包括被侵权人为制止侵权行为所支付的合理开支。

第三十一条　未经布图设计权利人许可，使用其布图设计，即侵犯其布图设计专有权，引起纠纷的，由当事人协商解决；不愿协商或者协商不成的，布图设计权利人或者利害关系人可以向人民法院起诉，也可以请求国务院知识产权行政部门处理。国务院知识产权行政部门处理时，认定侵权行为成立的，可以责令侵权人立即停止侵权行为，没收、销毁侵权产品或者物品。当事人不服的，可以自收到处理通知之日起 15 日内依照《中华人民共和国行政诉讼法》向人民法院起诉；侵权人期满不起诉又不停止侵权行为的，国务院知识产权行政部门可以请求人民法院强制执行。应当事人的请求，国务院知识产权行政部门可以就侵犯布图设计专有权的赔偿数额进行调解；调解不成的，当事人可以依照《中华人民共和国民事诉讼法》向人民法院起诉。

第三十二条　布图设计权利人或者利害关系人有证据证明他人正在实施或者即将实施侵犯其专有权的行为，如不及时制止将会使其合法权益受到难以弥补的损害的，可以在起诉前依法向人民法院申请采取责令停止有关行为和财产保全的措施。

第三十三条　在获得含有受保护的布图设计的集成电路或者含有该集成电路的物品时，不知道也没有合理理由应当知道其中含有非法复制的布图设计，而将其投入商业利用的，不视为侵权。

前款行为人得到其中含有非法复制的布图设计的明确通知后，可以继续将现有的存货或者此前的订货投入商业利用，但应当向布图设计权利人支付合理的报酬。

第三十四条 国务院知识产权行政部门的工作人员在布图设计管理工作中玩忽职守、滥用职权、徇私舞弊，构成犯罪的，依法追究刑事责任；尚不构成犯罪的，依法给予行政处分。

第六章　附　　则

第三十五条 申请布图设计登记和办理其他手续，应当按照规定缴纳费用。缴费标准由国务院物价主管部门、国务院知识产权行政部门制定，并由国务院知识产权行政部门公告。

第三十六条 本条例自 2001 年 10 月 1 日起施行。

展会知识产权保护办法

（2006 年 1 月 13 日商务部、国家工商总局、国家版权局、国家知识产权局第 1 号令公布　自 2006 年 3 月 1 日起施行）

第一章　总　　则

第一条　为加强展会期间知识产权保护，维护会展业秩序，推动会展业的健康发展，根据《中华人民共和国对外贸易法》、《中华人民共和国专利法》、《中华人民共和国商标法》和《中华人民共和国著作权法》及相关行政法规等制定本办法。

第二条　本办法适用于在中华人民共和国境内举办的各类经济技术贸易展览会、展销会、博览会、交易会、展示会等活动中有关专利、商标、版权的保护。

第三条　展会管理部门应加强对展会期间知识产权保护的协调、监督、检查，维护展会的正常交易秩序。

第四条　展会主办方应当依法维护知识产权权利人的合法权益。展会主办方在招商招展时，应加强对参展方有关知识产权的保护和对参展项目（包括展品、展板及相关宣传资料等）的知识产权状况的审查。在展会期间，展会主办方应当积极配合知识产权行政管理部门的知识产权保护工作。

展会主办方可通过与参展方签订参展期间知识产权保护条款或合同的形式，加强展会知识产权保护工作。

第五条　参展方应当合法参展，不得侵犯他人知识产权，并应对知识产权行政管理部门或司法部门的调查予以配合。

第二章　投诉处理

第六条　展会时间在三天以上（含三天），展会管理部门认为有必要的，展会主办方应在展会期间设立知识产权投诉机构。设立投诉机构的，展会举办地知识产权行政管理部门应当派员进驻，并依法对侵权案件进行处理。

未设立投诉机构的，展会举办地知识产权行政管理部门应当加强对展会知识产权保护的指导、监督和有关案件的处理，展会主办方应当将展会举办地的相关知识产权行政管理部门的联系人、联系方式等在展会场馆的显著位置予以公示。

第七条　展会知识产权投诉机构应由展会主办方、展会管理部门、专利、商标、版权等知识产权行政管理部门的人员组成，其职责包括：

（一）接受知识产权权利人的投诉，暂停涉嫌侵犯知识产权的展品在展会期间展出；

（二）将有关投诉材料移交相关知识产权行政管理部门；

（三）协调和督促投诉的处理；

（四）对展会知识产权保护信息进行统计和分析；

（五）其他相关事项。

第八条 知识产权权利人可以向展会知识产权投诉机构投诉也可直接向知识产权行政管理部门投诉。权利人向投诉机构投诉的，应当提交以下材料：

（一）合法有效的知识产权权属证明：涉及专利的，应当提交专利证书、专利公告文本、专利权人的身份证明、专利法律状态证明；涉及商标的，应当提交商标注册证明文件，并由投诉人签章确认，商标权利人身份证明；涉及著作权的，应当提交著作权权利证明、著作权人身份证明；

（二）涉嫌侵权当事人的基本信息；

（三）涉嫌侵权的理由和证据；

（四）委托代理人投诉的，应提交授权委托书。

第九条 不符合本办法第八条规定的，展会知识产权投诉机构应当及时通知投诉人或者请求人补充有关材料。未予补充的，不予接受。

第十条 投诉人提交虚假投诉材料或其他因投诉不实给被投诉人带来损失的，应当承担相应法律责任。

第十一条 展会知识产权投诉机构在收到符合本办法第八条规定的投诉材料后，应于 24 小时内将其移交有关知识产权行政管理部门。

第十二条 地方知识产权行政管理部门受理投诉或者处理请求的，应当通知展会主办方，并及时通知被投诉人或者被请求人。

第十三条 在处理侵犯知识产权的投诉或者请求程序中，地方知识产权行政管理部门可以根据展会的展期指定被投诉人或者被请求人的答辩期限。

第十四条 被投诉人或者被请求人提交答辩书后，除非有必要作进一步调查，地方知识产权行政管理部门应当及时作出决定并送交双方当事人。

被投诉人或者被请求人逾期未提交答辩书的，不影响地方知识产权行政管理部门作出决定。

第十五条 展会结束后，相关知识产权行政管理部门应当及时将有关处理结果通告展会主办方。展会主办方应当做好展会知识产权保护的统计分析工作，并将有关情况及时报展会管理部门。

第三章　展会期间专利保护

第十六条 展会投诉机构需要地方知识产权局协助的，地方知识产权局应当积极配合，参与展会知识产权保护工作。地方知识产权局在展会期间的工作可以包括：

（一）接受展会投诉机构移交的关于涉嫌侵犯专利权的投诉，依照专利法律法规的有关规定进行处理；

（二）受理展出项目涉嫌侵犯专利权的专利侵权纠纷处理请求，依照专利法第五十七条的规定进行处理；

（三）受理展出项目涉嫌假冒他人专利和冒充专利的举报，或者依职权查处展出项目中假冒他人专利和冒充专利的行为，依据专利法第五十八条和第五十九条的规定进行处罚。

第十七条　有下列情形之一的，地方知识产权局对侵犯专利权的投诉或者处理请求不予受理：

（一）投诉人或者请求人已经向人民法院提起专利侵权诉讼的；

（二）专利权正处于无效宣告请求程序之中的；

（三）专利权存在权属纠纷，正处于人民法院的审理程序或者管理专利工作的部门的调解程序之中的；

（四）专利权已经终止，专利权人正在办理权利恢复的。

第十八条　地方知识产权局在通知被投诉人或者被请求人时，可以即行调查取证，查阅、复制与案件有关的文件，询问当事人，采用拍照、摄像等方式进行现场勘验，也可以抽样取证。

地方知识产权局收集证据应当制作笔录，由承办人员、被调查取证的当事人签名盖章。被调查取证的当事人拒绝签名盖章的，应当在笔录上注明原因；有其他人在现场的，也可同时由其他人签名。

第四章　展会期间商标保护

第十九条　展会投诉机构需要地方工商行政管理部门协助的，地方工商行政管理部门应当积极配合，参与展会知识产权保护工作。地方工商行政管理部门在展会期间的工作可以包括：

（一）接受展会投诉机构移交的关于涉嫌侵犯商标权的投诉，依照商标法律法规的有关规定进行处理；

（二）受理符合商标法第五十二条规定的侵犯商标专用权的投诉；

（三）依职权查处商标违法案件。

第二十条　有下列情形之一的，地方工商行政管理部门对侵犯商标专用权的投诉或者处理请求不予受理：

（一）投诉人或者请求人已经向人民法院提起商标侵权诉讼的；

（二）商标权已经无效或者被撤销的。

第二十一条　地方工商行政管理部门决定受理后，可以根据商标法律法规等相关规定进行调查和处理。

第五章　展会期间著作权保护

第二十二条　展会投诉机构需要地方著作权行政管理部门协助的，地方著作权行政管理部门应当积极配合，参与展会知识产权保护工作。地方著作权行政管理部门在展会期间的工作可以包括：

（一）接受展会投诉机构移交的关于涉嫌侵犯著作权的投诉，依照著作权法律法规的有关规定进行处理；

（二）受理符合著作权法第四十七条规定的侵犯著作权的投诉，根据著作权法的有关规定进行处罚。

第二十三条 地方著作权行政管理部门在受理投诉或请求后，可以采取以下手段收集证据：

（一）查阅、复制与涉嫌侵权行为有关的文件档案、账簿和其他书面材料；

（二）对涉嫌侵权复制品进行抽样取证；

（三）对涉嫌侵权复制品进行登记保存。

第六章　法律责任

第二十四条 对涉嫌侵犯知识产权的投诉，地方知识产权行政管理部门认定侵权成立的，应会同会展管理部门依法对参展方进行处理。

第二十五条 对涉嫌侵犯发明或者实用新型专利权的处理请求，地方知识产权局认定侵权成立的，应当依据专利法第十一条第一款关于禁止许诺销售行为的规定以及专利法第五十七条关于责令侵权人立即停止侵权行为的规定作出处理决定，责令被请求人从展会上撤出侵权展品，销毁介绍侵权展品的宣传材料，更换介绍侵权项目的展板。

对涉嫌侵犯外观设计专利权的处理请求，被请求人在展会上销售其展品，地方知识产权局认定侵权成立的，应当依据专利法第十一条第二款关于禁止销售行为的规定以及第五十七条关于责令侵权人立即停止侵权行为的规定作出处理决定，责令被请求人从展会上撤出侵权展品。

第二十六条 在展会期间假冒他人专利或以非专利产品冒充专利产品，以非专利方法冒充专利方法的，地方知识产权局应当依据专利法第五十八条和第五十九条规定进行处罚。

第二十七条 对有关商标案件的处理请求，地方工商行政管理部门认定侵权成立的，应当根据《商标法》、《商标法实施条例》等相关规定进行处罚。

第二十八条 对侵犯著作权及相关权利的处理请求，地方著作权行政管理部门认定侵权成立的，应当根据著作权法第四十七条的规定进行处罚，没收、销毁侵权展品及介绍侵权展品的宣传材料，更换介绍展出项目的展板。

第二十九条 经调查，被投诉者或者被请求的展出项目已经由人民法院或者知识产权行政管理部门作出判定侵权成立的判决或者决定并发生法律效力的，地方知识产权行政管理部门可以直接作出第二十六条、第二十七条、第二十八条和第二十九条所述的处理决定。

第三十条 请求人除请求制止被请求人的侵权展出行为之外，还请求制止同一被请求人的其他侵犯知识产权行为的，地方知识产权行政管理部门对发生在其管辖地域之内的涉嫌侵权行为，可以依照相关知识产权法律法规以及规章的规定进行处理。

第三十一条 参展方侵权成立的，展会管理部门可依法对有关参展方予以公告；参展方连续两次以上侵权行为成立的，展会主办方应禁止有关参展方参加下一届展会。

第三十二条 主办方对展会知识产权保护不力的，展会管理部门应对主办方给予警告，并视情节依法对其再次举办相关展会的申请不予批准。

第七章 附 则

第三十三条 展会结束时案件尚未处理完毕的，案件的有关事实和证据可经展会主办方确认，由展会举办地知识产权行政管理部门在 15 个工作日内移交有管辖权的知识产权行政管理部门依法处理。

第三十四条 本办法中的知识产权行政管理部门是指专利、商标和版权行政管理部门；本办法中的展会管理部门是指展会的审批或者登记部门。

第三十五条 本办法自 2006 年 3 月 1 日起实施。

境外企业知识产权指南（试行）

第一条 【宗旨】为指导中国企业及其在境外投资设立的企业进一步规范在投资合作活动所在国家或地区的知识产权相关行为，及时防范知识产权侵权风险，妥善解决知识产权纠纷，引导企业积极维护自身权利并充分尊重合法权利人的权利，树立中国企业良好社会形象，制定本指南。

第二条 【适用范围】本指南适用于中国企业境外投资合作活动中的知识产权相关行为，包括知识产权的创造、运用、保护和管理。

第三条 【意识培养】企业应不断加强能力建设，提高知识产权意识，全面提升企业知识产权创造、运用、保护和管理能力，增强企业国际竞争力。

第四条 【文化建设】企业应建设有知识产权内涵的企业文化，重视知识产权人才的培养和储备，做好企业员工的知识产权培训工作。

第五条 【制度建设】企业应建立符合实际的知识产权相关的内部激励与管理制度，包括但不限于研发鼓励制度、研发档案管理制度、商业秘密管理制度以及流动人员知识产权保护义务管理制度等。

第六条 【人员配置】企业应配备知识产权法务人员，处理知识产权相关事务。

第七条 【资金配备】企业应设立专项资金，用于知识产权的创造、研发、培育、推广、保护以及知识产权纠纷的避免和处理。

第八条 【进入前总体要求】在进入海外市场前，企业应充分了解同类企业在国外的知识产权状况、所在国家或地区法律制度以及该国知识产权诉讼环境。

鼓励企业在进入海外市场时，积极与我驻当地经商机构、当地政府、行业协会、专业服务机构等建立联系并保持交流和沟通。

第九条 【海外知识产权战略】鼓励企业围绕境外投资合作发展战略，根据自身情况、竞争对手状况以及市场所在地状况，合理、经济地建立海外知识产权战略，建立专利、商标、版权等相关知识产权海外策略与布局，在已经和即将进入的海外市场，积极寻求知识产权的保护。

第十条 【专利】鼓励企业根据自身经营战略，重点选择相关海外市场提出专利申请。

第十一条 【专利】鼓励企业在申请专利时，不但要对核心技术申请专利，也要对相应的外围技术及时进行研发和申请，以避免因不掌握外围专利，影响核心专利的使用范围，引发不必要的侵权或纠纷。

第十二条 【专利】鼓励企业根据市场动向及时调整专利策略，并分析以往的专利，找出防御性专利和竞争对手可能用来攻击的专利，以更好应对潜在的专利纠纷。

第十三条 【商标】鼓励企业根据自身经营战略，重点选择相关海外市场提出商标申请。

第十四条 【商标】鼓励企业在产品进入特定海外市场之前先行申请商标注册，以防止被竞争对手抢注，避免不必要的商标侵权或纠纷。

第十五条 【著作权】鼓励境外企业根据所在国家或地区法律申请作品登记，以此获得权利的初步证明，避免或减少因著作权归属问题发生纠纷。

第十六条 【境外销售】鼓励中国企业在从事境外销售时，聘请专业知识产权机构对自身销售产品所涉及到的技术、商标等是否侵犯该国专利、商标等知识产权进行调查。

经调查后如果有侵权情况存在，可对自己的产品进行改进，避免侵权结果的发生。

第十七条 【境外生产、销售】境外企业应严格遵守所在国家或地区知识产权法律制度，不得从事侵权行为，不得生产和制售假冒伪劣产品。

第十八条 【境外收购】鼓励中国企业在从事境外收购时，聘请专业知识产权机构及行业顾问就目标企业的知识产权状况进行尽职调查，确保其不存在侵权或其他法律瑕疵，避免发生不必要的知识产权侵权或纠纷。

第十九条 【纠纷应对原则】鼓励企业积极应对知识产权纠纷，根据所在国家或地区法律法规及相关国际条约，维护自身的合法权益。

鼓励企业优先通过商业谈判或调解的方式解决知识产权纠纷。

第二十条 【对方侵权】企业在所在国家或地区境内发现他方涉嫌侵犯自身知识产权合法权益时，要及时搜集对方侵权证据，如情况紧急，可依法采取证据保全措施。

第二十一条 【对方侵权】企业确认在所在国家或地区遭受知识产权侵权后，可通过向对方发送律师函或沟通协商的方式解决。若双方未能达成一致意见，可选择申请临时禁令或提起诉讼。

第二十二条 【被控侵权】企业在所在国家或地区境内被控侵犯知识产权时，应及时搜集影响对方知识产权权利稳定性的证据及确认自身权利合法有效的证明材料，以进行侵权评估。

第二十三条 【被控侵权】企业在所在国家或地区境内被控侵犯知识产权，被提起诉讼的，企业应尽快建立应诉团队，确定适当的诉讼策略。

第二十四条 【执行裁决】企业在所在国家或地区境内被最终裁决侵犯知识产权的，应当承担相应的法律责任，认真执行东道国或地区司法机关的生效判决。

中华人民共和国对外贸易法（节录）

（1994年5月12日第八届全国人民代表大会常务委员会第七次会议通过　2004年4月6日第十届全国人民代表大会常务委员会第八次会议修订　根据2016年11月7日第十二届全国人民代表大会常务委员会第二十四次会议《关于修改〈中华人民共和国对外贸易法〉等十二部法律的决定》第一次修正　根据2022年12月30日第十三届全国人民代表大会常务委员会第三十八次会议《关于修改〈中华人民共和国对外贸易法〉的决定》第二次修正）

第五章　与对外贸易有关的知识产权保护

第二十八条　国家依照有关知识产权的法律、行政法规，保护与对外贸易有关的知识产权。

进口货物侵犯知识产权，并危害对外贸易秩序的，国务院对外贸易主管部门可以采取在一定期限内禁止侵权人生产、销售的有关货物进口等措施。

第二十九条　知识产权权利人有阻止被许可人对许可合同中的知识产权的有效性提出质疑、进行强制性一揽子许可、在许可合同中规定排他性返授条件等行为之一，并危害对外贸易公平竞争秩序的，国务院对外贸易主管部门可以采取必要的措施消除危害。

第三十条　其他国家或者地区在知识产权保护方面未给予中华人民共和国的法人、其他组织或者个人国民待遇，或者不能对来源于中华人民共和国的货物、技术或者服务提供充分有效的知识产权保护的，国务院对外贸易主管部门可以依照本法和其他有关法律、行政法规的规定，并根据中华人民共和国缔结或者参加的国际条约、协定，对与该国家或者该地区的贸易采取必要的措施。

中华人民共和国知识产权海关保护条例

（2003 年 12 月 2 日中华人民共和国国务院令第 395 号公布 根据 2010 年 3 月 24 日《国务院关于修改〈中华人民共和国知识产权海关保护条例〉的决定》第一次修订 根据 2018 年 3 月 19 日《国务院关于修改和废止部分行政法规的决定》第二次修订）

第一章 总 则

第一条 为了实施知识产权海关保护，促进对外经济贸易和科技文化交往，维护公共利益，根据《中华人民共和国海关法》，制定本条例。

第二条 本条例所称知识产权海关保护，是指海关对与进出口货物有关并受中华人民共和国法律、行政法规保护的商标专用权、著作权和与著作权有关的权利、专利权（以下统称知识产权）实施的保护。

第三条 国家禁止侵犯知识产权的货物进出口。

海关依照有关法律和本条例的规定实施知识产权保护，行使《中华人民共和国海关法》规定的有关权力。

第四条 知识产权权利人请求海关实施知识产权保护的，应当向海关提出采取保护措施的申请。

第五条 进口货物的收货人或者其代理人、出口货物的发货人或者其代理人应当按照国家规定，向海关如实申报与进出口货物有关的知识产权状况，并提交有关证明文件。

第六条 海关实施知识产权保护时，应当保守有关当事人的商业秘密。

第二章 知识产权的备案

第七条 知识产权权利人可以依照本条例的规定，将其知识产权向海关总署申请备案；申请备案的，应当提交申请书。申请书应当包括下列内容：

（一）知识产权权利人的名称或者姓名、注册地或者国籍等；

（二）知识产权的名称、内容及其相关信息；

（三）知识产权许可行使状况；

（四）知识产权权利人合法行使知识产权的货物的名称、产地、进出境地海关、进出口商、主要特征、价格等；

（五）已知的侵犯知识产权货物的制造商、进出口商、进出境地海关、主要特征、价格等。

前款规定的申请书内容有证明文件的，知识产权权利人应当附送证明文件。

第八条 海关总署应当自收到全部申请文件之日起 30 个工作日内作出是否准予备案的决定，并书面通知申请人；不予备案的，应当说明理由。

有下列情形之一的，海关总署不予备案：

（一）申请文件不齐全或者无效的；

（二）申请人不是知识产权权利人的；

（三）知识产权不再受法律、行政法规保护的。

第九条　海关发现知识产权权利人申请知识产权备案未如实提供有关情况或者文件的，海关总署可以撤销其备案。

第十条　知识产权海关保护备案自海关总署准予备案之日起生效，有效期为10年。

知识产权有效的，知识产权权利人可以在知识产权海关保护备案有效期届满前6个月内，向海关总署申请续展备案。每次续展备案的有效期为10年。

知识产权海关保护备案有效期届满而不申请续展或者知识产权不再受法律、行政法规保护的，知识产权海关保护备案随即失效。

第十一条　知识产权备案情况发生改变的，知识产权权利人应当自发生改变之日起30个工作日内，向海关总署办理备案变更或者注销手续。

知识产权权利人未依照前款规定办理变更或者注销手续，给他人合法进出口或者海关依法履行监管职责造成严重影响的，海关总署可以根据有关利害关系人的申请撤销有关备案，也可以主动撤销有关备案。

第三章　扣留侵权嫌疑货物的申请及其处理

第十二条　知识产权权利人发现侵权嫌疑货物即将进出口的，可以向货物进出境地海关提出扣留侵权嫌疑货物的申请。

第十三条　知识产权权利人请求海关扣留侵权嫌疑货物的，应当提交申请书及相关证明文件，并提供足以证明侵权事实明显存在的证据。

申请书应当包括下列主要内容：

（一）知识产权权利人的名称或者姓名、注册地或者国籍等；

（二）知识产权的名称、内容及其相关信息；

（三）侵权嫌疑货物收货人和发货人的名称；

（四）侵权嫌疑货物名称、规格等；

（五）侵权嫌疑货物可能进出境的口岸、时间、运输工具等。

侵权嫌疑货物涉嫌侵犯备案知识产权的，申请书还应当包括海关备案号。

第十四条　知识产权权利人请求海关扣留侵权嫌疑货物的，应当向海关提供不超过货物等值的担保，用于赔偿可能因申请不当给收货人、发货人造成的损失，以及支付货物由海关扣留后的仓储、保管和处置等费用；知识产权权利人直接向仓储商支付仓储、保管费用的，从担保中扣除。具体办法由海关总署制定。

第十五条　知识产权权利人申请扣留侵权嫌疑货物，符合本条例第十三条的规定，并依照本条例第十四条的规定提供担保的，海关应当扣留侵权嫌疑货物，书面通知知识产权权利人，并将海关扣留凭单送达收货人或者发货人。

知识产权权利人申请扣留侵权嫌疑货物，不符合本条例第十三条的规定，或者未依照本条例第十四条的规定提供担保的，海关应当驳回申请，并书面通知知识产权权利人。

第十六条　海关发现进出口货物有侵犯备案知识产权嫌疑的，应当立即书面通知知识产权权利人。知识产权权利人自通知送达之日起 3 个工作日内依照本条例第十三条的规定提出申请，并依照本条例第十四条的规定提供担保的，海关应当扣留侵权嫌疑货物，书面通知知识产权权利人，并将海关扣留凭单送达收货人或者发货人。知识产权权利人逾期未提出申请或者未提供担保的，海关不得扣留货物。

第十七条　经海关同意，知识产权权利人和收货人或者发货人可以查看有关货物。

第十八条　收货人或者发货人认为其货物未侵犯知识产权权利人的知识产权的，应当向海关提出书面说明并附送相关证据。

第十九条　涉嫌侵犯专利权货物的收货人或者发货人认为其进出口货物未侵犯专利权的，可以在向海关提供货物等值的担保金后，请求海关放行其货物。知识产权权利人未能在合理期限内向人民法院起诉的，海关应当退还担保金。

第二十条　海关发现进出口货物有侵犯备案知识产权嫌疑并通知知识产权权利人后，知识产权权利人请求海关扣留侵权嫌疑货物的，海关应当自扣留之日起 30 个工作日内对被扣留的侵权嫌疑货物是否侵犯知识产权进行调查、认定；不能认定的，应当立即书面通知知识产权权利人。

第二十一条　海关对被扣留的侵权嫌疑货物进行调查，请求知识产权主管部门提供协助的，有关知识产权主管部门应当予以协助。

知识产权主管部门处理涉及进出口货物的侵权案件请求海关提供协助的，海关应当予以协助。

第二十二条　海关对被扣留的侵权嫌疑货物及有关情况进行调查时，知识产权权利人和收货人或者发货人应当予以配合。

第二十三条　知识产权权利人在向海关提出采取保护措施的申请后，可以依照《中华人民共和国商标法》、《中华人民共和国著作权法》、《中华人民共和国专利法》或者其他有关法律的规定，就被扣留的侵权嫌疑货物向人民法院申请采取责令停止侵权行为或者财产保全的措施。

海关收到人民法院有关责令停止侵权行为或者财产保全的协助执行通知的，应当予以协助。

第二十四条　有下列情形之一的，海关应当放行被扣留的侵权嫌疑货物：

（一）海关依照本条例第十五条的规定扣留侵权嫌疑货物，自扣留之日起 20 个工作日内未收到人民法院协助执行通知的；

（二）海关依照本条例第十六条的规定扣留侵权嫌疑货物，自扣留之日起 50 个工作日内未收到人民法院协助执行通知，并且经调查不能认定被扣留的侵权嫌疑货物侵犯知识产权的；

（三）涉嫌侵犯专利权货物的收货人或者发货人在向海关提供与货物等值的担保金后，请求海关放行其货物的；

（四）海关认为收货人或者发货人有充分的证据证明其货物未侵犯知识产权权利人

的知识产权的；

（五）在海关认定被扣留的侵权嫌疑货物为侵权货物之前，知识产权权利人撤回扣留侵权嫌疑货物的申请的。

第二十五条 海关依照本条例的规定扣留侵权嫌疑货物，知识产权权利人应当支付有关仓储、保管和处置等费用。知识产权权利人未支付有关费用的，海关可以从其向海关提供的担保金中予以扣除，或者要求担保人履行有关担保责任。

侵权嫌疑货物被认定为侵犯知识产权的，知识产权权利人可以将其支付的有关仓储、保管和处置等费用计入其为制止侵权行为所支付的合理开支。

第二十六条 海关实施知识产权保护发现涉嫌犯罪案件的，应当将案件依法移送公安机关处理。

第四章　法律责任

第二十七条 被扣留的侵权嫌疑货物，经海关调查后认定侵犯知识产权的，由海关予以没收。

海关没收侵犯知识产权货物后，应当将侵犯知识产权货物的有关情况书面通知知识产权权利人。

被没收的侵犯知识产权货物可以用于社会公益事业的，海关应当转交给有关公益机构用于社会公益事业；知识产权权利人有收购意愿的，海关可以有偿转让给知识产权权利人。被没收的侵犯知识产权货物无法用于社会公益事业且知识产权权利人无收购意愿的，海关可以在消除侵权特征后依法拍卖，但对进口假冒商标货物，除特殊情况外，不能仅清除货物上的商标标识即允许其进入商业渠道；侵权特征无法消除的，海关应当予以销毁。

第二十八条 海关接受知识产权保护备案和采取知识产权保护措施的申请后，因知识产权权利人未提供确切情况而未能发现侵权货物、未能及时采取保护措施或者采取保护措施不力的，由知识产权权利人自行承担责任。

知识产权权利人请求海关扣留侵权嫌疑货物后，海关不能认定被扣留的侵权嫌疑货物侵犯知识产权权利人的知识产权，或者人民法院判定不侵犯知识产权权利人的知识产权的，知识产权权利人应当依法承担赔偿责任。

第二十九条 进口或者出口侵犯知识产权货物，构成犯罪的，依法追究刑事责任。

第三十条 海关工作人员在实施知识产权保护时，玩忽职守、滥用职权、徇私舞弊，构成犯罪的，依法追究刑事责任；尚不构成犯罪的，依法给予行政处分。

第五章　附　　则

第三十一条 个人携带或者邮寄进出境的物品，超出自用、合理数量，并侵犯本条例第二条规定的知识产权的，按照侵权货物处理。

第三十二条 本条例自 2004 年 3 月 1 日起施行。1995 年 7 月 5 日国务院发布的《中华人民共和国知识产权海关保护条例》同时废止。

中华人民共和国电子商务法（节录）

(2018 年 8 月 31 日第十三届全国人民代表大会常务委员会第五次会议通过)

第五条 电子商务经营者从事经营活动，应当遵循自愿、平等、公平、诚信的原则，遵守法律和商业道德，公平参与市场竞争，履行消费者权益保护、环境保护、知识产权保护、网络安全与个人信息保护等方面的义务，承担产品和服务质量责任，接受政府和社会的监督。

第四十一条 电子商务平台经营者应当建立知识产权保护规则，与知识产权权利人加强合作，依法保护知识产权。

第四十二条 知识产权权利人认为其知识产权受到侵害的，有权通知电子商务平台经营者采取删除、屏蔽、断开链接、终止交易和服务等必要措施。通知应当包括构成侵权的初步证据。

电子商务平台经营者接到通知后，应当及时采取必要措施，并将该通知转送平台内经营者；未及时采取必要措施的，对损害的扩大部分与平台内经营者承担连带责任。

因通知错误造成平台内经营者损害的，依法承担民事责任。恶意发出错误通知，造成平台内经营者损失的，加倍承担赔偿责任。

第四十三条 平台内经营者接到转送的通知后，可以向电子商务平台经营者提交不存在侵权行为的声明。声明应当包括不存在侵权行为的初步证据。

电子商务平台经营者接到声明后，应当将该声明转送发出通知的知识产权权利人，并告知其可以向有关主管部门投诉或者向人民法院起诉。电子商务平台经营者在转送声明到达知识产权权利人后十五日内，未收到权利人已经投诉或者起诉通知的，应当及时终止所采取的措施。

第四十四条 电子商务平台经营者应当及时公示收到的本法第四十二条、第四十三条规定的通知、声明及处理结果。

第四十五条 电子商务平台经营者知道或者应当知道平台内经营者侵犯知识产权的，应当采取删除、屏蔽、断开链接、终止交易和服务等必要措施；未采取必要措施的，与侵权人承担连带责任。

中华人民共和国民法典（节录）

(2020 年 5 月 28 日第十三届全国人民代表大会第三次会议通过)

第一百二十三条 民事主体依法享有知识产权。

知识产权是权利人依法就下列客体享有的专有的权利：

（一）作品；

（二）发明、实用新型、外观设计；

（三）商标；

（四）地理标志；

（五）商业秘密；

（六）集成电路布图设计；

（七）植物新品种；

（八）法律规定的其他客体。

第四百二十五条 为担保债务的履行，债务人或者第三人将其动产出质给债权人占有的，债务人不履行到期债务或者发生当事人约定的实现质权的情形，债权人有权就该动产优先受偿。

前款规定的债务人或者第三人为出质人，债权人为质权人，交付的动产为质押财产。

第四百二十六条 法律、行政法规禁止转让的动产不得出质。

第四百二十七条 设立质权，当事人应当采用书面形式订立质押合同。

质押合同一般包括下列条款：

（一）被担保债权的种类和数额；

（二）债务人履行债务的期限；

（三）质押财产的名称、数量等情况；

（四）担保的范围；

（五）质押财产交付的时间、方式。

第四百二十八条 质权人在债务履行期限届满前，与出质人约定债务人不履行到期债务时质押财产归债权人所有的，只能依法就质押财产优先受偿。

第四百二十九条 质权自出质人交付质押财产时设立。

第四百三十条 质权人有权收取质押财产的孳息，但是合同另有约定的除外。

前款规定的孳息应当先充抵收取孳息的费用。

第四百三十一条 质权人在质权存续期间，未经出质人同意，擅自使用、处分质押财产，造成出质人损害的，应当承担赔偿责任。

第四百三十二条 质权人负有妥善保管质押财产的义务；因保管不善致使质押财产

毁损、灭失的，应当承担赔偿责任。

质权人的行为可能使质押财产毁损、灭失的，出质人可以请求质权人将质押财产提存，或者请求提前清偿债务并返还质押财产。

第四百三十三条　因不可归责于质权人的事由可能使质押财产毁损或者价值明显减少，足以危害质权人权利的，质权人有权请求出质人提供相应的担保；出质人不提供的，质权人可以拍卖、变卖质押财产，并与出质人协议将拍卖、变卖所得的价款提前清偿债务或者提存。

第四百三十四条　质权人在质权存续期间，未经出质人同意转质，造成质押财产毁损、灭失的，应当承担赔偿责任。

第四百三十五条　质权人可以放弃质权。债务人以自己的财产出质，质权人放弃该质权的，其他担保人在质权人丧失优先受偿权益的范围内免除担保责任，但是其他担保人承诺仍然提供担保的除外。

第四百三十六条　债务人履行债务或者出质人提前清偿所担保的债权的，质权人应当返还质押财产。

债务人不履行到期债务或者发生当事人约定的实现质权的情形，质权人可以与出质人协议以质押财产折价，也可以就拍卖、变卖质押财产所得的价款优先受偿。

质押财产折价或者变卖的，应当参照市场价格。

第四百三十七条　出质人可以请求质权人在债务履行期限届满后及时行使质权；质权人不行使的，出质人可以请求人民法院拍卖、变卖质押财产。

出质人请求质权人及时行使质权，因质权人怠于行使权利造成出质人损害的，由质权人承担赔偿责任。

第四百三十八条　质押财产折价或者拍卖、变卖后，其价款超过债权数额的部分归出质人所有，不足部分由债务人清偿。

第四百三十九条　出质人与质权人可以协议设立最高额质权。

最高额质权除适用本节有关规定外，参照适用本编第十七章第二节的有关规定。

第四百四十条　债务人或者第三人有权处分的下列权利可以出质：

（一）汇票、本票、支票；

（二）债券、存款单；

（三）仓单、提单；

（四）可以转让的基金份额、股权；

（五）可以转让的注册商标专用权、专利权、著作权等知识产权中的财产权；

（六）现有的以及将有的应收账款；

（七）法律、行政法规规定可以出质的其他财产权利。

第四百四十四条　以注册商标专用权、专利权、著作权等知识产权中的财产权出质的，质权自办理出质登记时设立。

知识产权中的财产权出质后，出质人不得转让或者许可他人使用，但是出质人与质权人协商同意的除外。出质人转让或者许可他人使用出质的知识产权中的财产权所得的价款，应当向质权人提前清偿债务或者提存。

第四百四十六条 权利质权除适用本节规定外，适用本章第一节的有关规定。

第六百条 出卖具有知识产权的标的物的，除法律另有规定或者当事人另有约定外，该标的物的知识产权不属于买受人。

第八百七十六条 集成电路布图设计专有权、植物新品种权、计算机软件著作权等其他知识产权的转让和许可，参照适用本节的有关规定。

第一千一百八十五条 故意侵害他人知识产权，情节严重的，被侵权人有权请求相应的惩罚性赔偿。

中华人民共和国刑法（节录）

(1979 年 7 月 1 日第五届全国人民代表大会第二次会议通过　1997 年 3 月 14 日第八届全国人民代表大会第五次会议修订　根据 1998 年 12 月 29 日第九届全国人民代表大会常务委员会第六次会议通过的《全国人民代表大会常务委员会关于惩治骗购外汇、逃汇和非法买卖外汇犯罪的决定》、1999 年 12 月 25 日第九届全国人民代表大会常务委员会第十三次会议通过的《中华人民共和国刑法修正案》、2001 年 8 月 31 日第九届全国人民代表大会常务委员会第二十三次会议通过的《中华人民共和国刑法修正案（二）》、2001 年 12 月 29 日第九届全国人民代表大会常务委员会第二十五次会议通过的《中华人民共和国刑法修正案（三）》、2002 年 12 月 28 日第九届全国人民代表大会常务委员会第三十一次会议通过的《中华人民共和国刑法修正案（四）》、2005 年 2 月 28 日第十届全国人民代表大会常务委员会第十四次会议通过的《中华人民共和国刑法修正案（五）》、2006 年 6 月 29 日第十届全国人民代表大会常务委员会第二十二次会议通过的《中华人民共和国刑法修正（六）》、2009 年 2 月 28 日第十一届全国人民代表大会常务委员会第七次会议通过的《中华人民共和国刑法修正案（七）》、2009 年 8 月 27 日第十一届全国人民代表大会常务委员会第十次会议通过的《全国人民代表大会常务委员会关于修改部分法律的决定》、2011 年 2 月 25 日第十一届全国人民代表大会常务委员会第十九次会议通过的《中华人民共和国刑法修正案（八）》、2015 年 8 月 29 日第十二届全国人民代表大会常务委员会第十六次会议通过的《中华人民共和国刑法修正案（九）》、2017 年 11 月 4 日第十二届全国人民代表大会常务委员会第三十次会议通过的《中华人民共和国刑法修正案（十）》、2020 年 12 月 26 日第十三届全国人民代表大会常务委员会第二十四次会议通过的《中华人民共和国刑法修正案（十一）》和 2023 年 12 月 29 日第十四届全国人民代表大会常务委员会第七次会议通过的《中华人民共和国刑法修正案（十二）》修正)

第二编　分　　则

第三章　破坏社会主义市场经济秩序罪

第七节　侵犯知识产权罪

第二百一十三条　未经注册商标所有人许可，在同一种商品、服务上使用与其注册商标相同的商标，情节严重的，处三年以下有期徒刑，并处或者单处罚金；情节特别严重的，处三年以上十年以下有期徒刑，并处罚金。

第二百一十四条 销售明知是假冒注册商标的商品，违法所得数额较大或者有其他严重情节的，处三年以下有期徒刑，并处或者单处罚金；违法所得数额巨大或者有其他特别严重情节的，处三年以上十年以下有期徒刑，并处罚金。

第二百一十五条 伪造、擅自制造他人注册商标标识或者销售伪造、擅自制造的注册商标标识，情节严重的，处三年以下有期徒刑，并处或者单处罚金；情节特别严重的，处三年以上十年以下有期徒刑，并处罚金。

第二百一十六条 假冒他人专利，情节严重的，处三年以下有期徒刑或者拘役，并处或者单处罚金。

第二百一十七条 以营利为目的，有下列侵犯著作权或者与著作权有关的权利的情形之一，违法所得数额较大或者有其他严重情节的，处三年以下有期徒刑，并处或者单处罚金；违法所得数额巨大或者有其他特别严重情节的，处三年以上十年以下有期徒刑，并处罚金：

（一）未经著作权人许可，复制发行、通过信息网络向公众传播其文字作品、音乐、美术、视听作品、计算机软件及法律、行政法规规定的其他作品的；

（二）出版他人享有专有出版权的图书的；

（三）未经录音录像制作者许可，复制发行、通过信息网络向公众传播其制作的录音录像的；

（四）未经表演者许可，复制发行录有其表演的录音录像制品，或者通过信息网络向公众传播其表演的；

（五）制作、出售假冒他人署名的美术作品的；

（六）未经著作权人或者与著作权有关的权利人许可，故意避开或者破坏权利人为其作品、录音录像制品等采取的保护著作权或者与著作权有关的权利的技术措施的。

第二百一十八条 以营利为目的，销售明知是本法第二百一十七条规定的侵权复制品，违法所得数额巨大或者有其他严重情节的，处五年以下有期徒刑，并处或者单处罚金。

第二百一十九条 有下列侵犯商业秘密行为之一，情节严重的，处三年以下有期徒刑，并处或者单处罚金；情节特别严重的，处三年以上十年以下有期徒刑，并处罚金：

（一）以盗窃、贿赂、欺诈、胁迫、电子侵入或者其他不正当手段获取权利人的商业秘密的；

（二）披露、使用或者允许他人使用以前项手段获取的权利人的商业秘密的；

（三）违反保密义务或者违反权利人有关保守商业秘密的要求，披露、使用或者允许他人使用其所掌握的商业秘密的。

明知前款所列行为，获取、披露、使用或者允许他人使用该商业秘密的，以侵犯商业秘密论。

本条所称权利人，是指商业秘密的所有人和经商业秘密所有人许可的商业秘密使用人。

第二百一十九条之一 为境外的机构、组织、人员窃取、刺探、收买、非法提供商业秘密的，处五年以下有期徒刑，并处或者单处罚金；情节严重的，处五年以上有期徒刑，并处罚金。

第二百二十条　单位犯本节第二百一十三条至第二百一十九条之一规定之罪的，对单位判处罚金，并对其直接负责的主管人员和其他直接责任人员，依照本节各该条的规定处罚。

中华人民共和国海关法（节录）

(1987年1月22日第六届全国人民代表大会常务委员会第十九次会议通过 根据2000年7月8日第九届全国人民代表大会常务委员会第十六次会议《关于修改〈中华人民共和国海关法〉的决定》第一次修正 根据2013年6月29日第十二届全国人民代表大会常务委员会第三次会议《关于修改〈中华人民共和国文物保护法〉等十二部法律的决定》第二次修正 根据2013年12月28日第十二届全国人民代表大会常务委员会第六次会议《关于修改〈中华人民共和国海洋环境保护法〉等七部法律的决定》第三次修正 根据2016年11月7日第十二届全国人民代表大会常务委员会第二十四次会议《关于修改〈中华人民共和国对外贸易法〉等十二部法律的决定》第四次修正 根据2017年11月4日第十二届全国人民代表大会常务委员会第三十次会议《关于修改〈中华人民共和国会计法〉等十一部法律的决定》第五次修正 根据2021年4月29日第十三届全国人民代表大会常务委员会第二十八次会议《关于修改〈中华人民共和国道路交通安全法〉等八部法律的决定》第六次修正)

第四十四条 海关依照法律、行政法规的规定，对与进出境货物有关的知识产权实施保护。

需要向海关申报知识产权状况的，进出口货物收发货人及其代理人应当按照国家规定向海关如实申报有关知识产权状况，并提交合法使用有关知识产权的证明文件。

第九十一条 违反本法规定进出口侵犯中华人民共和国法律、行政法规保护的知识产权的货物的，由海关依法没收侵权货物，并处以罚款；构成犯罪的，依法追究刑事责任。

中共中央 国务院印发
《知识产权强国建设纲要（2021—2035年）》

为统筹推进知识产权强国建设，全面提升知识产权创造、运用、保护、管理和服务水平，充分发挥知识产权制度在社会主义现代化建设中的重要作用，制定本纲要。

一、战略背景

党的十八大以来，在以习近平同志为核心的党中央坚强领导下，我国知识产权事业发展取得显著成效，知识产权法规制度体系逐步完善，核心专利、知名品牌、精品版权、优良植物新品种、优质地理标志、高水平集成电路布图设计等高价值知识产权拥有量大幅增加，商业秘密保护不断加强，遗传资源、传统知识和民间文艺的利用水平稳步提升，知识产权保护效果、运用效益和国际影响力显著提升，全社会知识产权意识大幅提高，涌现出一批知识产权竞争力较强的市场主体，走出了一条中国特色知识产权发展之路，有力保障创新型国家建设和全面建成小康社会目标的实现。

进入新发展阶段，推动高质量发展是保持经济持续健康发展的必然要求，创新是引领发展的第一动力，知识产权作为国家发展战略性资源和国际竞争力核心要素的作用更加凸显。实施知识产权强国战略，回应新技术、新经济、新形势对知识产权制度变革提出的挑战，加快推进知识产权改革发展，协调好政府与市场、国内与国际，以及知识产权数量与质量、需求与供给的联动关系，全面提升我国知识产权综合实力，大力激发全社会创新活力，建设中国特色、世界水平的知识产权强国，对于提升国家核心竞争力，扩大高水平对外开放，实现更高质量、更有效率、更加公平、更可持续、更为安全的发展，满足人民日益增长的美好生活需要，具有重要意义。

二、总体要求

（一）指导思想。坚持以习近平新时代中国特色社会主义思想为指导，全面贯彻党的十九大和十九届二中、三中、四中、五中全会精神，紧紧围绕统筹推进"五位一体"总体布局和协调推进"四个全面"战略布局，坚持稳中求进工作总基调，以推动高质量发展为主题，以深化供给侧结构性改革为主线，以改革创新为根本动力，以满足人民日益增长的美好生活需要为根本目的，立足新发展阶段，贯彻新发展理念，构建新发展格局，牢牢把握加强知识产权保护是完善产权保护制度最重要的内容和提高国家经济竞争力最大的激励，打通知识产权创造、运用、保护、管理和服务全链条，更大力度加强知识产权保护国际合作，建设制度完善、保护严格、运行高效、服务便捷、文化自觉、开放共赢的知识产权强国，为建设创新型国家和社会主义现代化强国提供坚实保障。

（二）工作原则

——法治保障，严格保护。落实全面依法治国基本方略，严格依法保护知识产权，切实维护社会公平正义和权利人合法权益。

——改革驱动，质量引领。深化知识产权领域改革，构建更加完善的要素市场化配置体制机制，更好发挥知识产权制度激励创新的基本保障作用，为高质量发展提供源源不断的动力。

——聚焦重点，统筹协调。坚持战略引领、统筹规划，突出重点领域和重大需求，推动知识产权与经济、科技、文化、社会等各方面深度融合发展。

——科学治理，合作共赢。坚持人类命运共同体理念，以国际视野谋划和推动知识产权改革发展，推动构建开放包容、平衡普惠的知识产权国际规则，让创新创造更多惠及各国人民。

（三）发展目标

到 2025 年，知识产权强国建设取得明显成效，知识产权保护更加严格，社会满意度达到并保持较高水平，知识产权市场价值进一步凸显，品牌竞争力大幅提升，专利密集型产业增加值占 GDP 比重达到 13%，版权产业增加值占 GDP 比重达到 7.5%，知识产权使用费年进出口总额达到 3500 亿元，每万人口高价值发明专利拥有量达到 12 件（上述指标均为预期性指标）。

到 2035 年，我国知识产权综合竞争力跻身世界前列，知识产权制度系统完备，知识产权促进创新创业蓬勃发展，全社会知识产权文化自觉基本形成，全方位、多层次参与知识产权全球治理的国际合作格局基本形成，中国特色、世界水平的知识产权强国基本建成。

三、建设面向社会主义现代化的知识产权制度

（四）构建门类齐全、结构严密、内外协调的法律体系。开展知识产权基础性法律研究，做好专门法律法规之间的衔接，增强法律法规的适用性和统一性。根据实际及时修改专利法、商标法、著作权法和植物新品种保护条例，探索制定地理标志、外观设计等专门法律法规，健全专门保护与商标保护相互协调的统一地理标志保护制度，完善集成电路布图设计法规。制定修改强化商业秘密保护方面的法律法规，完善规制知识产权滥用行为的法律制度以及与知识产权相关的反垄断、反不正当竞争等领域立法。修改科学技术进步法。结合有关诉讼法的修改及贯彻落实，研究建立健全符合知识产权审判规律的特别程序法律制度。加快大数据、人工智能、基因技术等新领域新业态知识产权立法。适应科技进步和经济社会发展形势需要，依法及时推动知识产权法律法规立改废释，适时扩大保护客体范围，提高保护标准，全面建立并实施侵权惩罚性赔偿制度，加大损害赔偿力度。

（五）构建职责统一、科学规范、服务优良的管理体制。持续优化管理体制机制，加强中央在知识产权保护的宏观管理、区域协调和涉外事宜统筹等方面事权，不断加强机构建设，提高管理效能。围绕国家区域协调发展战略，制定实施区域知识产权战略，

深化知识产权强省强市建设，促进区域知识产权协调发展。实施一流专利商标审查机构建设工程，建立专利商标审查官制度，优化专利商标审查协作机制，提高审查质量和效率。构建政府监管、社会监督、行业自律、机构自治的知识产权服务业监管体系。

（六）构建公正合理、评估科学的政策体系。坚持严格保护的政策导向，完善知识产权权益分配机制，健全以增加知识价值为导向的分配制度，促进知识产权价值实现。完善以强化保护为导向的专利商标审查政策。健全著作权登记制度、网络保护和交易规则。完善知识产权审查注册登记政策调整机制，建立审查动态管理机制。建立健全知识产权政策合法性和公平竞争审查制度。建立知识产权公共政策评估机制。

（七）构建响应及时、保护合理的新兴领域和特定领域知识产权规则体系。建立健全新技术、新产业、新业态、新模式知识产权保护规则。探索完善互联网领域知识产权保护制度。研究构建数据知识产权保护规则。完善开源知识产权和法律体系。研究完善算法、商业方法、人工智能产出物知识产权保护规则。加强遗传资源、传统知识、民间文艺等获取和惠益分享制度建设，加强非物质文化遗产的搜集整理和转化利用。推动中医药传统知识保护与现代知识产权制度有效衔接，进一步完善中医药知识产权综合保护体系，建立中医药专利特别审查和保护机制，促进中医药传承创新发展。

四、建设支撑国际一流营商环境的知识产权保护体系

（八）健全公正高效、管辖科学、权界清晰、系统完备的司法保护体制。实施高水平知识产权审判机构建设工程，加强审判基础、体制机制和智慧法院建设。健全知识产权审判组织，优化审判机构布局，完善上诉审理机制，深入推进知识产权民事、刑事、行政案件"三合一"审判机制改革，构建案件审理专门化、管辖集中化和程序集约化的审判体系。加强知识产权法官的专业化培养和职业化选拔，加强技术调查官队伍建设，确保案件审判质效。积极推进跨区域知识产权远程诉讼平台建设。统一知识产权司法裁判标准和法律适用，完善裁判规则。加大刑事打击力度，完善知识产权犯罪侦查工作制度。修改完善知识产权相关司法解释，配套制定侵犯知识产权犯罪案件立案追诉标准。加强知识产权案件检察监督机制建设，加强量刑建议指导和抗诉指导。

（九）健全便捷高效、严格公正、公开透明的行政保护体系。依法科学配置和行使有关行政部门的调查权、处罚权和强制权。建立统一协调的执法标准、证据规则和案例指导制度。大力提升行政执法人员专业化、职业化水平，探索建立行政保护技术调查官制度。建设知识产权行政执法监管平台，提升执法监管现代化、智能化水平。建立完善知识产权侵权纠纷检验鉴定工作体系。发挥专利侵权纠纷行政裁决制度作用，加大行政裁决执行力度。探索依当事人申请的知识产权纠纷行政调解协议司法确认制度。完善跨区域、跨部门执法保护协作机制。建立对外贸易知识产权保护调查机制和自由贸易试验区知识产权保护专门机制。强化知识产权海关保护，推进国际知识产权执法合作。

（十）健全统一领导、衔接顺畅、快速高效的协同保护格局。坚持党中央集中统一领导，实现政府履职尽责、执法部门严格监管、司法机关公正司法、市场主体规范管理、行业组织自律自治、社会公众诚信守法的知识产权协同保护。实施知识产权保护体

系建设工程。明晰行政机关与司法机关的职责权限和管辖范围，健全知识产权行政保护与司法保护衔接机制，形成保护合力。建立完善知识产权仲裁、调解、公证、鉴定和维权援助体系，加强相关制度建设。健全知识产权信用监管体系，加强知识产权信用监管机制和平台建设，依法依规对知识产权领域严重失信行为实施惩戒。完善著作权集体管理制度，加强对著作权集体管理组织的支持和监管。实施地理标志保护工程。建设知识产权保护中心网络和海外知识产权纠纷应对指导中心网络。建立健全海外知识产权预警和维权援助信息平台。

五、建设激励创新发展的知识产权市场运行机制

（十一）完善以企业为主体、市场为导向的高质量创造机制。以质量和价值为标准，改革完善知识产权考核评价机制。引导市场主体发挥专利、商标、版权等多种类型知识产权组合效应，培育一批知识产权竞争力强的世界一流企业。深化实施中小企业知识产权战略推进工程。优化国家科技计划项目的知识产权管理。围绕生物育种前沿技术和重点领域，加快培育一批具有知识产权的优良植物新品种，提高授权品种质量。

（十二）健全运行高效顺畅、价值充分实现的运用机制。加强专利密集型产业培育，建立专利密集型产业调查机制。积极发挥专利导航在区域发展、政府投资的重大经济科技项目中的作用，大力推动专利导航在传统优势产业、战略性新兴产业、未来产业发展中的应用。改革国有知识产权归属和权益分配机制，扩大科研机构和高校知识产权处置自主权。建立完善财政资助科研项目形成知识产权的声明制度。建立知识产权交易价格统计发布机制。推进商标品牌建设，加强驰名商标保护，发展传承好传统品牌和老字号，大力培育具有国际影响力的知名商标品牌。发挥集体商标、证明商标制度作用，打造特色鲜明、竞争力强、市场信誉好的产业集群品牌和区域品牌。推动地理标志与特色产业发展、生态文明建设、历史文化传承以及乡村振兴有机融合，提升地理标志品牌影响力和产品附加值。实施地理标志农产品保护工程。深入开展知识产权试点示范工作，推动企业、高校、科研机构健全知识产权管理体系，鼓励高校、科研机构建立专业化知识产权转移转化机构。

（十三）建立规范有序、充满活力的市场化运营机制。提高知识产权代理、法律、信息、咨询等服务水平，支持开展知识产权资产评估、交易、转化、托管、投融资等增值服务。实施知识产权运营体系建设工程，打造综合性知识产权运营服务枢纽平台，建设若干聚焦产业、带动区域的运营平台，培育国际化、市场化、专业化知识产权服务机构，开展知识产权服务业分级分类评价。完善无形资产评估制度，形成激励与监管相协调的管理机制。积极稳妥发展知识产权金融，健全知识产权质押信息平台，鼓励开展各类知识产权混合质押和保险，规范探索知识产权融资模式创新。健全版权交易和服务平台，加强作品资产评估、登记认证、质押融资等服务。开展国家版权创新发展建设试点工作。打造全国版权展会授权交易体系。

六、建设便民利民的知识产权公共服务体系

（十四）加强覆盖全面、服务规范、智能高效的公共服务供给。实施知识产权公共服务智能化建设工程，完善国家知识产权大数据中心和公共服务平台，拓展各类知识产权基础信息开放深度、广度，实现与经济、科技、金融、法律等信息的共享融合。深入推进"互联网+"政务服务，充分利用新技术建设智能化专利商标审查和管理系统，优化审查流程，实现知识产权政务服务"一网通办"和"一站式"服务。完善主干服务网络，扩大技术与创新支持中心等服务网点，构建政府引导、多元参与、互联共享的知识产权公共服务体系。加强专业便捷的知识产权公共咨询服务，健全中小企业和初创企业知识产权公共服务机制。完善国际展会知识产权服务机制。

（十五）加强公共服务标准化、规范化、网络化建设。明晰知识产权公共服务事项和范围，制定公共服务事项清单和服务标准。统筹推进分级分类的知识产权公共服务机构建设，大力发展高水平的专门化服务机构。有效利用信息技术、综合运用线上线下手段，提高知识产权公共服务效率。畅通沟通渠道，提高知识产权公共服务社会满意度。

（十六）建立数据标准、资源整合、利用高效的信息服务模式。加强知识产权数据标准制定和数据资源供给，建立市场化、社会化的信息加工和服务机制。规范知识产权数据交易市场，推动知识产权信息开放共享，处理好数据开放与数据隐私保护的关系，提高传播利用效率，充分实现知识产权数据资源的市场价值。推动知识产权信息公共服务和市场化服务协调发展。加强国际知识产权数据交换，提升运用全球知识产权信息的能力和水平。

七、建设促进知识产权高质量发展的人文社会环境

（十七）塑造尊重知识、崇尚创新、诚信守法、公平竞争的知识产权文化理念。加强教育引导、实践养成和制度保障，培养公民自觉尊重和保护知识产权的行为习惯，自觉抵制侵权假冒行为。倡导创新文化，弘扬诚信理念和契约精神，大力宣传锐意创新和诚信经营的典型企业，引导企业自觉履行尊重和保护知识产权的社会责任。厚植公平竞争的文化氛围，培养新时代知识产权文化自觉和文化自信，推动知识产权文化与法治文化、创新文化和公民道德修养融合共生、相互促进。

（十八）构建内容新颖、形式多样、融合发展的知识产权文化传播矩阵。打造传统媒体和新兴媒体融合发展的知识产权文化传播平台，拓展社交媒体、短视频、客户端等新媒体渠道。创新内容、形式和手段，加强涉外知识产权宣传，形成覆盖国内外的全媒体传播格局，打造知识产权宣传品牌。大力发展国家知识产权高端智库和特色智库，深化理论和政策研究，加强国际学术交流。

（十九）营造更加开放、更加积极、更有活力的知识产权人才发展环境。完善知识产权人才培养、评价激励、流动配置机制。支持学位授权自主审核高校自主设立知识产权一级学科。推进论证设置知识产权专业学位。实施知识产权专项人才培养计划。依托相关高校布局一批国家知识产权人才培养基地，加强相关高校二级知识产权学院建设。

加强知识产权管理部门公职律师队伍建设，做好涉外知识产权律师培养和培训工作，加强知识产权国际化人才培养。开发一批知识产权精品课程。开展干部知识产权学习教育。进一步推进中小学知识产权教育，持续提升青少年的知识产权意识。

八、深度参与全球知识产权治理

（二十）积极参与知识产权全球治理体系改革和建设。扩大知识产权领域对外开放，完善国际对话交流机制，推动完善知识产权及相关国际贸易、国际投资等国际规则和标准。积极推进与经贸相关的多双边知识产权对外谈判。建设知识产权涉外风险防控体系。加强与各国知识产权审查机构合作，推动审查信息共享。打造国际知识产权诉讼优选地。提升知识产权仲裁国际化水平。鼓励高水平外国机构来华开展知识产权服务。

（二十一）构建多边和双边协调联动的国际合作网络。积极维护和发展知识产权多边合作体系，加强在联合国、世界贸易组织等国际框架和多边机制中的合作。深化与共建"一带一路"国家和地区知识产权务实合作，打造高层次合作平台，推进信息、数据资源项目合作，向共建"一带一路"国家和地区提供专利检索、审查、培训等多样化服务。加强知识产权对外工作力量。积极发挥非政府组织在知识产权国际交流合作中的作用。拓展海外专利布局渠道。推动专利与国际标准制定有效结合。塑造中国商标品牌良好形象，推动地理标志互认互保，加强中国商标品牌和地理标志产品全球推介。

九、组织保障

（二十二）加强组织领导。全面加强党对知识产权强国建设工作的领导，充分发挥国务院知识产权战略实施工作部际联席会议作用，建立统一领导、部门协同、上下联动的工作体系，制定实施落实本纲要的年度推进计划。各地区各部门要高度重视，加强组织领导，明确任务分工，建立健全本纲要实施与国民经济和社会发展规划、重点专项规划及相关政策相协调的工作机制，结合实际统筹部署相关任务措施，逐项抓好落实。

（二十三）加强条件保障。完善中央和地方财政投入保障制度，加大对本纲要实施工作的支持。综合运用财税、投融资等相关政策，形成多元化、多渠道的资金投入体系，突出重点，优化结构，保障任务落实。按照国家有关规定，对在知识产权强国建设工作中作出突出贡献的集体和个人给予表彰。

（二十四）加强考核评估。国家知识产权局会同有关部门建立本纲要实施动态调整机制，开展年度监测和定期评估总结，对工作任务落实情况开展督促检查，纳入相关工作评价，重要情况及时按程序向党中央、国务院请示报告。在对党政领导干部和国有企业领导班子考核中，注重考核知识产权相关工作成效。地方各级政府要加大督查考核工作力度，将知识产权强国建设工作纳入督查考核范围。

国家知识产权局关于印发《外国专利代理机构在华设立常驻代表机构管理办法》的通知

国知发运字〔2022〕1号

各省、自治区、直辖市和计划单列市、副省级城市、新疆生产建设兵团知识产权局，四川省知识产权服务促进中心，各地方有关中心：

为规范外国专利代理机构在华常驻代表机构的设立及其业务活动，保障外国专利代理机构在华常驻代表机构及其代表的合法权益，优化营商环境，促进专利代理行业高质量发展，国家知识产权局制定《外国专利代理机构在华设立常驻代表机构管理办法》，现印发给你们，请认真贯彻执行。

特此通知。

国家知识产权局

2022 年 1 月 7 日

外国专利代理机构在华设立常驻代表机构管理办法

第一章 总 则

第一条 为了规范外国专利代理机构在华常驻代表机构的设立及其业务活动，保障外国专利代理机构在华常驻代表机构及其代表的合法权益，优化营商环境，促进专利代理行业高质量发展，根据《专利代理条例》、《外国企业常驻代表机构登记管理条例》及有关法律法规，制定本办法。

第二条 本办法所称外国专利代理机构常驻代表机构（以下简称代表机构），是指外国专利代理机构依法在中国境内设立的从事与该外国专利代理机构业务有关专利服务活动的办事机构。

第三条 代表机构及其代表应当遵守中国的法律、法规，恪守专利代理职业道德和自律规范，不得损害中国国家安全和社会公共利益。

第四条 外国专利代理机构在中国境内设立常驻代表机构，须经国家知识产权局批准。

国家知识产权局和省、自治区、直辖市人民政府知识产权管理部门依法对代表机构及其代表进行管理。

第五条 根据权利平等、机会平等、规则平等的原则，代表机构依法平等适用国家支持知识产权服务业发展的政策措施。

第二章　设立代表机构许可的条件、程序

第六条　外国专利代理机构申请在华设立常驻代表机构，应当向国家知识产权局提出申请，提交有关材料，取得外国专利代理机构在华设立常驻代表机构许可。

第七条　外国专利代理机构申请在华设立常驻代表机构许可，应当具备下列条件：

（一）在国外合法成立；

（二）实质性开展专利代理业务5年以上，并且没有因执业行为受过自律惩戒或者行政处罚；

（三）代表机构的首席代表具备完全民事行为能力，具有专利代理师资格，专利代理执业经历不少于3年，没有因执业行为受过自律惩戒或者行政处罚，没有因故意犯罪受过刑事处罚；

（四）在其本国有10名以上专利代理师执业。

第八条　代表机构名称应当由以下部分依次组成：外国专利代理机构国籍、外国专利代理机构中文名称、驻在城市名称以及"代表处"字样。

第九条　外国专利代理机构申请设立代表机构，应当向国家知识产权局提交下列材料：

（一）该外国专利代理机构主要负责人签署的设立常驻代表机构的申请书；

（二）该外国专利代理机构所在国家或地区有关主管部门核发的营业执照或合法开业证明；

（三）该外国专利代理机构给代表机构拟任首席代表的授权书，该授权书中应当明确代表机构的业务范围；

（四）符合本办法第七条第（二）至（四）项规定的相关情况说明及承诺书；

（五）代表机构代表的名单及其简介；

（六）国家知识产权局要求提交的其他材料。

申请材料为外文的，应当附具中文译文，以中文为准。

第十条　国家知识产权局应当自受理许可申请之日起3个月内作出是否批准的决定。批准设立代表机构的，应当作出书面批准决定；不予批准的，应当说明不予批准的理由。

外国专利代理机构应当自批准之日起90日内，依法向登记机关申请设立登记。

第十一条　代表机构应当自收到国家知识产权局批准决定之日起2个月内，将以下材料提交代表机构所在地的省、自治区、直辖市人民政府知识产权管理部门备案：

（一）代表机构的基本情况说明，包括：名称、住所、首席代表、代表、业务范围等内容；

（二）首席代表、代表的身份证明等材料。

省、自治区、直辖市人民政府知识产权管理部门应当为代表机构通过互联网备案提供方便。

第十二条　代表机构的名称、办公地址等事项发生变更的，应当就有关情况向国家知识产权局申请办理变更手续。

代表机构的备案信息发生变更的，应当就有关情况向所在地的省、自治区、直辖市

人民政府知识产权管理部门申请办理备案变更手续。

第三章　代表机构的管理

第十三条　国家知识产权局和省、自治区、直辖市人民政府知识产权管理部门应当依据《中华人民共和国行政许可法》、《专利代理条例》等法律法规和国家有关规定，对代表机构、代表的行为依法进行管理。

第十四条　代表机构可以依法从事下列业务活动：

（一）向当事人提供该外国专利代理机构已获准从事专利代理业务国家或者地区的专利事务咨询；

（二）接受当事人或者中国专利代理机构的委托，办理在该外国专利代理机构已获准从事专利代理业务国家或者地区的专利事务；

（三）接受当事人或者中国专利代理机构的委托，为我国企业海外投资、海外预警、海外维权等涉专利事务提供专业化咨询服务；

（四）代表外国当事人，委托中国专利代理机构办理中国专利事务。

代表机构应当依法开展业务活动，不得从事代理专利申请和宣告专利权无效等中国专利事务以及中国法律事务。

第十五条　国家知识产权局和省、自治区、直辖市人民政府知识产权管理部门应当加强代表机构及其代表的公共信息发布，为公众了解代表机构及其代表的基本情况提供查询服务。

第十六条　国家知识产权局和省、自治区、直辖市人民政府知识产权管理部门对存在以下违法违规行为的代表机构及其工作人员，可以进行警示谈话、提出意见，督促及时整改，依法予以查处，必要时移送有关部门处理。

（一）外国机构或者个人擅自在中国境内设立代表机构，或者非法从事专利服务活动；

（二）外国机构或者个人以咨询公司或者其他名义在中国境内从事代理专利申请和宣告专利权无效等中国专利事务；

（三）代表机构聘用已办理执业备案的中国专利代理师；

（四）同时在两个以上代表机构担任或者兼任代表；

（五）从事其他违法违规活动。

第十七条　以隐瞒真实情况、弄虚作假手段申请外国专利代理机构在华设立常驻代表机构许可的，国家知识产权局依法不予受理或者不予许可；已取得许可的，由国家知识产权局依法撤销设立常驻代表机构许可。

取得设立常驻代表机构许可后，因情况变化不再符合本办法规定条件的，由国家知识产权局责令限期整改。

第四章　附　　则

第十八条　本办法由国家知识产权局负责解释。

第十九条　本办法自颁布之日起施行。

国家知识产权局关于加强知识产权鉴定工作的指导意见

国知发保字〔2022〕32号

各省、自治区、直辖市和新疆生产建设兵团知识产权局，四川省知识产权服务促进中心，各地方有关中心；国家知识产权局局机关各部门，专利局各部门，商标局，局其他直属单位、各社会团体：

为深入贯彻落实中共中央、国务院印发的《知识产权强国建设纲要（2021—2035年）》和中共中央办公厅、国务院办公厅印发的《关于强化知识产权保护的意见》，推动建立完善知识产权侵权纠纷鉴定工作体系，促进知识产权鉴定机构专业化、规范化发展，提升知识产权鉴定质量和公信力，更好保障行政机关、司法机关执法办案，强化知识产权全链条保护，现就加强知识产权鉴定工作提出如下意见。

一、总体要求

（一）指导思想。以习近平新时代中国特色社会主义思想为指导，全面贯彻党的十九大和十九届历次全会精神，深入落实党中央、国务院关于全面加强知识产权保护工作的决策部署，坚持政府指导与行业自律相结合，坚持高质量发展与规范化管理相结合，坚持理论研究与实践探索相结合，着力构建知识产权鉴定工作机制、健全标准体系、强化监督管理，推进知识产权鉴定机构专业化、规范化发展，加强知识产权鉴定对行政裁决、行政执法、司法审判、仲裁调解等的专业技术支撑，为构建知识产权大保护工作格局，促进全面加强知识产权保护提供坚实基础。

（二）主要目标。力争到2025年，形成较为完善的知识产权鉴定工作管理机制，建立多层次多类型的知识产权鉴定标准体系，知识产权鉴定机构规模合理、技术领域覆盖面广、专业化规范化水平明显提升，知识产权鉴定的应用范围更加广泛，对全面加强知识产权保护工作的技术支撑作用更加突出。

二、主要任务

（一）明确工作定位。支持符合知识产权鉴定相关国家标准、团体标准的知识产权鉴定机构组织鉴定人开展知识产权鉴定活动，运用科学技术和专门知识，对知识产权相关专门性事实问题进行鉴别和分析判断，并提供鉴定意见。重点做好专利、商标、地理标志、集成电路布图设计等各类知识产权鉴定工作，主要协助解决知识产权争议中的专门性事实问题。知识产权鉴定意见作为一种证据，必须经过查证属实，才能作为认定案件事实的根据。

（二）健全标准体系。推动出台知识产权鉴定相关国家标准、团体标准。研究制定知识产权鉴定术语规范等基础标准，和专利、商标等知识产权鉴定专业标准，建立健全知识产权鉴定标准体系。加强知识产权鉴定活动中对鉴定人适用标准工作的指导，支持地方开展知识产权鉴定标准贯彻和实施工作，推进各类知识产权鉴定工作规范化开展。

（三）加强机构培育。省级知识产权管理部门加强统筹规划，科学制定本地区知识产权鉴定工作计划，坚持合理布局、有序发展、便民利民。建立健全知识产权管理部门对行业自律组织和知识产权鉴定机构的业务指导工作机制。通过贯彻实施知识产权鉴定标准，积极有序培育知识产权鉴定机构，不断扩大知识产权鉴定技术领域覆盖范围，切实推动鉴定机构做精做优，实现行业高质量发展。

（四）完善行业管理。推动成立全国性行业自律组织，研究制定知识产权鉴定机构管理评价制度，统一实施程序、技术标准和操作规范等知识产权鉴定质量管理制度。构建知识产权鉴定机构遴选荐用机制，建立全国统一的知识产权鉴定机构名录库，实现名录库动态调整。将通过贯彻知识产权鉴定标准的鉴定机构纳入名录库并予以公开，供相关行政机关、司法机关、仲裁调解组织等选择使用。鼓励支持地方成立知识产权鉴定行业自律组织。

（五）开展行业评价。支持行业自律组织探索制定知识产权鉴定行业等级评价办法，督促知识产权鉴定机构和鉴定人依法合规执业。支持制定实施知识产权鉴定机构和鉴定人执业公约。推动开展质量监管、执业考核等第三方评价和知识产权鉴定满意度评价，并及时公开评价结果。鼓励行业自律组织加强行业诚信建设，依法依规对知识产权鉴定机构和鉴定人加强信用监管。

（六）健全协同机制。建立知识产权行政管理部门与执法部门、公安机关、人民法院、检察机关及相关部门间协商机制，及时研究解决知识产权鉴定工作面临的重大问题，充分发挥知识产权鉴定在强化知识产权全链条保护工作中的作用。加强知识产权鉴定机构名录库互荐共享工作，推动建立对知识产权鉴定机构从业情况的反馈机制。加强与知识产权鉴定行业自律组织间的联系沟通、信息共享、人员培训、课题研究等工作协作。支持将知识产权鉴定纳入区域知识产权执法协作内容。

（七）加强能力提升。加强知识产权鉴定机构和鉴定人思想政治建设，切实提高从业人员思想政治素质。指导行业自律组织加强基础理论研究，完善知识产权鉴定理论体系；制定知识产权鉴定教育培训工作计划，开展分级分类培训，发挥科研、院校等单位作用，加强培训师资和教材建设，定期组织典型案例研讨和经验交流；积极开展人工智能、大数据等新兴领域涉及的知识产权鉴定问题研究，不断完善知识产权鉴定方法手段；利用互联网等信息化手段，建立知识产权鉴定应用案例库。

（八）推动自律监管。指导行业自律组织建立完善行业评判制度，开展知识产权鉴定执业检查、文书质量评查和情况通报，探索建立执业活动投诉处理机制，完善行业激励惩戒机制；通过专题学习、警示教育、案例通报等方式，加强日常指导，防范多头、重复和虚假鉴定发生；提升信息化监管水平，推动实施鉴定受理、鉴定过程、鉴定意见审核签发等各环节的全过程留痕、全流程监管。推动严格知识产权鉴定从业标准，知识产权鉴定机构应当具有明确的业务范围、开展工作必需的条件，及一定数量的鉴定人。

引导知识产权鉴定人取得与业务相关的专业技术职称、执业资格或工作经历，习得专业技能。知识产权鉴定人或鉴定机构经依法认定有故意作虚假鉴定等违法行为的，移出知识产权鉴定机构名录库，由知识产权鉴定行业自律组织按照章程规定予以惩戒，并由省级知识产权行政管理部门转相关部门处理；构成犯罪的，依法追究刑事责任；因严重不负责任给当事人合法权益造成损失的，依法承担法律责任。

三、组织保障

（一）加强组织领导。各地区要充分认识知识产权鉴定工作对全面加强知识产权保护工作的重要意义，紧密结合工作实际，认真调查研究，全面了解掌握本地区知识产权鉴定工作开展情况，积极争取党委、政府和相关部门单位重视支持，纳入当地知识产权保护工作整体部署，细化工作举措，确保各项工作任务顺利有效推进。

（二）加强工作保障。国家知识产权局加强对知识产权鉴定工作的政策引导，推动知识产权鉴定行业自律组织开展行业自律管理，对知识产权鉴定机构建设加强跟踪指导和动态管理。各地区加大政策支持力度，不断加大本地知识产权鉴定机构和鉴定人培养力度，建立健全本地知识产权鉴定工作体系。

（三）加强宣传推广。积极宣传推广知识产权鉴定工作中的成果和经验。对工作中涌现的先进集体和个人及时予以通报表扬，不断提高知识产权鉴定社会知晓度和公信力，为全面加强知识产权保护营造良好环境。

国家知识产权局

2022 年 7 月 26 日

最高检发布《人民检察院办理知识产权案件工作指引》

第一章 总 则

第一条 为保障和规范人民检察院依法履行知识产权检察职责，促进创新型国家建设，根据《中华人民共和国刑事诉讼法》《中华人民共和国民事诉讼法》《中华人民共和国行政诉讼法》《中华人民共和国人民检察院组织法》等法律法规，结合人民检察院工作实际，制定本指引。

第二条 人民检察院办理知识产权案件，秉持客观公正立场，维护司法公正和司法权威，维护权利人的合法权益，保障国家法律的统一正确实施，服务国家知识产权强国建设，促进国家治理体系和治理能力现代化。

人民检察院通过办理侵犯知识产权刑事案件，惩罚犯罪，保障无罪的人不受刑事追究。通过办理知识产权民事诉讼和行政诉讼监督案件，监督和支持人民法院依法行使审判权和执行权，促进行政机关依法行使职权。通过办理知识产权公益诉讼案件，督促行政机关依法履行监督管理职责，支持适格主体依法行使公益诉权，维护国家利益和社会公共利益。

第三条 人民检察院办理知识产权案件，应当以事实为根据，以法律为准绳，坚持严格保护、协同保护、平等保护、公正合理保护原则。坚持激励、保护创新，着力提升知识产权综合保护质效，激发全社会创新创造活力。

第四条 本指引所指的知识产权案件，主要包括侵犯知识产权刑事案件、知识产权民事诉讼监督案件、知识产权行政诉讼监督案件、知识产权公益诉讼案件。

第五条 人民检察院应当充分发挥知识产权检察综合履职，通过审查逮捕、审查起诉等方式，履行知识产权刑事检察职能；通过提起抗诉、提出检察建议等方式对知识产权民事诉讼、行政诉讼活动实行法律监督；通过提出检察建议、提起诉讼和支持起诉等方式，履行知识产权公益诉讼检察职能。

第六条 人民检察院办理知识产权案件在事实认定、法律适用、案件处理等方面存在较大争议，或者有重大社会影响，需要当面听取当事人和其他相关人员意见的，经检察长批准，可以召开听证会。根据案件需要，可以邀请有专门知识的人或者检察技术人员参加听证会。

涉及商业秘密的知识产权案件听证会，当事人申请不公开听证的，可以不公开听证。

第七条 人民检察院办理知识产权案件，为解决案件中的专门性问题，可以依法聘请有专门知识的人或者指派具备相应资格的检察技术人员出具意见。

前款人员出具的意见，经审查可以作为办案部门、检察官判断运用证据或者作出相关决定的依据。

第八条　人民检察院办理知识产权案件认为需要鉴定的，可以委托具备法定资格的机构进行鉴定。

在诉讼过程中已经进行过鉴定的，除确有必要外，一般不再委托鉴定。

第九条　人民检察院办理知识产权案件，涉及国家秘密、商业秘密、个人隐私或者其他需要保密的情形，应当依职权或者依当事人、辩护人、诉讼代理人、其他利害关系人书面申请，审查决定采取组织诉讼参与人签署保密承诺书、对秘密信息进行技术处理等必要的保密措施。

第十条　人民检察院在办理知识产权案件时，应当加强与公安机关、人民法院、知识产权相关行政部门等沟通交流，建立健全工作联络机制，推进执法司法办案动态信息互通和共享，确保执法与司法有效衔接。

人民检察院在办理知识产权案件中，发现涉嫌犯罪线索或者其他违法线索的，应当按照规定及时将相关线索及材料移送本院相关检察业务部门或者有管辖权的公安机关、行政机关。

人民检察院在办理知识产权案件中，认为行政执法机关应当依法移送涉嫌犯罪案件而不移送的，经检察长批准，应当向同级行政执法机关提出检察意见，要求行政执法机关及时向公安机关移送案件并将有关材料抄送人民检察院。

第十一条　人民检察院在履行法律监督职责中发现有关单位和部门在履行知识产权管理监督职责方面存在《人民检察院检察建议工作规定》第十一条规定情形的，可以向有关单位和部门提出改进工作、完善治理的检察建议。

第十二条　人民检察院办理知识产权案件，一般应当对最高人民检察院、最高人民法院发布的知识产权指导性案例和典型案例进行类案检索。

人民检察院在办理知识产权案件时，为准确查明案件事实和正确适用法律，应当检索涉及同一当事人、同一知识产权权利的已生效知识产权案件。

第二章　知识产权刑事案件的办理

第十三条　人民检察院办理侵犯知识产权犯罪和生产、销售伪劣商品、非法经营等犯罪存在竞合或者数罪并罚的案件，由负责管辖处罚较重罪名或者主罪的办案部门或者办案组织办理。

第十四条　人民检察院办理知识产权案件，应当进一步健全完善与公安机关的侦查监督与协作配合工作机制。经公安机关商请或者人民检察院认为确有必要时，可以派员通过审查证据材料等方式对重大、疑难、复杂知识产权刑事案件的案件性质、收集证据、适用法律等提出意见建议。

第十五条　人民检察院办理知识产权刑事案件，应当加强全链条惩治，注重审查和发现上下游关联犯罪线索，查明有无遗漏罪行和其他应当追究刑事责任的单位和个人。

第十六条　人民检察院办理知识产权刑事案件，应当坚持宽严相济刑事政策，该严则严，当宽则宽。

犯罪嫌疑人、被告人自愿认罪，通过退赃退赔、赔偿损失、赔礼道歉等方式表示真诚悔罪，且愿意接受处罚的，可以依法提出从宽处罚的量刑建议。有赔偿能力而不赔偿损失的，不能适用认罪认罚从宽制度。

人民检察院办理知识产权刑事案件，应当听取被害人及其诉讼代理人的意见，依法积极促进犯罪嫌疑人、被告人与被害人达成谅解。犯罪嫌疑人、被告人自愿对权利人作出合理赔偿的，可以作为从宽处罚的考量因素。

第十七条　人民检察院办理侵犯知识产权刑事案件，对于符合适用涉案企业合规改革案件范围和条件的，依法依规适用涉案企业合规机制。根据案件具体情况和法定从轻、减轻情节，结合企业合规整改效果，依法提出处理意见。

人民检察院对于拟作不批准逮捕、不起诉、变更强制措施等决定的涉企知识产权犯罪案件，可以根据《人民检察院审查案件听证工作规定》召开听证会，邀请公安机关、知识产权权利人、第三方组织组成人员等到会发表意见。

第十八条　人民检察院在办理知识产权刑事案件中，发现与人民法院正在审理的民事、行政案件或者人民检察院正在办理的民事、行政诉讼监督案件系同一事实或者存在牵连关系，或者案件办理结果以另一案件审理或者办理结果为依据的，应当及时将刑事案件受理情况告知相关的人民法院、人民检察院。

第十九条　人民检察院对知识产权刑事案件作出不起诉决定，对被不起诉人需要给予行政处罚、政务处分或者其他处分的，经检察长批准，应当依法向同级有关主管机关提出检察意见，自不起诉决定作出之日起三日以内连同不起诉决定书一并送达。有关主管机关应当将处理结果及时通知人民检察院。

第二十条　侵害国家、集体享有的知识产权或者侵害行为致使国家财产、集体财产遭受损失的，人民检察院在提起公诉时，可以提起附带民事诉讼；损害社会公共利益的，人民检察院在提起公诉时，可以提起刑事附带民事公益诉讼。

人民检察院一般应当对在案全部被告人和没有被追究刑事责任的共同侵害人，一并提起附带民事诉讼或者刑事附带民事公益诉讼，但共同犯罪案件中同案犯在逃的或者已经赔偿损失的除外。在逃的同案犯到案后，人民检察院可以依法对其提起附带民事诉讼或者刑事附带民事公益诉讼。

第二十一条　人民检察院办理知识产权刑事案件，应当依法向被害人及其法定代理人或者其近亲属告知诉讼权利义务。对于被害人以外其他知识产权权利人需要告知诉讼权利义务的，人民检察院应当自受理审查起诉之日起十日内告知。

第二十二条　本指引第二十一条规定的知识产权权利人包括：

（一）刑法第二百一十七条规定的著作权人或者与著作权有关的权利人；

（二）商标注册证上载明的商标注册人；

（三）专利证书上载明的专利权人；

（四）商业秘密的权利人；

（五）其他依法享有知识产权的权利人。

第三章　知识产权民事、行政诉讼监督案件的办理

第二十三条　当事人对知识产权法院、中级人民法院已经发生法律效力的第一审案件判决、裁定和调解书申请监督，按照相关规定此类案件应以最高人民法院为第二审人民法院的，由作出该第一审生效判决、裁定、调解书的人民法院所在地同级人民检察院受理。经审查符合监督条件的，受理案件的人民检察院可以向同级人民法院提出再审检察建议，或者提请最高人民检察院向最高人民法院抗诉。

前款规定的案件，当事人认为人民检察院对同级人民法院第一审已经发生法律效力的民事判决、裁定、调解书作出的不支持监督申请决定存在明显错误的，可以在不支持监督申请决定作出之日起一年内向最高人民检察院申请复查一次。

第二十四条　根据本指引第二十三条受理的案件，下级人民检察院在提请最高人民检察院抗诉时，应当将《提请抗诉报告书》和案件卷宗等材料直接报送最高人民检察院，同时将相关法律文书抄送省级人民检察院备案。

第二十五条　人民检察院在履行职责中发现知识产权民事、行政案件分别具有《人民检察院民事诉讼监督规则》第三十七条、《人民检察院行政诉讼监督规则》第三十六条规定之情形，应当依职权启动监督程序。

适用《人民检察院民事诉讼监督规则》第三十七条第一款第（六）项和《人民检察院行政诉讼监督规则》第三十六条第一款第（五）项时，一般考虑如下因素：

（一）涉及地域广、利益群体众多的；

（二）涉及医药、食品、环境等危害国家利益和社会公共利益的；

（三）涉及高新技术、关键核心技术等影响产业发展的；

（四）其他具有重大社会影响的情形。

第二十六条　知识产权民事诉讼监督案件的范围包括：

（一）著作权、商标权、专利权、植物新品种权、集成电路布图设计专有权、企业名称（商号）权、特殊标志专有权、网络域名、确认不侵害知识产权等知识产权权属、侵权纠纷案件；

（二）著作权、商标、专利、植物新品种、集成电路布图设计、商业秘密、网络域名、企业名称（商号）、特殊标志、技术合同、特许经营等涉知识产权合同纠纷案件；

（三）仿冒、商业贿赂、虚假宣传、侵害商业秘密、商业诋毁等不正当竞争纠纷案件；

（四）垄断协议、滥用市场支配地位、经营者集中等垄断纠纷案件；

（五）其他与知识产权有关的民事案件。

第二十七条　人民检察院对知识产权民事诉讼案件进行法律监督，应当围绕申请监督请求、争议焦点，对知识产权权利客体、权利效力、权利归属、侵权行为、抗辩事由、法律责任等裁判、调解结果，审判人员违法行为以及执行活动进行全面审查。申请人或者其他当事人对提出的主张，应当提供证据材料。

第二十八条　知识产权权益受到侵害的当事人，经有关行政机关、社会组织等依法

履职后合法权益仍未能得到维护，具有起诉维权意愿，但因诉讼能力较弱提起诉讼确有困难等情形的，人民检察院可以支持起诉。

第二十九条 人民检察院在案件办理中发现当事人单独或者与他人恶意串通，采取伪造证据、虚假陈述等手段，捏造知识产权民事案件基本事实，虚构知识产权民事纠纷，提起民事诉讼，妨害司法秩序或者严重侵害他人合法权益，涉嫌构成虚假诉讼罪或者其他犯罪的，应当及时向公安机关移送犯罪线索。

第三十条 人民检察院办理侵害著作权民事诉讼监督案件，应当围绕申请人的申请监督请求、争议焦点，审查诉讼的案由、主体是否适格、著作权权利基础及范围、被诉侵权行为、是否构成实质性相似、抗辩事由是否成立、被告承担民事责任的形式等。

第三十一条 人民检察院办理侵害商标权民事诉讼监督案件，应当围绕申请人的申请监督请求、争议焦点，审查主体是否为注册商标专用权人或者利害关系人、注册商标保护范围、被诉侵权行为、是否容易导致混淆或者误导公众、抗辩事由是否成立、被告承担民事责任的形式等。

第三十二条 人民检察院办理侵害专利权民事诉讼监督案件，应当围绕申请人的申请监督请求、争议焦点，审查诉讼的专利类型、主体是否为专利权人或者利害关系人、专利权的保护范围、被诉侵权行为、是否落入专利权保护范围、抗辩事由是否成立、被告承担民事责任的形式等。

第三十三条 人民检察院办理反不正当竞争民事诉讼监督案件，应当围绕申请人的申请监督请求、争议焦点，准确理解反不正当竞争法与专利法、商标法、著作权法等法律规定之间的关系，以及反不正当竞争法总则第二条与第二章之间的关系，结合反不正当竞争法的相关规定进行审查。

第三十四条 人民检察院办理涉及知识产权合同纠纷民事诉讼监督案件，应当围绕申请人的申请监督请求、争议焦点，审查合同所涉知识产权的权利归属、合同效力、合同约定、履行行为、合同无效的缔约过错、违约行为、违约责任、合同解除等。

第三十五条 由人民法院作出生效裁判和调解书的行政诉讼案件，具有下列情形之一的，属于知识产权行政诉讼监督案件：

（一）有关各级行政机关所作的涉及著作权、商标、专利、不正当竞争和垄断行政行为的案件；

（二）有关国务院部门所作的涉及专利、商标、植物新品种、集成电路布图设计等知识产权授权确权行政行为的案件；

（三）有关国务院部门所作的涉及专利、植物新品种、集成电路布图设计强制许可决定以及强制许可使用费或者报酬裁决的案件；

（四）其他知识产权行政诉讼案件。

第三十六条 人民检察院对人民法院作出生效裁判和调解书的知识产权行政诉讼案件进行法律监督，应当围绕申请人的申请监督请求、争议焦点、《人民检察院行政诉讼监督规则》第三十六条规定的情形以及发现的其他违法情形，综合考虑被诉行政行为作出时的事实、法律法规等，对行政诉讼活动进行全面审查。

第三十七条　人民检察院在办理知识产权授权确权行政诉讼监督案件中，当事人在人民法院诉讼中未提出主张，但依法履行知识产权授权确权行政机关的认定存在明显不当，人民法院在听取各方当事人陈述意见后，对相关事由进行审查并作出裁判的，人民检察院应一并进行审查。

第三十八条　人民检察院在办理知识产权行政诉讼监督案件时，具有下列情形之一的，不属于《人民检察院行政诉讼监督规则》第七十七条第一款第（二）项"案件事实清楚，法律关系简单的"简易案件：

（一）涉及国家利益或者社会公共利益的；

（二）对各级行政机关作出的涉及专利、不正当竞争和垄断行政行为提起诉讼的；

（三）对国务院部门作出的涉及专利、植物新品种、集成电路布图设计授权确权行政行为提起诉讼的；

（四）对国务院部门作出的涉及专利、植物新品种、集成电路布图设计的强制许可决定以及强制许可使用费或者报酬的裁决提起诉讼的；

（五）具有重大社会影响、涉及地域广或者利益群体众多的情形。

第三十九条　人民检察院在办理知识产权行政诉讼监督案件时，发现存在行政执法标准和司法裁判标准不统一，导致同类案件出现不同处理结果的，应当依法向行政机关或者人民法院提出检察建议。

第四章　知识产权公益诉讼案件的办理

第四十条　人民检察院在履行职责中发现负有知识产权监督管理职责的行政机关违法行使职权或者不作为，致使国家利益或者社会公共利益受到侵害的，应当向行政机关提出检察建议，督促其依法履行职责。行政机关不依法履行职责的，人民检察院可以依法向人民法院提起行政公益诉讼。

第四十一条　人民检察院在履行职责中发现涉及知识产权领域损害社会公共利益的行为，可以依法向人民法院提起民事公益诉讼。

第四十二条　对于适格主体提起的知识产权民事公益诉讼案件，人民检察院可以采取提供法律咨询、向人民法院提交支持起诉意见书、协助调查取证、出席法庭等方式支持起诉。

第四十三条　人民检察院在办理知识产权刑事、民事、行政案件过程中，应当注重发现知识产权公益诉讼案件线索，并及时将有关材料移送负责知识产权公益诉讼检察的部门或者办案组织办理。

第五章　附　　则

第四十四条　人民检察院履行知识产权检察职能应当适用《人民检察院刑事诉讼规则》《人民检察院民事诉讼监督规则》《人民检察院行政诉讼监督规则》《人民检察院公益诉讼办案规则》和本指引等相关规定。

第四十五条　本指引由最高人民检察院负责解释，自发布之日起施行。

二、广东省主要知识产权制度

广东省专利条例

(2010 年 9 月 29 日广东省第十一届人民代表大会常务委员会第二十一次会议通过)

第一章　总　则

第一条　为了加强专利保护和管理，鼓励发明创造，推动发明创造的应用，提高自主创新能力，促进经济社会发展，根据《中华人民共和国专利法》、《中华人民共和国专利法实施细则》和有关法律、行政法规，结合本省实际，制定本条例。

第二条　本条例适用于本省行政区域内的专利工作及相关活动。

第三条　专利工作应当遵循激励创造、有效应用、依法保护、科学管理的原则。

第四条　县级以上人民政府应当实施知识产权战略，加强对专利工作的领导，将专利工作纳入国民经济和社会发展规划，采取有效措施促进发明创造以及专利的应用、保护和管理。

第五条　县级以上人民政府专利行政部门负责本行政区域内的专利保护和管理工作。

县级以上人民政府有关部门按照各自职责做好相关专利工作。

第六条　县级以上人民政府应当安排专项经费，用于促进本行政区域内的发明创造以及专利的应用、保护和管理。

第二章　激　励

第七条　鼓励企业事业单位研究、开发对产业发展有重大推动作用的专利技术和设备，促进原始创新、集成创新和引进消化吸收再创新。

鼓励企业事业单位建立内部专利人才绩效评价和激励机制。

第八条　企业事业单位申请专利、办理其他专利事务和引进先进专利技术或者设备等费用，依法计入企业成本或者列为事业费。

企业和实行企业化管理的事业单位研究和开发新技术、新产品、新工艺的费用，依法享受税收优惠。

第九条　单位和个人从事专利技术转让、技术开发业务和与之相关的技术咨询、技术服务业务取得的收入，依法享受税收优惠。

第十条　县级以上人民政府及其有关部门应当将专利拥有量特别是发明专利的拥有量作为衡量自主创新能力和科技、产业项目立项与验收的重要指标，采取措施促进专利的有效应用，提高专利产业化水平。

第十一条　承担由财政资助的科研项目所完成的发明创造，除涉及国家安全、国家利益和重大社会公共利益或者另有约定的外，专利申请权和专利权属于科研项目的承担单位。

第十二条　政府采购应当优先采购具有本国自主专利技术的产品。

第十三条　鼓励和支持有条件的企业事业单位、行业协会参与国家标准、行业标准和地方标准等技术标准的制定工作，推动自主研发的专利技术形成相关技术标准。

第十四条　鼓励企业事业单位和个人进行发明创造并申请专利。

第十五条　省人民政府对本省获得中国专利奖的企业事业单位或者个人给予奖励。

省人民政府设立广东专利奖，对为本省经济社会发展做出突出贡献、产生显著效益的专利项目实施单位和有重大贡献的专利发明人或者设计人予以奖励。

第三章　应　　用

第十六条　各级人民政府及其有关部门应当加强专利应用工作，支持符合国家和省的产业政策、技术水平高、市场前景好的专利技术项目的实施，对拥有自主专利技术的项目在同等条件下优先立项，促进专利技术的产业化。

第十七条　鼓励和支持高等学校、科研机构和企业事业单位开展多渠道、多形式的合作，共同研究、开发和应用专利技术。

第十八条　鼓励商业银行开展专利权质押贷款等业务，增加对专利技术产业化项目的信贷投入。

鼓励担保机构优先为专利技术产业化项目提供融资担保。

第十九条　县级以上人民政府有关部门应当发展和规范专利交易市场，支持专利技术交易机构、网络专利交易平台的建立和发展，提高专利技术交易服务水平，推进专利技术商品化。

第二十条　拥有专利资产的单位有合并、分立、上市、改制、清算、投资、转让、置换、拍卖、偿还债务等情形的，应当按照国家规定进行专利资产评估。

第二十一条　单位和个人可以依法通过专利申请权转让、专利权转让、专利实施许可或者专利权质押等方式促进专利应用。

第二十二条　国有企业事业单位的发明专利和主要由财政资助的科研项目所完成的发明专利，省人民政府认为对国家利益或者公共利益具有重大意义的，依法决定在批准范围内推广应用。实施单位应当按照国家规定向专利权人支付使用费。

第四章　保　　护

第二十三条　发明或者实用新型专利权被授予后，除法律法规另有规定的以外，任何单位和个人未经专利权人许可，不得为生产经营目的以相同或者具有等同技术特征的技术方案实施其专利。

前款所称等同技术特征，是指与所记载的技术特征以基本相同的手段，实现基本相同的功能，达到基本相同的效果，并且本领域的普通技术人员无需经过创造性劳动就能够联想到的特征。

第二十四条　外观设计专利权被授予后，除法律法规另有规定的以外，任何单位和个人未经专利权人许可，不得为生产经营目的以相同或者近似的外观设计实施其专利。

前款所称近似，是指侵权设计与授权外观设计在整体视觉效果上无实质性差异。

第二十五条　任何单位和个人不得为第二十三条、第二十四条所列侵权行为提供制造、许诺销售、销售、进口、运输、仓储等便利条件。

第二十六条　未经专利权人许可，实施其专利，即侵犯其专利权，引起纠纷的，由当事人协商解决；不愿协商或者协商不成的，专利权人或者利害关系人可以向人民法院起诉，也可以请求专利行政部门处理。

第二十七条　请求专利行政部门处理专利侵权纠纷的，应当符合下列条件：

（一）提交专利侵权纠纷处理请求书、证据，以及身份证明、营业执照等资料；

（二）请求人是专利权人或者利害关系人；

（三）有明确的被请求人；

（四）有明确的请求事项和事实、理由；

（五）当事人之间无仲裁约定且未向人民法院起诉；

（六）属于该专利行政部门管辖范围和受理事项范围。

第二十八条　专利行政部门自收到专利侵权纠纷处理请求书等有关资料之日起七日内作出是否受理的决定，并书面通知请求人；不予受理的，应当说明理由。

第二十九条　专利行政部门办理专利侵权纠纷案件，应当指定三名以上单数承办人员处理该专利侵权纠纷案件。

第三十条　专利行政部门处理专利侵权纠纷案件，可以采取下列措施：

（一）对当事人的生产经营场所实施现场勘验检查；

（二）询问当事人或者有关人员，调查与案件有关的情况；

（三）查阅、复制与案件有关的合同、发票、账簿、计算机数据以及其他有关资料；

（四）检查与案件有关的物品，抽样取证；

（五）在证据材料可能灭失或者可能转移的情况下，经本部门负责人批准，可以先行登记保存。

专利行政部门依法执行公务，有关单位和个人应当协助、配合，如实反映情况，不得拒绝、阻挠。

第三十一条　专利行政部门处理专利侵权纠纷案件，进行现场勘验检查时，应当向被请求人或者有关人员出示执法证件和送达勘验检查通知书；被请求人或者有关人员应当如实回答询问，并协助调查或者检查。询问或者检查应当制作笔录。

第三十二条　专利行政部门处理专利侵权纠纷案件时，认为当事人有可能转移与案件有关的物品而造成他人损失的，根据请求人的申请和担保，可以对与案件有关的物品采取封存、暂扣措施。专利行政部门采取封存、暂扣措施应当经部门负责人批准，并制作封存、暂扣决定书和清单，当场交付当事人。

被请求人对被封存、暂扣物品提供担保的，经专利行政部门审查同意，解除封存或者归还暂扣物品。

第三十三条 专利行政部门对暂扣或者登记保存的物品应当妥善保管，不得损坏。

当事人对已被封存的物品，不得擅自拆封、转移、毁损、变卖。

第三十四条 专利行政部门审理专利侵权纠纷案件时，当事人有权进行陈述和申辩。专利行政部门应当充分听取当事人的意见，对当事人提出的事实、理由和证据，应当进行复核。

第三十五条 专利行政部门可以采用下列方式处理专利侵权纠纷案件：

（一）经调解达成协议的，制作调解书；

（二）构成侵犯专利权的，作出责令停止侵权行为的决定；

（三）不构成侵犯专利权的，作出驳回请求的决定；

（四）专利权被宣告无效的，或者请求人撤回请求，经专利行政部门审查同意的，作出撤销案件的决定。

第三十六条 专利行政部门处理专利侵权纠纷案件，调解不成的，应当在受理案件之日起六个月内作出处理决定；情况复杂需要延长期限的，经本部门负责人批准，可以延长三个月。

第三十七条 专利行政部门处理专利侵权纠纷时，认定侵权行为成立的，责令侵权人立即停止制造、使用、销售、许诺销售、进口等侵权行为，责令销毁侵权产品或者使用侵权方法直接获得的产品，销毁制造侵权产品或者使用侵权方法的专用零部件、工具、模具、设备等物品。

当事人不服的，可以自收到处理决定之日起十五日内依法向人民法院起诉；侵权人期满不起诉又不停止侵权行为的，专利行政部门可以申请人民法院强制执行。

第三十八条 展会期间发生专利侵权纠纷的，可以采取调解、协议裁决或者行政处理等处理方式。

专利行政部门在行政处理时，认定侵权成立的，应当责令被请求人立即从展会上撤出侵权展品，销毁介绍侵权展品的宣传材料。

展会期间专利侵权纠纷处理的具体办法，由省人民政府自本条例施行之日起一年内制定。

第三十九条 专利权人及利害关系人应当依法行使其权利，不得有下列行为：

（一）以现有技术或者现有设计申请专利并获得专利授权后，向专利行政部门提出专利侵权的处理请求；

（二）强制专利实施被许可人购买其他专利使用权；

（三）强制专利实施被许可人只能将基于专利权人专利作出的改进专利卖回给专利权人；

（四）禁止专利实施被许可人对该专利的有效性提出异议。

第四十条 专利行政部门对查获的假冒专利产品和标识应当予以销毁。

第五章 服 务

第四十一条 专利行政部门应当加强专利信息化建设，规范专利信息服务，促进专利信息的传播、开发和利用，有条件的地方应当建立专利信息服务网络和重点行业、产业专利数据库。

第四十二条 省、地级以上市人民政府专利行政部门应当建立专利预警机制，监测和通报重点区域、行业、产业和技术领域的国内外专利状况、发展趋势和竞争态势，为政府决策及企业事业单位发展服务。

第四十三条 从事专利代理、检索、评估、许可贸易等服务的机构及其从业人员，应当依照有关法律、行政法规取得执业资质或者资格；专利服务机构应当依法办理登记注册手续。

专利服务机构及其从业人员不得泄露当事人的商业秘密；不得损害专利申请人、专利权人以及其他当事人的合法权益。

第四十四条 县级以上人民政府及其有关部门应当加强专利法律法规和有关专利知识的宣传，加大对专利工作从业人员的培训力度。

鼓励开展青少年专利基础知识教育，有条件的高等学校、中等职业学校和普通中小学校可以开设专利知识课程。

第六章 监督管理

第四十五条 县级以上人民政府应当加强对专利工作的监督管理，建立健全监督管理机制。

上级人民政府专利行政部门应当对下级人民政府专利行政部门的工作进行指导和监督。

第四十六条 省、地级以上市人民政府应当对以下重大经济活动实行专利审查：

（一）涉及专利的重大产业技术和装备引进政策的制定；

（二）涉及重要引进技术的消化吸收再创新活动；

（三）涉及国家利益并拥有重要专利的企业并购、技术出口等活动；

（四）涉及专利的重大项目和产品的政府投资活动；

（五）规模以上的国有或者国有控股企业涉及专利的重大经济活动。

第四十七条 政府投资立项的各类重大研究、开发和产业化项目的承担单位，在实行股份制改造、中外合资、中外合作中转让相关专利时，应当报当地项目管理部门和专利行政部门备案。

第四十八条 省人民政府专利行政部门收到申请成立专利代理机构的申请后，可以委托地级以上市人民政府专利行政部门提出初步审核意见，并根据初步审核意见提出审查意见，依法报国务院专利行政部门审批。

律师事务所申请开办专利代理业务的，应当经地级以上市司法行政部门同意后，报省专利行政部门审查。省专利行政部门审查同意的，上报国务院专利行政部门审批。

第四十九条　专利行政部门应当按照国家规定对专利代理机构与专利代理人进行执业监督。

专利代理行业协会应当建立健全行业自律机制，规范专利代理机构及专利代理人的执业行为，促进行业健康有序的发展。

第五十条　专利行政部门应当将专利行政执法职权与程序向社会公开，并向社会公开举报、投诉电话，接受社会监督。

第五十一条　任何单位和个人都有权对专利行政部门、有关行政部门违反本条例的行为向其上级主管部门或者监察机关举报、投诉；上级主管部门或者监察机关应当自收到举报、投诉之日起十五日内决定是否受理，并告知举报人、投诉人。

任何单位和个人都有权对假冒专利、扰乱市场秩序等违法行为向专利行政部门和有关行政部门举报、投诉；专利行政部门和有关行政部门应当自收到举报、投诉之日起十五日内决定是否受理，并告知举报人、投诉人；对决定受理的，应当及时组织调查并将处理结果告知举报人、投诉人，同时向社会公开。

第五十二条　任何单位和个人不得借专利评奖、专利转让、举办会展、出版专利项目汇编或者发明人名录等名义，骗取专利申请人、专利权人、发明人、设计人等的财物。

第七章　法律责任

第五十三条　违反本条例第二十五条规定，为侵犯专利权行为提供便利条件的，由专利行政部门责令行为人停止该行为。

第五十四条　认定专利侵权的行政处理决定、民事判决或者仲裁裁决生效后，侵权人再次侵犯同一专利权，扰乱市场秩序的，由专利行政部门按照本条例第三十七条第一款的规定处理，没收违法所得，并可处违法所得一倍以上五倍以下的罚款；没有违法所得的，可以处一万元以上五万元以下的罚款；情节严重的，可以处五万元以上十万元以下的罚款。

第五十五条　违反本条例第三十九条规定的，由专利行政部门给予警告，责令改正，可以处一万元以上五万元以下的罚款；情节严重的，可以处五万元以上十万元以下的罚款。

第五十六条　违反本条例第四十三条规定，未依法取得专利服务的执业资质或者资格，以营利为目的从事专利服务的，由专利行政部门责令改正，没收违法所得，并可处违法所得一倍以上五倍以下的罚款；没有违法所得的，可以处一万元以上五万元以下的罚款；情节严重的，可以处五万元以上十万元以下的罚款。

第五十七条　违反本条例第三十条第二款、第三十三条第二款、第五十二条规定的，依法给予治安管理处罚；构成犯罪的，依法追究刑事责任。

第五十八条　专利行政部门违反本条例第三十三条第一款规定的，由上级行政机关或者有关部门责令改正，对直接负责的人员和其他责任人员依法给予处分。

专利行政部门的工作人员以及其他有关国家机关工作人员玩忽职守、滥用职权、徇私舞弊、贪污受贿的，依法给予处分；构成犯罪的，依法追究刑事责任。

第八章　附　　则

第五十九条　本条例自 2010 年 12 月 1 日起施行。1996 年 9 月 25 日广东省第八届人民代表大会常务委员会第二十四次会议通过的《广东省专利保护条例》同时废止。

广东省展会专利保护办法

（2012 年 9 月 12 日广东省人民政府令第 173 号公布
根据 2022 年 4 月 11 日广东省人民政府令第 293 号修订）

第一章　总　　则

第一条　为了加强展会专利保护，维护展会秩序，推动经济社会发展，根据《中华人民共和国专利法》、《广东省专利条例》和有关法律、法规，结合本省实际，制定本办法。

第二条　本省行政区域内举办的展会活动中有关专利的保护，适用本办法。

本办法所称的展会，是指展会主办方以招展的方式在固定场所和预定时期内举办的以展示、交易为目的的展览会、展销会、博览会、交易会、展示会等活动。

本办法所称的展会主办方（主办单位或者承办单位），是指与参展商签订参展合同或者其他形式的协议（以下简称参展合同），负责制定展会实施方案、计划和展会专利保护规则，对展会活动进行统筹、组织和安排，并对展会活动承担责任的单位。

本办法所称的展会专利投诉处理机构，是指由展会主办方设立的，负责调解处理展会期间专利侵权纠纷的工作机构。

第三条　展会专利保护应当遵循展会主办方负责、政府监管、社会公众监督的原则。

展会主办方应当与参展商签订参展合同，约定展会专利保护的相关条款，加强展会专利审查和保护工作。

参展商应当合法参展，不得有侵犯专利权和假冒专利行为。

第四条　县级以上人民政府专利行政部门负责指导、监督和管理本行政区域内的展会专利保护工作。

县级以上人民政府有关部门按照各自职责做好展会相关专利工作，维护展会正常秩序。

第五条　展会期间的专利侵权纠纷，专利权人或者利害关系人可以请求展会专利投诉处理机构或者专利行政部门调解，也可以请求展会所在地人民政府专利行政部门处理，或者直接向人民法院起诉。

第六条　行业协会应当通过制定行业自律规范，开展宣传培训等方式，增强会员的专利保护意识，协助专利行政部门和展会主办方开展展会专利保护工作。

第七条　参展商、专利权人或者利害关系人应当遵守展会主办方制定的展会专利保护规则。

第八条　展会主办方和参展商应当接受专利行政部门的指导、监督和管理，配合专利行政部门的执法活动。

第二章　展会专利保护规范

第九条　展会主办方应当制定展会专利保护规则，并通过电子邮件、传真等方式及时向展会所在地人民政府专利行政部门进行告知性备案。

展会专利保护规则的主要内容应当包括：

（一）展会主办方设立的展会专利投诉处理机构、人员组成、职责；

（二）参展展品涉及专利的，参展商应当准备相关权利证明材料，并对展品的专利状况进行自查；

（三）展会主办方应当依法维护专利权人的合法权益，对参展展品进行查验，参展商应当予以配合。

前款所称的参展展品，包括展品、展板、展台、产品及照片、目录册、视像资料，以及其他相关宣传资料。

第十条　展会主办方应当履行下列职责：

（一）在展会显著位置和参展商手册上公布展会专利投诉处理机构或者专利行政部门的地点、联系方式、投诉途径和专利保护规则等信息；

（二）设立展会专利投诉处理机构，接受专利权人或者利害关系人的投诉，对展会中发生的专利侵权纠纷进行调解处理；

（三）参展展品涉嫌假冒专利或者重复侵权的，及时移交专利行政部门依法处理；

（四）完整保存展会的专利保护信息与档案资料，自展会举办之日起保存不少于 3 年，并应当在展会结束之日起 30 日内按照专利行政部门的要求以电子邮件或者传真等方式报送信息。

第十一条　展会主办方应当建立专利公示制度，并将参展展品中涉及的专利以数据库、目录或者其他形式予以公布，涉及商业秘密的除外。

第十二条　展会主办方应当与参展商签订参展合同，参展合同应当包括以下主要专利保护条款：

（一）参展商应当遵守展会的专利保护规则；

（二）参展商应当接受展会专利投诉调解，拒绝配合调解的，展会主办方可以按照约定解除合同，取消参展；

（三）经展会专利投诉处理机构调解认为涉嫌专利侵权并禁止展出的参展展品，参展商拒绝采取遮盖、撤架、封存相关宣传资料、更换展板等撤展措施的，展会主办方可以按照约定解除合同，取消参展；

（四）参展商对专利权人或者利害关系人投诉其涉嫌专利侵权行为的，应当接受专利行政部门的简易程序处理；

（五）展品被专利行政部门或者人民法院认定为侵犯专利权的，参展商拒绝采取遮盖、撤架、封存相关宣传资料、更换展板等撤展措施时，展会主办方可以按照约定解除合同，取消参展；

（六）与展会专利保护有关的其他内容。

第十三条　涉及专利的参展合同范本，由省人民政府专利行政部门制定，在其门户网站上公布，并供免费下载使用。

第十四条　展会专利侵权纠纷当事人委托代理人的，应当提交委托人签名或者盖章的授权委托书，授权委托书必须记明委托事项和权限。对代为承认、放弃、变更投诉请求，进行和解的，必须有委托人的特别授权。

外国人、外国企业或者外国其他组织在展会期间对专利侵权纠纷提出调解或者处理请求的，应当委托依法设立的中国专利代理机构或者律师事务所办理。

第十五条　专利行政部门应当加强展会专利的保护，在展会举办期间，应当以巡查等管理方式督促展会主办方和参展商履行专利保护的义务，抽查有专利标识的展品，对涉嫌假冒专利的展品予以及时处理。

第十六条　专利行政部门应当指导、监督展会主办方按本办法要求设立展会专利投诉处理机构，并要求展会主办方在展馆显著位置或者参展手册上公布展会专利投诉处理机构的地点、联系方式和专利保护规则等信息。

第三章　展会专利侵权纠纷调解

第十七条　向展会专利投诉处理机构投诉的，应当提交以下材料：

（一）投诉申请书，包括投诉人与被投诉参展商（下称被投诉人）的基本情况、投诉请求和所依据的事实及理由；

（二）合法有效的权属证明，包括专利证书、专利公告文本、专利权人的身份证明、专利法律状态证明；

（三）其他相关证据材料。

第十八条　专利行政部门应当建立专利保护专家库，为展会提供服务。专家库由知识产权、法律及相关领域的专家组成。

展会主办方设立的展会专利投诉处理机构，依据参展合同的专利保护条款调解展会期间的专利侵权纠纷。其组成人员不得少于3人，可以从专利行政部门的专家库中选聘，也可以请求专利行政部门指派或者聘请相关领域的专家。

第十九条　展会专利投诉处理机构调解人员与专利侵权纠纷有利害关系的，应当回避。

第二十条　展会专利投诉处理机构根据本办法第九条和第十二条的规定，履行以下职责：

（一）接受展会专利侵权纠纷投诉；

（二）对投诉进行调查核实；

（三）组织投诉人与被投诉人进行调解；

（四）根据调查查明情况或者调解情况向展会主办方提出是否继续履行参展合同的意见。

第二十一条　展会专利投诉处理机构接受投诉后，应当到被投诉人的展位进行现场调查、送达相关文书，听取双方当事人意见，查明事实、分清是非责任，组织双方当事人进行调解。

调解达成协议的，应当当场制作调解协议书，并由双方当事人签收后发生效力；不接受调解或者调解不能达成协议的，展会主办方应当按照参展合同的约定进行处理。

第二十二条 展会主办方对涉嫌侵权的展品，应当要求被投诉人按照合同约定立即采取撤展措施。

展会专利投诉处理机构在调解过程中发现参展商违反本办法第十二条有关情形的，展会主办方可以按照约定解除合同。

参展合同解除后，被投诉人应当立即撤展。

第二十三条 被投诉人依调解协议执行后有异议的，应当在 24 小时内通过展会专利投诉处理机构向展会主办方提出书面意见，并提交相应的证据。

被投诉人的异议成立的，视为原双方达成的调解协议无效，展会专利投诉处理机构应当在 24 小时内通知被投诉人恢复展示，并书面告知投诉人。

被投诉人的异议不成立的，原双方达成的调解协议有效。

第二十四条 展会专利投诉处理机构在调解过程中，对涉及大型机械设备、精密仪器内部结构、产品制造方法以及其他难以判定的专利，可以终止调解，并书面告知投诉人。

展会专利投诉处理机构应当根据专利权人或者利害关系人的请求出具相关事实证明或者为其查阅、复印有关的材料提供便利。

第二十五条 专利行政部门调解展会专利侵权纠纷，依据相关法律法规规章的规定进行。

专利行政部门进行调解，达成协议的，应当当场制作调解协议书，经双方当事人签收后，即发生效力。

调解未达成协议或者调解协议书送达前反悔的，专利行政部门应当依法作出行政处理。

第四章　展会专利侵权纠纷行政处理

第二十六条 专利行政部门处理展会中的专利侵权纠纷可以适用简易程序或者普通程序。

第二十七条 展会举办时间在 3 日以上，所在地县级以上人民政府专利行政部门认为需要派员驻会的，可以派员驻会，并设立临时的专利侵权纠纷受理点，接受专利权人或者利害关系人提出的专利侵权纠纷处理请求，对符合受理条件的依法予以受理。

展会主办方应当配合，提供必要的场所和办公条件。

第二十八条 专利权人或者利害关系人向专利行政部门提出专利侵权纠纷处理请求的，应当符合下列条件：

（一）提交专利侵权纠纷处理请求书、证据，以及身份证明、营业执照等资料；

（二）请求人是专利权人或者利害关系人；

（三）有明确的被请求人；

（四）有明确的请求事项和事实、理由；

（五）当事人未向人民法院起诉；

（六）属于该专利行政部门管辖范围和受理事项范围；

（七）重复侵权的，请求人还应当提交已经生效的行政处理决定、民事裁判或者仲裁裁决文书。

专利权正处于无效宣告请求程序中且无效理由明显成立的展会专利侵权纠纷，专利行政部门可以不予受理。

第二十九条 当事人提交的证据材料，应当真实、合法。

当事人提交的证据材料是在中华人民共和国领域外形成的，应当经所在国公证机关予以证明，并经中华人民共和国驻该国使领馆予以认证，或者履行中华人民共和国与该所在国订立的有关条约中规定的证明手续。

当事人提交的证据材料是在香港、澳门、台湾地区形成的，应当履行相关的证明手续。

当事人是境外的，其主体资格的证明材料参照本条第二款和第三款的规定执行。

当事人提交外文书证或者外文说明资料，应当附有中文译本。

第三十条 专利行政部门处理展会专利侵权纠纷案件，可以到被请求人的展位进行现场检查，查阅、复制与案件有关的文件，询问当事人，采取拍照、摄像、抽样等方式调查取证。

第三十一条 展会期间专利侵权纠纷案件的普通处理程序，依据《广东省专利条例》和相关法律法规的规定执行。

执行《广东省专利条例》第三十二条、第三十三条等相关规定措施，所产生的运输、仓储等费用由请求人承担，涉及实用新型专利或者外观设计专利的，请求人应当提交国务院专利行政部门出具的实用新型检索报告或者专利权评价报告。

第三十二条 专利行政部门对事实清楚、证据确凿充分、争议不大并且符合下列条件之一的专利侵权纠纷案件，可以适用简易程序处理：

（一）专利权人或者利害关系人仅要求被投诉人停止在本届展会中的侵权行为；

（二）已经生效法律文书认定专利侵权的；

（三）被投诉的参展展品的技术方案或者外观设计与发明、实用新型或者外观设计专利权相同的；

（四）其他可以适用简易程序的情形。

第三十三条 适用简易程序处理的，除了应当符合本办法第二十八条规定外，请求人还应当提供担保，并提供落入专利权的保护范围的对比分析材料和国务院专利行政部门出具的实用新型检索报告或者专利权评价报告以及相关证明材料。

专利权人或者利害关系人提出专利侵权纠纷处理请求的时间距离展会结束不足 48 小时，不适用简易程序处理。

第三十四条 适用简易程序受理的案件，专利行政部门应当及时将案件受理通知书等相关文书材料送达双方当事人。

被请求人应当在收到案件受理通知书等相关文书材料 24 小时内进行答辩和举证，逾期未答辩和举证的，不影响专利行政部门的处理。

第三十五条　按照简易程序处理的专利侵权纠纷案件，专利行政部门应当在被请求人申辩期满后 24 小时内进行审理，调解不成的作出处理决定。

第三十六条　按照简易程序立案的案件，通过现场对比无法判断是否落入专利权的保护范围等案情复杂的，不再适用简易程序，按照本办法第三十一条的规定进行处理，专利行政部门应当及时告知当事人，并说明理由。

第三十七条　专利行政部门查处涉嫌假冒专利行为，依据《中华人民共和国专利法》等相关法律法规的规定执行。

专利行政部门查处假冒专利行为，展会主办方及参展商应当积极配合、协助。

第五章　展会专利诚信档案管理

第三十八条　专利行政部门应当建立展会专利诚信档案，将下列情形列入档案：

（一）违反本办法第十二条有关情形的；

（二）被认定为专利侵权、假冒专利或者重复侵权的；

（三）专利权人及利害关系人以现有技术或者现有设计申请专利并获得专利授权后，向展会主办方投诉或者专利行政部门提出处理请求的。

第三十九条　专利行政部门应当按照规定将展会诚信档案信息纳入行政部门企业信用信息系统，实现部门之间的企业信用信息资源共享，有效监控和防范专利侵权和假冒专利。

第四十条　专利行政部门应当对在展会期间的专利侵权和假冒专利行为向社会公布。

第四十一条　专利行政部门对纳入展会专利诚信档案的参展商，在展会期间巡查时应当对其进行重点检查，对其相关专利权利证明材料进行审查。

第六章　法律责任

第四十二条　展会主办方违反本办法第十条、第十一条、第十二条、第二十一条规定的，由专利行政部门责令限期改正；逾期不改正的，予以警告，并通报批评。

第四十三条　展会主办方违反本办法有关规定，有下列情形之一的，由专利行政部门责令改正；拒不改正的，可以处 1000 元以上 10000 元以下的罚款：

（一）不设立展会专利投诉处理机构的；

（二）拒绝接受专利权人或者利害关系人投诉，未按照规定或者合同约定对禁止展出的参展项目采取措施的；

（三）经专利权人或者利害关系人投诉，拒绝出具相关事实证明，或者拒绝配合公证机关进行取证的；

（四）拒绝行政和司法机关调取投诉案卷，拒绝当事人查阅、复印涉案投诉案卷的。

第四十四条　违反本办法第八条规定，阻碍专利行政部门依法执行职务的，由公安机关依法给予治安管理处罚。

第四十五条 专利行政部门及其工作人员违反本办法有关规定，有下列情形之一的，由上级专利行政部门或者监察部门依法给予处分：

（一）没有在其门户网站上公布参展合同范本的；

（二）没有对展会主办方给予指导、监督的；

（三）没有对展会专利保护工作尽到管理职责的；

（四）玩忽职守、滥用职权、徇私舞弊的。

第七章 附 则

第四十六条 中央和国家机关在粤主办的展会，参照本办法执行；其主管部门对展会专利保护另有规定的，可以从其规定。

第四十七条 本办法自 2012 年 10 月 15 日起施行。

广东省知识产权保护条例

（2022年3月29日广东省第十三届人民代表大会常务委员会第四十一次会议通过）

第一章 总 则

第一条 为了加强知识产权保护，激发创新活力，优化市场化、法治化、国际化营商环境，根据有关法律、行政法规，结合本省实际，制定本条例。

第二条 本条例适用于本省行政区域内知识产权保护及相关工作。

第三条 各级人民政府应当落实知识产权保护属地责任，完善知识产权保护工作机制，加强工作协调机制建设，强化知识产权保护工作队伍建设。

县级以上人民政府应当将知识产权保护工作纳入国民经济和社会发展规划，将知识产权保护经费纳入本级财政预算。

第四条 县级以上人民政府市场监管部门负责专利、商标、地理标志产品和商业秘密的行政保护工作。

县级以上地方著作权主管部门负责著作权的行政保护工作。

县级以上人民政府农业农村、林业部门按照各自职责负责植物新品种和农产品地理标志的行政保护工作。

新闻出版、发展改革、教育、科技、工业和信息化、公安、司法行政、财政、人力资源社会保障、商务、文化和旅游、卫生健康、广电、地方金融监管、海关、药监、中医药等负责知识产权保护的相关部门，按照各自职责做好知识产权保护相关工作。

本条第一款、第二款、第三款规定的部门，以下统称为负责知识产权保护的主管部门。

第五条 省人民政府应当完善知识产权战略实施工作联席会议制度，统筹推进全省知识产权创造、运用、保护、管理、服务等工作，协调解决知识产权保护工作的重大问题。

第六条 省人民政府应当每年发布知识产权保护白皮书，向社会公开本省知识产权保护状况。

县级以上人民政府及有关部门应当加强知识产权保护的宣传引导，组织新闻媒体通过多种形式开展知识产权保护的公益宣传，营造尊重知识价值、崇尚创新、诚信守法的知识产权保护环境。

第七条 省人民政府应当强化粤港澳大湾区知识产权合作机制建设，依托粤港、粤澳及泛珠三角区域知识产权合作机制，推动知识产权保护协作、纠纷解决、信息共享、学术研究、人才培养等工作，全面加强知识产权保护领域的交流合作。

省和地级以上市人民政府应当拓宽知识产权对外合作交流渠道，鼓励和支持企业、社会组织、知识产权服务机构依法开展知识产权保护国际交流合作。

第八条 县级以上人民政府应当按照国家有关规定对在知识产权保护工作中作出突出贡献的集体和个人给予表彰奖励。

第二章 行政保护

第九条 县级以上人民政府应当加强知识产权的源头保护，推进关键核心领域知识产权创造和储备，推动建立产业知识产权联盟和产业专利池；支持和引导自然人、法人和非法人组织依法获得知识产权，提升知识产权申请注册质量和知识产权管理效能。

负责知识产权保护的主管部门应当强化知识产权申请注册质量监管，依法查处非正常专利申请、商标恶意注册、作品著作权重复登记和恶意登记等行为。

第十条 负责知识产权保护的主管部门和相关部门应当加强知识产权保护智能化建设，利用大数据、人工智能、区块链等新技术，在涉案线索和信息核查、源头追溯、重点商品流向追踪、重点作品网络传播、侵权实时监测与在线识别、取证存证和在线纠纷解决等方面，创新保护方式。

第十一条 省和地级以上市人民政府应当建立健全知识产权分析评议机制。对涉及知识产权的重大区域和产业规划以及利用财政性资金或者国有资本设立的重大政府投资项目、重大自主创新项目、重大技术引进或者出口项目、重大人才管理和引进项目等重大经济科技活动，项目主管单位应当组织开展知识产权分析评议，防范知识产权风险。

商务和科技、农业农村、市场监管、林业等相关主管部门按照国家相关规定，开展知识产权对外转让审查工作，维护国家安全和重大公共利益。

第十二条 省人民政府应当建立和完善知识产权执法协作机制，建立统一协调的执法标准、证据规则和案例指导制度，健全知识产权违法线索通报、案件流转、执法联动、检验鉴定结果互认等制度，加强跨部门、跨地区知识产权案件的办案协作。

负责知识产权保护的主管部门和相关部门在处理知识产权违法行为过程中，发现属于其他部门主管的知识产权案件线索时，应当及时书面通报并将线索移送同级主管部门。

省人民政府应当推动建立省际间知识产权执法合作机制，互相协助做好调查取证、文书送达等工作。

第十三条 负责知识产权保护的主管部门在查处知识产权案件时，有权采取有关行政措施，当事人应当予以协助、配合，不得拒绝、阻挠。有关行政措施包括：

（一）询问有关当事人，调查与涉嫌违法行为有关的情况；

（二）对当事人涉嫌违法行为的场所实施现场检查；

（三）查阅、复制与涉嫌违法行为有关的合同、发票、账簿、电子数据以及其他有关资料；

（四）检查与涉嫌违法活动有关的物品，抽样取证；

（五）对可能灭失或者以后难以取得的证据，依法先行登记保存；

（六）依法采取相关查封或者扣押措施；

（七）对涉嫌侵犯制造方法专利权的，要求当事人进行现场演示，但是应当采取保护措施，防止泄密，并固定相关证据；

（八）法律、法规规定的其他措施。

市场监管部门应专利权人或者利害关系人的请求处理专利侵权纠纷时，可以采取前款第一项、第二项、第四项、第七项所列措施。认定专利侵权的行政裁决、仲裁裁决或者民事判决生效后，侵权人再次侵犯同一专利权的，市场监管部门可以采取前款所有措施。

第十四条 省人民政府应当建立知识产权行政保护技术调查官制度，为调查专业技术性较强的知识产权案件或者进行电子数据取证提供技术支持。

技术调查官对涉案信息负有保密义务，与案件有利害关系的，应当回避。

技术调查官的管理办法由省市场监管部门会同相关部门另行制定。

第十五条 负责知识产权保护的主管部门和相关部门应当对知识产权侵权集中领域和易发风险区域开展行政保护专项行动，加大对重复侵权、恶意侵权、群体侵权等行为的查处和打击力度。

第十六条 市场监管部门应当推动专利快速审查机制建设，按照有关规定，为国家重点发展产业和本省战略性新兴产业等提供专利申请和确权的快速通道。

第十七条 市场监管部门应当探索创新注册商标的保护手段，加强对本省享有较高知名度、具有较大市场影响力商标的保护，指导和规范有关行业协会建立重点商标保护名录。

第十八条 著作权主管部门应当健全著作权登记制度，完善著作权网络保护和交易规则，加强对作品侵权盗版行为的监测与查处。

第十九条 市场监管部门应当加强对商业秘密保护的组织、协调、指导和监管执法工作，推动建立健全商业秘密保护体系；引导经营者建立完善商业秘密保护制度，采取签订商业秘密保密协议等措施防止泄露商业秘密。

第二十条 负责知识产权保护的主管部门、商务部门应当引导老字号商事主体通过申请专利、注册商标、登记著作权、申请地理标志产品保护以及商业秘密保护等方式维护自身合法权益，并依法查处侵犯其知识产权的违法行为。

第二十一条 县级以上人民政府及有关部门应当探索开展新领域新业态以及传统文化、传统知识等领域的知识产权保护工作，为大数据、人工智能、基因技术、互联网、赛事转播和直播、中医药等领域的知识产权保护提供必要的培训与指导。

第三章 行政、司法协同保护与纠纷解决

第二十二条 知识产权司法保护按照有关法律、司法解释的规定执行。

负责知识产权保护的主管部门、相关部门和司法机关建立健全知识产权保护行政执法和司法衔接机制，推动知识产权领域行政执法标准和司法立案追诉、裁判标准协调衔接。

负责知识产权保护的主管部门和相关部门在处理知识产权案件中发现犯罪线索的，应当及时向司法机关移送。

第二十三条 负责知识产权保护的主管部门、相关部门和司法机关应当加强知识产权行政执法和司法信息共享，定期通报和共享知识产权工作信息，在知识产权案件违法线索、监测数据、典型案例等方面加强信息互通。

第二十四条 负责知识产权保护的主管部门在处理知识产权纠纷案件时，可以依法先行调解。

负责知识产权保护的主管部门、司法行政部门应当加强知识产权纠纷调解机制建设，支持和指导知识产权保护中心、快速维权中心以及相关社会组织建立调解组织，开展知识产权纠纷调解，公平、高效处理知识产权纠纷。

负责知识产权保护的主管部门、司法行政部门应当与人民法院开展诉调对接工作，探索依当事人申请的知识产权纠纷行政调解协议司法确认制度，畅通线上线下调解与诉讼对接渠道。

第二十五条 市场监管部门依当事人申请，依法对专利侵权纠纷作出行政裁决。

除当事人达成调解协议或者撤回行政裁决申请的以外，市场监管部门应当在规定期限内对专利侵权行为是否成立作出行政裁决。认定侵权行为成立的，可以责令侵权人立即停止侵权行为。

行政裁决的具体程序和要求，按照国家和省的有关规定执行。

第二十六条 负责知识产权保护的主管部门、相关部门和司法机关应当加强知识产权快速维权机制建设，完善知识产权保护中心和快速维权中心布局，支持优势产业集聚区申报建设知识产权保护中心和快速维权中心。

经批准设立的知识产权保护中心和快速维权中心应当发挥专业技术支撑平台作用，推进知识产权快速审查、确权、维权协同保护工作。

第二十七条 负责知识产权保护的主管部门可以委托下级部门或者知识产权领域管理公共事务的组织处理专利侵权纠纷，可以委托下级部门对专利代理违法行为实施行政处罚。

受委托的部门或者知识产权领域管理公共事务的组织在委托范围内，以委托机关的名义实施调查和作出相关处理，不得再委托其他组织或者个人实施调查和作出相关处理。

第四章 社会保护

第二十八条 企业、高等学校、科研机构以及其他从事知识产权相关活动的单位和个人应当增强知识产权保护意识和能力，履行知识产权保护义务，接受负责知识产权保护的主管部门和相关部门的指导、监督和管理，配合行政机关的执法活动。

支持和鼓励企业、高等学校、科研机构建立健全知识产权内部管理和保护机制，设立知识产权管理部门或者岗位。

第二十九条 市场主体在开展对外投资、参加展会、招商引资、产品或者技术进出口业务时，应当及时检索、查询有关国家、地区的相关知识产权情况。

市场主体在行使知识产权时，不得滥用知识产权实施垄断行为或者不正当竞争行为。

第三十条　电子商务平台经营者应当制定平台知识产权保护规则，建立知识产权投诉举报机制，及时处理知识产权投诉举报；知道或者应当知道平台内经营者侵犯知识产权的，应当依法及时采取删除、屏蔽、断开链接、终止交易和服务等必要措施。

第三十一条　展会主办方应当制定展会知识产权保护规则，加强对参展项目知识产权状况的审查，并在招展时与参展方签订有知识产权保护条款约定的合同。

展会举办三天以上的，展会主办方应当设立展会知识产权纠纷处理机构，及时调解处理知识产权纠纷。

展会主办方应当完整保存展会的知识产权纠纷信息与档案资料，并配合行政机关、司法机关以及公证、仲裁机构调取有关信息与资料。有关信息与资料自展会举办之日起应当保存至少三年。

第三十二条　专业市场开办者应当制定市场内知识产权保护规则，与商户签订知识产权保护条款，开展相关宣传培训。

负责知识产权保护的主管部门和有关行政管理部门应当指导专业市场开办者建立健全专业市场知识产权保护机制，引导专业市场建立知识产权纠纷快速处理机制。

第三十三条　体育、文化等重大活动的主办方，应当遵守官方标志、特殊标志和奥林匹克标志保护等有关法律法规，依法规范活动中的知识产权使用行为。

第三十四条　广告经营者、发布者对涉及知识产权的广告应当按照有关法律、行政法规规定查验知识产权证明文件。对无知识产权证明文件或者证明文件不全的，广告经营者不得提供设计、制作、代理服务，广告发布者不得发布。

第三十五条　行业协会、商会、产业联盟等应当建立知识产权保护自律机制，按照章程规范成员创造、运用、保护知识产权等行为，加强对成员知识产权保护工作的监督，帮助成员解决知识产权纠纷。

第三十六条　政府投资项目、政府采购和招标投标、政府资金扶持、表彰奖励等活动涉及知识产权的，有关主管部门可以要求申请参加活动的自然人、法人和非法人组织提交未侵犯他人知识产权的书面承诺，并在签订协议时约定违背承诺的责任。

第五章　服务与保障

第三十七条　县级以上人民政府应当建立健全知识产权公共服务体系，推进知识产权公共服务平台和专题数据库建设，提供知识产权政策指导、检索查询、维权咨询等服务，加强信息共享。

鼓励和支持社会力量积极参与知识产权保护相关工作，提供知识产权保护服务。

第三十八条　县级以上人民政府应当依托政务服务平台和网上办事大厅优化知识产权政务服务，简化服务流程，推进知识产权相关事项集中办理、就近办理和网上办理。

第三十九条　负责知识产权保护的主管部门、商务部门应当指导有关单位及社会组织对重点行业和领域的知识产权状况、发展趋势、竞争态势，以及具有重大影响的国际知识产权事件、国外知识产权法律修改变化情况进行分析、研究，并提供知识产权领域风险预警等服务。

第四十条 负责知识产权保护的主管部门、司法行政部门建立健全知识产权维权援助工作体系，推动有条件的地区和行业成立知识产权维权援助组织，支持知识产权服务行业协会组织开展公益代理和维权援助。

鼓励保险机构结合知识产权保护、海外维权等需求开展知识产权保险业务，提高企事业单位知识产权风险应对能力。

第四十一条 建立健全海外知识产权纠纷应对指导机制，加强海外知识产权维权服务。支持知识产权公益性服务机构开展海外纠纷应对指导服务，鼓励具备能力的社会组织、代理服务机构建立知识产权海外维权工作机制，建设海外维权专家库、案例库及法律库，开展海外维权服务，引导重点产业的企业、行业协会、商会等建立知识产权海外维权联盟，鼓励社会资本设立海外维权援助服务基金，提高海外知识产权纠纷应对能力。

第四十二条 司法行政部门应当会同负责知识产权保护的主管部门加强公证电子存证技术的推广应用，指导公证机构优化服务知识产权保护的公证流程，创新公证证明和公证服务方式，依托电子签名、数据加密、区块链等技术，为知识产权维权取证等提供公证服务。

公证机构依据权利人申请对侵权行为现场取证进行保全证据公证，对互联网环境下知识产权侵权行为网上取证进行保全证据公证。

第四十三条 负责知识产权保护的主管部门应当推动知识产权服务业发展，加强对从事知识产权咨询、培训、代理、鉴定、评估、运营、大数据运用等服务业的培育、指导和监督，依法规范其执业行为。

知识产权服务机构应当依法开展知识产权代理、法律服务、咨询、培训等活动，恪守职业道德和执业纪律，诚实守信，依法维护委托人的合法权益。

第四十四条 负责知识产权保护的主管部门、司法行政部门应当按照各自职责，推动建立知识产权鉴定技术标准，指导知识产权鉴定机构加强知识产权鉴定专业化、规范化建设，为知识产权行政保护和司法保护提供专业技术支撑。

第四十五条 省人民政府应当建立健全知识产权保护工作考核机制，对县级以上人民政府及其负责知识产权保护的主管部门和相关部门依法履行知识产权保护工作职责的情况进行考核。

第四十六条 负责知识产权保护的主管部门应当推进知识产权领域信用体系建设，按照国家和省的有关规定将自然人、法人和非法人组织在知识产权领域的失信行为纳入公共信用信息。

社会信用主管部门应当会同负责知识产权保护的主管部门确定失信惩戒措施，完善知识产权失信惩戒机制。

第六章　法律责任

第四十七条 负责知识产权保护的主管部门和相关部门及其工作人员滥用职权、玩忽职守、徇私舞弊的，对直接负责的主管人员和其他直接责任人员依法给予处分；构成犯罪的，依法追究刑事责任。

第四十八条　对知识产权侵权行为作出的行政处罚决定或者知识产权侵权纠纷行政裁决、司法判决生效后，自然人、法人和非法人组织以相同行为再次侵犯同一知识产权的，负责知识产权保护的主管部门应当对其从重处罚。

负责知识产权保护的主管部门在查处知识产权违法行为过程中，要求当事人提供相关证据材料，当事人无正当理由拒不提供或者伪造、销毁、隐匿有关证据材料的，负责知识产权保护的主管部门根据查明的违法事实实施行政处罚时，可以对其从重处罚。

第四十九条　自然人、法人和非法人组织有下列情形之一的，三年内不得申请政府财政性资金项目及参与表彰奖励等活动：

（一）故意侵犯知识产权严重破坏市场公平竞争秩序的；

（二）有能力履行但拒不执行生效的知识产权法律文书的；

（三）侵犯知识产权构成犯罪的；

（四）有其他侵犯知识产权严重失信行为的。

第五十条　企事业单位滥用知识产权实施垄断或者不正当竞争行为，应当追究法律责任的，依照《中华人民共和国反垄断法》《中华人民共和国反不正当竞争法》及相关法律法规进行处理。

第七章　附　　则

第五十一条　本条例自 2022 年 5 月 1 日起施行。

广东省版权条例

（2022 年 9 月 29 日广东省第十三届人民代表大会常务委员会第四十六次会议通过）

第一章 总 则

第一条 为了提升版权创造、运用、保护、管理和服务水平，促进版权产业发展，推动版权强省建设，根据《中华人民共和国著作权法》《中华人民共和国著作权法实施条例》等法律、行政法规，结合本省实际，制定本条例。

第二条 本条例适用于本省行政区域内版权创造、运用、保护、管理和服务以及相关活动。

第三条 县级以上人民政府应当将版权工作纳入国民经济和社会发展相关规划，将版权工作经费纳入本级财政预算。

县级以上人民政府应当建立版权工作领导和协调机制，统筹推进版权工作，协调解决重大问题。

第四条 县级以上版权主管部门负责本行政区域的版权工作。

网信、新闻出版、电影、发展改革、教育、科技、工业和信息化、公安、司法行政、财政、人力资源社会保障、住房城乡建设、商务、文化和旅游、市场监督管理、广播电视、海关等有关部门，按照各自职责做好版权相关工作。

第五条 省人民政府应当将版权工作纳入政府绩效考核以及营商环境评价体系。

县级以上人民政府应当根据国家和省有关考核评价指标体系要求，组织开展版权考核评价工作。

第六条 县级以上人民政府应当开展常态化的版权宣传教育，建立版权新闻发布制度，定期向社会发布有关版权政策、重大事件和典型案例等信息。

新闻媒体应当以开辟专栏、刊播版权保护公益广告等方式，开展版权宣传教育活动，营造全社会崇尚创新、尊重和保护版权的良好氛围。

第七条 县级以上人民政府应当按照国家和省的规定对重大版权成果和在版权工作中作出突出贡献的单位和个人给予奖励。

第二章 版权创造与运用

第八条 省和地级以上市版权主管部门应当采取措施激励作品创作，实施优秀作品扶持计划，组织开展优秀版权作品评选，重点推动科技创新、数字经济、文化传承与发展等领域作品的创作和转化。

第九条 省和地级以上市人民政府应当建立以权利人为主体、市场为导向、产学研用相结合的版权创造体系，支持高等学校、科研机构、社会组织和权利人共建版权产业协同创新平台，推动版权成果的转化与运用，促进版权工作与科技、文化、金融等相关产业深度融合发展。

第十条 省人民政府应当推动粤港澳大湾区版权产业合作，组织开展产业对接、投资融资合作、展览展示等活动，加强本省与香港特别行政区、澳门特别行政区在影视、音乐、动漫、游戏、创意设计、计算机软件等重点行业的版权合作，促进粤港澳大湾区版权产业协同发展。

第十一条 省人民政府应当加强版权产业国际交流合作，优化版权国际贸易服务，拓宽对外交流合作渠道，在版权贸易、产业对接、学术研究、人才培养、海外维权等方面推动交流合作，提升版权产业国际运营能力。

鼓励企业、高等学校、科研机构、社会组织等依法开展版权领域的国际交流合作。

第十二条 省和地级以上市版权主管部门应当根据国家有关规定，在作品创作与传播、版权保护与管理、版权要素集聚、版权产业发展、版权贸易服务和教学科研等方面开展示范创建工作。

省版权主管部门应当统筹本省行政区域内的全国版权示范城市、示范园区（基地）、示范单位以及国家版权贸易基地和国家版权创新发展基地等创建工作，组织开展省级版权兴业示范基地评定。

第十三条 省和地级以上市人民政府应当通过规划引导、政策支持、市场主体培育等方式，促进区域优质版权资源汇聚，发挥中国（广东）自由贸易试验区、国家自主创新示范区等功能区的政策优势，加强制度供给，为版权产业集群建设发展创造条件和提供便利。

第十四条 省和地级以上市人民政府应当通过政策支持、资金投入、人才保障、新技术推广等方式，推动创新要素集聚，促进版权领域新业态发展。

支持和鼓励市场主体通过技术创新、自主研发、授权合作、产业升级、金融投资等方式，促进数字出版、广播影视、软件和信息服务等领域的版权产业发展。

第十五条 省版权主管部门应当健全版权交易机制，在版权确权、价值评估、许可转让和交易服务等方面对市场主体进行引导和规范，促进版权依法流转。

省和地级以上市人民政府应当利用中国进出口商品交易会（广交会）、中国（深圳）国际文化产业博览交易会、中国国际影视动漫版权保护和贸易博览会、南国书香节等大型展会，促进版权授权交易。

第十六条 省和地级以上市人民政府可以通过无偿资助、贷款贴息、资金补助、保费补贴和创业风险投资等方式，支持版权创新成果转化与产业化运用，引导社会资本加大对版权创新成果转化与产业化的投入。

鼓励权利人采取版权转让、许可、出质、作价出资等方式实现版权创新成果的市场价值。

第十七条 县级以上人民政府应当引导中小微企业进行版权创造和运用，将中小微企业作品登记、创新示范成果等纳入政策扶持范围，鼓励中小微企业加大版权创新投入。

地级以上市人民政府应当支持中小微企业参加版权有关的大型展会。

第十八条 省和地级以上市版权主管部门应当健全符合本行政区域实际的版权产业统计调查制度,组织实施版权产业统计调查。

鼓励和支持高等学校、科研机构和社会组织开展版权产业经济贡献率和文化影响力等方面的研究。

第三章 版权保护

第十九条 县级以上版权主管部门应当加强与公安、海关、市场监督管理、广播电视、网信等有关部门的执法协作,健全执法协作工作机制。

县级以上版权主管部门可以根据工作需要,会同有关部门开展版权保护专项行动。

第二十条 省版权主管部门应当建立健全重点作品版权保护预警制度,建立重点关注市场名录,加强对电商平台、展会、专业市场、进出口等重点领域的监测管理,及时组织查处版权侵权行为。

省版权主管部门应当推动建立重大案件挂牌督办、版权侵权典型案例发布等制度。

第二十一条 省版权主管部门应当推动新业态版权保护,加强版权治理新问题的研究与监管,完善体育赛事、综艺节目、网络视听、电商平台等领域的新业态版权保护制度。

省和地级以上市版权主管部门应当加强源头追溯、实时监测、在线识别等数字版权保护技术的研发运用,建立打击网络侵权行为的快速反应机制。

第二十二条 网络服务提供者应当依法履行版权保护主体责任,建立版权内部监管机制,采取与其技术能力、经营规模以及服务类型等相适应的预防侵权措施,并完善侵权投诉机制,快速处理版权纠纷。

第二十三条 鼓励企业、高等学校、科研机构加强风险防范机制建设,建立健全版权保护制度,提高自我保护能力,强化版权源头保护。

鼓励采用时间戳、区块链等电子存证技术获取、固定版权保护相关证据。

第二十四条 县级以上版权主管部门应当加强版权行政执法能力建设,统一执法标准,完善执法程序,强化业务培训、装备建设和新技术应用,提高执法专业化、信息化、规范化水平。

第二十五条 县级以上版权主管部门应当会同有关部门建立健全版权侵权投诉、举报处理机制,公开投诉、举报的受理渠道和方式,及时处理投诉、举报,并按规定将处理结果反馈投诉人、举报人。

第四章 版权管理与服务

第二十六条 省版权主管部门应当利用大数据、人工智能、区块链等新技术,健全版权监管工作平台,在作品登记、监测预警、宣传培训等方面创新版权监管方式,提高版权管理和服务能力。

第二十七条 县级以上人民政府应当组织、指导和协调使用正版软件工作,建立健全软件正版化工作动态监管机制,对国家机关和企业事业单位的软件使用情况进行监督检查。

软件使用单位应当落实软件正版化工作主体责任，建立使用正版软件长效机制，完善工作责任、日常管理、软件配置、软件台账和安装维护等制度。

第二十八条 版权主管部门与有关部门应当按照国家和省的规定，加强对作品引进和出口的监督管理，推动建立版权管理跨部门联动应对机制，维护国家版权核心利益。

第二十九条 省版权主管部门应当采取信息化手段，提升作品登记数字化水平，加强作品登记档案管理和信息公开，引导和鼓励企业事业单位以及其他从事作品创作的单位和个人进行作品登记。

地级以上市可以通过补助、补贴等方式减免作品登记费用。

鼓励社会力量建设相关专业领域作品数据库，提供作品存证、数字取证、版权侵权监测与识别等服务。

第三十条 作品登记实行自愿申请原则。权利人申请作品登记的，应当向省版权主管部门或者其依法委托的单位提出。

申请作品登记，应当如实提交下列材料：

（一）作品登记申请书；

（二）作品原件或者复制件；

（三）作品说明书；

（四）表明作品权属的相关证明；

（五）公民身份证明、法人或者其他组织的设立证明；

（六）依法应当提交的其他材料。

作品登记机构应当自收齐申请材料之日起十五个工作日内完成作品登记核查工作，对符合登记条件的作品应当核发作品登记证；对不符合登记条件的作品，不予登记，并及时告知申请人。

第三十一条 省版权主管部门应当支持和指导版权鉴定机构、版权价值评估机构加强专业化、规范化建设，推动建立版权鉴定技术标准和版权价值评估标准。

第三十二条 省人民政府应当采取政策引导措施，优化版权融资服务，推动版权质押融资、版权证券化，拓宽直接融资渠道，培育版权金融服务市场。

鼓励保险机构依法开发版权交易保险、侵权保险等适应版权产业发展需要的保险产品。

第三十三条 省和地级以上市版权主管部门应当完善版权社会服务体系，引导和规范基层工作站、版权中心等版权社会服务机构的建设，发挥其在政策研究、宣传培训、咨询服务、纠纷调处等方面的专业优势。

第三十四条 版权行业组织应当制定行业规范，加强自律管理，对其会员的版权工作进行指导，并提供版权政策研究、宣传培训、监测预警、纠纷调处等服务，对违反行业自律规范的行为实施行业惩戒。

第三十五条 省版权主管部门应当建立版权专家库，规范专家库运行管理和专家咨询工作，组织专家开展版权相关重大问题研究，为版权管理和版权产业发展提供咨询服务等专业支持。

第三十六条　省和地级以上市人民政府应当加强版权专业高层次人才的引进和培养，完善版权人才评价、激励、服务、保障制度，营造有利于版权人才发展的良好环境。

省和地级以上市人民政府应当建立政府、高等学校、科研机构、社会组织和企业相结合的版权人才培训体系，加强对版权管理人员和从业人员的培训。

第五章　法律责任

第三十七条　版权主管部门和有关部门及其工作人员违反本条例规定，在版权工作中滥用职权、玩忽职守、徇私舞弊的，对直接负责的主管人员和其他直接责任人员，依法给予处分；构成犯罪的，依法追究刑事责任。

第三十八条　对版权侵权行为作出的行政处罚决定、司法判决生效后，自然人、法人和非法人组织再次侵犯同一作品版权的，版权主管部门应当给予从重处罚。

第三十九条　自然人、法人和非法人组织有下列情形之一，三年内不得申请政府财政性资金项目和参与表彰奖励等活动，其相关情况按照国家和省的规定纳入公共信用信息平台：

（一）故意侵犯版权严重破坏市场公平竞争秩序的；

（二）有能力履行但拒不执行生效的版权相关法律文书的；

（三）侵犯版权构成犯罪的；

（四）有其他侵犯版权严重失信行为的。

第六章　附　则

第四十条　本条例自 2023 年 1 月 1 日起施行。

广东省地理标志条例

(2022 年 11 月 30 日广东省第十三届人民代表大会常务委员会第四十七次会议通过)

第一条 为了加强地理标志运用、保护、管理和服务，保证地理标志产品质量和特色，促进地理标志产业发展，助力乡村振兴，根据有关法律、行政法规，结合本省实际，制定本条例。

第二条 本条例适用于本省行政区域内地理标志的运用、保护、管理和服务等活动。

本条例所称地理标志，是指标示产品来源于某一特定地区，该产品的特定质量、信誉或者其他特征，主要由该地区的自然因素或者历史人文因素所决定的标志。

地理标志的申请、登记或者注册、变更、撤销，以及地理标志专用标志使用的申请按照国家有关规定执行。

第三条 县级以上人民政府应当将地理标志工作纳入国民经济和社会发展相关规划，将地理标志相关工作经费纳入本级财政预算。

第四条 县级以上人民政府知识产权部门负责本行政区域内地理标志运用、保护、管理和服务等工作。

县级以上人民政府发展改革、财政、农业农村、自然资源、生态环境、文化和旅游、工业和信息化、商务、林业等有关部门应当按照职责分工，做好地理标志运用和产业发展相关工作，支持和引导特色产业发展。

第五条 县级以上人民政府应当定期组织开展地理标志资源普查工作，针对当地具有独特品质的初级农产品、加工食品、道地药材、传统手工艺品等产品，采集其特色质量、特殊工艺、人文历史、产地环境、地理范围、发展状况等基础信息数据与资料，纳入地理标志资源库，并加强跟踪服务和监督。

各级人民政府应当加强地理标志资源所在地范围内自然资源、历史人文资源的保护，引导地理标志的申请、运用和保护，促进地理标志资源科学合理利用。

第六条 县级以上人民政府应当根据实际，制定地理标志相关产业发展规划，建立工作协调机制，在地理标志产业促进等方面出台扶持政策措施。

第七条 县级以上人民政府应当加强本地地理标志宣传和推介，推动建设地理标志产品品牌展示馆和产品体验地，加强区域地理标志工作交流。

县级以上人民政府应当拓展地理标志产品推介渠道，利用博览会、交易会等大型展会和电子商务平台等，支持地理标志产品生产经营者推介展示本地地理标志产品。

县级以上人民政府应当加强对地理标志产品品牌培育的指导，鼓励和支持地理标志产品生产经营者和有关行业组织加强地理标志品牌建设，推动建设优质地理标志产品基地，提升地理标志品牌价值。

第八条 县级以上人民政府应当支持地理标志产品生产经营者开展天然种质和繁育种质资源保护以及技术改造、科技创新，促进相关科技成果向地理标志产业的转化，提高产品附加值。

第九条 县级以上人民政府应当支持在地理标志产品产地建设产业园区，发挥地理标志产品龙头企业带动作用，培育多种形式的产业化经营模式，促进地理标志产业集群发展。

县级以上人民政府应当完善政策措施，支持地理标志相关产业园区申请建设国家和省级地理标志产品保护示范区、国家和省级现代农业产业园区。

第十条 县级以上人民政府应当促进地理标志产业与互联网、电子商务、文化创意、生态旅游等产业融合，支持地理标志新业态发展，提升地理标志产业综合效益。

第十一条 省和地级以上市人民政府应当培育地理标志产品交易市场，规范市场秩序，促进产销对接。

县级以上人民政府应当推动地理标志产品储藏、加工、运输、销售等相关产业联动发展，鼓励电子商务平台、展会服务平台开设地理标志产品线上专区，拓展地理标志产品贸易渠道。

第十二条 鼓励银行、保险、信托等金融机构研发适合地理标志产业发展特点的金融产品和融资模式，加大对地理标志产品生产经营者的信贷支持力度。

第十三条 省人民政府应当推动建立地理标志国际交流合作机制，促进地理标志产品国际贸易，提升地理标志产业国际运营能力。

省人民政府知识产权部门应当会同有关部门支持地理标志产品生产经营者开展对外合作与交流，积极开拓海外市场。

第十四条 县级以上人民政府应当强化本地地理标志产品质量管控，加强应用标准、检验检测、认证等质量基础设施建设，构建政府监管、行业管理、生产者自律的质量保证体系。

第十五条 县级以上人民政府知识产权部门应当会同有关部门加强对地理标志产品的产地范围、质量特色、标准符合性等方面日常监督管理，定期公开监督检查情况。

县级以上人民政府知识产权部门应当加强地理标志专用标志使用日常监督管理，规范使用地理标志专用标志的行为，建立地理标志专用标志使用情况年报制度，推动建立地理标志专用标志使用异常名录。

县级以上人民政府知识产权部门应当依法查处地理标志违法行为，对地理标志产品生产集中地、销售集散地等场所实行重点监管。

第十六条 省和地级以上市人民政府标准化行政主管部门应当会同有关部门制定地理标志产品地方标准，推动制定地理标志产品团体标准。

地理标志申请经批准或者登记、注册后，申请人应当配合标准化行政主管部门或者有关部门制定相应的标准、管理规范或者规则。

第十七条 县级以上人民政府知识产权部门应当推进地理标志领域信用体系建设，按照国家和省的有关规定将自然人、法人和非法人组织在地理标志领域的失信行为纳入公共信用信息。

第十八条 地理标志申请经批准或者登记、注册后，申请人为该地理标志管理人。申请人注销、解散或者怠于履行管理责任的，县级以上人民政府可以另行指定或者协调地理标志管理人。

地理标志管理人应当推动地理标志标准、管理规范或者规则的执行，推广应用过程控制、产地溯源等管理方法，对地理标志产品的质量特色等进行管理。

鼓励地理标志管理人探索开展地理标志产区等级划分。

第十九条 地理标志产品生产经营者应当按照相应的标准、管理规范或者规则组织生产经营，对其产品的质量和信誉负责。

地理标志产品生产经营者应当建立生产、仓储、销售台帐和地理标志使用档案，如实记载产量和地理标志使用情况，保证地理标志产品产地可以溯源。

鼓励地理标志产品生产经营者开展产品特色质量品级划分。

第二十条 任何单位和个人不得有下列行为：

（一）擅自使用地理标志专用标志；

（二）不符合地理标志产品标准和管理规范要求而使用该地理标志产品的名称；

（三）在产品上使用与地理标志专用标志相似的标志，致使公众将该产品误认为地理标志产品；

（四）通过使用产品名称或者产品描述，致使公众误认为该产品来自地理标志产品产地范围；

（五）销售本条第（一）项至第（四）项情形产品。

地理标志专用标志合法使用人不得在保护公告的产地范围外生产的产品上使用地理标志专用标志，不得在保护公告的产品品种以外的产品品种上使用地理标志专用标志。

第二十一条 省人民政府公共数据主管部门应当会同省人民政府知识产权部门等有关部门加强地理标志相关信息的归集和共享，提供查询检索等信息公共服务。

县级以上人民政府知识产权部门应当完善地理标志的档案资料管理。

第二十二条 县级以上人民政府应当组织有关部门和行业组织按照地理标志产品的相应的标准、管理规范或者规则以及保护措施加强生产指导和技术服务，加大对地理标志产品生产经营者的培训力度。

第二十三条 有关行业组织应当发挥行业自律作用，开展地理标志运用、保护的宣传、引导和培训，提供信息互通、技术共享、品牌共建服务，引导地理标志产品生产经营者规范生产经营。

鼓励各类知识产权服务机构开展地理标志市场化服务，开展地理标志品牌运营、供需对接、市场拓展等专业服务。

鼓励有条件的地理标志产品产地建设专业化检验检测机构。鼓励第三方检测机构为地理标志运用和保护提供数据和技术支持。

第二十四条 省和地级以上市人民政府应当健全符合本行政区域实际的地理标志产业统计调查制度，组织实施地理标志产业统计调查。

县级以上人民政府知识产权、农业农村、工业和信息化等有关部门应当建立地理标志产品产值统计机制，对地理标志产品信息进行监测分析。

鼓励和支持高等学校、科研机构和社会组织开展地理标志产业经济贡献率等方面的研究。

第二十五条 县级以上人民政府应当加大人才培养力度，扩大人才培养规模，建立健全人才使用与激励机制，加强人才引进和交流，支持有关行业组织加强地理标志人才队伍建设。

省人民政府知识产权部门应当建立地理标志专家库，组织开展地理标志基础理论研究，为地理标志运用、保护和产业发展提供专业支持。

第二十六条 违反本条例第二十条规定的，由县级以上人民政府知识产权部门责令限期改正，没收违法生产、销售的产品，并处违法生产、销售产品货值金额等值以下的罚款；有违法所得的，并处没收违法所得；同时违反《中华人民共和国商标法》《中华人民共和国反不正当竞争法》等法律法规的，按照相关法律法规进行处理；构成犯罪的，依法追究刑事责任。

第二十七条 人民检察院在履行职责中发现损害社会公共利益的地理标志违法行为，可以依法支持起诉或者提起公益诉讼。

第二十八条 本条例自 2023 年 1 月 1 日起施行。

三、广州市主要知识产权制度

广州市专利管理条例

(2001年6月6日广州市第十一届人民代表大会常务委员会第二十五次会议通过 2001年7月27日广东省第九届人民代表大会常务委员会第二十七次会议批准 根据2010年12月31日广州市第十三届人民代表大会常务委员会第三十六次会议通过 2011年1月17日广东省第十一届人民代表大会常务委员会第二十四次会议批准的《广州市人民代表大会常务委员会关于修改〈广州市社会治安综合治理条例〉等十七件地方性法规的决定》修正)

第一条 为了规范专利管理工作，保护专利权人和公众的合法权益，根据《中华人民共和国专利法》和《广东省专利条例》，结合本市实际，制定本条例。

第二条 在本市行政区域内从事专利管理及其相关活动，适用本条例。

第三条 市人民政府应当加强专利管理，普及专利知识，扶持专利申请和专利实施。

第四条 市人民政府管理专利工作的部门负责本市行政区域内的专利管理工作，并组织本条例的实施。

科技、经贸、工商、税务、公安、海关、文化、质量技术监督、广播电视、新闻出版等有关部门，依照各自职责协同实施本条例。

第五条 在本市行政区域内进行研究开发的单位或者个人应当建立研究开发项目档案，将研究开发全过程详细记录在案。

发生专利权属争议时，负责处理的管理专利工作的部门可以要求当事人提供研究开发项目档案。

第六条 单位对个人非职务发明创造专利申请有异议的，可以请求管理专利工作的部门处理，请求处理的时效为二年，自单位得知或者应当得知之日起计算。个人申请专利时，已将发明创造名称、专利申请文件、专利申请日、专利申请号向单位登记备案的，视为单位已得知。

第七条 个人对单位职务发明创造专利申请有异议的，可以向市管理专利工作的部门投诉。市管理专利工作的部门应当立案调查处理，并对投诉人身份予以保密。

第八条 跨单位学习进修的人员在学习进修期间完成的职务发明创造，申请专利的权利可以由派出单位和接受单位在学习进修合同中约定；未约定的，属于接受单位。

第九条 与原单位解除劳动关系的人员，应当在离开单位前将已完成或者尚在进行的职务发明创造的有关技术资料、实验材料、仪器设备、产品及试验记录等全部归还单位。不得将有关资料泄露或者出卖给其他单位、个人，不得将原单位的职务发明创造申请专利。

第十条 政府有关主管部门与项目承担者签订研究与开发项目合同，应当明确专利申请、专利保护、专利实施与推广的措施。

第十一条 有下列情形之一的，专利权人应当向有关部门提供专利权有效证明：

（一）申请市级科技、经济计划项目中含有专利技术的；

（二）以专利权质押的；

（三）请求管理专利工作的部门或者海关保护专利权的；

（四）申请专利产品税收优惠的；

（五）其他需要认定专利权有效的。

第十二条 专利权人或者专利实施被许可方发布专利广告，应当提供由国务院专利行政部门或者其授权的管理专利工作的部门出具的专利权有效证明。

对不提供专利权有效证明文件的，任何单位和个人不得设计、制作、发布专利广告。

第十三条 有下列情形需要经政府有关部门审批的，应当提供专利检索报告：

（一）输入或者输出技术、成套设备或者关键设备的；

（二）输入的产品与材料从未在国内销售过的；

（三）输出的产品与材料从未在输入国销售过的；

（四）申请列入政府计划的研究与开发项目的；

（五）科研成果申请鉴定、登记或者评奖的；

（六）其他需要进行专利文献检索的。

前款第（四）项所列项目完成后，项目承担者应当向项目审批部门提供项目所取得的成果的专利检索报告。

第十四条 被授予专利权的单位，在专利权的有效期内，应当按照国家规定给予发明人或者设计人奖金、报酬。

第十五条 任何单位或者个人不得泄露、出卖他人尚未公开、公告的专利申请文件内容。

第十六条 举办专利信息发布会或者专利产品展示会的，应当持国务院专利行政部门或者其授权的管理专利工作的部门出具的批准文件到工商行政管理部门办理有关手续，并在举办前报市管理专利工作的部门备案。

第十七条 专利权人和专利实施被许可方，在专利产品、产品外包装或者说明书上标明专利标记的，应当同时标注专利号。

第十八条 市管理专利工作的部门负责查处本市行政区域内假冒他人专利行为和冒充专利行为，处理本市行政区域内的专利纠纷。

第十九条　市管理专利工作的部门可以根据权利人的投诉，对再次侵犯他人专利权或者多方侵犯同一专利权的行为进行查处，责令侵权人立即停止侵权行为，并依法给予处罚。

前款所称的再次侵犯他人专利权的行为，是指单位或者个人侵犯他人专利权的行为已经管理专利工作的部门处理或者人民法院裁决，又对该项专利权实施侵犯的行为；多方侵犯同一专利权的行为，是指三个以上单位或者个人在已知他人拥有专利权的情况下，对该项专利权分别实施侵权的行为。

第二十条　市管理专利工作的部门处理专利纠纷时，根据需要或者当事人的申请，可以委托有关部门进行技术鉴定。

技术鉴定所需要的费用，由提出申请的当事人先行支付，结案时由责任方承担。

第二十一条　专利文献检索、专利技术贸易、专利资产评估、专利咨询、专利信息等专利服务机构的设立，应当有三名以上具备专利服务人员资格的专职人员。专利代理机构设立的条件和审批程序按照国务院《专利代理条例》规定执行。

专利服务人员的培训与考核，由市管理专利工作的部门统一组织实施。

专利服务机构应当接受管理专利工作的部门的监督。

第二十二条　发明人或者设计人需要获得专利申请、咨询服务，但又无能力支付专利服务费用的，可以向市管理专利工作的部门申请服务援助；经审查符合条件的，由专利服务机构提供服务援助。

第二十三条　违反本条例第十条规定，签订研究与开发项目合同未明确专利申请、专利保护、专利实施与推广措施，危害国家利益或者公共利益的，依法追究主管人员和直接责任人员的责任。

第二十四条　违反本条例第十三条规定，单位提供虚假专利检索报告或者政府有关部门对没有提供专利检索报告的事项予以审批，使国家、集体利益遭受损失的，依法追究有关责任人员的责任；个人提供虚假专利检索报告，骗取荣誉及其他利益的，由有关部门予以撤销或者追回，损害国家或者他人利益的，依法承担相关的法律责任。

第二十五条　被授予专利权的单位不按照国家规定给予发明人或者设计人奖金、报酬的，管理专利工作的部门可以作出责令其限期给予奖金、报酬的决定。

第二十六条　违反本条例第十五条规定，单位或者个人泄露、出卖他人尚未公开或者公告的专利申请文件内容的，应当依法承担民事责任。

第二十七条　本条例自 2001 年 11 月 1 日起施行。

广州市知识产权局关于印发广州市知识产权质押融资
风险补偿机制管理办法的通知

穗知规字〔2023〕2号

各区知识产权局，各有关单位：

为贯彻落实《知识产权强国建设纲要（2021—2035年）》和《国务院关于印发"十四五"国家知识产权保护和运用规划的通知》（国发〔2021〕20号），我局调整优化了广州市知识产权质押融资风险补偿机制，并制定了《广州市知识产权质押融资风险补偿机制管理办法》，现印发给你们，请遵照执行。执行中遇到的问题，请径向市知识产权局反映。

广州市知识产权局

2023年7月12日

广州市知识产权质押融资风险补偿机制管理办法

第一章 总 则

第一条 为贯彻落实《知识产权强国建设纲要（2021—2035年）》和《国务院关于印发"十四五"国家知识产权保护和运用规划的通知》（国发〔2021〕20号），建立和规范广州市知识产权质押融资风险补偿机制（以下简称"风险补偿机制"），制定本办法。

第二条 本办法所称风险补偿是指为加强知识产权金融服务，促进广州市知识产权质押融资工作，每年从广州市知识产权工作专项资金中安排不超过5000万元专项经费，用于引导合作银行加大对中小微企业的知识产权质押融资贷款支持力度，对合作银行符合本办法规定的不良贷款本金损失给予一定的补偿。

第三条 本办法所称的知识产权质押融资，是指知识产权权利人以专利、商标、地理标志或集成电路布图设计等知识产权（以下所称"知识产权"，均特指上述内容知识产权），向合作银行进行单独或组合质押，以获得贷款的一种融资行为。

第四条 本办法所称主管部门是指广州市市场监督管理局（知识产权局）。主管部门职责如下：

（一）牵头组织知识产权质押融资风险补偿机制建设，确定风险补偿机制重点支持行业。

（二）负责风险补偿机制运行监督管理，牵头制定相关管理措施。

（三）负责按程序申请风险补偿机制年度财政资金预算和拨付补偿资金。返还收回的清收处置资金至市财政。

（四）负责开展受托管理机构遴选，并对受托管理机构进行管理，具体办法另行制定。

（五）负责审核受托管理机构报送的合作银行不良贷款申报补偿资料，审定不良贷款补偿名单，保证补偿资金合法合规使用。

（六）指导受托管理机构开展合作银行征集、管理和退出。

第五条　本办法所称受托管理机构是指受主管部门委托承担风险补偿机制日常管理服务职责的机构。

第六条　本办法所称合作银行是指自愿遵守本办法规定，并经受托管理机构公开征集、择优选定的具有知识产权质押融资产品的商业银行。

第七条　风险补偿机制的资金预算和使用遵循"普惠发展、适度引导、市场运作、有限保障"的原则。

第二章　补偿对象、条件与标准

第八条　风险补偿对象为合作银行。

第九条　适用于本办法的借款人须同时满足以下条件：

（一）借款人为在广州市行政区域内进行经济活动一年以上的中小微企业，且中小微企业划定标准符合《工业和信息化部国家统计局国家发展和改革委员会财政部关于印发中小企业划型标准规定的通知》的规定。

（二）借款人在人民银行企业征信体系中三年内无列入不良贷款等级为次级、可疑或损失类记录。

第十条　申请资金补偿的贷款必须同时满足以下条件：

（一）该笔贷款符合本办法第三条关于知识产权质押融资的规定。

（二）该笔贷款已纳入风险补偿机制的项目管理。

（三）该笔贷款必须用于借款人技术研发改造，或项目产业化，或知识产权事业发展，或流动资金周转等活动，不得用于委托贷款、并购贷款、民间借贷和投资资本市场等其他用途。

（四）该笔贷款未享受过广州市其它贷款风险补偿政策。

第十一条　申请资金补偿的贷款项目须已逾期 90 天以上，或列入中国人民银行不良贷款等级为次级、可疑或损失类。

第十二条　申请资金补偿的数额和标准：

（一）全市年度申请资金补偿总额不超过 5000 万元。

（二）对每笔不良贷款本金损失给予补偿的比例为 50%。贷款是由知识产权和其他担保物共同组合担保的，计算贷款本金只包括知识产权质押融资部分金额。其他组合担保贷款，应在贷款合同中明确知识产权质押所占的贷款额度，未明确的不予补偿。

（三）风险补偿机制补偿中小微企业单笔贷款中不超过1000万元部分；同一年度内针对同一借款人可纳入本办法的贷款额度，按融资时间先后累计不超过2000万元。超过部分风险由放款的合作银行承担。

（四）单一合作银行每年申请风险补偿额不得超过该机构当年已纳入风险补偿池融资项目实际放贷额的5%。

第三章 工作规程

第十三条 风险补偿机制委托管理费用由基本管理费和绩效管理费组成，纳入主管部门预算，具体费用在受托管理机构委托管理协议中确定。

第十四条 受托管理机构依据本办法和委托管理协议负责风险补偿机制日常运营和管理。风险补偿机制建立风险补偿池，通过本办法产生的融资项目均应入池管理，按照以下流程办理：

（一）入库申请。借款人向受托管理机构发起风险补偿机制入库申请和融资申请。

（二）融资流程。受托管理机构审核借款人的申报材料等，审核通过后纳入风险补偿机制融资企业库。合作银行在完成尽职调查后形成信贷方案。合作银行与借款人签订质押（贷款）合同，进行质押登记并安排资金发放。

（三）项目管理。合作银行贷款项目应纳入风险补偿池管理。

第十五条 受托管理机构应制定并规范贷后管理制度，并会合作机构加强项目贷后管理。

第十六条 风险补偿机制不良贷款申请风险补偿，按照以下流程办理：

（一）符合补偿条件的不良贷款由合作银行向受托管理机构提出补偿申请，经受托管理机构审核后，报主管部门审批。当风险补偿池项目的总逾期率超过5%（含），暂停审批新的风险补偿项目。待项目总逾期率降到5%以下后再行恢复风险补偿业务。暂停期间，已产生但尚未完成还本付息的项目，按照合作协议的约定履行风险分担责任。

（二）受托管理机构按规定完成补偿周期中的出险项目资料审核后，报主管部门审核批准。

（三）知识产权工作专项资金预算下达后，主管部门根据审核批准情况拨付补偿资金至补偿的合作银行。

（四）风险补偿机制实施补偿后，追偿主体负责依据合同和法律规定进行质物处置和债务追偿，收回的资金在扣除质物处置和追偿费用后，由追偿主体将所得资金按照50%的比例，原路返回主管部门账户，再由主管部门退回市财政。

（五）借款人破产，或对借款人诉讼、仲裁后已生效的民事判决书、仲裁裁决书等法律文书执行终结，合作银行已按照合同及相关法律法规履行追偿程序和义务的，由合作银行提出申请，受托管理机构进行初核，报主管部门同意后，对补偿的最终损失部分予以核销。

（六）申请核销需递交以下资料：

1. 合作银行提出核销申请。核销申请材料包括：广州市知识产权质押融资风险补偿机制补偿资金核销申请书并附企业基本情况、贷款发放和管理情况、贷款补偿和追偿情况、形成的补偿损失情况等书面材料。

2. 法院的民事判决书或其他可以确认形成损失的法律文书。

第四章　监督与管理

第十七条　主管部门、受托管理机构等各单位应建立信息沟通机制，加强监督检查，主管部门可委托会计师事务所等中介机构对资金使用和管理情况进行专项审计和检查，委托费用纳入主管部门预算。

第十八条　受托管理机构、合作银行加强风险补偿机制项目贷后管理和监督，合作银行按季度向受托管理机构报送贷后监管报告和融资执行情况。受托管理机构按季度将贷款统计报告、贷后监管报告报主管部门。

第十九条　合作银行应加强知识产权质押贷款产品创新，为知识产权质押融资提供授信额度。

第二十条　借款人不能按期还本付息的，或尚未发生实质逾期但出现经营情况严重恶化，或存在其他重大不利影响预计无法到期偿还贷款本息的，合作银行应及时通知受托管理机构，共同核实借款人还贷能力。

第二十一条　合作银行存在就同一笔不良贷款重复申请广州市贷款风险补偿的，由主管部门责令改正，追回补偿资金，并取消合作银行资格。

第二十二条　受托管理机构存在弄虚作假、隐瞒事实真相、串通作弊等行为的，由主管部门取消受托管理机构资格，并依法追究法律责任。

第二十三条　主管部门、受托管理机构及其工作人员骗取、挪用、套用风险补偿机制资金的，按规定对相关单位和人员予以处罚，依法追究法律责任。

第五章　附　　则

第二十四条　原广州市知识产权质押融资风险补偿基金到期后的入池存量项目纳入本办法支持范围。

第二十五条　本办法自发布之日起实施，有效期至 2028 年 1 月 18 日。《广州市知识产权局关于印发广州市知识产权质押融资风险补偿基金管理办法的通知》（穗知规字〔2020〕1 号）同时废止。

四、广州市中新广州知识城主要知识产权制度

广东省中新广州知识城条例

（2022 年 1 月 16 日广东省第十三届人民代表大会常务委员会第三十九次会议通过）

第一章 总 则

第一条 为了推动中新广州知识城建设发展，打造具有全球影响力的国家知识中心，根据有关法律、行政法规，结合本省实际，制定本条例。

第二条 本条例适用于中新广州知识城（以下简称知识城）的开发建设、开放合作和服务保障等活动。

知识城范围包括《中新广州知识城总体发展规划（2020—2035 年）》（以下简称知识城总体发展规划）确定的区域和经批准的扩展区域。

第三条 知识城着力打造知识创造新高地、国际人才自由港、湾区创新策源地、开放合作示范区，成为粤港澳大湾区高质量发展重要引擎。

第四条 省人民政府应当制定落实知识城总体发展规划的实施方案，协调解决知识城建设发展中的重大问题，支持知识城建设发展。

省人民政府商务主管部门应当会同有关单位，对知识城总体发展规划实施情况进行跟踪分析和督促指导，推动目标任务落实。

省人民政府发展改革、科技、财政、人力资源社会保障、自然资源、交通运输、市场监督管理等相关部门应当按照职责分工，研究制定支持知识城建设发展的具体政策措施，加强对重大项目建设、体制机制创新等方面的支持和指导，并可以依法建立知识城事项报批绿色通道。

广州市人民政府应当加强对知识城建设发展工作的组织领导，统筹推进知识城的建设发展。

中新广州知识城管理委员会（以下简称知识城管委会）承担知识城建设发展的具体事务。

第五条 省人民政府及其有关部门、广州市人民政府及其有关部门可以将承接的国家经济、建设管理权限，在符合法律、行政法规或者国家规定前提下，经国家有关主管部门同意，交由知识城管委会行使。

省人民政府及其有关部门应当根据知识城建设发展需要和所具备的条件，将省级经济、建设管理权限依法调整由知识城管委会实施，确需由省级行政机关统一协调管理的

事项除外。省级经济、建设管理权限调整目录应当在本条例施行之日起十二个月内向社会公布，并结合实际情况动态调整。

知识城管委会对省人民政府及其有关部门依法调整由广州市及其有关部门实施的省级经济、建设管理权限，可以在符合法律法规或者国家、省规定前提下直接行使，确需由市级行政机关统一协调管理的事项除外。

知识城管委会对省人民政府及其有关部门依法调整由中国（广东）自由贸易试验区实施的省级经济、建设管理权限，可以在符合法律法规或者国家、省规定前提下直接行使。

知识城管委会承接行使上述经济、建设管理权限情况，应当定期向有关主管部门报告。

第六条　支持知识城与中国（广东）自由贸易试验区联动发展，依法复制推广自由贸易试验区改革试点经验。其他区域的改革试点措施，按照国家规定可以扩大试点范围的，省人民政府可以优先安排在知识城实施。

支持知识城与广州高新技术产业开发区、经济技术开发区等联动发展，开辟开放合作新路径，探索创新发展新模式。

第七条　知识城营造开放包容、合作协同、崇尚创新的环境，鼓励各类主体创新创业，激发市场活力和发展动力。

知识城建立容错免责机制，支持先行先试，宽容失败。在知识城先行先试未能实现预期目标，但是符合知识城总体发展规划，决策程序合法，未牟取私利或者未恶意损害公共利益的，对有关单位和个人不作负面评价，免于追究相关责任。

第二章　科技创新与知识产权保护

第八条　知识城应当集聚科技创新要素，完善科技创新体系，深化科技体制改革，提高科技创新能力。

知识城应当推动知识产权创造与运用，强化知识产权保护，发展知识产权服务业，打造全球知识产权高地。

第九条　省人民政府按照国家部署支持知识城布局重大科技基础设施，对知识城已列入国家重大科技基础设施建设规划的项目给予经费支持。

省人民政府支持知识城与全球顶尖高校、科研机构共建联合研究院，开展重大基础和前沿科学技术研究；支持知识城高标准建设国家级重点实验室，集聚高端研发机构。

第十条　知识城培育和推动新型研发机构建设，支持新型研发机构在开展科技研发、加速成果转化、培育创新人才、建设创新文化等方面进行体制机制和服务创新。省人民政府科技主管部门应当为知识城建立省级新型研发机构绿色申报通道。

新型研发机构在政府项目承担、职称评审、人才引进、建设用地、投资融资等方面享受与国有科学技术研究开发机构同等待遇。符合条件的新型研发机构提供技术转让、技术开发以及相关的技术咨询、技术服务所取得的收入，按照国家规定享受税收减免等相关优惠。

知识城培育扶持高新技术企业。经认定的高新技术企业，按照国家规定享受税收减免等相关优惠。

第十一条　知识城建立健全全链条创新创业模式，发展研发设计、中试孵化、科技咨询、检验检测、技术标准研制、成果转化等科技服务机构，建设科技文献服务平台、科学数据共享平台、技术转移服务平台等公共服务平台，改善科技创新生态。

第十二条　支持知识城内高等学校、科研院所、产业技术创新联盟、企业以及个人按照国家规定申报和承担国内外重大科技项目，可以经知识城管委会向省人民政府科技主管部门直接推荐申报省重点科技计划和省人才专项计划。

第十三条　支持高等学校、科研院所建立健全知识产权转移转化机构，探索与企业联合建立高价值专利创造中心，提升知识产权创造能力。推动在知识城开通专利优先审查、集成电路布图设计登记等知识产权申请绿色通道。

支持知识城引入新加坡及港澳知识产权服务机构，培育知识产权运营机构，规范发展知识产权交易中心，建设国际知识产权运营中心，加速知识产权市场化运营。

知识城创新和完善知识产权价值评估制度，引导行业组织制定知识产权评估标准，培育具有公信力和市场认可度的知识产权评估机构。

第十四条　知识城优化知识产权融资服务体系，采取资金资助、政策引导等措施，推动知识产权质押融资、知识产权证券化，发展多层次资本市场，拓宽直接融资渠道，培育知识产权金融服务市场。

第十五条　知识城实行严格的知识产权保护标准，建立健全涵盖审查授权、行政执法、司法保护、仲裁调解、行业自律等环节的保护工作体系，综合运用法律、行政、经济、技术、社会治理等手段加强知识产权保护，促进保护能力和水平的提升。

支持中国（广东）知识产权保护中心等知识产权服务机构发挥作用，为重点产业知识产权快速审查、快速维权、协同保护等提供服务支撑。

在知识城设立知识产权公证机构，对接建立粤港澳大湾区知识产权调解平台，完善知识产权纠纷多元化解决机制。

第十六条　知识城建立知识产权代理、咨询、商用化、交易、融资、鉴定、法律和培训等全链条知识产权服务产业体系，促进知识产权服务业高端化与多元化发展。

支持外国专利代理机构按照国家规定在知识城设立常驻代表机构开展业务。

按照国家规定取得专利代理师资格的外国人，可以在知识城设立的专利代理机构执业。符合规定条件的外国执业人员可以加入成为知识城专利代理机构的合伙人或者股东。

支持知识城与新加坡共同培养知识产权领域的国际化专业人才，提升知识产权服务业对外开放水平。

建立粤港澳大湾区知识产权信息公共服务平台，促进知识产权信息交换共享。

第三章　知识密集型产业发展与人才支撑

第十七条　知识城应当优化产业空间布局，发展知识密集型产业，完善知识密集型产业服务，构建知识密集型产业体系。

知识城应当创新人才管理机制，健全人才服务体系，打造国际人才自由港。

第十八条　知识城应当根据知识城总体发展规划，以山体湖泊为生态绿色屏障，打造知识创造与科技创新核，构建知识辐射传播轴，高水平建设知识密集型产业组团。

知识城应当发挥知识密集型产业示范引领和辐射带动作用，协同周边区域实现高质量发展。

第十九条　知识城管委会应当按照知识创新、开放合作、产城融合、集约发展、绿色低碳的原则，编制产业发展规划，制定产业指导目录，并向社会公布。

知识城重点发展下列产业：

（一）生物医药与大健康产业；

（二）新一代信息技术产业；

（三）新材料新能源产业；

（四）科教服务与数字创意产业；

（五）智能制造与集成电路产业；

（六）其他知识密集型产业。

知识城管委会应当实行有利于碳达峰、碳中和目标实现的产业政策，建立健全新增产业的禁止和限制目录，严格限制引进废水、废气、重金属或者持久性污染物排放量大的产业项目。

第二十条　支持推动将符合条件的知识城重点产业项目纳入国家重大建设项目储备库，在认定国家企业技术中心等创新平台申报中给予知识城名额倾斜，推动国家级战略性新兴产业发展基金优先在知识城设立子基金。

第二十一条　知识城应当采取措施建立和完善知识密集型产业服务链，对从事法律、保险、会计、审计、资产评估、信息咨询、合格评定、人才服务的相关组织在知识城开展业务提供便利。

第二十二条　知识城管委会应当根据国家金融政策，鼓励和支持优化下列金融服务：

（一）金融机构开展信用保险、融资租赁、信托投资等业务，发行多币种的产业投资基金，在基础设施领域推出公募不动产信托基金；

（二）中小科技企业首贷、续贷中心支持企业无还本续贷；

（三）战略性新兴产业企业发债融资，提供股权和债权相结合的融资方式支持企业创新活动；

（四）保险资金以股权、债权、资产支持计划等形式直接支持知识城科技项目和创新企业发展；

（五）私募基金参与创新型科技企业投资，高新技术企业开展跨境融资。

省人民政府财政、科技、工业和信息化、地方金融监管等有关部门应当指导和支持知识城优化金融服务。

第二十三条　支持全省重大人才管理改革创新举措在知识城先行先试。

推动港澳医疗、教育、规划、法律等领域的专业人才在知识城便利执业。

依照法律、行政法规或者国家规定，取得永久居留资格的外籍高层次人才在知识城创办科技型企业享受中国籍公民同等待遇。

支持知识城实行更加开放的境外人才引进政策，为境外人才在办理签证、停留居留、永久居留等方面提供便利，推动人才要素跨境流动。

第二十四条 支持国内外知名高等学校、科研院所、高端研究咨询机构依法在知识城合作办学、设立研究院或者人才培训机构，培养高层次人才和技能人才，创新人才培养模式。

支持知识城符合条件的企业自主开展企业主体专业的职称评审。

第二十五条 支持知识城组织实施国际化人才奖励计划。

知识城管委会设立人才发展专项资金，对引进的高层次人才、团队及其创新创业项目予以支持。鼓励社会组织、企业和个人发起设立人才发展基金，为知识城人才发展提供资金支持。

在政府资助的重点创新项目中，按照国家和省的规定赋予创新领军人才人财物支配权和技术路线决定权。

第二十六条 省人民政府相关部门支持省级重大人才服务平台在知识城设立载体。知识城管委会应当设立一站式人才服务大厅，引进国内外一流的人力资源服务机构，为各类人才提供专业精准服务。

知识城拓宽人才沟通渠道，开展论坛沙龙、合作拓展、创业路演、培训提升等柔性和增值服务，建立知识城人才联盟。

第二十七条 知识城管委会应当完善普惠公平的住房保障体系，扩大人才住房保障覆盖面。探索利用集体经营性建设用地建设租赁住房。

支持知识城医疗机构与国内外保险公司合作，开发跨境商业医疗保险产品，开展国际商业医疗保险结算，为外籍人才就医提供便利服务。

知识城管委会应当健全劳动保障监察制度，探索粤港澳大湾区跨境劳动争议替代性解决机制，完善劳动人事争议仲裁全流程网络服务，保护劳动者和用人单位双方合法权益。

第四章　对外开放与合作

第二十八条 知识城应当以推动高水平开放合作为目标，拓展对外开放领域，参与粤港澳大湾区国际科技创新中心建设，深化与新加坡全方位合作，拓展共建"一带一路"开放合作，打造高水平对外开放新平台。

第二十九条 支持知识城扩大金融业对外开放，探索以人民币计价结算的金融资产跨境转让业务以及本外币合一的跨境资金池业务，支持符合条件的财务公司、证券经营机构等非银行金融机构获得结售汇业务资格，推进人民币国际化先行先试。

支持设立中新合资金融机构，支持符合条件的新加坡金融机构在知识城设立分支机构。

第三十条 支持外商投资企业在知识城开展现代服务业创新业务，法律法规另有规定的除外。

支持跨区域的行业组织或者境外合格评定机构依法在知识城设立认证机构，从事相关活动。

第三十一条 推进知识城与港澳协同发展，加强科技创新领域交流和信息资源共享。鼓励和支持建设粤港澳大湾区协同创新研究机构，设立粤港澳及海外院士专家创新创业联盟，开展学术、科技交流和科技产业合作。

知识城管委会应当建立粤港澳大湾区青年创新创业基地，建设粤港澳大湾区科技成果孵化和转化平台，支持港澳及海外投资机构参与投资知识城私募投资基金和创业投资基金，构建多元化、国际化、跨区域的科技创新投融资体系。

第三十二条 推进知识城在科技创新、产业发展、知识产权、人才培养、城市治理、营商环境等方面与新加坡开展合作，建立与国际高标准投资贸易规则相衔接的制度体系。

知识城管委会应当加快中新国际科技创新合作示范区建设，加大在全球战略性新兴产业、总部经济等方面的招商引资力度和资源投入。

第三十三条 知识城建立中新广州知识城智库，对标国际高端创新论坛，打造知识领域的国际化高端战略对话平台。

知识城应当加强与新加坡知名大学和科研院所的教育合作，为新加坡优秀大学生到知识城创新创业提供便利。

第三十四条 支持知识城加强与"一带一路"沿线国家和地区开展交流合作，推动与东盟国家在园区共建、生物医药、教育卫生、文化旅游、生态环境保护等领域的合作。

支持在知识城搭建共建"一带一路"全面开放合作平台，建立健全科技创新合作机制。支持欧盟地区国家高端研究机构、企业在知识城设立研发中心或者分支机构。

第五章 服务与保障

第三十五条 在知识城办理行政许可事项，实行一站式受理、信用承诺制审批、限时办结、跟踪服务等制度。

在知识城办理政策兑现事项，实行一门受理、集成服务、限时办结、免申即享等制度。

在知识城实行经营涉及的多项许可事项与营业执照一次申请、并联审批、限时办结。

第三十六条 在知识城推动中新、粤港澳投资跨境商事登记实行全程电子化办理，以及粤港澳三地电子签名证书互认。

知识城管委会应当保障国家药品监督管理局药品和医疗器械审评检查服务窗口在知识城开展业务，为企业申请药品医疗器械注册提供便利服务。

第三十七条 知识城管委会应当创新公共服务方式，加强与新加坡交流互鉴，根据需要规划建设功能齐全、服务完善的社区中心、邻里中心和街坊中心三级居民生活圈，为居民提供优质的法律、教育、医疗、卫生、文化、体育、交通、就业培训、社会保障等公共服务，建设国际化知识社区。

第三十八条 知识城管委会应当推动构建智能基础设施体系，建立城市数据资产管理体系，健全城市智能安全网络，规划建设智慧政务、智慧交通、智慧城管、智慧卫生、智慧教育、智慧社区等重点工程，推进数字知识城建设。

省人民政府及其有关部门、广州市人民政府及其有关部门应当在政务服务事项办理程序规范、业务系统权限调整、数据共享等方面给予知识城管委会支持。

第三十九条 省人民政府、广州市人民政府应当加大财政支持力度，支持知识城经济社会建设发展。

支持知识城管委会通过股权投资、政府投资基金等方式，带动社会资本投资知识城建设发展。

第四十条 知识城管委会应当依据上级国土空间规划和知识城总体发展规划，组织编制知识城国土空间规划和相关专项规划，依照法定程序报批。

经批准的相关规划，应当严格执行，未经法定程序不得修改。

第四十一条 省人民政府、广州市人民政府优先支持知识城重点建设项目用林需求。

知识城推行清单制方式出让产业用地，按照国家和省的规定探索二三产业混合用地供给。

知识城产业用地采取差别化使用年限模式供给。对可以利用标准厂房生产的工业项目，原则上购买或者承租标准厂房；确需购置土地自行建设的，可以采用先租赁后按照弹性年限出让或者直接按照弹性年限出让模式供地。支持知识城拓展产业发展空间，按照有关规定和程序给予知识城预支存量建设用地奖励指标。

第四十二条 省人民政府应当加大对知识城轨道交通、快速公路等重大公共基础设施建设的政策支持力度。省人民政府发展改革、交通运输等主管部门在基础设施以及其他公共服务配套设施规划中，统筹建设知识城与周边地区以及粤港澳大湾区主要城市之间的快速直达交通干线，实施高快速轨道交通、管网综合同步建设，使其相互衔接。

知识城管委会打造多层次雨洪调蓄利用系统，高标准建设排水系统，全面推进海绵城市建设。

第四十三条 知识城可以按照机构编制管理规定调整内设机构、职能和人员，推进机构设置和职能配置优化协同高效。

知识城的事业单位专业技术岗位高级、中级、初级岗位结构比例参照广州市属机构标准设置。

知识城管委会应当对其管理机构以及行政管理职责、公共服务范围予以明确，并向社会公布。

鼓励知识城管委会在行政管理体制、机构运行模式等方面进行创新。

第四十四条 支持人民法院、仲裁机构、调解组织加强国际交流合作，在知识城建立调解、仲裁、诉讼有机衔接的纠纷解决平台，完善国际化的多元化纠纷解决机制。

支持在知识城注册的企业约定在境内特定地点、按照特定规则、由特定人员对有关争议进行调解。

支持司法行政机关推进法律服务业对外开放，支持登记备案的境外商事纠纷解决机构按照规定在知识城开展业务。

第四十五条　省人民政府、广州市人民政府应当建立知识城总体发展规划实施情况监督考核制度，对规划实施全过程实行信息化监管，并定期发布监测报告。

省人民政府应当建立知识城总体发展规划以及本条例实施情况评估制度，定期组织或者委托第三方开展评估。

第四十六条　省人民政府、广州市人民政府、知识城所在地区人民政府及其有关部门以及知识城管委会，在知识城建设发展中不履行或者不正确履行职责的，依照法律法规和国家有关规定追究责任，对直接负责的主管人员和其他直接责任人员依法给予处分。

第六章　附　　则

第四十七条　本条例自 2022 年 3 月 1 日起施行。

广州开发区管委会　广州市黄埔区人民政府关于印发广州开发区　广州市黄埔区深化知识产权运用和保护综合改革试验促进高质量发展办法的通知

穗埔府规〔2023〕5号

广州开发区管委会直属各单位；黄埔区各街道、镇，区府属各单位：

现将《广州开发区、广州市黄埔区深化知识产权运用和保护综合改革试验促进高质量发展办法》印发给你们，请认真遵照执行。执行过程中如遇问题，请径向区知识产权局反映。

广州开发区管理委员会　广州市黄埔区人民政府
2023年11月21日

广州开发区　广州市黄埔区深化知识产权运用和保护综合改革试验促进高质量发展办法

第一章　总　　则

第一条　为全面贯彻《知识产权强国建设纲要（2021—2035）》《国务院关于同意在中新广州知识城开展知识产权运用和保护综合改革试验的批复》，深入落实《广东省人民政府、国家知识产权局关于印发中新广州知识城深化知识产权运用和保护综合改革试验实施方案（2023—2027年）的通知》及国家、省、市相关文件精神，构建国际一流的知识产权生态示范系统，培育更多具有自主知识产权和核心竞争力的创新型企业，实现知识产权赋能制造业当家、助力高质量发展，结合我区实际，制定本办法。

第二条　本办法适用于注册登记地、税务征管关系及统计关系在广州开发区、广州市黄埔区及其受托管理和下辖园区（以下简称本区）范围内，有健全财务制度、具有独立法人资格（单独入统的分公司视同具有独立法人资格）、实行独立核算、符合信用管理相关规定的企事业单位和社会团体。注册登记地、税务征管关系及统计关系在本区范围内，有健全财务制度、符合信用管理相关规定的合伙制专利代理机构，外国专利代理机构在本区范围内设有2人以上常设机构并正常开展业务的，参照适用本办法。

第二章　激发创新创造活力

第三条　鼓励企事业单位独立或联合建设高价值专利培育布局中心，开展高价值专利培育和实施工作，实施《创新管理—知识产权管理指南（ISO 56005）》标准，促进产业高质量发展。高价值专利培育布局中心建设期为 2 年，经区知识产权主管部门综合评定，每年评定不超过 20 家。区知识产权主管部门每年对建设期内的高价值专利培育布局中心进行考核，通过年度考核的，每家培育布局中心给予扶持 50 万元。

第四条　支持提升专利创造质量，对获得中国专利奖或广东省专利奖，并在本区实施产业化的，按照国家级金奖 100 万元、银奖 30 万元、优秀奖 20 万元，省级金奖 30 万元、银奖 15 万元、优秀奖 5 万元给予一次性扶持。

支持开展商标培育工作，对新获得驰名商标保护，并在本区实施产业化的，每件给予一次性扶持 100 万元；对新纳入广东省重点商标保护名录的，每件给予一次性扶持 5 万元。

加强地理标志工作，对农产品获得地理标志产品保护或以地理标志作为证明商标、集体商标注册成功的，给予一次性扶持 50 万元；对获得本区地理标志保护产品专用标志使用权的，给予一次性扶持 20 万元；获得本区地理标志商标许可使用权的，给予一次性扶持 5 万元。

第五条　支持完善知识产权创造机制，对获评国家、省级知识产权示范、优势企业的，按国家知识产权示范企业 30 万元、国家知识产权优势企业或省知识产权示范企业 15 万元给予一次性扶持；对获评国家、省级商业秘密示范企业的，按国家商业秘密示范企业 30 万元、省商业秘密示范企业 15 万元给予一次性扶持。

第三章　提升运用转化效能

第六条　支持企业开展高价值发明专利产业化，企业高价值发明专利实施后产品年销售收入比上年度增加 1000 万元以上的，按照 10 万元每件给予扶持，每个企业每年可申报 1 件，同一件专利不重复资助。按照由高到低的原则，每年资助的专利总数不超过50 件。

第七条　鼓励企业联合国内外高等院校、科研机构以及医院开展产学研合作。对产学研合作项目中核心技术获得发明专利授权并在本区实现产业化的，由区知识产权主管部门综合评定，每年评定项目不超过 20 个，每个项目最高扶持 20 万元。

第八条　支持知识产权交易运营平台建设，对本区由广东省人民政府或国家知识产权局同意建设的知识产权交易或运营平台，按涉本区单位知识产权交易金额的 1% 给予扶持，每个平台每年最高扶持 300 万元。

第九条　鼓励企事业单位委托知识产权服务机构开展技术方案专利查新检索、专利导航、专利预警分析、知识产权分析评议、自由实施分析等服务，由委托单位自行或委托第三方进行项目验收合格，并经区知识产权主管部门审核通过后，按实际发生费用的30% 给予委托单位扶持，每项服务最高扶持 10 万元，每个单位每年最高扶持 50 万元。

鼓励企事业单位委托第三方服务机构开展商业秘密侵权风险分析服务，对接受知识产权服务机构入场尽职调查并出具报告的，由委托单位自行或委托第三方进行项目验收合格，并经区知识产权主管部门审核通过后，按实际发生费用的 50% 给予扶持，每个单位每年最高扶持 2 万元。

第十条 获评国家和省版权示范企业（单位、基地、园区）的，按其上年度购买正版软件费用的 30% 给予扶持，扶持年度需在政策有效期内。其中，获评国家版权示范企业（单位、基地、园区）的最高扶持 100 万元，获评省版权示范企业（单位、基地、园区）的最高扶持 50 万元。

由区版权主管部门推荐上报并列入省、市推进企业使用正版软件工作重点单位名单的，给予推荐年度该单位购买正版软件的费用扶持。其中，列入省推进企业使用正版软件工作重点单位名单的单位最高扶持 30 万元，列入市推进企业使用正版软件工作重点单位名单的单位最高扶持 20 万元。

第四章 打造金融服务样板

第十一条 鼓励企业以其依法拥有的知识产权从银行或类金融机构获得质押融资，用于生产经营或技术研发。对获得该笔资金所发生的符合金融监管部门规定的担保费，按实际发生费用的 50%，最高 10 万元给予扶持。企业还本付息后，按实际融资利息的 50% 给予扶持，每笔实际扶持期限最长 1 年，每个企业每年可申请 1 笔扶持，最高 100 万元。本条款对已享受市级部门知识产权质押融资扶持政策的业务，不重复扶持。

第十二条 对已发行的知识产权证券化产品，按照发行金额的 1% 对发行主体给予扶持，每个发行主体每年最高扶持 150 万元。对通过知识产权证券化产品实现融资的企业，按其实际融资金额利息的 50% 给予扶持，每笔融资最多扶持 3 年，每个企业每年可申请 1 笔扶持，每笔扶持最高 200 万元。

第十三条 对为本区企事业单位投保知识产权保险（包括商业秘密保险）的单位，按投保费用的 50% 给予扶持，每个单位每年最高扶持 200 万元。

鼓励保险机构积极开展知识产权保险业务。对提供知识产权海外侵权责任保险业务的保险机构，按保费的 6% 给予扶持，每张保单最高扶持 30 万元。

第十四条 强化知识产权评估工作，鼓励评估机构为本区企事业单位在知识产权转让、许可、作价入股、维权业务中提供知识产权评估服务，按评估费的 20% 给予扶持，每个知识产权评估项目最高扶持 2 万元，每个评估机构每年最高扶持 50 万元。

第五章 构筑协同保护高地

第十五条 企业在专利、商标、地理标志、商业秘密被侵权或受到侵权指控时，通过司法途径开展维权行动并胜诉的，根据相关生效法律文书，按案件实际发生的维权代理费、公证费、审计费的 30% 给予扶持，每件国内维权案件最高扶持 100 万元，每件国外维权案件最高扶持 200 万元，每个企业每年最高扶持 200 万元。

第十六条 支持重点产业集群、园区联合行业协会、知识产权服务机构建立知识产权维权援助和知识产权保护工作站或商业秘密保护工作站，为本区重点产业的企业提供知识产权信息检索、法律咨询、争议解决等公益性知识产权维权援助和指导服务，或提供政策宣讲、贯标指导、侵权举报、业务咨询等商业秘密服务。经认定，对每个知识产权维权援助和知识产权保护工作站或商业秘密保护工作站给予最高 30 万元扶持。

第十七条 鼓励企事业单位在新加坡、港澳地区或者广州知识产权仲裁院进行知识产权仲裁，对仲裁任一方为本区企事业单位的知识产权仲裁案件，完成仲裁流程的，按实际支付仲裁费用的 30% 给予扶持，每件案件最高扶持 10 万元，每个单位每年最高扶持 50 万元。

第十八条 组建港澳籍调解员及仲裁员队伍，参与涉外、涉港澳知识产权案件的调解、仲裁工作。鼓励港澳籍居民担任广州知识产权法院、广州知识产权仲裁院、黄埔区人民法院的调解员或仲裁员，经聘任为法院的调解员或仲裁院的调解员、仲裁员，且能够完成相关工作、履行有关职责的，每人每年给予扶持 2 万元；成功调解涉外、涉港澳知识产权案件的，每件案件给予扶持 8000 元。

第六章 完善公共管理体系

第十九条 支持建设区域知识产权公共服务平台，面向全区创新主体和社会公众开展知识产权宣传、信息检索、咨询、培训、预警监测、运营等公共服务。每年评定公共服务平台不超过 7 个，其中一类公共服务平台不超过 2 个，给予最高 100 万元扶持，二类公共服务平台不超过 2 个，给予最高 50 万元扶持，三类公共服务平台不超过 3 个，给予最高 30 万元扶持。

支持建设重点企业知识产权服务工作站，委托经区知识产权主管部门遴选的机构开展专利布局分析、咨询、培训等公共服务。区知识产权主管部门每年对重点企业知识产权服务工作站工作进行考核，通过年度考核的，每个重点企业知识产权服务工作站给予扶持 5 万元，最多扶持 3 年。

第二十条 鼓励利用知识产权信息开展研究开发活动。对企事业单位一次性投入 2 万元以上购买具有自主品牌的专利或商标数据库、检索及管理系统（或账号）的，按实际发生费用的 50% 给予扶持，每个单位每年最高扶持 5 万元。

支持提升商业秘密保护信息化水平，加强区块链、时间戳、数字水印等信息技术的推广和应用。对企事业单位一次性投入 2 万元以上购买电子存证、加密软件等商业秘密技术产品或服务的，按实际发生费用的 50% 给予扶持，每个单位每年最高扶持 5 万元。

第二十一条 支持企业引进知识产权专业人才，对 2023 年起新引进具有专利代理师资格且申请时在企业担任中高级管理人员 1 年以上的，按照 5 万元每人给予企业扶持，同一人仅扶持一次。

第七章 建设服务集聚中心

第二十二条 对新入驻中新广州知识城知识产权服务园区的知识产权服务机构，有 5 人以上常驻办公并正常开展业务，为本区企业或个人提供知识产权代理、维权、评估、交易转化等相关服务 30 笔以上的，按其租用自用办公用房实际租金的 50% 给予扶持，扶持期限自租赁合同约定的正式入驻之日起算，最长 3 年，每个机构每年最高扶持 50 万元。

第二十三条 对香港、澳门籍居民或境外知识产权服务机构在本区新设立知识产权服务机构（含常驻代表机构），注册资本不少于 500 万元，正常开展业务，为本区企业或个人提供知识产权代理、维权、评估、交易转化等相关服务 30 笔以上的，按其租用自用办公用房实际租金的 50% 给予扶持，扶持期限自租赁合同约定的正式入驻之日起算，最长 3 年，每个机构每年最高扶持 50 万元。

第二十四条 对带动性强、地方经济发展贡献大的知识产权重点项目，经管委会、区政府同意，另行给予重点扶持。

第八章　构建合作开放格局

第二十五条 鼓励知识产权服务机构为本区企事业单位提供知识产权国际布局、维权、境外自由实施分析等服务，对年度知识产权涉外服务额 50 万元以上的知识产权服务机构，按服务额的 20% 给予扶持，每个机构每年最高扶持 100 万元。

第二十六条 对推动外国专利代理机构获得国家知识产权局批准在本区设立常驻代表机构，并协助完成注册登记、税务登记的单位，按 5 万元每家给予协助引进单位扶持，每个单位每年最高扶持 10 万元。

第二十七条 加强专利代理对外开放试点工作，对为符合我国专利代理师报考资格的外国人，开展我国专利代理师资格考试培训并指导其完成考试的知识产权服务机构，按 5 万元每人给予扶持，每个机构每年最高扶持 50 万元。

第九章　附　　则

第二十八条 对同时符合本办法不同条款或本区其他扶持政策规定的同一项目、同一事项，按照从高不重复的原则给予扶持。对同时符合上级部门扶持政策的事项，不重复扶持，如先获取的市级扶持低于区级扶持，可由区级扶持给予差额补足，另有规定的除外。企业获得的扶持总额不超过其对本区的地方经济发展贡献，获得扶持的涉税支出由企业承担。本区企业新设分支机构、变更名称、分拆业务等不属于本办法扶持范畴。

第二十九条 申请本办法扶持资金应按要求提供真实、有效的材料，如弄虚作假或未遵循资金使用规定的，资金发放部门有权要求受扶持单位退回获得的扶持资金，对违规情况予以公示并通报区相关部门，三年内不予受理该单位关于扶持资金的申请。构成犯罪的，依法追究刑事责任。

第三十条 本办法自印发之日起施行，有效期 3 年。

五、广州市南沙新区主要知识产权制度

广州南沙开发区管委会办公室 广州市南沙区人民政府办公室关于印发广州南沙新区（自贸片区）促进知识产权高质量发展扶持办法的通知

各镇（街），开发区（区）各部门、各直属机构：

《广州南沙新区（自贸片区）促进知识产权高质量发展扶持办法》已经管委会、区政府同意，现印发给你们，请认真组织实施。实施过程中遇到的问题，请径向区知识产权局反映。

广州南沙开发区管委会办公室

广州市南沙区人民政府办公室

2023 年 10 月 13 日

广州南沙新区（自贸片区）促进知识产权高质量发展扶持办法

为全面贯彻落实《粤港澳大湾区发展规划纲要》《知识产权强国建设纲要（2021—2035 年）》《"十四五"国家知识产权保护和运用规划》《广州南沙深化面向世界的粤港澳全面合作总体方案》《中国（广东）自由贸易试验区发展"十四五"规划》有关精神，根据《广州南沙关于推动创新链产业链资金链人才链深度融合的若干措施》规定，扎实推进知识产权强区建设，不断提升知识产权的创造质量、运用效益、保护效能、管理能力和服务水平，推动南沙区知识产权高质量发展，支撑南沙区打造立足湾区、协同港澳、面向世界的重大战略性平台，优化营商环境，结合南沙区实际，制定本办法。

一、适用范围

申请本办法扶持的企事业单位、社会团体或个人应符合《广州南沙关于推动创新链产业链资金链人才链深度融合的若干措施》中扶持对象的相关规定或下列条件之一：

（一）具有广州市南沙区户籍，或者在南沙区工作并持有居住地址为南沙区的"广东省居住证"的自然人；

（二）在南沙区实际从事经营活动的知识产权服务机构分支机构；

（三）在南沙区工作，遵纪守法，拥护"一国两制"的香港、澳门居民，依照本办法第二条第（九）款第3项相关规定执行。

除统计关系外，符合《广州南沙关于推动创新链产业链资金链人才链深度融合的若干措施》中扶持对象相关规定的军工企业，属于本办法扶持范围。

二、支持内容

（一）鼓励知识产权高质量创造

1. 对获得中国专利奖金奖、银奖、优秀奖的，每项分别给予奖励 100 万元、50 万元、20 万元。

2. 对获得广东专利奖金奖、银奖、优秀奖的，每项分别给予奖励 50 万元、20 万元、10 万元；对获得广东杰出发明人奖的，给予奖励 10 万元。

3. 对获得中国商标金奖、中国版权金奖的，每项分别给予奖励 100 万元、100 万元。

4. 对成功注册地理标志商标、证明商标（非地理标志商标）、集体商标（非地理标志商标）的，每项分别给予资助 20 万元、10 万元、10 万元。

5. 在国家知识产权局成功登记集成电路布图设计的，在获得公告后资助 3000 元/件。

6. 对首次获评国家知识产权示范企业、优势企业的，分别给予奖励 50 万元、30 万元；对通过复核的国家知识产权示范企业、优势企业，每次分别给予奖励 5 万元、3 万元；对新获评广东省知识产权示范企业的，给予一次性奖励 30 万元。

7. 对新获评国家、广东省版权示范企业（单位、园区、基地）的，分别给予一次性奖励 50 万元、30 万元。

同一项目获得多个级别同类奖项的，仅对最高级别的奖项给予奖励；同一项目先获低级别奖项奖励的，给予差额奖励。

（二）加强知识产权金融赋能

1. 支持知识产权质押融资。中小微企业以其依法拥有的知识产权以质押方式从银行业金融机构取得贷款资金的，按该笔贷款所发生的评估费、担保费、保险费的 50% 给予资助，每项评估费、担保费、保险费资助最高 5 万元。单笔知识产权质押贷款不得同时申请担保费和保险费资助。

中小微企业的知识产权质押贷款还本付息后，按其实际贷款利息的 50%（最高不超过同期贷款市场报价利率 LPR）给予资助，单笔贷款贴息时间最长不超过 1 年，每个企业每年可申请 1 笔补贴，每年最高 100 万元。本项与市级部门知识产权质押融资补贴政策仅可选择其中一项进行兑现。

2. 支持知识产权证券化。发起单位以南沙区企业拥有的知识产权为基础构建资产池并发行知识产权证券化产品的，按其实际发行金额的 2% 给予最高 600 万元资助。企业通过南沙区知识产权证券化产品获得融资的，且该笔融资还本付息后，按其实际融资金额3%的年利率（最高不超过同期贷款市场报价利率LPR）给予资助，每笔融资资助期限最长三年，一年期资助最高200万元，累计最高600万元。对同一单位资助不超过其实际发行成本或融资成本。

（三）支持知识产权转让许可

1. 企业吸纳转让许可专利。对中小微企业以转化实施为目的，通过转让、许可等方式，从国内高校、科研机构、国有企业吸纳专利成果，并依法在国家知识产权局办理了专利权转让登记、许可备案登记的，按实际支出转让、许可费用的1%给予最高100万元资助。

2. 高校、科研机构专利转让许可。对高校、科研机构向南沙区企业转让、许可专利达到15件（次）以上的，给予5万元奖励，在此基础上，每增加10件（次），增加2万元奖励。同一单位每年奖励最高50万元。

3. 专利开放许可试点。对高校、科研机构、国有企业通过广东省专利开放许可发布平台及分平台授权许可南沙区企业实施其所拥有专利的，按实际成交许可费金额的2%给予最高50万元奖励。

（四）加强知识产权保护

1. 支持知识产权维权。企事业单位的知识产权受到不法侵害或不实侵权指控时，开展维权行动并获得法院生效判决胜诉的，按实际维权代理费用的30%给予资助，对每件国内案件资助最高50万元，每件国外案件资助最高100万元，同一单位每年资助最高300万元，且获得各级资助总额不超过其实际维权代理费。

2. 支持软件正版化。企事业单位上年度计算机软件著作权登记数累计30件以上的，按其上年度购买正版软件费用的30%给予资助，同一单位每年资助最高50万元。

（五）鼓励知识产权保险

1. 企事业单位购买知识产权海外保险的，按实际已缴纳投保费用的80%给予资助，同一单位每年资助最高50万元；购买其他类型知识产权保险险种的，按实际已缴纳投保费用的60%给予资助，同一单位每年资助最高20万元。已获上级资助的，按上述资助标准给予差额资助。

2. 鼓励保险机构开展知识产权海外保险业务，对已产生保险理赔且赔付对象为南沙区企业的知识产权海外保险保单，按实际已赔付金额的20%对保险机构给予资助，同一保险机构每年资助最高50万元。

（六）支持知识产权人才培养

对在南沙区工作并连续缴纳社保满一年，新取得国家专利代理师资格证书、高级知识产权师职称的个人，分别给予一次性奖励3万元、2万元。

（七）促进知识产权服务业发展

1. 对新落户南沙区的专利代理机构（含分支机构），自落户之日起运营满一年，且申报年度内为区内不少于5家企业、高校或科研机构提供知识产权服务的，经区知识产权行政主管部门审核后，给予一次性落户奖励10万元。

2. 对申报年度主营业务收入达到 200 万元、500 万元、1000 万元以上，且知识产权服务收入占营业总收入 50% 以上的知识产权服务机构，分别给予一次性奖励 20 万元、50 万元、100 万元，曾获本项奖励的，只给予差额奖励。

3. 对新认定或新引进的全国知识产权服务品牌机构，给予一次性奖励 50 万元；对新认定或新引进的全国知识产权服务品牌培育机构，给予一次性奖励 30 万元；对全国知识产权服务品牌机构在南沙区新设立的全资子公司，给予一次性奖励 10 万元，单个品牌机构仅对一家子公司给予奖励。

（八）支持知识产权公共服务体系建设

1. 对区内经国家、省、市批准挂牌的公益性的知识产权维权援助机构，经区知识产权行政主管部门审核后，每年给予 50 万元维权援助服务费用资助。

2. 对依法在区内注册成立以推动知识产权发展为目的，并对外提供知识产权公益性服务的协会、促进会、联盟等社会组织，经区知识产权行政主管部门审核后，每年给予 10 万元资助。

3. 对被认定为高校国家知识产权信息服务中心、技术与创新中心（TISC）或国家知识产权信息公共服务网点的，给予一次性奖励 50 万元；对被认定为广东省知识产权信息公共服务网点的，给予一次性奖励 30 万元。

（九）促进粤港澳知识产权要素集聚

1. 对年度主营业务收入达到 1000 万港元以上的优质港澳知识产权服务机构在南沙区设立的公司或子公司（出资比例不低于 50%），成立满一年，且申报年度内为区内企业或个人提供知识产权代理、维权、预警分析、交易转化等相关服务达 30 笔以上的，给予一次性奖励 30 万元。

2. 鼓励港资澳资知识产权服务机构在南沙经营发展（港澳企业或股东出资比例不低于 50%），对其在南沙区租用自用办公用房，按实际租金的 50% 给予资助，每月每平米补贴不超过 50 元，每年资助最高 100 万元，同一单位资助期限最长不超过三年。

3. 在南沙区工作的香港、澳门居民，新取得国家专利代理师资格证书、高级知识产权师职称的，分别给予一次性奖励 3 万元、2 万元。

4. 按照《广州南沙深化面向世界的粤港澳全面合作总体方案》及有关政策规定，对落户先行启动区符合政策条件的知识产权服务机构减按 15% 税率征收企业所得税；对在南沙区工作的港澳居民，免征其个人所得税税负超过港澳税负的部分。

（十）推进与港澳知识产权互认互通

1. 企业以港澳知识产权进行知识产权质押或担保融资、知识产权证券化融资的，参照本办法第二条第（二）款标准给予资助。

2. 企业的港澳知识产权受到不法侵害或不实侵权指控时，在港澳地区提起或被提起知识产权诉讼并胜诉的，参照本办法第二条第（四）款标准给予资助。

3. 企业为港澳知识产权购买保险的，参照本办法第二条第（五）款标准给予资助。

三、附则

符合本办法或本区其他扶持政策规定的同一项目、同一事项（含上级部门要求区配套或承担资金的政策规定），按照就高不重复的原则给予支持，另有规定的除外。对已获得本区"一企一策"优惠政策扶持的不再享受本办法同类扶持措施支持，自愿放弃"一企一策"优惠政策扶持的除外。对于享受本办法扶持的单位及个人，如有采用虚假材料骗取奖励、资助的行为，区知识产权行政主管部门有权取消或收回扶持资金，取消申请人三年内申请本办法扶持资格。

区知识产权行政主管部门负责制定发布申报指南，明确申报条件、申领兑现程序、申报材料等相关事宜，并提请评审小组对知识产权项目的扶持资金进行最终审定。

本办法中"胜诉"是指法院生效判决认定申请人知识产权有受到不法侵害或认定申请人不存在侵犯知识产权的行为。本办法提到的货币单位如未注明的均以人民币计算，涉及"最高""最长""不超过""以上""不少于""不低于"的数额均包含本数。

本办法自印发之日起施行，有效期 5 年。本办法有效期内如遇法律、法规或有关政策调整变化的，从其规定。

最高人民法院关于为广州南沙深化面向世界的粤港澳全面合作提供司法服务和保障的意见

法发〔2023〕16 号

为深入贯彻落实党的二十大精神，全面贯彻落实党中央关于推进粤港澳大湾区建设的战略部署，准确实施国务院《广州南沙深化面向世界的粤港澳全面合作总体方案》，充分发挥司法服务保障职能，促进广州南沙在粤港澳大湾区建设中发挥引领带动作用，结合人民法院工作实际，制定以下意见。

一、总体要求

1. 指导思想。坚持以习近平新时代中国特色社会主义思想为指导，贯彻落实党的二十大精神，深入践行习近平法治思想，按照党中央决策部署，坚持能动司法，完善司法政策和配套举措，统筹推进粤港澳司法领域深度合作，打造高水平对外开放门户，支持广州南沙在深化面向世界的粤港澳全面合作中探索创新、树立标杆，为支持香港、澳门更好融入国家发展大局提供有力司法保障。

2. 主要目标。坚持和加强党对司法工作的绝对领导，坚定不移贯彻"一国两制"方针，提高诉源治理和实质性化解矛盾纠纷能力，推动人民法院主动融入国家治理、社会治理，为科技创新和产业发展提供司法服务保障。持续深化与港澳司法规则衔接机制对接，提升与港澳司法交流合作水平，不断增强人民法院工作在粤港澳大湾区建设中的法治示范作用，为广州南沙进一步完善国际一流的市场化法治化国际化营商环境提供有力司法服务和保障。

二、服务保障科技创新产业合作基地建设

3. 加强科技创新与现代化产业体系司法保护。支持广州南沙高质量建设南沙科学城、中国科学院明珠科学园等重大科技创新平台，服务保障我国南方海洋科技创新中心建设。加大以高新技术产业为主体的现代化产业体系司法保护，加强对关键核心技术和产业变革领域司法保护，支持完善电子工程、计算机科学、海洋科学、人工智能和智慧城市等领域的司法保护规则。支持相关科研设备进口，妥善处理因进口设备买卖、租赁、融资租赁、抵押等产生的纠纷，鼓励和规范设备有效利用流转。妥善处理科技金融产品和服务创新领域各类纠纷，依法保护相关主体合法权益。

4. 强化数字经济发展司法保障。支持广州南沙推进数字产业化和产业数字化，促进数字经济健康规范发展。加快推动完善数据产权司法保护制度，加强数据安全风险防控和个人信息安全保护。支持保障下一代互联网国家工程中心粤港澳大湾区创新中心、南沙（粤港澳）数据服务试验区建设，支持广州互联网法院深化互联网审判创新发展。

5. 加大知识产权司法保护力度。充分发挥知识产权审判对科技创新的激励和保障作用，加大对科技创新成果的知识产权保护力度，完善新技术新业态的知识产权司法保护规则。依法保护科技创新主体合法权益，支持开展赋予科研人员职务科技成果所有权或长期使用权试点。进一步探索明确知识产权侵权损害惩罚性赔偿适用标准，落实和完善以实现知识产权市场价值为指引，补偿为主、惩罚为辅的侵权损害赔偿制度。支持广州南沙建立健全知识产权行政执法与司法衔接机制，推动健全知识产权多元化纠纷解决机制，构建知识产权大保护工作格局。

6. 加强产权平等保护。坚持各类市场主体诉讼地位平等、法律适用平等、法律责任平等，依法平等保护各类市场主体合法权益，持续助力优化法治化营商环境。严格区分经济纠纷、行政违法与刑事犯罪，坚决防止将经济纠纷当作犯罪处理。严格规范涉案财产的处置，严格区分违法所得与合法财产、个人财产与企业财产、涉案人员个人财产和家庭成员财产，依法维护涉案企业、人员及其家庭成员的合法权益。完善涉企产权案件申诉、重审等机制，健全涉产权冤错案件有效防范纠正机制。

7. 打造国际知识产权争端解决优选地。依法公正审理涉外、涉港澳知识产权案件，加强涉外、涉港澳案例发布和规则研究，发挥指导性案例、典型案例示范指引作用。深化知识产权司法保护国际区际交流协作，着力打造具有较强辐射性和国际影响力的知识产权争端解决优选地。

三、推动建设高水平对外开放门户

8. 加强国际商事审判专业化建设。支持广州法院进一步优化国际商事审判资源配置，有序推进国际商事审判机制创新，加强国际商事纠纷审判组织建设，推动完善涉外民商事案件集中管辖布局，加强涉外审判人才的引进、培养和储备。支持符合条件的港澳台人士担任人民陪审员参与涉外、涉港澳台商事案件审理，构建完善公正、高效、便捷、低成本处理国际商事纠纷的体制机制。

9. 服务保障国际航运物流枢纽建设。深化海事审判改革，加强专业化海事审判机制建设。积极服务保障大湾区航运联合交易中心建设，促进粤港澳大湾区内航运服务资源跨境跨区域整合。妥善审理涉及航运物流、铁水联运、航运金融、邮轮游艇经营、海员权益保护、船舶管理等案件，促进运输往来自由便利。

10. 积极推动落实涉外涉港澳民商事案件管辖制度。结合广州南沙建设发展实际，完善涉外、涉港澳民商事纠纷管辖规则，探索细化当事人在涉外民事纠纷中协议选择管辖法院的具体规则，以及涉外民事纠纷与我国存在适当联系的认定标准。

11. 加大国际区际司法交流力度。积极推动简化跨境司法交流合作、人员往来审批程序，支持广州南沙开展国际区际法律研讨、司法论坛、模拟法庭等交流活动。积极邀请港澳法律专家担任研修学者、专家咨询委员会委员，支持港澳法律专业学生到人民法院实习，探索建立香港、澳门法律人才参与人民法院司法审判研究工作机制，支持建立吸纳港澳地区、海外知名专家学者、行业领军人才的司法智库，着力培养具有国际视野、通晓国际法律规则、熟悉域外法律的涉外法律专业人才。

四、支持促进规则衔接机制对接

12. 完善与港澳地区司法规则衔接。探索优化属实申述、委托当事人送达、证据开示、交叉询问、类案辩论、事实清理等诉讼规则衔接，借鉴不同法域的诉讼证据审查方式确认案件事实，鼓励开展裁判规则比较研究和交流互鉴。支持取得律师执业证书（粤港澳大湾区）的香港法律执业者和澳门执业律师在广州南沙执业。

13. 探索完善涉港澳诉讼程序机制。支持南沙法院简化涉港澳案件诉讼程序，完善港澳诉讼主体资格确认、授权委托见证、送达程序及诉讼证据审查认定程序。适时建立根据当事人申请作出简易裁判文书机制，加快推进简化域外证据公证认证，提高涉港澳民商事案件办理质量效率。支持广州法院健全完善适应涉外、涉港澳案件特点的在线诉讼服务机制和平台，加强授权见证等领域智慧法院建设成果推广应用。加强与港澳诉讼服务协同对接，为境内外当事人提供便捷、高效、优质的纠纷解决服务。加强中国特色区际司法协助体系建设，创新涉港澳民事诉讼程序特别机制，完善粤港澳司法协助执行机制。

14. 健全涉外涉港澳纠纷实质性化解机制。支持广州南沙加强矛盾纠纷实质性化解机制建设，建设优化诉讼、仲裁、调解等多元化纠纷解决方式衔接协作的一站式系统平台和工作机制，总结推广内地、境外调解员"双调解"模式，支持商事调解组织、行业性调解组织、仲裁等法律服务机构提供诉前、诉中解纷服务，实现解决纠纷的社会资源科学合理配置。支持建立高效便捷的仲裁裁决执行机制，支持具备条件的港澳法律服务机构、调解员、律师参与纠纷调解。推动建立调解员执业统一资格认证和调解员职业水平评价体系，鼓励外籍调解员和港澳调解员参与纠纷化解，充分发挥港澳调解员和专家咨询委员等协助解决跨境纠纷优势。

15. 完善域外法律查明机制。进一步完善人民法院审理涉外、涉港澳台案件法律适用规则和工作机制，支持和引导根据区域特点和需求，充分利用各类域外法律查明途径，最大程度准确查明域外法律。合理认定域外法律查明内容和查明不能情形，避免在人民法院有义务查明域外法律情形下，仅以当事人未在合理期限内提供域外法律，或者在当事人有义务提供域外法律的情形下，仅因遗漏查明事项或当事人对提供的域外法律存在争议，认定域外法律无法查明。支持探索创新域外法律适用规则机制，深入调研商事主体依法选择适用域外法律解决商事纠纷有关问题。加强域外法查明统一平台建设，支持广州法院完善域外法查明平台建设机制，深化全国涉外审判裁判文书资源共享，支持广州法院加强域外法律及案例资源库建设。拓展域外法律查明有效途径，建立健全与"一带一路"域外法查明（广州）中心等第三方机构常态化合作机制，支持港澳专家在南沙法院出庭提供法律查明协助。

五、助力打造高质量城市发展标杆

16. 促进青年创业就业平台建设。支持广州南沙优化各类面向粤港澳青年的孵化基地、众创空间等合作平台，支持大力发展国际化人力资源服务。加强对粤港澳青年创新创业过程中产生纠纷的分析研讨，妥善处理激励创新与维护合法权益之间的关系。加强高层次法治人才培养储备，为探索推动南沙事业单位、法定机构、国有企业引进符合条件的港澳青年人才提供司法服务。

17. 加强生态环境司法保护。坚持最严格制度最严密法治，依法严惩破坏生态保护红线、自然岸线、非法排污等违法犯罪行为，加大环境侵权禁止令、惩罚性赔偿等制度运用。全面准确适用民法典绿色原则和绿色条款，加强碳排放领域新业态、新权属法律问题研究，妥善处理碳排放权配额、核证自愿减排量交易、碳交易产品担保等涉碳纠纷，完善碳排放权交易司法保护规则体系。贯彻恢复性司法理念，探索创新补植复绿、增殖放流、劳务代偿、技改抵扣、认购碳汇等裁判执行方式。正确把握生态环境保护与经济社会发展的关系，加强乡土树种、古树名木等自然资源司法保护，支持科学有序的城市更新行动，助力广州南沙创建国家生态文明建设示范区。落实环境司法改革要求，深入推进环境资源审判专业化建设，助力生态环境全方位、立体化和系统性保护。

18. 强化民生权益司法保障。依法惩治刑事犯罪，加大电信网络、投资、贸易、金融等领域跨境犯罪打击力度，营造安全稳定的社会环境。加强教育、就业、医疗、住房、社保等民生领域司法保护，妥善处理引进人才、港澳居民因择业择居等产生的纠纷，依法维护港澳居民在内地就业创业、学习生活权益。依法审理跨境婚姻家事案件，注重保护未成年子女合法权益，有效化解矛盾纠纷，增进社会和谐。

19. 加强智慧法院建设。推动智慧法院和智慧城市深度融合融通，加强互联网、云计算、人工智能等技术在司法领域运用，加快推动智慧法院第五代移动通信（5G）全覆盖，提升智慧法院基础建设整体水平和服务能力。加强司法大数据运用，围绕行业产业发展、社会治理等重点领域开展分析研判，探索推动人民法院与相关部门数据信息共享，促进审判执行现代化，为能动司法服务保障区域经济社会发展提供参考依据。

六、完善组织保障机制

20. 加强调查研究。依托最高人民法院司法研究重大课题等平台，系统研究人民法院服务保障粤港澳大湾区法治建设的重点难点问题。定期研判、准确把握广州南沙建设所涉及各类诉讼案件的特点和规律，适时发布指导性案例、典型案例，制定司法解释、指导意见，统一法律适用，提供政策指引。及时总结推广支持和保障广州南沙深化面向世界的粤港澳全面合作的经验做法，持续提升广州南沙法治建设的软实力和影响力。

21. 完善工作机制。最高人民法院各有关部门加强条线指导，各级人民法院增强做好服务中央重大决策部署的主动性、自觉性和前瞻性。最高人民法院第一巡回法庭、第一国际商事法庭充分利用派驻广东的便利条件，立足司法职能，主动服务广州南沙深化粤港澳全面合作重大战略，持续推进改革进程。广东省高级人民法院和广州市中级人民法院要压实主体责任，强化督促问效、细化落实，积极争取当地党委和有关部门支持，凝聚服务保障合力，推动各项建设和改革任务落地见效。

最高人民法院

2023 年 10 月 11 日

六、深圳市主要知识产权制度

深圳经济特区知识产权保护条例

（2018 年 12 月 27 日深圳市第六届人民代表大会常务委员会第二十九次会议通过 根据 2020 年 6 月 30 日深圳市第六届人民代表大会常务委员会第四十二次会议《关于修改〈深圳经济特区知识产权保护条例〉的决定》修正）

第一章 总 则

第一条 为了加强知识产权保护工作，激发创新活力，建设现代化国际化创新型城市，打造具有世界影响力的创新创意之都，根据法律、行政法规的基本原则，结合深圳经济特区（以下简称特区）实际，制定本条例。

第二条 特区知识产权保护工作机制、行政执法、司法保护、公共服务、自律管理、信用监管等适用本条例。

本条例所称知识产权，是指权利人依法就下列客体享有的专有的权利：

（一）作品；

（二）发明、实用新型、外观设计；

（三）商标；

（四）地理标志；

（五）商业秘密；

（六）集成电路布图设计；

（七）植物新品种；

（八）法律规定的其他客体。

第三条 深圳市人民政府（以下简称市人民政府）以及各区人民政府应当将知识产权保护工作纳入国民经济和社会发展规划，加强知识产权保护的教育、培训、宣传、行政执法和经费保障，完善知识产权保护工作机制，营造崇尚创新、诚信守法的知识产权保护环境。

第四条 市人民政府知识产权主管部门（以下简称市主管部门）负责知识产权保护工作的统筹协调与组织实施，依法履行知识产权保护工作职责。

发展改革、工业和信息化、科技创新、财政、文化广电旅游体育、公安、司法行政、海关等依法负有知识产权保护工作职责的管理部门，根据有关法律、法规以及本条例的规定，履行知识产权保护工作职责。

第五条　市主管部门应当每年发布知识产权保护工作情况报告。

第六条　建立和完善多元化知识产权纠纷处理机制，实现知识产权行政执法、司法审判、仲裁、调解等工作的有效衔接。

第七条　中国（广东）自由贸易试验区深圳前海蛇口片区和深港科技创新合作区可以在创新知识产权保护工作机制和纠纷处理、涉外维权、综合执法等方面先行先试，提供便捷高效服务，建设知识产权保护工作示范区，其探索成果条件成熟时可以在全市推广。

第八条　市人民代表大会常务委员会应当加强对知识产权保护工作的监督，听取市人民政府有关知识产权保护工作的专项报告。

第二章　工作机制

第九条　市人民政府应当加强与粤港澳大湾区其他城市的知识产权保护交流与合作，推动知识产权保护跨境协作、纠纷解决、信息共享、学术研究、人才培养等工作。

第十条　市人民政府设立市知识产权联席会议，建立知识产权保护工作协调机制，推动解决知识产权保护工作中的重大问题。

联席会议由市人民政府负责人召集，每年至少召开一次。联席会议的日常工作由市主管部门承担。

第十一条　完善知识产权工作情况通报制度。联席会议成员单位发现属于其他部门管辖的知识产权案件线索时，应当及时书面通报有管辖权的部门。

有管辖权的部门接到通报后，应当依法及时查处。

第十二条　市、区人民政府应当建立知识产权评议制度，对重大产业规划、重大政府投资项目以及重大经济科技活动进行知识产权评议，提高创新效率，防范知识产权风险。

第十三条　市人民政府应当建立知识产权保护工作考核机制，对区人民政府、市主管部门以及其他管理部门依法履行知识产权保护工作职责的情况进行考核。

市、区人民政府应当按照有关规定对在知识产权保护工作中作出突出贡献的集体和个人给予表彰。

第十四条　市主管部门以及其他管理部门应当根据知识产权保护工作的需要，开展知识产权保护专项行动，加大宽带移动互联网、云计算、物联网、大数据、高性能计算、移动智能终端等新领域新业态知识产权保护力度。

第十五条　公安机关应当依法履行知识产权保护工作职责，加大对知识产权犯罪行为打击力度，并协同市主管部门以及其他管理部门开展相关行政执法工作。

第十六条　公安机关对于移送的涉嫌知识产权犯罪案件，应当在规定时限内决定是否受理，并书面告知移送案件的部门。经审查不属于其管辖的，应当转送有管辖权的部门，并书面告知移送案件的部门。

公安机关受理的涉嫌知识产权犯罪案件，涉案物品在提取证据依法封存后，具备条件的可以交市公物仓保管。

第十七条 公证机构对符合法律、法规规定的知识产权证据保全公证申请，应当自受理公证申请之日起五个工作日内向当事人出具公证书。但是，因不可抗力、需要补充证明材料或者核实有关情况的，所需时间不计算在期限内。

公证机构违反前款规定的，由市司法行政部门予以警告；情节严重的，处以二万元以上五万元以下罚款。

第十八条 除涉嫌知识产权犯罪的案件外，市主管部门以及其他管理部门在知识产权案件立案前或者立案后，可以自行或者委托相关组织进行调解。权利人提出给予损失数额五倍以内赔偿的，可以予以支持。立案前达成调解协议并履行完毕的，可以不予立案。立案后达成调解协议并履行完毕的，可以依法从轻、减轻处罚；没有损害第三人合法权益和公共利益的，可以免除处罚。

第十九条 市人民政府设立的知识产权保护中心履行下列职责：

（一）承担国家知识产权主管部门委托的知识产权申请受理、快速审查和快速确权工作；

（二）宣传推广知识产权相关知识，促进企业知识产权自主创新；

（三）提供知识产权保护业务咨询、分析预警、维权指引、快速维权、政策研究等公益性服务；

（四）建立行政机关、司法机关、仲裁机构、调解组织和公证机构等共同参与的知识产权一站式协同保护平台，加强知识产权行政执法、纠纷调解、司法确认、鉴定评估、存证固证、仲裁、公证、法律服务等工作的衔接和联动；

（五）对知识产权保护工作提出意见和建议；

（六）市人民政府规定的其他职责。

区人民政府可以根据知识产权保护工作的实际需要，设立区知识产权保护公共服务机构。

第二十条 市人民政府应当建立技术调查官制度，配备技术调查官，为知识产权行政执法活动提供专业技术支持，履行下列职责：

（一）对技术事实调查范围、顺序、方法等提出意见；

（二）参与调查取证，并对其方法、步骤和注意事项等提出意见；

（三）提出技术调查意见；

（四）完成其他相关工作。

为知识产权行政执法配备技术调查官的具体办法由市人民政府另行制定。

第二十一条 市中级人民法院可以配备技术调查官，为知识产权案件审理活动提供专业技术支持，履行下列职责：

（一）对技术事实调查范围、顺序、方法等提出意见；

（二）参与调查取证、勘验、保全，并对其方法、步骤和注意事项等提出意见；

（三）参与询问、听证、庭前会议、开庭审理；

（四）提出技术调查意见；

（五）协助法官组织鉴定人、相关技术领域的专业人员提出意见；

（六）根据需要列席合议庭评议等有关会议；

（七）完成其他相关工作。

为知识产权案件审理配备技术调查官的具体办法由市中级人民法院另行制定。

第三章　行政执法

第二十二条　市主管部门以及其他管理部门查处知识产权案件时，可以采取下列措施：

（一）现场检查；

（二）查阅、复制、暂扣或者封存当事人的经营记录、网络销售记录、票据、财务账册、合同等资料；

（三）要求当事人在规定期限内对案件事实进行说明并提交相应材料；

（四）查封、扣押、登记、保存涉嫌侵权的产品、物品；

（五）采用测量、拍照、摄像等方式进行现场勘查；

（六）涉嫌侵犯他人方法专利权的，要求当事人进行现场演示，但是应当采取保护措施，防止泄密，并固定相关证据。

第二十三条　市主管部门以及其他管理部门在知识产权行政执法过程中，需要技术支持的，可以邀请行业协会、知识产权服务机构等派员协助现场调查取证。

邀请协助现场调查取证的，市主管部门以及其他管理部门应当对涉案信息采取保护措施，防止泄密。协助调查取证人员与案件有利害关系的，应当回避。

第二十四条　知识产权侵权行为违法经营额按照下列方法计算：

（一）侵权产品已全部销售的，价值按照实际销售价格计算；

（二）侵权产品已部分销售、部分未销售（含制造、储存、运输中）的，已销售的侵权产品价值按照实际销售价格计算，未销售的侵权产品价值按照已销售的侵权产品的实际销售平均价格计算；

（三）侵权产品未销售（含制造、储存、运输中）的，价值按照标价计算；没有标价或者标价明显与产品价值不符的，按照被侵权产品的市场中间价格计算；

（四）侵权产品无实际销售价格或者无法查清实际销售价格的，按照被侵权产品的市场中间价格计算。

前款所称违法经营额是指侵权人在实施侵犯他人知识产权行为过程中，制造、储存、运输、销售侵权产品的价值；前款第三项所称标价包含已经签订的供货合同、销售合同中确定的供货价格和销售价格，但是单纯收取加工费的来料加工合同中的合同价格除外。

第二十五条　被侵权产品属于不进行市场单独销售的配件或者产品组成部分的，可以按照权利人生产、制造、加工的成本价格计算违法经营额；无法确定成本价格的，可以按照更换、维修价格计算违法经营额。

被侵权产品只在境外销售的，按照离岸价格计算违法经营额；无法查明离岸价格的，可以参考同类合格产品的国际市场中间价格或者国内市场中间价格计算违法经营额。

侵权人在不同时间多次实施侵权行为，未经行政处理的，其违法经营额应当累计计算。

第二十六条 被侵权产品的市场中间价格按照被侵权人已公布的同种产品官方指导零售价格确定，没有公布官方指导零售价格的，按照下列方法确定：

（一）同一市场有多个商家销售同种被侵权产品的，抽样调取其中若干商家的零售价，取其平均值确定市场中间价格；只有一个商家销售的，按该商家的零售价确定市场中间价格；

（二）市场没有同种被侵权产品销售的，按照此前市场同种被侵权产品销售的中间价格确定，或者按照市场有销售的与侵权产品在功能、用途、主要用料、设计、配置等方面相同或相似的同类被侵权产品的市场中间价格确定；

（三）以许可方式分销的，按照许可费确定；分销给多个被许可人的，按照许可费的平均值确定。取得许可的权利人未再许可他人使用的，按照其取得许可的许可费确定，或者参照其他权利人的同一或者同类分销产品的许可费平均值确定。

按照前款规定难以确定市场中间价格的，可以由价格鉴定机构鉴定后确定，也可以由市主管部门或者其他管理部门结合前款规定，按照有利于权利人的原则予以确定。

第二十七条 市主管部门以及其他管理部门在查处知识产权侵权案件时，涉嫌侵权人无正当理由拒不提供或者逾期未提供相关证明材料的，根据查明的事实认定构成侵权后，可以对侵权人从重处罚。

第二十八条 权利人或者利害关系人投诉知识产权侵权行为，市主管部门或者其他管理部门对有证据证明存在侵权事实的，可以先行发布禁令，责令涉嫌侵权人立即停止涉嫌侵权行为，并依法处理。发布禁令前，可以要求权利人或者利害关系人提供适当担保。经调查，侵权行为不成立的，应当及时解除禁令。

涉嫌侵权人对禁令不服的，可以依法申请行政复议或者提请行政诉讼。

涉嫌侵权人拒不执行禁令停止涉嫌侵权行为，经认定构成侵权的，按照自禁令发布之日起的违法经营额的两倍处以罚款。违法经营额无法计算或者违法经营额五万元以下的，处以三万元以上十万元以下罚款。

第二十九条 市主管部门或者其他管理部门依照本条例第二十八条规定发布禁令之后，可以根据需要通知电子商务平台经营者在规定期限内采取删除、屏蔽、断开链接、终止交易和服务等必要措施协助执行禁令，接到通知的电子商务平台经营者应当及时予以配合。

接到通知的电子商务平台经营者无正当理由拖延、拒绝配合执行禁令的，由市主管部门或者其他管理部门依照《中华人民共和国电子商务法》的相关规定予以处罚。

第三十条 侵权人因侵犯他人知识产权受到罚款处罚后，自行政处罚决定书生效之日起五年内再次侵犯同一知识产权，或者五年内三次以上侵犯他人知识产权的，市主管部门以及其他管理部门可以按照有关法律、法规规定的相应罚款数额予以双倍处罚。

第四章　司法保护

第三十一条　人民法院、人民检察院、公安机关应当依法履行知识产权保护职责，在办理知识产权案件中分工负责，互相配合，强化知识产权司法保护。

加强知识产权行政执法与刑事司法衔接，建立行政机关和司法机关信息共享、案件移送、协调配合、监督制约、责任追究等工作机制，保证涉嫌知识产权犯罪案件依法及时进入司法程序。

第三十二条　人民法院、人民检察院、公安机关应当依照有关规定协商统一知识产权刑事案件的立案、追诉和裁判标准，并向社会公开。

第三十三条　人民法院应当深入推进知识产权民事、刑事、行政案件"三合一"审判机制改革。

人民法院可以对外观设计类以及部分实用新型类案件实行集中快速审理，提高专利侵权纠纷案件审判效率。

人民法院应当建立健全全领域知识产权保护案例指导机制和重大案件公开审理机制。

第三十四条　人民法院审理知识产权民事案件，主张权利的一方已经尽力举证，且提供了另一方持有相关证据的初步证据时，人民法院可以责令另一方提供其所掌握的相关证据；另一方无正当理由拒不提供或者提供虚假证据的，人民法院可以推定主张权利的一方关于该证据的主张成立。

第三十五条　在知识产权民事诉讼中，当事人及其代理诉讼的律师因客观原因不能自行收集证据时，代理诉讼的律师可以申请人民法院签发调查令，由代理诉讼的律师持调查令向接受调查的单位、组织或者个人调查收集相关证据。有关单位、组织或者个人应当予以配合。

接受调查的单位、组织或者个人无正当理由拖延、拒绝调查的，人民法院可以根据情节轻重，依照《中华人民共和国民事诉讼法》有关妨害民事诉讼的规定予以处罚。

第三十六条　故意侵犯知识产权情节严重的，由人民法院依照国家法律的规定决定适用惩罚性赔偿。有下列情形之一的，可以在国家法律规定的幅度内，从重确定惩罚性赔偿数额：

（一）与权利人之间的代理、许可关系终止后未经权利人同意继续实施代理、许可行为构成侵权并给权利人造成重大损失；

（二）拒不履行人民法院行为保全裁定继续实施相关侵权行为；

（三）在人民法院作出认定侵权行为成立的裁决后再次实施相同侵权行为；

（四）拒不执行本条例第二十八条规定的禁令，导致权利人损失扩大；

（五）在行政机关作出认定侵权行为成立的行政处理决定后再次实施相同侵权行为；

（六）其他需要从重确定惩罚性赔偿数额的情形。

第五章　公共服务

第三十七条　市主管部门应当加强知识产权信息化建设，建立知识产权保护综合信息库，实现行政机关、司法机关、行业协会、知识产权服务机构之间信息共享，为知识产权保护提供政策指导、技术咨询、信息情报等公共服务。

市主管部门应当建立知识产权纠纷网上处理机制。

第三十八条　市主管部门以及其他管理部门应当建立健全知识产权预警和引导机制，加强知识产权发展现状、趋势和竞争态势的监测、研究，为相关产业和企业及时提供预警和引导服务。

对于具有重大影响的知识产权事件，市主管部门以及其他管理部门应当及时向社会公布并就可能产生的风险发出预警。

第三十九条　市主管部门应当会同相关部门制定知识产权服务业发展规划，鼓励和支持知识产权咨询、培训、代理、鉴定、评估、运营、大数据运用等知识产权服务业发展。

第四十条　市主管部门应当组织开展公益性知识产权专业培训，加强知识产权人才培养。

培训可以委托高等院校、科研机构、相关行业协会和知识产权服务机构等承办。

第四十一条　市主管部门以及其他管理部门应当加强知识产权法律、法规的宣传教育，普及知识产权相关知识，增强全社会知识产权保护意识。

第四十二条　市主管部门会同司法行政部门提供知识产权保护相关法律咨询、代理、法律援助、公证、司法鉴定、法律专业培训等公共法律服务。

公共法律服务可以通过购买服务的方式提供。

第四十三条　市主管部门会同有关部门加强对高等院校、科研机构、行业协会、知识产权服务机构以及高新技术企业等相关单位的知识产权管理指引，引导其建立和完善内部保护机制。

市主管部门应当会同有关部门编制发布企业知识产权保护指南，制定合同范本、维权流程等操作指引，鼓励企业加强风险防范机制建设。

第四十四条　支持仲裁机构、人民调解组织以及商事调解、行业调解组织开展知识产权纠纷仲裁、调解，公平、高效处理知识产权纠纷。

鼓励行业协会、知识产权服务机构等建立知识产权纠纷解决机制，为当事人提供便捷、高效的知识产权纠纷处理服务。

市主管部门、司法行政部门应当对行业协会、知识产权服务机构等建立知识产权纠纷处理机制提供必要的支持和指导。

第四十五条　市人民政府应当加强境外知识产权保护协助工作，建立境外维权援助服务平台，发挥国家知识产权海外维权应对指导中心深圳分中心作用，提供境外知识产权纠纷应对指导，健全境外知识产权纠纷预警防范机制，跟踪境外知识产权法律修改变化动态，及时发布风险预警提示信息，为企业和其他组织在境外处理知识产权纠纷提供专家、信息、法律等方面的支持。

支持重点行业、企业建立知识产权境外维权联盟，促进联盟成员在知识产权保护领域的交流与合作。

鼓励保险机构开展知识产权境外侵权责任险、专利执行险、专利被侵权损失险等保险业务。

第四十六条 支持行业协会、知识产权服务机构等建立知识产权保护服务平台，提供对外投资、参加展会、招商引资、产品或者技术进出口业务的知识产权状况检索、查询等服务。

支持行业协会、知识产权服务机构等开展知识产权托管业务。

第四十七条 支持志愿者组织以及志愿者参与知识产权保护相关活动，调动社会力量参与知识产权保护治理。

第六章 自律管理

第四十八条 企业事业单位应当提高知识产权保护意识，建立健全知识产权保护制度，强化合规管理，增强自我保护能力。

第四十九条 企业可以与员工签订商业秘密保密协议，约定双方在保守本企业和第三人商业秘密方面的权利义务。

第五十条 企业事业单位在开展对外投资、参加展会、招商引资、产品或者技术进出口业务时，应当及时检索、查询有关国家或者地区的相关知识产权情况。

第五十一条 鼓励建立知识产权相关行业协会和产业联盟。

行业协会、产业联盟应当指导和帮助会员、联盟成员提高知识产权保护意识，建立和完善知识产权保护制度，为会员、联盟成员提供知识产权保护业务培训、信息咨询、预警、维权援助等服务。

第五十二条 鼓励和支持知识产权相关行业协会、产业联盟制定知识产权保护公约，规范会员、联盟成员的行为，尊重和保护知识产权。

知识产权相关行业协会、产业联盟可以根据章程或者公约对侵犯他人知识产权的会员、联盟成员进行规劝惩戒，并将规劝惩戒情况通报市主管部门。

第五十三条 推动建立知识产权合规性承诺制度。

参加政府投资项目、政府采购和招标投标、政府资金扶持、表彰奖励等活动的，应当向有关主管部门提交未侵犯他人知识产权的书面承诺，并在签订协议时约定违背承诺的责任。

鼓励自然人、法人和非法人组织在合同中约定知识产权合规性承诺的内容以及相应的违约责任。

第五十四条 电子商务平台经营者应当建立知识产权侵权投诉处理机制，加强知识产权保护。

电子商务平台经营者处理实用新型和外观设计专利侵权投诉时，可以运用国家知识产权主管部门出具的专利权评价报告快速处理。

第五十五条 展会主办单位和承办单位应当依法维护知识产权权利人的合法权益。

展会主办单位或者承办单位应当要求参展方提交未侵犯他人知识产权的合规性书面承诺，必要时可以要求参展方提供知识产权相关证明文件，对参展项目的知识产权状况进行合规性审查。

参展方未提交书面合规性承诺或者未按照要求提供知识产权相关证明文件的，展会主办单位或者承办单位不得允许其参加展会特定活动或者可以取消其参展资格；参展方提供虚假书面合规性承诺或者违背合规性承诺的，展会主办单位或者承办单位应当取消其参展资格并清理出场。

第五十六条 展会举办时间三天以上的，展会主办单位或者承办单位应当自行或者与仲裁机构、行业协会、知识产权服务机构等设立展会知识产权纠纷处理机构，并在展会显著位置予以公示。

展会主办单位、承办单位或者其设立的展会知识产权纠纷处理机构认为参展产品构成侵权，参展方无法在限定时间内证明未侵权的，展会主办单位或者承办单位应当立即责令参展方撤下参展的侵权产品，并移送市主管部门或者其他管理部门依法处理。

第五十七条 参展方在同一展会主办单位举办或者承办单位承办的展会活动上再次侵犯他人知识产权，或者在展会期间两次以上侵犯他人知识产权的，展会主办单位或者承办单位应当在两年内禁止该参展方参加其举办或者承办的展会活动。

第五十八条 展会主办单位或者承办单位违反本条例第五十五条至第五十七条规定的，由市主管部门或者其他管理部门责令改正；拒不改正或者情节严重的，责令停办展会。

第七章　信用监管

第五十九条 市主管部门应当建立健全知识产权信用评价、诚信公示和失信联合惩戒机制，将自然人、法人和非法人组织的下列知识产权失信违法信息纳入公共信用信息系统：

（一）知识产权司法裁判和行政处罚；

（二）涉嫌侵犯他人知识产权，隐匿证据、拒不接受调查，妨碍行政执法；

（三）在政府投资项目、政府采购和招标投标、政府资金扶持、表彰奖励等活动中被认定侵犯他人知识产权；

（四）在政府投资项目、政府采购和招标投标、政府资金扶持、表彰奖励等活动中提供虚假知识产权申请材料或者违背知识产权合规性承诺；

（五）其他应当纳入的侵犯他人知识产权的信息。

第六十条 市、区人民政府及其职能部门在开展与知识产权相关的政府投资项目审批、政府采购和招标投标、政府资金扶持、表彰奖励等行政管理活动时，应当查询相关自然人、法人和非法人组织的知识产权公共信用状况。

自然人、法人和非法人组织有下列情形之一的，五年内不得承接政府投资项目、参加政府采购和招标投标、申请政府相关扶持资金和表彰奖励：

（一）提供虚假知识产权申请材料的；

（二）拒不执行生效的知识产权行政处理决定或者司法裁判的；

（三）侵犯他人知识产权构成犯罪的；

（四）有其他侵犯他人知识产权的行为造成重大社会影响的。

有前款规定情形且情节特别严重的，可以永久性禁止其承接政府投资项目、参加政府采购和招标投标、申请政府相关扶持资金和表彰奖励。

第六十一条　建立知识产权失信违法重点监管名单制度。

市主管部门可以根据自然人、法人和非法人组织知识产权失信违法严重程度，确定重点监管名单，并向社会公布。

第六十二条　权利人或者利害关系人对公共信用信息系统披露的知识产权相关信息有异议的，可以提出异议申请，并提交相关证据，由有关部门按照公共信用信息管理的相关规定处理。

第八章　附　　则

第六十三条　本条例自 2019 年 3 月 1 日起施行，2008 年 4 月 1 日市人民代表大会常务委员会通过的《深圳经济特区加强知识产权保护工作若干规定》同时废止。

深圳市专业市场知识产权保护工作指南

为贯彻落实中共中央办公厅、国务院办公厅印发的《关于强化知识产权保护的意见》、国家知识产权局《关于开展专业市场知识产权保护工作的通知》以及广东省委省政府《关于强化知识产权保护的若干措施》等文件有关要求，加强重点领域、关键环节知识产权保护，规范我市专业市场知识产权保护工作，提高专业市场的知识产权管理和保护水平，参考《专业市场知识产权保护工作手册》《广东省专业市场知识产权保护工作指引》，结合我市实际，特编制本指南。

1. 适用范围

本指南供深圳市专业市场经营有关主体在强化知识产权保护工作中参考使用。

2. 目标

指导市场主办方建立健全知识产权保护工作机制、完善保护工作制度，提高商户知识产权合规意识、树立尊重知识产权风尚，提升消费者知识产权保护能力与意识，增强行业组织及知识产权专业服务机构的服务能力，有效遏制专业市场内专利、商标、著作权、地理标志等知识产权侵权违法行为，建立良性的专业市场知识产权保护"生态圈"，推动我市专业市场高质量发展。

3. 原则

专业市场知识产权保护遵循政府引导、市场主导、商户自律、行业协助、社会监督的原则开展各项工作。

4. 内容

4.1 市场主办方指引

鼓励市场主办方建立知识产权保护制度（参考文本见附件1），明确知识产权保护机构和人员，加强商户入驻管理、档案管理，建立市场知识产权日常管理和知识产权纠纷处理机制，加强诚信管理和信息收集及公开等，开展形式多样的知识产权宣传培训。

4.1.1 商户入驻管理
建议市场主办方从以下几个方面做好商户入驻管理：
（1）审核入驻商户的知识产权诚信信息，有多次知识产权违法记录或违法性质恶劣、社会影响大的，拒绝其入驻申请；
（2）与商户签订《经营商户知识产权承诺书》（参考文本见附件2），告知商户有关知识产权诚信经营和市场知识产权保护管理制度事宜，并在合同中明确知识产权保护权利义务及惩罚措施等相关条款（参考文本见附件3）；

（3）要求直营、代理等商户填写《商品知识产权信息备案表》（参考文本见附件4），提交对应的知识产权权属证明材料，督促商户对无知识产权的商品开展进货查验；

（4）及时整理、录入、更新商户知识产权信息和相关证明材料，并做好日常检查与管理等工作。

4.1.2 日常管理

鼓励市场主办方建立市场内商品的知识产权检控制度（参考文本见附件5），加强对市场内展销商品知识产权状况的巡检，核对在售商品的知识产权备案信息。在日常管理过程中发现问题时，市场主办方可以采取如下措施：

（1）发现商户疑似销售侵犯他人知识产权产品的，可要求商户提供有效的商品合法来源凭证，并及时向辖区知识产权主管部门报告。同时，可依据合同约定采取必要措施，限制商户继续售卖商品；

（2）发现商户展销商品无法提供合法来源凭证的，建议提醒商户限期补充相关来源凭证；

（3）发现商户档口装潢、标识、宣传、商品包装等存在侵犯他人知识产权情形的，可约谈商户要求其限期整改。商户未按要求整改的，市场主办方可依合同约定进行处理或向辖区知识产权主管部门报告。

4.1.3 纠纷处理

鼓励市场主办方建立知识产权纠纷快速处理机制（参考文本见附件6），明确消费者、知识产权权利人及利害关系人投诉举报的渠道和处理流程，加强市场内知识产权纠纷的调处工作，及时有效化解知识产权纠纷。

4.1.4 商户诚信管理

鼓励市场主办方建立知识产权诚信管理制度（参考文本见附件7），完善诚信商户的评价标准、评价方法和奖励措施，对商户的知识产权诚信状况进行评价，并将评价结果通过市场宣传栏、电子屏幕、官方网站等途径予以公布。

4.1.5 市场内知识产权信息收集和公开

鼓励市场主办方加强市场内知识产权相关信息的收集和公开工作。建立市场内经营者知识产权档案，重点记录市场内商品涉及的知识产权类型、经营者诚信状况，以及知识产权纠纷处理情况等信息。鼓励市场主办方探索加强知识产权商品状况、经营者诚信状况和行政部门对侵权违法行为的处理情况的信息公开。

4.1.6 宣传培训

鼓励市场主办方积极开展知识产权宣传培训工作，利用多媒体、工作群、宣传单等多种方式宣传知识产权政策法规、典型案例等知识产权保护知识，提升市场工作人员、商户和消费者的知识产权合规意识和保护能力。

4.1.7 服务引进

鼓励市场主办方主动加强与知识产权主管部门、知识产权专业服务机构、行业商协会等单位的联系，积极推动相关行业知识产权保护工作站进驻，为市场提供宣传培训、鉴定咨询、纠纷调处等方面的指导和服务，提升专业市场知识产权保护和管理水平。

4.2　商户指引

4.2.1　货源管理

鼓励商户完善知识产权商品索证制度。对经营注册商标产品直营的商户，加强商标注册证明、注册商标许可使用授权证明等凭证的公示工作；对经营普通批发、零售的商户，应从正规渠道进货，并留存好相关进货凭证，如供货商营业执照，商品商标注册证、专利证书，进货清单等材料，以备查验。自觉抵制来源不明或假冒伪劣商品进入市场。

4.2.2　原创保护

鼓励商户在研发、创作、经营过程中加强自身商业秘密和知识产权的管理和保护工作，最大限度避免自身合法权益遭受损失。如在创作过程中及时采用云公证、云存证等方式，对原创相关凭证进行存固证；采取岗前培训、签定保密协议/竞业限制协议等措施加强商业秘密管理；对原创成果申请知识产权授权等。

4.2.3　纠纷应对

鼓励商户采取以下措施维护自身权益：

（1）合法搜集、固定侵权证据。必要时可对证据材料进行公证保全。有条件的可选择专业机构、律师、知识产权代理人代为维权；

（2）向侵权方所在平台（线上）或所属地知识产权主管部门投诉；

（3）向侵权方发警告函或律师函，要求停止侵权并赔偿损失。侵权方请求调解的，可先行展开调解；未能达成和解、未能有效执行调解协议，或侵权方无视商户警告继续侵权的，商户可进一步向法院起诉。

被投诉举报侵权时，建议商户认真对照投诉事项展开自查，必要时可咨询主管部门、专业机构或行业（商）协会等意见，并采取如下措施：

（1）经自查无侵权行为的：积极与投诉人、主管部门或投诉受理方沟通，提交不侵权的声明及证明材料，如原创证明、权利凭证等；申请解除因投诉采取的限制措施、消除投诉影响；因错误投诉、恶意投诉造成损失的，可向法院提起诉讼。

（2）可能存在侵权商品但能提供该商品的合法来源证明的：立即停止涉嫌侵权行为；积极与投诉人、知识产权主管部门联系，协助权利人和监管部门追查侵权商品源头；与权利人沟通，合法经营正规商品。

（3）可能存在侵权行为的：立即停止涉嫌侵权行为，并采取必要措施防止权力人合法权益进一步受损；积极与投诉人、知识产权主管部门或投诉受理方沟通，寻求与权利人和解；配合知识产权主管部门的处理，妥善解决纠纷。

4.2.4　诚信自律

鼓励商户提高知识产权合规意识，自觉履行知识产权承诺，不经营侵犯他人知识产权（专利权、商标专用权或著作权等）的商品；不发布违反知识产权有关法律法规的资料（宣传单、标识标牌、音像资料等）或广告；正当维权，积极举报侵权违法行为。

4.3　消费者指引

4.3.1　提高知识产权保护意识

鼓励消费者主动学习专利、商标、地理标志等知识产权知识，提高知识产权保护意识；了解常见品牌标识，提高商品真假鉴别能力；自觉抵制假冒伪劣商品；熟悉 12345、12315 等投诉举报渠道，积极举报侵权违法行为，共塑良好营商环境。

4.3.2　维护自身权益

自身权益受损害时，建议消费者采取如下措施：

（1）保留相关购物凭证，如交易记录、购物凭证、保修卡等；

（2）向市场主办方投诉，或直接拨打 12345、12315 等投诉举报热线向市场监管部门进行反映；

（3）必要时，可向法院提起诉讼。

4.4　行业商（协）会指引

4.4.1　设立知识产权保护工作站

鼓励行业（商）协会加强与专业市场主办方的合作，采取共建知识产权保护工作站或推进已有知识产权保护工作站进驻服务等方式，为市场主办方和市场内商户提供知识产权政策咨询、存固证指导、维权援助、纠纷化解等服务。

4.4.2　行业自律建设

鼓励行业（商）协会加强行业自律建设，完善行业知识产权自律管理制度，加强会员管理。行业（商）协会及知识产权专业服务机构可以通过制定行业规范、形成行业标准、开展行业内等级评定等工作，提升行业及专业市场知识产权保护能力和自律水平。

4.4.3　宣传培训

支持行业（商）协会及知识产权专业服务机构结合市场特点和情况，通过普及行业品牌知识、发布行业预警分析报告，围绕知识产权相关政策、法律法规、侵权判定、维权保护、典型案例等开展形式多样的培训活动，提高专业市场知识产权保护意识。

4.4.4　服务能力提升

鼓励行业（商）协会及知识产权专业服务机构围绕"便利化、智能化、专业化"，不断拓展服务范围、提升服务能力，为知识产权主管部门、市场主办方、商户及消费者提供更多、更优质的知识产权申请、信息检索、原创保护、法律咨询、侵权判定、纠纷解决等综合技术支持服务。

本指南相关名词参考解释

专业市场：指以现货批发为主，集中交易某一类商品或者若干类具有较强互补性或替代性商品的交易场所。

市场主办方：指专业市场的实际经营管理方。

相关附件略。

七、深圳市前海深港现代服务业合作区主要知识产权制度

深圳经济特区前海深港现代服务业合作区条例

深圳市第六届人民代表大会常务委员会
公告
第二〇九号

(经深圳市第六届人民代表大会常务委员会第四十四次会议修订通过)

第一章 总 则

第一条 为了促进前海深港现代服务业合作区（以下简称前海合作区）开发建设，深化与香港的紧密合作，发展现代服务业和战略性新兴产业，构建开放型、创新型产业体系，根据法律、行政法规的基本原则，制定本条例。

第二条 前海合作区的范围包括国务院批复的《前海深港现代服务业合作区总体发展规划》（以下简称《前海规划》）确定的区域和经国务院批准的扩展区域。

第三条 前海合作区坚持依托香港、服务内地、面向世界，创新发展金融、物流、信息服务、科技服务、文化创意等现代服务业，推动战略性新兴产业发展，建设国际化城市新中心，在粤港澳大湾区建设和深圳建设中国特色社会主义先行示范区中发挥更大作用。

第四条 市人民政府应当加强对《前海规划》实施的领导，按照《前海规划》确定的功能定位和发展重点，制定实施方案，统筹推进《前海规划》的全面实施。

第五条 前海合作区应当积极探索与香港合作发展的新机制、新模式、新途径。

前海合作区的开发、建设和管理应当借鉴吸收香港等地区和国际的先进经验，探索与国际通行规则和国际惯例接轨。

第六条 市人民政府应当根据本条例建立健全适合前海合作区发展需要的体制机制。

市人民政府有关部门、辖区人民政府和前海合作区管理机构应当完善前海合作区体制机制，在前海合作区开发建设、产业发展、投资促进、市场监管、社会治理、法治建设等重点领域和关键环节不断推进制度集成创新。

第二章 治理结构

第七条 设立深圳市前海深港现代服务业合作区管理局（以下简称管理局）。

管理局在市人民政府领导下，依照本条例履行前海合作区开发建设、运营管理、产业发展、法治建设、社会建设促进等相关行政管理和公共服务职责，可以实行企业化管理但不得以营利为目的。

经国务院批准的前海合作区扩展区域的事权划分由市人民政府另行规定。

管理局应当编制年度工作报告，并向社会公布。

第八条　市人民政府应当根据前海合作区开发、建设、管理的实际情况，具体规定和调整管理局的行政管理职责、公共服务范围以及市人民政府有关部门、辖区人民政府在前海合作区履行职责的范围。

管理局的权责清单由市人民政府向社会公布。清单范围外的职责分别由市人民政府有关部门或者辖区人民政府承担，管理局负责协调。

第九条　管理局设局长一名，副局长若干名，管理局正副局长按照管理权限和程序，由市人民政府任命。

管理局可以从境外专业人士中选聘管理人员。

管理局可以根据工作需要设立咨询机构。

第十条　在非金融类产业项目的审批管理领域，管理局根据国家授权行使计划单列市的管理权限。

第十一条　市人民政府应当根据前海合作区战略定位和管理体制，建立健全有利于前海合作区建设发展的稳定可预期的财政保障体制。

第十二条　管理局可以根据前海合作区发展情况和实际需要，按照确定的限额或者标准，自主决定机构设置、人员聘用和内部薪酬制度。

第十三条　管理局可以自行依法组织政府采购，市财政部门依法实施监督和管理。

第十四条　管理局可以依法设立企业，由其负责前海合作区土地一级开发，基础设施和公共服务设施的建设、运营等。

管理局对所设立企业履行出资人职责，依法享有资产收益、参与重大决策和委派董事、监事、高级管理人员等出资人权利。

第十五条　管理局应当提升政务服务水平，创新公共管理体制机制，在前海合作区营造稳定、公平、透明、可预期的法治化营商环境。

第十六条　设立前海合作区廉政监督机构，对前海合作区开发、建设、运营和管理活动等履行监督职责。

前海合作区廉政监督机构根据深圳市监察委员会的授权，行使相应的职权，其工作经费由市本级财政预算安排。

第十七条　深圳市前海地方金融监督管理局在前海合作区行使市级地方金融监督管理职权，履行行政许可、行政处罚、行政强制、行政检查等相应职责，负责前海合作区地方金融管理领域的统筹、协调、统计、调查工作，可以制定相关先行先试的监管制度。

深圳市前海地方金融监督管理局可以开展以合作监管与协调监管为支撑的金融综合监管试点，探索建设跨境金融创新监管区。

第十八条 鼓励企业依法建立行业协会、商会等组织，维护行业合法权益。

管理局制定涉及行业管理和发展的规则、指引，应当与各有关行业协会、商会等充分协商，在重大问题上达成共识。

第三章 开发建设

第十九条 前海合作区开发建设应当遵循整体规划、统筹推进、政府主导、市场运作的原则，坚持创新、协调、绿色、开放、共享的理念，实现经济、政治、文化、社会和生态文明的可持续发展。

第二十条 前海合作区的城市规划包括控制性详细规划、开发单元规划和专项规划。前海合作区城市规划体系应当纳入深圳市国土空间规划体系统筹管理。

鼓励管理局创新规划编制和管理体制。

第二十一条 前海合作区应当按照市场化运作方式，采用独资、合资、合作、项目租赁等多种形式进行开发建设。管理局根据市人民政府授权负责前海合作区土地的管理和开发。

前海合作区内的开发建设项目属于管理局投资的，可以采取市场化代建模式，由管理局或者其设立的企业签订代建合同，明确项目投资、质量、安全、工期、竣工验收和移交等事项。

第二十二条 管理局负责前海合作区的土地整备，可以综合运用规划以及地价、容积率、贡献率调整等手段，创新土地整备收益分配调节机制。

第二十三条 管理局统一管理储备用地，可以利用前海合作区未供应的储备用地开展不超过五年的短期经营。

第二十四条 前海合作区土地利用应当符合前海合作区城市规划，以集约高效、满足长远发展为原则，突出深化深港合作、支持产业发展导向。

管理局应当推进差别化土地供应，探索城市地下空间竖向开发、分层赋权等土地管理改革创新，探索试点空间不动产权证，提高土地精细化、集约化管理水平。

第二十五条 前海合作区的土地依法可以采取出让、租赁、作价出资、入股或者划拨等多种方式供应，但是应当优先采用招标、拍卖、挂牌出让方式供应，并可以探索弹性年期供应。

管理局根据市人民政府授权，负责前海合作区土地供应方案以及农用地转用实施方案审批。

采取租赁方式供应土地的，管理局可以和承租人签订租期五年以上二十年以下的土地租赁合同。

第二十六条 前海合作区可以按照整体设计和统一建设的规划设计要求，探索具备动工开发条件的立体空间一级开发模式。

立体空间一级开发土建工程可以由管理局投资建设，形成的立体空间由管理局按照土地管理制度供应。

立体空间一级开发建设单位完成施工图设计，确定施工、监理单位，有保证工程质量和安全具体措施的，可以申请办理施工许可。

第二十七条　前海合作区土地出让收益应当用于土地开发和基础设施建设等用途。

在有偿供应的土地上配套建设和由管理局投资建设的办公、商业、公寓、住宅、停车等特定用途的物业，属于管理局资产，可以用于前海合作区产业扶持、社区配套和公共服务、人才住房、国家机关和事业单位办公用房等。管理局负责上述物业的规划、配置、使用、维修和处置。

第二十八条　前海合作区可以根据基础设施建设情况和土地开发建设时序，建设可循环利用、结构相对简易的短期利用建筑。短期利用建筑使用期限为五年以上二十年以下，建筑物高度原则上不得超过二十四米。

临时用地上搭建的建筑物不得超过四层，建筑高度不得超过十五米。

第二十九条　凡跨区域、过境工程需要使用前海合作区土地或者可能对前海合作区发展造成影响的，应当事先与管理局协商一致；未能协商一致的，由市人民政府决定。

第三十条　管理局应当充分借鉴国际先进经验，提升城市建设和运营管理水平，加强与香港基础设施高效联通，提供国际化高品质公共服务，推进国际化城市新中心建设。

第三十一条　管理局应当创新前海合作区开发建设的体制机制，支持香港工程建设领域相关专业机构以及人士参与前海合作区开发建设。具体办法由管理局另行制定。

已经列入香港特别行政区政府发展局认可名册的建筑业专业机构和已经列入香港特别行政区相关注册纪录册的专业人士，经管理局备案后，可以对应内地资质在前海合作区提供工程建设领域专业服务。市相关行业主管部门参照相关法律、法规规定履行监督管理职责。

管理局可以借鉴香港工程管理模式，探索创新建设项目工程咨询、造价、保险、审批、监管、评价等机制。

第四章　产业发展

第三十二条　前海合作区产业发展应当坚持开放合作、高端引领、集约发展的原则。

管理局可以根据《前海规划》和前海合作区发展的实际需要，制定前海合作区产业发展指导目录，并向社会公布。

第三十三条　管理局应当在国家有关行业主管部门的支持下，积极落实《内地与香港关于建立更紧密经贸关系的安排》中有关先行先试的内容，放宽或者取消香港企业在前海合作区从事现代服务业的资格限制和市场准入条件。

第三十四条　鼓励在前海合作区开展现代服务业创新业务。

《前海规划》规定的现代服务业创新业务均可以在前海合作区开展；《前海规划》没有规定，但是有利于促进产业结构优化升级、加快经济发展方式转变的创新业务，也可以在前海合作区试行。

第三十五条　企业可以自行确定创新业务的服务范围，但是国家另有规定的除外。

开展涉及国家经济安全的创新业务应当在国家相关监管部门的指导和监管下先行试点，逐步推进。

管理局和市人民政府有关部门应当配合国家行业主管部门总结试点经验，协调推动国家有关政策的落实。

第三十六条 前海合作区应当坚持创新驱动发展，提升创新能级，充分集聚和统筹利用全球科技创新资源，建设要素流动畅通、科技设施联通、创新链条融通、人员交流顺畅的粤港澳创新特别合作区，实现与港澳科研人员、设备、数据、资金、技术的合理流动以及开放共享。

第三十七条 支持港澳高校和科研机构在前海合作区设立分支机构或者创新平台，开展科技创新，促进产业发展。

鼓励港澳高校和科研机构与管理局合作共建科技研发、成果转化、企业孵化等协同创新的产学研平台。

支持前海合作区企业和科研机构在境外设立研发机构和离岸创新创业平台。

第三十八条 支持金融机构及重大金融项目运营主体在前海合作区开展产品、服务、风险管理等业务创新，加快建设国家金融业对外开放试验示范窗口。

支持前海合作区按照国家规定与港澳开展跨境双向贷款、双向资金池、双向股权投资、双向发行债券、双向资产转让和金融基础设施建设等业务，构建跨境人民币业务创新试验区。

第三十九条 鼓励保税融资租赁、保税展示交易等贸易新业态发展，推进新一代互联网信息技术与新型贸易的融合；支持离岸贸易与跨境服务贸易发展，推动货物贸易和服务贸易外汇收支与结算便利化，健全贸易融资和保险等贸易服务体系；建设以数字贸易为核心的新型国际贸易中心。

第四十条 支持构建技术转移平台和创业投资平台，鼓励设立技术评估、产权交易、成果转化、知识产权保护等科技服务机构。

第四十一条 推动海洋产业、数字经济、智能制造、生命健康、新材料等战略性新兴产业发展，促进核心技术突破，提升整体产业链水平。

第五章 投资促进

第四十二条 市人民政府应当在前海合作区深化行政审批制度改革，减少行政许可项目，优化行政许可条件和流程，实行企业设立、经营许可、人才引进、产权登记等"一站式"服务。

第四十三条 管理局可以与香港公共服务机构合作，开展针对国际大型服务业企业的招商活动，引进国际高端现代服务业企业。

支持香港公共服务机构在前海合作区设立服务平台。

第四十四条 市人民政府应当依法优化税收征管机制和征管程序，创造有利于现代服务业发展的税收环境。

第四十五条 支持前海合作区在国家税制改革框架下先行先试，实施促进金融、物流、信息服务、科技服务、文化创意以及其他现代服务业发展和人才集聚的税收激励政策。

第四十六条　除本条例第三十一条第二款规定的情形外，其他具有境外职业资格的金融、会计、法律、设计、专利代理、导游等领域符合条件的专业人才可以依法在前海合作区提供服务，其在境外的从业经历可以视同境内从业经历。具体办法由管理局会同相关行业主管部门另行制定。

第四十七条　市人民政府应当积极推动前海合作区口岸建设和体制机制创新。探索深港监管合作模式创新，实行口岸监管互通共享，为前海合作区的人员、货物和车辆出入境提供更加便捷的通关服务。

第四十八条　支持前海合作区开展智慧城市建设和运营体制机制创新。

推动与香港在通信、网络、广播电视等领域合作，提升信息服务能力。

第四十九条　港澳有关机构可以和深圳电子签名认证机构在前海合作区联合设立机构，为前海合作区跨境电子签名认证提供互认服务。

第六章　社会治理

第五十条　市人民政府应当根据前海合作区发展的需要，坚持统筹兼顾，借鉴国内外社会管理先进经验，积极推进社会治理理念和体制机制创新，推动治理体系和治理能力现代化。

第五十一条　鼓励培育有利于现代服务业发展以及和谐社会建设的各类社会组织，探索发挥社会组织在提供公共服务、反映利益诉求、扩大公众参与、增强社会活力、促进社会发展等方面的作用。

支持前海合作区探索创新单位和个人有序参与社会建设的机制和途径。

第五十二条　市、区人民政府应当在前海合作区探索建立优质、均衡、高效的公共服务体系，对前海合作区教育、医疗、住房等公共服务需求予以保障。市、区人民政府有关部门编制涉及前海合作区的科技、教育、文化、医疗、体育等方面的规划，应当听取管理局的意见。

管理局可以直接负责科技、教育、文化、医疗、体育等项目的开发建设和相关专业机构的引进，探索提供公共服务的有效方式和途径。

第五十三条　市人民政府应当创新人才引进机制，在前海合作区推动人才工作体制机制、政策法规、服务保障和人才载体等创新，创造有利于人才集聚、发展的环境。

支持前海合作区打造国际人才高地和高端创新人才基地，提升人才服务能力，吸引境内外人才在前海合作区创新创业，对引进的高层次人才和重大人才载体给予相应资助和奖励。

前海合作区应当探索实行更加开放的全球引才和国际人才管理制度，为外籍人才申请签证、居留证件、永久居留证件提供便利。

第五十四条　管理局应当加强前海合作区社会信用体系建设，推进公共信用体系建设与信用服务创新，构建信用管理和服务体系，根据市场主体的信用等级实施相应的监管措施，提高市场主体信用意识与信用水平，营造公平诚信氛围。

鼓励深港信用合作，引进香港信用服务机构，推动信用产品互认。

对前海合作区范围内信用等级优良的企业，可以在贸易监管、外汇管理、税收征管等方面提供适当便利。

第五十五条 市人民政府可以根据前海合作区经济、社会发展实际，在前海合作区探索新型警务模式。

第七章 法治环境

第五十六条 深圳市人民代表大会及其常务委员会制定的法规有关规定不适应前海合作区发展需要的，市人民政府可以提请市人民代表大会常务委员会决定在前海合作区暂时调整或者暂时停止适用相关规定。深圳市人民政府规章有关规定不适应前海合作区发展需要的，管理局可以提请市人民政府决定在前海合作区暂时调整或者暂时停止适用相关规定。

管理局可以依照本条例规定，制定促进现代服务业发展的有关规则、指引等，在前海合作区施行。

第五十七条 民商事合同当事人一方为在前海合作区注册的港资、澳资、台资及外商投资企业的，可以协议选择合同适用的法律。但是，适用外国法律将违反我国法律基本原则或者损害国家主权、安全和社会公共利益的，应当适用中华人民共和国法律。

第五十八条 自然人、法人和其他组织与管理局之间发生行政争议，可以依法向市人民政府申请行政复议或者向人民法院提起行政诉讼。

第五十九条 支持设立深圳国际商事审判专门组织，探索国际商事审判案例指导制度，加快形成与前海合作区发展相适应的专业化审判体制机制。

第六十条 支持人民法院、仲裁机构加强国际合作，共同构建调解、仲裁、诉讼有机衔接的纠纷解决平台，完善国际化的多元化纠纷解决机制。

支持司法行政机关推进法律服务业对外开放，支持登记备案的境外商事纠纷解决机构依法合规开展业务。

依法支持涉外仲裁案件当事人提出的财产保全、证据保全、行为保全以及强制执行申请。

第六十一条 探索允许在前海合作区律师事务所登记执业的港澳律师在前海合作区代理涉外民商事案件。

第八章 附 则

第六十二条 市人民政府可以根据本条例制定具体实施办法。

第六十三条 深圳与澳门在前海合作区合作的相关事宜，可以参照适用本条例有关深圳与香港合作的相关规定。

第六十四条 本条例自 2020 年 10 月 1 日起施行。

深圳市前海深港现代服务业合作区管理局　香港特别行政区政府商务及经济发展局关于协同打造前海深港知识产权创新高地的十六条措施

　　为深入贯彻落实《全面深化前海深港现代服务业合作区改革开放方案》《粤港澳大湾区发展规划纲要》及《知识产权强国建设纲要（2021—2035年）》任务部署，在"一国两制"框架下先行先试，助力香港建设区域知识产权贸易中心，支持建设前海深港知识产权创新合作高地，深圳市前海深港现代服务业合作区管理局与香港特别行政区政府商务及经济发展局共同研究，制定以下措施。

一、推动深港知识产权规则衔接、机制对接

　　1. 建立前海深港知识产权合作推进机制。前海管理局联同深圳市知识产权联席会议相关成员单位与香港特区政府知识产权署、香港海关、香港贸易发展局等机构成立前海深港知识产权合作推进小组，建立定期会议和项目合作制度，推进深港在知识产权跨境保护、交流研讨、宣传教育、运营转化和知识产权贸易等领域的合作。

　　2. 强化前海深港知识产权保护跨境协作。支持深港两地知识产权执法部门建立健全沟通协调机制，提升前海深港跨境知识产权保护效能。

　　3. 深化前海知识产权陪审员机制。支持深圳知识产权法庭完善香港知识产权专家陪审员参审前海知识产权案件制度。推动粤港澳大湾区知识产权讯息交流。

　　4. 建立知识产权仲裁合作机制。支持中国（深圳）知识产权仲裁中心与香港相关仲裁机构建立合作机制，积极吸纳香港知识产权领域仲裁员，进一步发挥知识产权仲裁保护优势，拓宽知识产权仲裁案件受理范围，提升高科技企业知识产权仲裁保护意识。

二、支持香港知识产权在前海转化运用

　　5. 支持设立技术转移中心。鼓励龙头企业与香港高校及研发中心在前海联合设立技术转移中心，开展境外先进技术成果引进转化、国际创新人才团队培育、重点产业技术交流合作等工作，对上一年度实际运营费用的50%予以支持，每年最高不超过100万元。鼓励前海技术转移中心在香港设立分支机构，经前海管理局事先同意的，予以一次性50万元支持。

　　6. 支持科技成果产业化。支持前海企业与香港高校、研发中心通过专利转让、许可、作价入股等方式合作，对符合深圳市前海深港现代服务业合作区管理局支持科技创新实施办法规定条件的机构，予以全年不超过50万元支持。

　　7. 支持知识产权赛事获奖项目转化。对上一年度获得国家、省级知识产权赛事三等奖及以上的香港团队，在前海新注册设立企业开展获奖项目产业转化，予以注册企业

一次性 10 万元落地奖励。

8. 鼓励设立知识产权运营基金。对港澳及国外投资机构在前海依法设立知识产权运营基金予以支持，符合深圳前海深港现代服务业合作区支持金融业发展专项资金管理暂行办法规定条件的，予以落户奖励、机构集聚扶持、办公用房补贴、经营团队扶持等支持；对符合深圳前海深港现代服务业合作区产业投资引导基金管理办法规定条件，且投资于前海香港创业团队占比不低于总投资 70% 的，前海产业引导基金可通过合伙或参股方式参与基金设立。

9. 优化知识产权金融服务。对通过知识产权（专利、商标、版权等）质押获得融资或依托知识产权参与资本市场证券化项目获得融资的前海港资企业，按上一年度实际综合融资成本的 50% 予以最高不超过 100 万元的补贴。

三、支持知识产权跨境服务体系建设

10. 支持开展深港知识产权跨境服务。支持中国（深圳）知识产权保护中心和香港特区政府知识产权署在深港两地互设知识产权问询点，优化深港知识产权跨境服务。

11. 加快国际知识产权服务机构集聚。支持香港及国际知识产权服务机构落户前海，对符合深圳前海深港现代服务业合作区专业服务业发展专项资金管理暂行办法规定条件的机构，予以一次性最高 200 万元的落户支持。

12. 支持前海国际知识产权综合运营服务中心建设。鼓励前海国际知识产权综合运营服务中心按市场化方式汇聚深港两地知识产权资源，打造知识产权金融服务平台、国际专利技术转让许可和转移孵化平台、国际贸易和现代服务业知识产权交流合作基地。支持前海国际知识产权综合运营服务中心在香港设立分支机构，按照在香港实际运营费用的 30% 对中心予以支持，每年不超过 200 万元，连续支持三年。

13. 开展知识产权数字化服务。支持前海知识产权服务机构利用区块链等数字技术为香港企业和香港居民提供知识产权存证、监测、取证等服务，对按其提供上述服务所获得收入的 3% 予以支持，每年最高不超过 20 万元。

四、共建前海深港知识产权创新高地

14. 鼓励高价值专利创造及转化应用。支持前海港资企业通过专利合作条约（PCT）、保护工业产权巴黎公约等途径开展高价值专利国际布局，并积极实施专利转化运用，对通过国家知识产权局备案认定的专利密集型产品，每件（以认定的备案产品项计）予以 2 万元支持，每家企业每年最高支持 20 万元。

15. 鼓励香港知识产权专业人才执业。对在前海知识产权服务机构就业满 2 年的港澳居民和外国人，取得高级知识产权师、专利管理高级工程师资格的，每人予以一次性10 万元奖励；对取得专利代理师资格的，每人予以一次性 5 万元奖励。

16. 支持举办深港知识产权活动。支持在前海举办知识产权国际性展会、交易博览会、论坛等大型活动，事前经香港特区政府有关部门和机构及前海管理局共同同意支持的，可按审计后活动实际费用的 30% 对主办单位予以支持，最高不超过 150 万元。鼓励

前海企业参与香港特区政府有关部门和机构举办的知识产权展会活动，对企业参展实际费用按 10% 予以支持，每家企业每年最高可获 5 万元支持。

五、其他

本措施涉及的扶持资金由前海管理局承担，资金兑现按照本措施附件中相关实施规定执行，奖励和扶持资金为人民币。

本措施自 2023 年 2 月 23 日起实施，有效期三年。

八、深圳市河套深港科技创新合作区主要知识产权制度

福田区人民政府办公室关于印发《河套深港科技创新合作区深圳园区技术攻关及产业化创新若干支持措施》的通知

各街道办事处、区政府直属各单位，市驻区各单位：

《河套深港科技创新合作区深圳园区技术攻关及产业化创新若干支持措施》已经区政府八届十四次常务会议审议通过，现予印发，请结合实际认真贯彻落实。

福田区人民政府办公室

2022 年 6 月 29 日

河套深港科技创新合作区深圳园区技术攻关及产业化创新若干支持措施

1. 引言

1.1. 宗旨与目的

1.1.1. 为贯彻落实《粤港澳大湾区发展规划纲要》，推动河套深港科技创新合作区深圳园区（以下简称"深圳园区"）重大产业创新，集聚海内外高端优质资源，实现关键核心技术的突破，提升产业化能力，成为全球知名的产业创新策源地，根据《关于支持深港科技创新合作区深圳园区建设国际开放创新中心的若干意见》，制定本措施。

1.2. 支持对象及领域

1.2.1. 重点支持港澳台及海外团队、高校、科研院所、研发型企业，以及其他掌握重大关键核心技术的团队和机构。

1.2.2. 重点支持领域包括符合深圳园区重点产业领域（医疗科技、大数据及人工智能、机器人、新材料、微电子、金融科技等六大领域），以及面向未来的前沿科技探索。

1.2.3. 医疗科技领域重点支持 AI+药物研发、先进医疗器械、临床稀缺重大新药关键技术、新一代靶向化学药、抗体药物、细胞药物、基因药物等方向。

1.2.4. 大数据及人工智能领域重点支持人工智能核心算法、语音语义识别、机器视觉、大数据存储、处理及安全等方向。

1.2.5. 机器人领域重点支持机器人感知平衡及控制技术、人机交互技术、自主导航等方向。

1.2.6. 新材料领域重点支持半导体材料、增材制造、高能量密度电池材料、生物医用材料和石墨烯材料等方向。

1.2.7. 微电子领域重点支持高端芯片设计及工艺研发、EDA 工具系统开发、高端IP 产品研发、先进封测技术等方向。

1.2.8. 金融科技领域重点支持区块链加密算法、分布式数据存储、点对点传输、共识机制和智能合约、分布式存储和分布式计算等方向。

2. 各主体定义

2.1. 主管部门

2.1.1. 深圳市福田区河套深港科技创新合作区建设发展事务署（以下简称"合作区事务署"）是本措施的主管部门，主要负责开展受理、审核、资金下达等工作，以及对本政策实施效果的年度评估。

2.2. 申报单位

2.2.1. 申报单位须为在深圳园区注册或承诺注册的独立法人企业和机构，或依托独立法人单位在深圳园区建设、具有相对独立的人事权和财务权的科研实体。

3. 突破关键核心技术

3.1. 重大科技基础设施关键技术和设备研发支持计划

3.1.1. 支持前沿关键核心技术（装备、零部件、工艺）的研发，解决核心技术、重大装备、关键零部件和关键工艺路线"卡脖子"问题，提高国产化自给率。经评审核定后，按最高不超过项目总投资的 50% 给予支持，支持金额一般项目不超过 2000 万元，对于带动性强的重大项目不超过 5000 万元。

4. 打造产业支撑平台

4.1. 重大功能型平台支持计划

4.1.1. 支持市级及以上重大功能型平台高水平建设、运营和发展。对经认定的国家/省/市制造业创新中心、技术创新中心、产业创新中心、工程研究中心、省级/国家实验室等的重大功能型平台，按照所获得国家/省/市支持金额的 50% 予以配套支持，最高不超过 1 亿元。

4.2. 中试平台支持计划

4.2.1. 支持建设概念验证、小/中试平台，以加快工艺、技术、产品从实验室到产业化应用的高效转化为目标，具备对外提供中试公共服务的场地条件，经评审核定后，按项目总投资的 50% 给予支持，最高不超过 5000 万元。

5. 实施重大产业化项目

5.1. 重大科研成果产业化支持计划

5.1.1. 支持通过验收的国家重点研发计划项目，将研发成果产业化落地深圳园区。经评审核定后，按照项目总投资的 30% 比例给予支持，最高不超过 5000 万元。

5.2. 重大产业化项目支持计划

5.2.1. 支持对深圳园区具有全局带动和重大引领作用的产业化项目建设。对总投资不低于 3 亿元，且新增建设投资不低于 60% 的项目，经主管部门认定及评审核定后，按照项目总投资的 10% 给予事后支持，最高不超过 5000 万元。

6. 营造园区产业创新生态

6.1. 园区生态建设支持计划

6.1.1. 鼓励深圳园区企业采购深圳园区内无股权关联企业研发、制造的产品和生产性服务，对于单次采购金额 100 万以上的订单，按实际采购发票额 10% 对采购方予以支持，每家申报单位每年最多申报 3 笔，支持合计不超过 300 万元。

6.1.2. 支持深圳园区企业通过国内外有影响力的人力资源服务机构聘用高端人才，最高按深圳园区企业给付人力资源服务机构佣金的 50% 确定，每引进一名，给予该企业最高不超过 15 万元补贴，单个企业每年支持不超过 100 万元。

6.1.3. 支持深圳园区企业对科研场所进行安全评估和环境评估工作，最高按实际费用的 30% 予以支持，单次最高支持 50 万元，每家单位每年最高支持不超过 100 万元。

6.2. 应用示范场景支持计划

6.2.1. 支持在深圳园区打造对经济发展、社会民生改善有较大促进作用的场景应用，对于拥有自研核心技术产品、在深圳园区落地并成功推广的，经主管部门认定及评审核定后，给予技术、产品及服务提供方实际研发投入 50% 的奖励、最高 200 万元。

6.2.2. 鼓励深圳园区企业探索区政府业务应用场景，实现产品在区政府的应用示范推广。

6.3. 高端论坛和展会支持计划

6.3.1. 支持举办符合深圳园区重点产业领域的高端论坛、会议和展会活动，有利于带动我市相关产业发展的，经主管部门备案后，按以下情形之一支持：

（a）对于国家、省、市、区政府部门主办的活动，按材料核查和专项审计后确认费用最高不超过 100% 给予支持，每个支持金额不超过 300 万元；

（b）对于高校、科研机构、研发型企业、协会主办的活动，按材料核查和专项审计后确认费用最高不超过 50% 给予支持，每个活动支持金额不超过 100 万元。

6.4. 标准引领支持计划

6.4.1. 支持国际性产业与标准组织落地深圳园区，给予落户、办公用房租金、场地装修支持，单个组织合计最高不超过 2000 万元。

6.4.2. 支持深圳园区内的国际性产业与标准组织开展国际标准化组织年会、学术研讨会、国内重大标准活动等运营活动，按材料核查和专项审计后确认费用给予支持，每个活动支持金额不超过 50 万元。

6.4.3. 支持为国际性产业与标准组织提供人才、项目和企业引进的第三方服务公司落地深圳园区，经主管部门备案的，每年按照运营费实际支出的 30% 给予支持，最高不超过 100 万元。

6.5. 投资贷款支持计划

6.5.1. 鼓励区引导基金、投资机构等为深圳园区企业提供投融资、并购、路演等支持。

6.5.2. 对于获得 3.1.1.、4.1.1.、4.2.1.、5.1.1.、5.2.1. 支持的，鼓励相关金融机构提供支持金额 1—2 倍额度的无抵押贷款融资支持。

6.5.3. 支持在深圳园区机构进行知识产权质押，通过质押向银行成功申请贷款的，按贷款市场报价利率（LPR）的 60%，为深圳园区内机构提供知识产权质押贷款贴息支持，每家机构每年最高不超过 200 万元。

6.5.4. 对于深圳园区内企业发生的知识产权仲裁案件，按仲裁费用 50% 予以支持，每家企业每件案件支持金额最高不超过 15 万元，合计每年最高不超过 100 万元。

7. 支持重点科创企业落地

7.1. 重点科创企业落地支持计划

7.1.1. 支持重点培育引进一批独角兽企业、瞪羚企业、"专精特新"企业，以及具有自主知识产权的创新型企业。对于新引进且尚未获深圳园区资金支持的，对于符合深圳园区重点产业领域的团队，经主管部门认定及评审核定后，可按以下情况给予落地支持：

（a）对主营业务营收超过 5000 万元的企业，最高按上一年度（或承诺落地后第一年度）主营业务收入的 2% 给予落地支持，最高不超过 2000 万元；

（b）研发投入 1000 万元以上，且占主营业务收入 10% 以上的企业，最高按上一年度（或承诺落地后第一年度）研发投入的 20% 给予落地支持，最高不超过 1000 万元；

（c）对于获得机构或基金投资的，符合深圳园区重点产业导向，自研技术达到国际领先企业的总部，且上一年度融资达 5000 万元以上，按上一年度所获投资的 8% 给予一次性落户支持，最高不超过 500 万元；

（d）在深圳园区设立研发中心且承诺投资额三年内不少于 1000 万元/年的，最高按该研发中心投资额的 20% 给予落地支持，最高不超过 300 万元。

8. 支持产业用房租赁

8.1. 产业用房租赁支持计划

8.1.1. 对于取得本措施相关支持计划立项的申报单位，按以下情况给予产业用房租赁支持：

（a）通过 3.1. 或 6.4. 立项的，给予 70% 的租金支持，支持面积不超过 2000 平方米；

（b）通过 4.1. 或 4.2. 立项的，给予 50% 的租金支持，支持面积不超过 3000 平方米；

（c）对符合 6.4.3. 要求的企业，给予 50% 的租金支持，支持面积不超过 800 平方米；

（d）通过 5.1. 或 5.2. 立项的，给予 30% 的租金支持，支持面积不超过 5000 平方米。

8.1.2. 对符合 7.1.1. 要求的企业，给予不超过营收 30% 的租金支持，支持面积不超过 3000 平方米。

8.1.3. 国际知名企业落地深圳园区时，委托房地产服务和咨询顾问公司租赁办公场所的，按各自实际服务费用的 50% 分别予以业主及企业支持，单方单次最高支持 100 万元。

9. 支持人才团队落户发展

9.1. 高精尖人才团队配套支持计划

9.1.1. 对符合深圳园区产业发展定位，拥有关键核心技术和自主知识产权的高精尖创新创业人才团队落户深圳园区，给予最高不超过 5000 万元的落户支持。

9.1.2. 探索服务专员制度，加强人才住房、子女教育等配套支持。

10. 配套支持

10.1. 产业类项目配套支持计划

10.1.1. 对于获得国家、省、市立项的关键核心技术攻关、重大功能型平台、产业化等项目，在深圳园区落地建设的，最高按所获市级支持金额的 50% 予以配套支持。

11. 申请流程

11.1. 提出申请

11.1.1. 申报单位根据申报指南要求和流程安排，填写申请表或申报书，并提供相关证明材料。

11.2. 受理申请

11.2.1. 主管部门受理申请，经核对证明材料原件无误且材料齐全的，在 7 个工作日内予以受理。经核对证明材料原件有误或材料不齐全的，一次性告知其补正，待补齐相关材料后予以受理。

11.3. 部门审核

11.3.1. 主管部门对受理的申请予以审核，对不符合条件的退回申请并予以说明。

11.3.2. 对于 3.1.1.、4.2.1.、5.1.1.、5.2.1.、6.2.1.、7.1.1. 需要进行专家评审的，由主管部门委托第三方机构开展相关工作。

11.4. 上报审批

11.4.1. 由主管部门报市建设河套深港科技创新合作区领导小组办公室建设推进组会议审议。

11.5. 公示

11.5.1. 经审批符合条件的申报单位，将以公开挂网等形式进行公示，公示时间为 7 个自然日。

11.6. 异议处理

11.6.1. 任何组织或个人对公示有异议的，应在公示期内向主管部门提出书面异议，主管部门需在 15 个工作日内对异议内容进行调查核实后反馈给异议人。

11.7. 资金下达

11.7.1. 经公示无异议或异议不成立的，主管部门根据审批结果按批次拨付支持资金。

11.8. 监督检查

11.8.1. 申报单位应对所提交资料的真实性、完整性、有效性和合法性负责,并接受有关部门的监督检查。

11.8.2. 获支持的申报单位在申请、执行过程中弄虚作假,且拒绝配合监督检查的,主管部门可终止其享受的相关支持,对尚未发放的部分取消其申请资格,追回其已享受的相关支持资金以及同期银行利息,5 年内不再受理其各类财政支持申请;涉嫌犯罪的,依法移送司法机关处理。

12. 附则

12.1.1. 本措施的配套文件,由主管部门另行制定发布。对特别重大的项目、重点企业的引入,主管部门可采取"一事一议"方式报市建设河套深港科技创新合作区领导小组办公室建设推进组会议审议。重大事项报市建设河套深港科技创新合作区领导小组办公室会议审议。具体解释权归属合作区事务署。

12.1.2. 本措施与福田区其他扶持政策有重复的,按照同级财政、同类事项"就高不重复"的原则予以支持,另有规定除外。

12.1.3. 享受本措施支持的机构应书面承诺,原则上自享受年度起须在深圳园区持续经营 5 年以上,期间不改变在深圳园区的纳税义务;如无正当理由迁离深圳园区的,应退回已获得的支持资金。

12.1.4. 本措施自 2022 年 7 月 11 日起实施,有效期 5 年。

九、珠海市主要知识产权制度

珠海市市场监督管理局（珠海市知识产权局）关于印发《珠海市促进知识产权高质量发展资助办法》的通知

珠市监规〔2021〕2号

各区政府（管委会），市政府各部门、各直属机构，各有关单位：

《珠海市促进知识产权高质量发展资助办法》已经市人民政府同意，现印发给你们，请认真组织实施。实施过程中遇到问题，请径向市市场监督管理局反映。

珠海市市场监督管理局

（珠海市知识产权局）

2021年10月11日

珠海市促进知识产权高质量发展资助办法

第一章 总 则

第一条 为贯彻落实《中共珠海市委办公室 珠海市人民政府办公室印发〈关于强化知识产权保护的若干措施〉的通知》（珠办发〔2020〕7号），深入实施创新驱动发展战略和知识产权战略，提升珠海市知识产权创造、保护、运用能力和管理、服务水平，推动知识产权强市建设，依据《珠海经济特区科技创新促进条例》有关规定，结合本市实际，制定本办法。

第二条 本办法所指的知识产权包括：专利、商标、地理标志。

本办法所指的促进知识产权高质量发展资助（下称"知识产权资助"）是指由财政预算安排，用于促进知识产权创造、运用、保护、管理和服务等相关工作所给予的资金资助。

国家、省下达的资金按国家和省相关规定执行。

第三条 知识产权资助分为一般资助和专项资助。

一般资助指区知识产权主管部门依据本办法规定的条件和标准对申报人给予的事后补助。一般资助项目经费由市区两级按财政体制比例分担。

专项资助指由市知识产权主管部门根据国家、省、市战略部署，围绕知识产权重点工作，按照财政年度预算，开展的项目资助。

第四条 知识产权资助遵循"提质增效、促进运用、加强保护、突出重点、诚信申请"的原则。

第五条 市知识产权主管部门负责编制年度项目资金预算，研究制定项目资金安排计划并上报市政府审批，经市政府批准后下达项目计划；办理项目资金划拨和落实项目绩效管理等工作。

市财政部门负责落实资金预算、组织开展资金的监督检查和组织指导项目主管部门开展绩效管理工作。

市审计部门负责对资金管理、使用和绩效进行审计监督。

项目承担单位负责项目经费的日常管理和绩效自评。负责建立项目经费内部管理制度，严格按照项目使用范围组织实施项目，自觉开展和接受经费管理监督检查，对项目资金使用的规范性和有效性负责。

第六条 充分发挥市区两级资金拉动作用，推动知识产权工作开展。

市知识产权主管部门负责制定资助标准和管理要求，设置分配因素及权重，提出资金分配计划，制定申报指南；负责对各区（含功能区，以下统称为"各区"）进行业务指导，对一般资助资金执行情况和绩效运行进行日常跟踪监管；负责组织专项资助项目的申报、评审、实施、验收、信息公开及对项目进行跟踪管理。

各区知识产权主管部门负责一般资助工作的具体执行；完成市下达区知识产权相关工作目标任务；负责根据申报指南发布具体申报通知，开展资金申报、审核及下达相关工作；开展资金绩效自评工作；配合上级做好绩效检查、审计、统计等相关工作。

第二章　一般资助

第七条 当年奖励上一年获得授权的国内发明专利、国外（境外）发明专利第一专利权人（指专利证书记载的排序第一位的专利权人，以下同），且符合下列条件之一：

（一）注册地址为我市行政区域内的企业法人、事业单位、高校（含校区）和社会团体及其他组织；

（二）具有珠海户籍或至申请本项目资助时，在本市工作且连续缴纳珠海社保1年以上的居民。

企事业单位、高校（含校区）和社会团体、其他组织及个人获得授权的国内发明专利每件奖励不超过1700元。在香港取得标准专利和原授标准专利、在澳门和在台湾地区取得发明专利授权的，按照国内发明专利奖励标准办理。

企事业单位、高校（含校区）和社会团体、其他组织及个人的发明专利在美国、日本、欧洲国家或欧盟获得授权的每件奖励不超过2万元，在其他国家获得授权的每件奖励不超过1万元。同一项发明创造在2个以上国家或政府间组织授予专利权的，同一年内，最多按 2 个国家或政府间组织奖励。

获得授权的发明专利（包括国内发明专利、通过 PCT 及其他途径在境外获得授权的发明专利）所获得的各级各类资助总额不得高于其获得专利权所缴纳的官方规定费用的 50%。

授权发明专利奖励申报截止之日前，在本市行政区域内专利权发生转让的，仅奖励专利受让人。专利证书和营业执照上的地址不一致时，以营业执照上登记的地址为准。

第八条　对上一年首次获得《企业知识产权管理规范》（国家标准 GB/T 29490—2013）认证的本市企业或在本市获得《科研组织知识产权管理规范》（GB/T 33250—2016）认证（证书在有效期内）的省级以上新型研发机构、高校院所，在认证通过年度国内发明专利申请达 3 件以上且截止申报时贯标认证证书状态为有效的，给予每家最高 3 万元奖励，具体数额由各区按照认证单位所开具的认证费发票金额审核确定。贯标辅导、咨询等费用不列入奖励范围。

第九条　对新认定的知识产权优势示范企业按以下标准奖励：

（一）对经市知识产权部门新认定的市级知识产权优势企业，给予每家 3 万元奖励；

（二）对经省知识产权局新认定的省级知识产权示范企业，给予每家 5 万元奖励；

（三）对经国家知识产权局新认定的国家级知识产权优势、示范企业，分别给予每家 5 万元、10 万元奖励。

第十条　获中国专利金奖、银奖、优秀奖并在本市实施的专利项目，第一专利权人为本市单位或珠海居民（具有珠海户籍或至申请本项目资助时，在本市工作且连续缴纳珠海社保 1 年以上的居民）的，对第一专利权人按省政府授予奖金的 60% 给予配套奖励。

获广东省专利金奖、银奖、优秀奖并在本市实施的专利项目，第一专利权人为本市行政区域内注册、具有独立法人资格单位的，对第一专利权人按省政府授予奖金的 60% 给予配套奖励。

第十一条　申请知识产权质押贷款补贴需符合以下条件：

（一）本市具有独立法人资格、符合工信部门有关中小微企业划型标准相关规定的企业以及个体工商户；

（二）中小微企业或个体工商户与商业银行签订了知识产权质押贷款合同，并且已按期支付本金及申报截止之日前的知识产权质押贷款合同所产生的利息，且申报当年不存在违约行为；

（三）所签订的知识产权质押合同已依法在国家知识产权部门办理过知识产权质押登记手续。

知识产权质押贷款补贴资金用于补贴中小微企业及个体工商户以知识产权质押方式向商业银行贷款所产生的利息及评估（评价）费、担保费、保险费等费用。以组合贷款方式进行融资的，只计算知识产权质押融资贷款部分；组合贷款中无法计算知识产权质押融资金额的，不予资助。申报人通过质押知识产权获得商业银行贷款的，最高按实际支出贷款利息及评估费、担保费及保险费等费用的 50% 给予资助。

单个中小微企业及个体工商户年度内申请补贴资金累计不超过 100 万元。涉及同时符合其他市级财政扶持政策规定的，按照不重复原则由企业自行选择。如有重复申领的，由市、区知识产权主管部门追回已拨付资金并追究相关责任。

第十二条 对我市注册企业，购买了除知识产权相关职业责任保险外的知识产权财产保险、知识产权侵权责任保险、知识产权信用保证保险等知识产权相关保险的，按保费 50% 补贴。

当年对上一年的相应保费进行补贴，以保险公司开具的发票日期为准。单个企业每年补助累计不超过 10 万元。

本项经费市级安排最高不超过 100 万元。

第十三条 对上一年在我市注册的新设立的专利代理机构（含分支机构），且该机构上一年完成本市发明专利代理 20 件以上，专利电子申请率达 100% 的，一次性奖励 10 万元。

在我市注册的企业或代理机构成为国家知识产权服务品牌机构总公司的，一次性资助 20 万元。

第十四条 获得以下商标权利的权利人可以申请奖励：

（一）首次获得国内证明商标、集体商标注册的，按 4 万元/件给予一次性奖励；

（二）被国家知识产权局认定并保护的驰名商标，给予一次性 80 万元奖励；

（三）首次被纳入《广东省重点商标保护名录管理规范》（T/GDTA 001—2020）的，按 4 万元/件给予一次性奖励，原则上每家企业每年不超过 10 万元。

提出申请的商标权人须符合以下条件之一：

（一）注册地址为我市行政区域内的企业法人、事业单位、高校（含校区）和社会团体及其他组织；商标权为多方共有的，则由商标注册证书登记证书上的第一顺序商标权人提出申请；

（二）具有珠海户籍或至申请本项目资助时，在本市工作且连续缴纳珠海社保 1 年以上的个人。

商标资助申报截止之日前，商标权在本市行政区域内发生转让的，仅奖励商标受让人。商标权人的注册证书和营业执照上的地址不一致时，以营业执照上登记的地址为准。

第十五条 对获得国家知识产权局批准的"地理标志产品保护"或以地理标志作为证明商标、集体商标注册成功的团体、协会或其他组织，给予一次性 40 万元奖励。同时符合第十四条奖励条件的，按照就高不就低原则奖励。

第十六条 对我市知识产权人才及单位，符合以下条件之一的，给予一次性奖励和资助：

（一）取得专利代理师资格证且在本市连续工作并缴纳珠海社保满 1 年的人员，可以获得 2000 元奖励；

（二）取得专利代理师资格证且在本市连续从事知识产权工作并缴纳珠海社保满 5 年的人员，可以获得 10000 元奖励；

（三）在我市依法登记注册的知识产权服务机构或企业，新培养或引进具有专利代理师执业资格或中高级知识产权专业职称、且在职并连续工作服务一年以上，对机构可按专利代理师 5000 元/人、中级职称 10000 元/人、高级职称 20000 元/人标准给予资助。同一人的同一职称只资助一次。

第十七条　一般资助原则上当年奖补上一年项目，每年资金支持方向及具体安排以当年申报通知为准。具体奖补标准由市知识产权主管部门结合年度经费预算安排确定，如申报奖补总金额超出财政预算安排，则等比例压减奖补标准。

一般资助所涉及资金，由市、区财政按照财政体制规定共同承担，具体发放工作由各区负责落实。申报截止之前，申报人变更住所的，由变更后住所地的区知识产权主管部门负责受理审核。

一般资助的申报程序以当年的申报指南为准。

第十八条　有下列情形之一的，不予资助：

（一）知识产权项目有争议的；

（二）申报人近两年内因其知识产权违法行为而被依法处罚的；

（三）申报人被列为国家严重失信主体名单的；

（四）拒不执行生效的知识产权行政处理决定或者司法裁判的，或侵犯他人知识产权构成犯罪的；

（五）法律、法规规定不得给予资金资助的其他情形。

第三章　专项资助

第十九条　专项资助采取"大任务+清单"模式，由市知识产权主管部门根据当年工作需要及资金预算制定具体的计划，确定扶持方向及具体开展的项目。专项资助支持方向主要有：

（一）促进知识产权高质量创造方向。主要用于支持高价值专利培育布局、知识产权助力科创企业上市培育、专利标准化、知识产权提质增效、国企知识产权高质量发展、建立战略性新兴产业及特色优势产业的产学研专利育成转化中心等；

（二）强化知识产权保护方向。主要用于支持知识产权维权援助、知识产权协同保护、知识产权海外护航、地理标志产品保护等；

（三）促进知识产权运用和发展方向。主要用于支持珠海市战略性产业集群专利导航工程、珠海市重点产业知识产权分析评议、促进知识产权交易运营、知识产权金融创新、知识产权保险促进、商标品牌培育指导站建设、专利商标数据资源监测与运用、地理标志商标培育及地理标志产品运用促进、企业海外商标品牌布局等；

（四）加强知识产权公共服务方向。主要用于支持知识产权公共服务一体化便利化建设、技术与创新支持中心（TISC）建设、商标专利代理质量提升、知识产权专业人才培养、中小学知识产权教育、国家级中小学知识产权试点示范学校建设等；

（五）省、市政府部署的其他知识产权相关工作。

每年资金支持方向及具体安排以当年申报通知为准。

第二十条 专项资助项目按照政府采购相关规定执行。专项资助项目的申报、受理、管理、验收等另行规定。

第二十一条 专项资助申报人应为有良好的社会信誉，依法经营，规范管理，具有健全的核算和会计制度，严格执行国家、省、市有关知识产权方面的法律法规且注册地址在我市行政区域内的企事业单位、社会团体及其他组织。

第四章 资助资金的监督管理

第二十二条 申报人应对提交的申请材料真实性、合法性、有效性负责。申报人利用虚假材料或其他不正当行为骗取、套取、虚报、冒领、截留、挪用专项资金或者违反其他财务规定的，按照有关规定处理；情节严重的，依照国家相关法律、法规移交有关部门处理。

第二十三条 获得资助的单位应当加强对资助资金的使用管理，严格执行财务规章制度和会计核算办法，确保资金按照规定用途使用，专款专用，自觉接受有关部门的专项审计和绩效评价，确保专利资助规范、安全和有效运行。

第二十四条 国家机关及其工作人员在资助工作中滥用职权、玩忽职守、徇私舞弊的，依法追究相关人员的法律责任。

第五章 附 则

第二十五条 一般资助的市区两级分担比例按《珠海市人民政府关于印发珠海市财政体制改革方案的通知》（珠府〔2020〕10号）规定执行。

第二十六条 本办法所称"以上""以下"，包括本数。

第二十七条 本办法与国家、省的相关规定不一致的，按照国家、省的相关规定执行。

第二十八条 本办法由市知识产权局负责解释。

第二十九条 本办法自2022年1月1日起施行，有效至2024年12月31日。自本办法施行之日起，原《珠海市专利促进专项资金管理办法（2019年修订）》（珠知〔2019〕25号）同时废止。

珠海市知识产权局关于印发
《珠海市知识产权信用管理办法》的通知

珠知〔2022〕11 号

各有关单位，各区（功能区）市场监管局：

为健全知识产权领域信用管理工作机制，加强知识产权保护，促进知识产权工作高质量发展，现将《珠海市知识产权信用管理办法》印发给你们，请遵照执行。执行过程中如遇问题，请径向市知识产权局反映。

珠海市知识产权局

2022 年 11 月 11 日

珠海市知识产权信用管理办法

第一章 总 则

第一条 为了深入贯彻落实《知识产权强国建设纲要（2021—2035 年）》《关于强化知识产权保护的意见》《国务院办公厅关于进一步完善失信约束制度构建诚信建设长效机制的指导意见》，建立健全知识产权领域信用管理工作机制，加强知识产权保护，促进知识产权工作高质量发展，根据有关法律、法规和上级文件，制定本办法。

第二条 本办法适用于珠海市、区知识产权主管部门在履行法定职责、提供公共服务过程中开展信用承诺、信用评价、守信激励、失信惩戒、信用修复等工作。

第三条 珠海市知识产权信用管理工作坚持依法行政、协同共治、过惩适当、保护权益原则，着力推动信用管理长效机制建设。

第四条 珠海市级知识产权主管部门负责协调推进珠海市知识产权信用管理工作，主要履行以下职责：

（一）协调推进知识产权领域信用体系建设工作，依法依规加强知识产权领域信用监管；

（二）协调推进知识产权领域信用承诺、信用评价、守信激励、失信惩戒、信用修复等工作；

（三）利用信用中国（广东珠海）网站，归集各区知识产权主管部门报送的信用信息，并依法依规予以共享及公示；

（四）依法依规开展失信行为认定，对失信主体实施管理措施。

第五条 区知识产权主管部门应履行以下职责：

（一）归集在履行法定职责、提供公共服务过程中产生和获取的信用信息；

（二）依法依规开展失信行为认定，报送失信信息；

（三）依职责开展信用承诺、信用评价、守信激励、失信惩戒、信用修复等工作。

第二章　失信行为认定、管理及信用修复

第六条　珠海市知识产权主管部门依法依规将下列行为列为失信行为：

（一）不以保护创新为目的的非正常专利申请行为；

（二）恶意商标注册申请行为；

（三）违反法律、行政法规从事专利、商标代理并受到相关部门行政处罚的行为；

（四）违反法律、行政法规侵犯他人商业秘密并受到相关部门行政处罚的行为；

（五）提交虚假材料或隐瞒重要事实申请行政确认的行为；

（六）适用信用承诺被认定承诺不实或未履行承诺的行为；

（七）对作出的行政处罚、行政裁决等，有履行能力但拒不履行、逃避执行的行为；

（八）其他被列入知识产权领域公共信用信息具体条目且应被认定为失信的行为。

第七条　存在本办法第六条第（一）项所规定的非正常专利申请行为，但能够及时纠正、主动消除后果的，可以不被认定为失信行为。

第八条　市、区知识产权主管部门依据作出的行政处罚、行政裁决和行政确认等具有法律效力的文书认定失信行为：

（一）依据非正常专利申请驳回通知书，认定非正常专利申请失信行为；

（二）依据恶意商标申请的审查审理决定，认定从事恶意商标注册申请失信行为；

（三）依据行政处罚决定，认定从事违法专利、商标代理失信行为；

（四）依据行政处罚决定，认定侵犯他人商业秘密失信行为；

（五）依据作出的行政确认，认定地理标志产品保护申请、驰名商标认定申请、商标注册申请、专利申请、集成电路布图设计专有权登记申请过程中存在的提交虚假材料或隐瞒重要事实申请行政确认的失信行为；

（六）依据作出的行政确认，认定专利代理审批以及专利和商标质押登记、专利费用减缴等过程中适用信用承诺被认定承诺不实或未履行承诺的失信行为；

（七）依据行政裁决决定、行政处罚决定，认定有履行能力但拒不履行、逃避执行的失信行为。

第九条　市知识产权主管部门对失信主体实施以下管理措施：

（一）对财政性资金项目申请予以从严审批；

（二）不适用信用承诺制；

（三）列为重点监管对象，提高检查频次，依法严格监管；

（四）取消珠海市知识产权优势企业申报资格，取消知识产权资助资格；

（五）依据法律、法规和党中央、国务院政策文件应采取的其他管理措施。

第十条　区知识产权主管部门认定失信行为后填写失信信息汇总表，附相关失信行为认定文书，于五个工作日内报送市知识产权主管部门。

市知识产权主管部门在收到区知识产权主管部门报送的失信信息汇总表等相关材料后，在信用中国（广东珠海）网站与珠海市市场监督管理局（市知识产权局）官网上公

示，对失信主体实施为期一年的管理措施，自失信行为认定文书作出之日起计算，期满解除相应管理措施，停止公示。

第十一条 市知识产权主管部门对失信主体实施管理措施未满一年，该失信主体再次被认定存在本办法第六条规定的失信行为的，该失信主体的管理和公示期自前一次失信行为的管理和公示期结束之日起顺延，最长不超过三年。

同日被市、区知识产权主管部门认定存在失信行为的主体，管理和公示期顺延，最长不超过三年。

法律、法规和党中央、国务院政策文件对实施管理措施规定了更长期限的，从其规定。

第十二条 区知识产权主管部门认定失信行为所依据的文书被撤销、确认违法或者无效的，应于五个工作日内将相关信息报送市知识产权主管部门，市知识产权主管部门收到相关信息后停止公示，同时解除相应管理措施。

已被认定存在失信行为的主体可以在认定相关失信行为所依据的文书被撤销、确认违法或者无效后，及时申请更正相关信息。

第十三条 主体被认定存在失信行为满六个月，已纠正失信行为、履行相关义务、主动消除有关后果，且没有再次被认定存在失信行为的，可以向区知识产权主管部门提交信用修复申请书及相关证明材料申请信用修复。

区知识产权主管部门在收到申请材料之日起十个工作日内开展审查核实，作出是否予以信用修复的决定，决定予以信用修复的应当将相关决定报送市知识产权主管部门；决定不予信用修复的应当将不予修复的理由告知申请人。

市知识产权主管部门在收到予以信用修复的决定后停止公示，解除相应管理措施。

第十四条 具有下列情形之一的，不予信用修复：

（一）距离上一次信用修复时间不到一年；

（二）申请信用修复过程中存在弄虚作假、故意隐瞒事实等行为；

（三）申请信用修复过程中再次被认定存在失信行为；

（四）法律、法规和党中央、国务院政策文件明确规定不可修复的。

第十五条 市知识产权主管部门可将失信信息发各区知识产权主管部门，供参考使用。

第三章 严重违法失信主体认定及管理

第十六条 市知识产权主管部门依职责将实施下列失信行为的主体列入严重违法失信名单：

（一）从事严重违法专利、商标代理行为且受到较重行政处罚的；

（二）侵犯商业秘密严重破坏公平竞争秩序的不正当竞争行为，受到较重行政处罚的；

（三）故意侵犯知识产权严重破坏市场公平竞争秩序的，受到较重行政处罚的；

（四）提交非正常专利申请、恶意商标注册申请损害社会公共利益；

（五）当事人在知识产权主管部门作出行政处罚、行政裁决等行政决定后，有履行能力但拒不履行、逃避执行等，严重影响知识产权主管部门公信力的；

（六）侵犯知识产权构成犯罪的；

（七）有其他侵犯知识产权严重失信行为的。

严重违法失信名单的列入、告知、听证、送达、异议处理、信用修复、移出等程序依据《市场监督管理严重违法失信名单管理办法》（国家市场监督管理总局令第44号）办理。

第十七条 市知识产权主管部门收到区知识产权主管部门报送的严重违法失信主体信息后，在信用中国（广东珠海）网站与珠海市市场监督管理局（市知识产权局）上公示，公示期与管理期一致。

第十八条 当事人被列入严重违法失信名单之日起满三年的，由市知识产权主管部门将其移出失信名单、停止公示相关信息、并解除相关管理措施。

第十九条 市知识产权主管部门按照规定将严重违法失信名单信息与其他有关部门共享，并依法予以惩戒。

第四章 守信激励、信用承诺及信用评价

第二十条 市知识产权主管部门对连续三年守信情况良好的主体，可视情况采取下列激励措施：

（一）在行政审批、项目核准等工作中，提供简化办理、快速办理等便利服务；

（二）在政府专项资金使用等工作中，同等条件下列为优先选择对象；

（三）指导知识产权保护中心在专利预审备案中优先审查；

（四）在日常检查、专项检查工作中适当减少检查频次；

（五）在履行法定职责、提供公共服务过程中可以采取的其他激励措施。

第二十一条 市知识产权主管部门根据工作需要，推动形成相关行业信用评价制度和规范，推动开展信用评价，明确评价指标、评价体系、信息采集规范等，对信用主体实施分级分类管理。

鼓励有关部门和单位、金融机构、行业协会、第三方服务机构等积极利用知识产权领域信用评价结果；鼓励市场主体在生产经营、资质证明、项目申报等活动中积极、主动应用知识产权领域信用评价结果。

第五章 监督与责任

第二十二条 市、区知识产权主管部门工作人员在信用管理工作中应当依法保护主体合法权益，对工作中知悉的国家秘密、商业秘密或个人隐私等，依法予以保密。

第二十三条 市、区知识产权主管部门工作人员在信用管理工作中有玩忽职守、滥用职权、徇私舞弊等行为的，依法追究相关责任。

第六章 附 则

第二十四条 本办法由市知识产权主管部门负责解释。

第二十五条 本办法自 2022 年 12 月 15 日起施行，有效期五年。

十、珠海市横琴粤澳深度合作区主要知识产权制度

横琴粤澳深度合作区发展促进条例

（2023 年 1 月 9 日广东省第十三届人民代表大会常务委员会第四十八次会议通过）

第一章 总 则

第一条 为了推动横琴粤澳深度合作区（以下简称合作区）建设，促进澳门经济适度多元发展，丰富"一国两制"实践，根据《横琴粤澳深度合作区建设总体方案》（以下简称《总体方案》）和有关法律、行政法规，制定本条例。

第二条 本条例适用于合作区建设和发展促进等活动。

本条例的适用范围为《总体方案》中确定的横琴岛"一线"和"二线"之间的海关监管区域，不包括澳门大学横琴校区和横琴口岸澳门管辖区。横琴与澳门之间为"一线"，横琴与中华人民共和国关境内其他地区（以下简称内地）之间为"二线"。

第三条 合作区建设应当坚持解放思想、改革创新、互利合作、开放包容，发展促进澳门经济适度多元的新产业，建设便利澳门居民生活就业的新家园，构建与澳门一体化高水平开放的新体系，健全粤澳共商共建共管共享的新体制，推动澳门长期繁荣稳定和更好融入国家发展大局。

第四条 广东省人民政府及其有关部门、珠海市人民政府及其有关部门应当根据合作区开发建设实际，将有关省、市管理权限依法授权或者委托给合作区有关机构行使。

广东省人民政府及其有关部门应当结合自身职能制定措施，加大对合作区指导支持力度，把合作区作为深化改革、扩大开放的试验田和先行区。

广东省其他地区已经推行的改革举措，合作区具备条件且有实际需要的，广东省人民政府及其有关部门应当支持合作区探索实施。

支持合作区以清单式申请授权方式，在经济管理、营商环境、市场监管等重点领域深化改革、扩大开放。

第五条 合作区率先在改革开放重要领域和关键环节大胆创新、先行先试、自主探索，推进规则衔接、机制对接，打造具有中国特色、彰显"一国两制"优势的区域开发示范。

合作区建立容错免责机制。在合作区进行的改革创新未能实现预期目标，但是符合

合作区战略定位和任务要求，决策程序符合法律、法规或者有关规定，未牟取私利或者未恶意串通损害公共利益的，对有关单位和个人免于追究相关责任。

第二章　治理体制

第六条　合作区管理委员会由广东省、澳门特别行政区双方按照《总体方案》联合组建，实行双主任制。广东省和澳门特别行政区有关单位、珠海市人民政府、中央驻粤相关机构是合作区管理委员会的成员单位。

合作区管理委员会是负责合作区开发管理的议事决策机构，统筹决定合作区下列重大事项，其中涉及国家事权的事项应当按照程序报批：

（一）重大规划，包括合作区总体发展规划、国土空间规划、重要专项规划、年度工作总结和计划安排，年度预决算建议草案等。

（二）重大政策，包括需要省人民政府支持的重大政策，需要争取国家支持的产业、财税、人才、通关、创新创业等方面的重大政策，合作区立法建议等。

（三）重大项目，包括合作区的基础设施建设、产业发展和公共服务等领域的重大项目。重大项目的具体标准由合作区管理委员会另行制定。

（四）重要人事任免，包括提出管理委员会副主任建议人选，任免管理委员会秘书处秘书长、副秘书长和执行委员会主任、副主任，以及执行委员会职能设置、工作机构和人员额度等事宜。

合作区管理委员会可以根据合作区实际需要，按照议事决策程序对前款重大事项的具体内容进行调整。

第七条　合作区执行委员会是合作区管理委员会的日常工作机构，承担合作区建设主体执行责任，负责合作区具体开发建设工作，依法履行国际推介、招商引资、产业导入、土地开发、项目建设、教育医疗、文化体育、社会保障等相关行政管理和公共服务职能。

合作区执行委员会及其工作机构是承担合作区经济、民生管理等相关行政管理和公共服务职能的法定机构。

第八条　原中国（广东）自由贸易试验区珠海横琴新区片区管理委员会、原珠海市横琴新区管理委员会及横琴镇人民政府的经济、民生管理等相关行政管理和公共服务职能，由合作区执行委员会及其工作机构承担。

第九条　法律、法规、规章规定由设区的市及以下人民政府及其有关部门行使的经济、民生管理等相关行政管理和公共服务职能，可以由合作区执行委员会及其工作机构行使。

法律、行政法规、国务院部门规章明确由省人民政府及其有关部门行使的经济、民生管理等相关行政管理和公共服务职能，委托给合作区执行委员会及其工作机构行使，法律、行政法规、国务院部门规章明确规定不得委托的除外。

广东省地方性法规、广东省政府规章规定由省人民政府及其有关部门行使的经济、民生管理等相关行政管理和公共服务职能，交由合作区执行委员会及其工作机构行使。

广东省人民政府及其有关部门承接的国家管理职权，经国务院及其有关部门同意后，可以交由合作区执行委员会及其工作机构行使。

第十条　广东省人民政府及其有关部门交由合作区执行委员会及其工作机构行使的行政职权目录，由广东省人民政府制定并向社会公布。

合作区执行委员会及其工作机构的权责清单由合作区执行委员会向社会公布。

第十一条　根据合作区发展实际需要，合作区执行委员会可以自主决定其工作机构聘用的人员及其薪酬标准和福利待遇，建立与绩效目标相适应的薪酬管理制度。

合作区执行委员会可以从境内外专业人士中选聘工作人员，并应当与聘用的人员签订劳动合同。

第十二条　合作区管理委员会和执行委员会的境外工作人员因工作需要知悉国家秘密的，应当报广东省保密行政管理部门批准。合作区执行委员会应当承担具体保密管理工作。

广东省人民政府可以依法授权合作区执行委员会确定国家秘密的密级。

第十三条　中共广东省委、广东省人民政府在合作区设立的派出机构（以下简称广东省派出机构），负责党的建设、国家安全、刑事司法、社会治安等职能，履行属地管理职能，配合合作区管理委员会和执行委员会推进合作区开发建设。广东省派出机构与合作区执行委员会应当建立重大事项通报、重要工作衔接协同工作机制，加强日常信息互通共享。

广东省人民政府派出机构在职权范围内以自己的名义行使行政管理职权，职权清单经广东省人民政府同意后向社会公布。

广东省人民政府派出机构与合作区执行委员会的职责分工不明确的，由双方协商一致后报合作区管理委员会备案，协商达不成一致意见的，由合作区管理委员会协调解决。

第十四条　合作区管理委员会广东省方面的成员单位应当与合作区执行委员会及其工作机构建立直接工作联系机制，对合作区执行委员会各工作机构给予业务指导支持，协助解决实际问题。

广东省推进粤港澳大湾区建设领导小组办公室应当发挥统筹协调、决策参谋、推动落实的作用，负责协调广东省有关单位支持合作区开发建设。

广东省相关部门应当强化政策支持和资源保障，对涉及合作区的事项创造条件、优先安排。广东省一体化政务服务平台和一体化行政执法平台应当向合作区执行委员会及其工作机构开放。

第十五条　珠海市应当与合作区建立健全长效对接沟通机制，支持、服务和保障合作区开发建设。合作区的社会管理、城市管理和民生事务等，需要珠海市承接的，由合作区和珠海市协商确定，协商达不成一致意见的，由广东省人民政府协调解决。

第十六条　广东省与澳门特别行政区协商建立合作区收益共享机制。

合作区实行一级财政管理，具体办法由广东省人民政府制定。

合作区国有土地使用权出让收入扣除成本后由合作区与珠海市均等共享。

合作区国民经济统计指标数据纳入珠海市统计。

第十七条 合作区执行委员会负责编制合作区预算草案，经合作区管理委员会同意，由广东省人民政府按照程序提请广东省人民代表大会审查批准；预算调整方案和决算草案，经合作区管理委员会同意，由广东省人民政府按照程序提请广东省人民代表大会常务委员会审查批准。

第十八条 广东省审计主管部门依法对合作区开展审计监督。

合作区管理委员会建立廉政审计机制，按照规定对合作区执行委员会及其工作机构开展廉政监督和审计监督。

广东省有关部门与合作区加强廉政审计业务交流，促进沟通协调。

第十九条 合作区管理委员会建立合作区促进澳门经济适度多元发展成效评估指标体系，开展年度评估。评估结果向粤港澳大湾区建设领导小组报告。

除法律、行政法规和国家规定以外，不得设置对合作区执行委员会及其工作机构的考核、评比等项目。

第三章　规划建设与管理

第二十条 合作区建立以合作区总体发展规划为统领、国土空间规划为基础、专项规划为支撑的规划体系。

合作区开发建设应当符合规划要求，创新建设用地、能耗双控、污染物排放等方面的管理模式。

第二十一条 合作区土地利用应当符合合作区规划，以集约高效、满足长远发展为原则，构建灵活多样的土地供应体系，可以采用长期租赁、先租后让、租让结合、弹性年期供应等方式供应产业用地。新出让建设用地应当直接服务于支持澳门经济适度多元发展。

第二十二条 合作区应当加强基础设施建设，完善岛内综合交通系统，畅通对外联系通道，加强"二线"通道及周边基础设施建设，加强琴澳一体化立体交通体系建设，推动形成布局合理、功能完善、衔接顺畅、运作高效的基础设施网络。

第二十三条 合作区应当依托数字政府基础底座建设城市大数据中心和智慧城市运行管理中心，搭建高效便捷的城市运行管理服务平台，支撑跨部门信息共享和业务协调，实现公共资源智慧化配置。

合作区建立覆盖城市治理、政务服务、社区治理、民生服务等领域的智能化应用体系，加强琴澳智慧城市合作。

第二十四条 合作区应当建立健全地下空间开发利用统筹协调机制，按照安全、高效、适度的原则，加强地下空间分层开发利用。地下空间优先建设交通、市政工程、防空防灾、环境保护等城市基础设施和公共服务设施。

探索城市地下空间竖向开发、分层赋权等土地管理改革创新，在建设用地的地上、地表、地下分别设立使用权。

第二十五条 合作区应当健全生态环境评价和监测监管制度，严守生态保护红线、环境质量底线、资源利用上线，制定生态环境准入清单，落实生态环境分区管控要求，加强植树造林、湿地保育、岸滩改造、海洋生态环境保护等。

合作区应当充分衔接澳门海湾的生态保护与利用，结合城市功能划分滨海岸线类型，形成集湿地生态、城市形象、生活休闲于一体的海湾景观。

第二十六条　合作区应当借鉴国内国际先进经验，提升城市建设和运营管理水平，统筹推进污水管网、固废处理、信息基础、公共文化等公共设施的建设。

支持合作区立足琴澳一体化发展，创新超高层建筑管理模式，在国家规定范围内科学合理设定建筑限高标准。

第二十七条　合作区执行委员会应当会同广东省派出机构成立合作区安全生产委员会，加强安全生产监督管理工作，完善安全生产责任制度，履行安全生产监督管理职责，组织开展较大及以下生产安全事故调查，及时协调解决安全生产监督管理中的重大问题，从源头上防范化解重大安全风险。

广东省对合作区安全生产工作实行单独考核。

第四章　促进产业发展

第二十八条　合作区应当编制产业发展规划，发展促进澳门经济适度多元的新技术、新产业、新业态、新模式，重点发展科技研发和高端制造、中医药、文化旅游会展商贸、现代金融等产业。

合作区可以与澳门公共服务机构合作开展招商活动。

合作区与珠海市建立健全联合招商、收益共享机制，推进产业协同发展。

第二十九条　支持合作区建设发展急需的科技基础设施，引进国内外顶尖科研院所设立重大创新平台，构建技术创新与转化中心，创建国家级重大科研平台，打造粤港澳大湾区国际科技创新中心的重要支点。

第三十条　支持合作区发展集成电路、电子元器件、新材料、新能源、大数据、人工智能、物联网、生物医药产业。

支持合作区构建特色微电子产业链，建设集成电路先进测试技术和服务平台，布局芯片研发和制造项目，建设全球电子元器件集散中心。

支持合作区加快发展数字经济，完善数字基础设施，建设人工智能协同创新生态，开展智能医疗、智能驾驶等领域应用，推动大数据、人工智能、物联网等赋能实体经济和城市发展，打造下一代互联网产业集群。

第三十一条　支持合作区建设中医药生产基地和创新高地，发展中医药服务贸易，建立具有自主知识产权和中国特色的医药创新研发与转化平台。

在合作区生产的经澳门审批和注册的中医药产品、食品及保健食品，可以使用"澳门监造""澳门监制""澳门设计"标志。

第三十二条　支持合作区发展休闲养生、康复医疗、健康管理、高端医疗服务等大健康产业。

支持前沿医疗技术研发和应用，推动合作区内具备条件的医疗机构经国家有关部门备案后，开展干细胞、体细胞临床项目研究。支持合作区内医疗机构与已经依法从事干细胞、体细胞等临床研究的内地或者港澳医疗机构加强交流合作，提升临床研究水平和能力。

第三十三条　支持合作区发展休闲度假、会议展览、舞台演艺、体育赛事观光、游艇旅游等文旅产业，高水平建设横琴国际休闲旅游岛。

支持合作区开展国际旅游品牌推广，打造"一程多站"旅游精品线路，推动旅游、文化跨界融合，发展影视、原创艺术、动漫、电竞等文化创意产业。

支持在合作区举办国际高品质消费博览会暨世界湾区论坛。

第三十四条　支持合作区建设高品质进口消费品交易中心、中葡国际贸易中心和数字贸易国际枢纽港。

第三十五条　支持合作区发展银行、证券、保险、私募股权投资等金融业态，支持在合作区创新发展财富管理、债券市场、融资租赁等现代金融业。

鼓励合作区营造与港澳、国际接轨的金融营商环境，探索构建适应合作区高水平开放的金融监管协调机制。

第三十六条　合作区应当制定政策措施，吸引高端人才和紧缺人才参与合作区建设，对引进的高层次人才和重大人才载体给予相应资助和奖励。

支持合作区开展人才发展体制机制综合改革试点，加强与澳门人才计划的衔接，建立与国际规则接轨的人才招聘、评价激励、科研管理等制度。

支持合作区实行更加开放的人才停居留管理措施，实行更加宽松的人员临时出入境政策、便利的工作签证政策。

第三十七条　对合作区内符合国家规定条件的产业企业，减按15%的税率征收企业所得税。对企业符合条件的资本性支出，依照国家规定允许在支出发生当期一次性税前扣除或者加速折旧和摊销。

对在合作区设立的旅游业、现代服务业、高新技术产业企业新增境外直接投资取得的所得，依照国家规定免征企业所得税。

在合作区工作的境内外高端人才和紧缺人才，其个人所得税负超过15%的部分，依照国家规定予以免征。

对在合作区工作的澳门居民，其个人所得税负超过澳门税负的部分，依照国家规定予以免征。

第五章　便利澳门居民生活就业

第三十八条　推动合作区深度对接澳门教育、医疗、社会服务、交通等民生公共服务和社会保障体系，为澳门居民在合作区学习、就业、创业、生活提供便利条件。

第三十九条　支持合作区完善在合作区就业、居住的澳门居民子女就学政策，建立衔接澳门的教育服务机制，推动与澳门学校的交流与合作，鼓励在合作区内开办澳门子弟学校、子弟班。

合作区普及学前教育，大力发展普惠性学前教育，加强优质公办学位建设，支持社会力量举办民办幼儿园。

在合作区就业、居住的澳门居民子女入学、入园，与横琴户籍生享有同等权利。

第四十条　支持合作区打造横琴澳门青年创业谷、中葡青年创新创业基地等载体，为澳门青年提供更多的创新创业空间。

广东省人民政府及其有关部门应当为澳门青年在合作区创新创业就业提供政策扶持，推动在合作区创新创业就业的澳门青年同步享受粤澳两地的扶持政策。

第四十一条　按照国家规定，具有澳门等境外执业资格的金融、建筑、规划、设计等领域专业人才，在符合行业监管要求条件下，经备案后在合作区提供服务，其境外从业经历可以视同境内从业经历。

探索符合条件的港澳和外籍医务人员在合作区便利执业。推动符合条件的外籍家政服务人员经备案可以在合作区内为澳门居民和境外高端人才、紧缺人才提供服务。

第四十二条　支持在合作区探索提供澳门模式的医疗、教育、广播电视、电影及社区服务等，营造衔接澳门的居住环境。

在合作区建设"澳门新街坊"等民生项目，拓展澳门居民优质生活空间。

第四十三条　鼓励澳门医疗卫生服务提供主体在合作区内以独资、合资或者合作方式设置医疗机构。

前款医疗机构可以经批准后在本医疗机构内使用临床急需、已在澳门上市的药品和特殊医学用途配方食品，以及使用临床急需、澳门公立医院已采购使用、具有临床应用先进性（大型医用设备除外）的医疗器械。

第四十四条　支持合作区衔接澳门养老服务标准及规范，提供多元化的长者照顾服务，建设医养结合的养老服务设施。

第四十五条　合作区应当与相邻地区开展区域应急合作，建立和完善信息通报制度和应急管理联动机制，共同做好突发事件区域联防联控相关工作。

推动粤澳在合作区共建区域医疗联合体和区域性医疗中心，联合应对公共卫生突发事件。

第四十六条　支持合作区建立与澳门社会服务合作机制，促进两地社区治理和服务融合发展。

支持符合条件的澳门社会服务团体依法在合作区内提供相应的社会服务。

中国籍澳门居民可以按照国家规定担任合作区社会组织成员或者负责人。

第六章　推动琴澳一体化发展

第四十七条　支持合作区构建与澳门一体化高水平开放的新体系，促进要素高效便捷流动，打造市场化法治化国际化营商环境。

第四十八条　按照国家有关规定，符合条件的货物及物品从澳门经"一线"免（保）税进入合作区。

对合作区和澳门之间经"一线"进出的货物（过境合作区货物除外）按照国家规定

实施备案管理，简化申报程序和要素。

第四十九条 合作区与内地之间货物、物品、运输工具等应当经"二线"通道进出。

从合作区经"二线"通道进入内地的免（保）税货物，按照进口货物有关规定办理海关手续，依法征收关税和进口环节税。

对合作区内企业生产的不含进口料件或者含进口料件在合作区加工增值达到或者超过 30% 的货物，经"二线"通道进入内地按照国家规定免征进口关税。

从内地经"二线"通道进入合作区的有关货物视同出口，按照现行税收政策规定实行增值税和消费税退税，涉及出口关税应税商品的征收出口关税，并根据需要办理海关手续。

第五十条 推动在合作区开展动植物及其产品检验检疫改革创新试点，探索建立更为简便、优化的检验检疫模式。

第五十一条 合作区在"一线"按照规定实行合作查验、一次放行通关模式，依法实施卫生检疫。"二线"对人员进出不作限制。

推动琴澳口岸实施更大范围、更深层次的信息互换、执法互助、监管互认，全面提升通关便利化水平。

支持符合条件的澳门机动车辆免担保进入合作区。推动放开取得澳门机动车驾驶执照的澳门居民可以在合作区驾驶与准驾车型相符的机动车。

第五十二条 合作区实施更加开放的人员出入境政策，为境内外人员进出合作区创造更加便利的条件。在横琴口岸设立的签证机关为外国人进入合作区提供口岸签证便利。

合作区公安机关出入境管理机构可以受理、审批签发并制作外国人签证和停居留证件。对在合作区企业、高等学校、科研机构工作的符合条件的内地人员实行商务和人才签注备案制。

第五十三条 支持合作区建立高度便利的市场准入制度，按照国家规定实施合作区放宽市场准入特别措施，放宽各类投资者在合作区开展投资贸易的资质要求、持股比例、行业准入等限制。合作区简化政务服务流程，进一步整合审批资源，提高审批效率，降低审批成本。

支持合作区拓展国际贸易单一窗口功能，提高货物通关效率，促进跨境贸易便利化。

合作区推行与澳门商事登记跨境通办，推动建立与澳门商事登记信息共享互通机制。

第五十四条 支持合作区建立与其发展相适应的账户管理体系，推动合作区与澳门资金自由便利流动，建立适应高水平贸易投资自由化、便利化需要的跨境投融资管理制度。

鼓励合作区、澳门的保险机构合作开发跨境保险产品，提供跨境保险服务。

第五十五条 支持合作区在国家数据跨境传输安全管理制度框架下，开展数据跨境传输安全管理试点，建设固网接入国际互联网的绿色通道。

支持合作区、澳门相关高等学校、科研机构在确保个人信息和重要数据安全前提下，实现科学研究数据依法跨境互联互通。

第七章 法治保障

第五十六条 支持合作区加快扩大规则、规制、管理、标准等制度型开放，逐步构建民商事规则衔接澳门、接轨国际的制度体系。

第五十七条 合作区执行委员会、广东省派出机构根据改革发展需要，经合作区管理委员会同意，可以建议广东省人民代表大会及其常务委员会制定法规，或者建议珠海市人民代表大会及其常务委员会制定经济特区法规，在合作区内实施。

第五十八条 合作区执行委员会、广东省派出机构根据改革发展需要，可以建议广东省人民代表大会常务委员会、广东省人民政府在合作区暂时调整或者暂时停止适用有关广东省地方性法规、广东省政府规章的规定。

珠海市地方性法规、珠海市政府规章中有关规定不适应合作区发展的，合作区执行委员会、广东省派出机构可以提出调整或者停止该规定在合作区适用的建议。珠海市人民代表大会常务委员会、珠海市人民政府应当支持并按照程序予以办理。

第五十九条 合作区建立综合执法制度，经广东省人民政府同意，合作区执行委员会在职权范围内可以明确一个工作机构相对集中行使行政处罚权并向社会公布。

合作区执行委员会可以结合合作区改革创新实践需要，制定行政裁量权基准，规范行使行政裁量权。

合作区行政执法人员应当持中华人民共和国行政执法证开展行政执法工作。行政执法证核发、管理按照国家以及广东省有关规定执行，具体工作由合作区执行委员会组织实施。

第六十条 有关单位和个人对合作区执行委员会的工作机构、广东省人民政府派出机构的工作机构作出的行政行为不服的，可以分别向合作区执行委员会、广东省人民政府派出机构申请行政复议。

有关单位和个人对合作区执行委员会及其工作机构、广东省人民政府派出机构及其工作机构作出的行政行为不服的，可以依法向人民法院提起行政诉讼。

第六十一条 加强粤澳司法交流协作，推动在合作区建立完善国际商事审判、仲裁、调解等多元化商事纠纷解决机制。

鼓励合作区仲裁机构借鉴国际商事仲裁机构先进的管理体制和管理模式，建立国际通行商事仲裁机制，搭建琴澳仲裁合作平台。

鼓励在合作区依法开展国际商事调解。当事人达成的、具有给付内容的商事调解协议，经公证依法赋予强制执行效力或者经人民法院司法确认，可以向人民法院申请强制执行。

第六十二条 推动广东省、澳门两地的律师、公证、法律援助等法律服务业务融合发展。加快建设琴澳国际法务集聚区，优化涉外法律服务。支持在合作区成立律师协会，加强律师行业管理。

取得律师执业证书（粤港澳大湾区）的人员，按照国家规定在合作区内办理适用内地法律的部分民商事法律事务（含诉讼业务和非诉讼业务）。

澳门公证机构出具或者中国委托公证人（澳门）出具的民商事领域的公证文书，可以按照国家规定在合作区内使用。

澳门居民在合作区申请法律援助的，法律援助机构可以按照澳门有关司法援助的条件、范围等规定核查申请人的经济状况等。

第六十三条 支持在合作区依法设立域外法查明服务机构，提供包括澳门、葡语系国家（地区）在内的域外法查明服务。

第六十四条 合作区执行委员会应当加强对市场主体生产、经营活动的监管，完善市场主体信用监管制度，建立市场主体信用信息公示、信用评价制度。

第六十五条 合作区建立安全风险预警和防控体系，防范和化解重大风险。

合作区加强反洗钱、反恐怖融资、反逃税、反非法集资监管，对禁限管制、高风险商品等依法实施口岸联合查验和入市监管。广东省有关部门应当加强对合作区财税金融政策执行的监督检查。

广东省派出机构会同中央驻粤相关机构、合作区执行委员会建立分工协作、各尽其责的反走私综合治理工作机制，海关、边检、公安等部门综合运用稽查、核查、调查、缉私等监管手段，依法打击走私等违法犯罪活动。

第八章 附 则

第六十六条 本条例自 2023 年 3 月 1 日起施行。

十一、佛山市主要知识产权制度

佛山市中级人民法院关于全面加强知识产权司法保护的实施意见

佛中法发〔2021〕2号

全面加强知识产权司法保护是激励创新创造、维护公平竞争、促进文化繁荣的强大动力，是构建新发展格局、推动高质量发展的内在要求。为深入贯彻习近平总书记关于加强知识产权保护的重要讲话精神，积极落实省委、市委有关优化营商环境、实施创造驱动发展战略的决策部署，充分发挥司法保护知识产权的主导作用，助推佛山经济社会高质量发展，服务粤港澳大湾区建设，现结合佛山市知识产权保护发展状况，制定如下意见。

一、全面加强知识产权司法保护的总体要求

（一）指导思想

坚持以习近平新时代中国特色社会主义思想为指导，认真贯彻习近平法治思想，深入贯彻落实党的十九届五中全会精神及习近平总书记有关知识产权保护的重要讲话精神，落实中共中央办公厅、国务院办公厅《关于加强知识产权审判领域改革创新若干问题的意见》《关于加强知识产权保护的意见》以及最高人民法院《关于全面加强知识产权司法保护的意见》的要求，严格践行"司法主导、严格保护、分类施策、比例协调"的知识产权司法保护政策，充分发挥审判职能作用，深化知识产权审判工作机制改革创新，全面提高知识产权司法保护水平，切实发挥知识产权审判激励创新创造、维护公平竞争、促进文化繁荣的重要作用，为培育优化尊重知识产权价值的营商环境和深入实施创新驱动发展战略营造良好法治环境。

（二）基本原则

1. 坚持政治站位。围绕发展大局，对标"十四五"经济社会发展主要目标和2035年远景目标，紧扣新发展阶段要求，牢固树立知识产权司法保护新理念，全面提高知识产权司法保护力度，切实增强全面加强知识产权司法保护的责任感、使命感、紧迫感。

2. 立足审判实践。以知识产权诉讼中出现的各类问题为导向，精准解纷，紧密结合经济社会发展形势和人民群众司法需求，充分发挥知识产权司法审判的职能作用，为

贯彻新发展理念、构建新发展格局、推动高质量发展提供有力司法服务。

3. 深化改革创新。清楚认识知识产权司法保护工作面临的新形势新任务，坚持问题导向，深化知识产权司法保护审判领域改革创新，促进实现知识产权审判能力现代化。

二、充分发挥知识产权审判职能作用，全面提高知识产权司法保护能力

（一）加强商业标志权益保护，增强市场主体核心竞争力。加大对知名品牌、驰名商标、老字号、地理标志的保护力度，坚决遏制假冒商标、恶意抢注、搭车模仿等商业标识侵权行为，妥善处理注册商标、企业名称、商品名称、包装、装潢等权利冲突纠纷。结合商标的显著性、知名度等强化对知名品牌的保护力度，充分运用法律规则，对于知名度较高的商标采取适当宽松的比对标准，切实提高对知名商标的保护力度，培育品牌竞争新优势。

（二）加强著作权及相关权利保护，促进文化创新发展。统筹兼顾创作者、商业利用者和社会公众的利益，协调好激励创作、促进产业发展和保障公共利益的关系。积极保护民间文学艺术、传统知识等非物质文化遗产，助力传统文化产业的传承、创新和发展；依法妥善审理纺织、陶瓷等与佛山传统产业密切相关的著作权纠纷案件，明确权利边界，充分激发文化活力，推动文化产业持续繁荣发展；加强对数据库、软件、游戏、动漫、文化创意等新兴文化产业的司法保护力度，提升佛山文化创新能力。

（三）加强规制不正当竞争行为，维护公平竞争的市场秩序。以诚实信用、公平竞争为导向，妥善处理公平竞争与自由竞争的关系，鼓励和保护公平竞争，坚决制止不正当竞争行为。重点打击仿冒、虚假宣传、商业诋毁、侵犯商业秘密等不正当竞争行为。加强对商业秘密的保护，准确界定商业秘密的范围，合理适用知识产权民事诉讼证据规定，依法减轻权利人的维权负担，促进人才资源流动、企业公平竞争。行为人违反诚实信用和公平竞争的原则，给其他经营者的合法权益造成损害，不制止不足以维护正常市场竞争秩序，而知识产权专门法无法提供保护的，可适用反不正当竞争法的原则性规定予以处理。

（四）依法审理知识产权行政案件，加强知识产权行政司法保护。发挥知识产权行政审判对知识产权行政执法行为的司法审查职能，依法监督支持行政执法。强化对知识产权行政执法行为的实体合法性和程序正当性审查，既要保护知识产权行政相对人的合法权益，又要维护知识产权行政管理秩序，依法支持行政机关制裁侵权行为，促进知识产权行政保护的完善。加强知识产权行政保护与民事司法保护的衔接，推进行政执法中调查取证、证据认定、侵权判定、责任承担等处理标准与司法裁判标准相统一。

（五）依法审理知识产权刑事案件，打击侵害知识产权的各类犯罪。准确把握知识产权刑事法律关系与民事法律关系的界限，对违法所得严格追缴，加大罚金刑的适用力度，剥夺犯罪分子再次侵害知识产权的能力和条件。对以盗窃、威胁、利诱等非法手段获取商业秘密以及其他社会危害性大的犯罪行为，依法从严从重处罚。对于主要以侵犯知识产权为业以及因侵犯知识产权受到行政处罚后再次侵犯知识产权构成犯罪的情形，

依法从重处罚，有效发挥刑罚惩治和震慑知识产权犯罪的功能。

三、深化知识产权审判工作机制改革创新，提升知识产权司法保护质效

（一）完善案件繁简分流机制，实现纠纷解决快速化。统筹佛山两级法院知识产权案件繁简分流工作，进一步推进"简案快审，繁案精审"。明确简单知识产权案件的类型和范围，健全线上线下融合的审判方式，探索确定简单案件、批量案件文书制作的简化模式，创新送达机制，积极采用电子送达、集中送达等方式，有效缩短知识产权诉讼周期。指导禅城法院推进知识产权案件适用简易程序工作，针对类型化案件、相对简单的案件逐步扩大适用简易程序的范围，节省司法资源，提高司法效率。

（二）着力推进知识产权纠纷多元化解机制，促进纠纷解决有效化。不断完善非诉调解机制，加强与相关行政部门、行业组织的沟通协作，以佛山两级诉前和解中心为依托，探索引入行政调解、人民调解和行业调解的方式，畅通非诉调解渠道。引入具有知识产权专业知识的调解员入驻诉前和解中心，提升非诉调解水平，建立贯穿诉前、诉中、判后全流程的调解工作机制。完善知识产权诉调对接机制，严格规范时间节点、调解程序，根据当事人的申请，依法及时对已达成的调解协议进行司法确认或制作调解书。

（三）有效利用诉讼保全措施，及时避免权利人受损扩大。依法适用行为保全、财产保全和证据保全，对当事人的保全申请积极受理、及时审查、依法裁定。权利人在知识产权侵权诉讼中同时申请停止侵权的先行判决和行为保全的，应一并依法及时审查。权利人可以提供初步证据证明侵害知识产权的行为存在，并且因该证据可能灭失或以后难以取得而申请证据保全的，应及时审查并依法裁定。充分利用保全制度的时效性，提高司法救济的及时性和有效性，最大限度阻却侵权行为的继续，避免损失后果扩大。

（四）积极落实知识产权民事诉讼证据规定，推动解决权利人"举证难""维权成本高"等问题。充分运用证据规则，综合考量案情和证据情况，合理分配举证责任，引导、督促当事人积极举证。依法适用举证妨碍规则，严格确定不提交或提交虚假证据、毁灭证据应承担的不利后果，准确查明案件事实。合理确定"合法来源抗辩"的举证责任，从客观进货渠道、方式和主观注意义务两方面综合认定是否已达到免除赔偿义务的条件。

（五）加强对侵权赔偿事实的查明，提高侵权赔偿数额。充分运用证据保全、调查取证、证据妨碍等制度，引导当事人积极、全面、正确、诚实举证以提供权利人因侵权所受损失、被诉侵权人因侵权的获利数额或许可费、使用费标准等证据，结合侵权人的纳税情况、第三方商业平台的后台数据以及包括宣传信息、上市文件在内的可以有效反映相关数据的其他材料，依法确定损失及获利情况，防止过度采用法定赔偿方式确定赔偿数额；探索建立与知识产权市场价值相适应的侵权损害赔偿标准，提高损害赔偿数额计算的科学合理性，综合考虑权利产品及同类产品的价格、利润、许可使用费、知识产权对产品价值的贡献度等，促进知识产权保护力度与市场价值相统一。

（六）推进落实知识产权惩罚性赔偿制度，有效遏制知识产权侵权行为。对于重复

侵权、恶意侵权及其他严重侵权行为，充分考虑侵权行为的性质，依法积极适用惩罚性赔偿。以基于侵权所受损失、所获利益、许可使用费情况而确定的补偿性损害赔偿数额为基数，在法律规定的倍数范围内合理酌定损害赔偿数额；在无法适用惩罚性赔偿的情况下，在法定赔偿数额限度内相应提高赔偿标准，显著提高恶意侵权行为的侵权代价和违法成本，充分实现对恶意侵权的打击和威慑。

（七）积极开展调研工作，促进统一裁判尺度。立足经济文化发展需求，结合审判实践，注重实地调研。聚焦传统知识产权案件中的疑难复杂问题，学习研究大数据、人工智能等新领域新业态的新型案件，及时总结审判经验、形成调研成果并加强对基层法院的业务指导，进一步统一裁判尺度，促进提高知识产权审判业务水平。

（八）加强知识产权审判人才队伍建设，为知识产权司法审判的发展不断注入新动力。以政治建设和司法能力建设为着力点，以党建和业务深度融合为要求，加强政治理论学习、加强梯队建设、加强培训交流，努力造就一支政治坚定、顾全大局，精通法律的知识产权审判队伍。

（九）加强与知识产权相关职能部门的沟通协调，推动形成知识产权保护整体合力。加强与公安机关、检察机关在知识产权司法程序中的沟通协调，促进形成统一的知识产权司法保护标准。通过联席会议、疑难案件研讨、签署合作协议等方式，完善行政执法和司法衔接机制，确保行政执法标准与司法裁判标准相一致，促进形成保护合力。探索建立知识产权诉讼诚信机制，对于知识产权虚假诉讼、恶意诉讼以及恶意侵权、重复侵权、以侵权为业等严重知识产权侵权行为，探索建立诚信缺失记录，并与相关行政部门形成信息共享、联合惩戒机制。

四、注重延伸审判职能，助力增强全社会尊重和保护知识产权的意识

（一）提升知识产权司法保护透明度，增强全社会对知识产权保护的认同感。邀请人大代表、政协委员、有关部门代表、行业组织、企业代表及社会公众等旁听庭审，对公众关注度高、社会影响力大的案件推进庭审网络直播，对已生效的裁判文书及时上网，在保障当事人和社会公众的知情权、参与权与监督权的同时，让社会公众近距离感受到知识产权司法保护的影响力，增强产权保护意识。

（二）加大司法宣传和教育，提高全社会对于知识产权司法保护的认知能力。充分利用传统媒体以及法院官网、官方微信公众号等网络媒体平台，多渠道多角度推送与知识产权保护相关的法律法规、政策文件以及热点事件，正面引导社会舆论，实现法治宣传常态化。开展知识产权普法宣传进企业、进单位、进社区等活动，增强维权意识、减少侵权风险。对社会影响力大或其他具有典型意义的知识产权案件正确研判、加强说理，打造认定事实准确、适用法律得当、法律效果和社会效果良好的典型案例并主动向社会公开发布，扩大典型案例的影响范围，助力增强全社会尊重和保护知识产权的意识。

（三）注重知识产权司法建议工作，为全社会知识产权保护意识的增强提供良好氛围。立足发展大局，紧扣审判实践，针对知识产权案件审理过程中发现的有关单位和管

理部门在制度上、工作上存在的问题，及时准确向有关方面提出司法建议，有效防范、应对各类不利于知识产权发展与保护的情况，优化知识产权保护环境。

为应对国际国内新形势对知识产权司法保护提出的新挑战、新需求，佛山法院须始终以习近平新时代中国特色社会主义思想为指导，认真贯彻习近平法治思想，切实增强知识产权司法保护的责任感和使命感，牢固树立知识产权严格保护的理念，全面完善知识产权审判机制，努力提升知识产权司法保护质效，积极延伸知识产权审判职能，为佛山创建国家知识产权强市、全国版权示范城市，推动法治化营商环境建设提供有力司法保障。

佛山市知识产权局关于印发促进知识产权高质量发展资助办法的通知

佛市监规字〔2022〕2号

各区人民政府，市知识产权工作联席会议成员单位，市有关单位：

现将《佛山市知识产权局促进知识产权高质量发展资助办法》印发给你们，请认真贯彻执行。执行中遇到的问题，请径向市知识产权局反映。

佛山市知识产权局

2022年9月7日

佛山市知识产权局促进知识产权高质量发展资助办法

第一章 总　　则

第一条　为深入贯彻《知识产权强国建设纲要（2021—2035年）》《"十四五"国家知识产权保护和运用规划》，有效发挥财政资金的引导和激励作用，激发全社会创新活力，提升佛山市知识产权创造、保护、运用、管理和服务水平，推动知识产权强市建设，根据《中华人民共和国专利法》《中华人民共和国商标法》《国家知识产权局关于进一步严格规范专利申请行为的通知》（国知发保字〔2021〕1号）《国家知识产权局关于持续严格规范专利申请行为的通知》（国知发保字〔2022〕7号）《广东省市场监督管理局知识产权工作专项资金管理细则》（粤市监规字〔2021〕6号）等有关规定，结合本市实际，制定本办法。

第二条　本办法所指的知识产权包括专利、商标和地理标志。本办法所指的知识产权资助资金是指从市级财政安排列支的用于促进知识产权高质量创造、运用、保护、管理、服务以及人才培训等相关工作资金。中央、省知识产权专项资金使用方向与本办法中的项目相同时，可参照本办法实施。

第三条　本办法资助对象为佛山市行政区域内的企事业单位、社会团体及其他社会组织，以及户籍所在地或经常居住地为佛山市行政区域内的自然人。资助对象近三年无被认定为非正常专利申请或恶意商标注册申请行为，无违反有关法律、法规和规章。

第四条　本资助资金使用和管理应遵循政府引导、社会参与、竞争择优、公平公开、绩效导向、强化监督的原则。

第五条　佛山市知识产权局负责知识产权资助申请的受理、审核、公示、资金拨付等工作。

第二章　资助内容

第一节　知识产权创造类资助

第六条　国内授权发明专利资助

对获得国内发明专利授权的，给予每件专利不超过 1700 元的资助，获得过国家知识产权局费用减免的，不给予资助。专利权为多方共有的，由第一顺序专利权人提出申请，第一、二顺序专利权人均为佛山市行政区域内的，可由第二顺序专利权人提出申请，但需提交第一顺序专利权人签署的放弃资助声明。

第七条　高价值发明专利奖励

2021 年以后新增的有效发明专利，同时符合下列两种情形以上的，给予专利权人每件专利 1 万元奖励。属于企事业单位、社会团体及其他社会组织的同一申请人年度奖励不超过 100 万元，属于个人申请人的年度奖励不超过 20 万元。专利权为多方共有的，由第一顺序专利权人提出申请，第一、二顺序专利权人均为佛山市行政区域内的，可由第二顺序专利权人提出申请，但需提交第一顺序专利权人签署的放弃奖励声明。本项资金每年安排金额不超过 1500 万元。

（一）属于国家或省战略性新兴产业；

（二）在海外有同族专利权；

（三）维持年限超过 10 年；

（四）质押融资金额超过 100 万；

（五）获得国家科学技术奖、中国专利奖或广东省专利奖之一；

（六）对外实施许可且费用超过 100 万，且被许可对象与专利权人为非关联性关系；

符合以上多个条件的同一件专利不重复奖励。上述第（三）项条件，维持年限超过 10 年的发明专利不需受 2021 年新增限制。

第八条　首件高价值发明专利奖励

专精特新企业、高新技术企业、规模以上工业企业 2021 年以后新增首件高价值发明专利，且发明专利符合以下条件之一的，对该单位一次性奖励 2 万元：1. 属于国家战略性新兴产业；2. 在海外有同族专利权；3. 维持年限超过 10 年；4. 质押融资金额超过 100 万。本项资金每年安排金额不超过 800 万元。

第九条　标准必要专利资助

对转化为国际、国家、行业标准，并产业化应用的专利，分别给予 10 万元/件、5 万元/件、1 万元/件的资助。同一单位完成多件专利转化为标准的，每年最多资助 5 件。

第十条　国外发明专利授权资助

通过 PCT 等途径申请的发明专利，在欧洲专利局获得授权的，每件专利资助 15000 元；在美国获得授权的，每件专利资助 10000 元；在其他国家（地区）获得授权的，每个国家（地区）每件专利资助 5000 元。同一发明专利被多个国家（地区）授予专利权的，属于战略性新兴产业的，最多资助 5 个国家（地区），其它产业最多资助 2 个国家

（地区）。属于企事业单位、社会团体及其他社会组织的同一申请人年度资助不超过 200 万元，属于个人申请人的年度资助不超过 10 万元。专利权为多方共有的，由第一顺序专利权人提出申请。

第十一条　国际注册商标资助

（一）申请人通过马德里体系取得商标注册证书的，按成功注册的国家或地区的数量资助，每成功注册一个国家或地区资助 1200 元，每件最多资助 20 个国家或地区。申请人在取得马德里国际注册证书和指定国核准注册佐证材料后，一次性申请资助。

（二）申请人取得欧盟知识产权局、非洲知识产权组织（OAPI）、非洲地区工业产权组织（ARIPO）商标注册证书的，每件给予资助 5000 元。

（三）申请人在单一国家取得国外商标注册证书的，每件给予资助 1500 元，且同一申请人年度受资助件数不得超过 3 件。

（四）申请人在港澳台地区取得商标注册证书的，每件给予资助 1000 元，且同一申请人年度受资助件数不得超过 3 件。

本条第（一）至（四）项商标权为多方共有的，则以第一顺序商标权人提出申请，属于企事业单位、社会团体及其他社会组织的同一申请人年度资助不超过 50 万元，属于个人申请人的年度资助不超过 10 万元。

第十二条　工业品外观设计国际注册资助

通过海牙体系提交工业品外观设计国际注册申请，并且在三个以上指定国家或地区获得授权的，每件外观设计专利按照国际申请应缴纳费用的 50% 给予一次性资助；外观设计专利权为多方共有的，则以第一顺序专利权人提出申请，属于企事业单位、社会团体及其他社会组织的同一申请人年度资助不超过 20 万元，属于个人申请人的年度资助不超过 5 万元。

第十三条　驰名商标资助

对获得国家知识产权局"驰名商标"认定保护的，每件给予一次性资助 30 万元。同一商标重复认定为驰名商标的不重复资助。

第十四条　专利奖奖励

（一）对获得中国专利金奖、银奖、优秀奖的，分别给予一次性奖励 100 万元、60 万元、30 万元，且应由在佛山行政区域内的第一顺序专利权人申请该奖励。对获得中国外观设计金奖、银奖、优秀奖的，分别给予一次性奖励 60 万元、30 万元、20 万元，且应由在佛山行政区域内的第一顺序专利权人申请该奖励。

（二）对获得广东省专利金奖、银奖、优秀奖，分别给予一次性奖励 60 万元、30 万元、10 万元，且应由在佛山行政区域内的第一顺序专利权人申请该奖励。对户籍所在地或经常居住地为佛山市行政区域内的个人获得广东杰出发明人奖的，一次性奖励 5 万元。

第十五条　商标金奖奖励

对获得中国商标金奖的，给予一次性不超过 100 万元奖励，获奖商标为多方共有的，应指定一方申请该奖励。

第十六条　地理标志资助

对获得地理标志保护产品或地理标志集体（证明）商标注册证书的，每件给予 30 万元资助。以上两项，同一产品只资助一次。

第二节　知识产权保护类资助

第十七条　境外知识产权维权及应对资助

（一）在境外提起侵权诉讼资助：佛山市行政区域内市场主体获得境外专利授权或商标注册后，在境外提起专利商标侵权诉讼，并在提起诉讼的同时报国家海外知识产权纠纷应对指导中心佛山分中心备案，最终判定侵权成立或以侵权成立为前提达成和解的，每案给予维权成本 50% 的资助，在美国、英国、日本、欧盟国家维权每案最高可资助金额 200 万元，在其他国家或地区维权每案最高可资助金额 100 万元。

（二）应对境外专利商标侵权诉讼或行政调查资助：佛山市行政区域内市场主体在境外应对专利商标侵权诉讼或行政调查，并在应对的同时报国家海外知识产权纠纷应对指导中心佛山分中心备案，最终判定侵权不成立或以侵权不成立达成和解的，每案给予应对成本 50% 的资助，在美国、英国、日本、欧盟维权每案最高可资助金额 200 万元，在其他国家或地区维权每案最高可资助金额 100 万元。应对过程中提起专利无效宣告请求的，按照本办法第十八条第（二）项执行。

（三）应对商标境外抢注维权资助：佛山市行政区域内的市场主体在境外应对商标抢注，并在应对的同时报国家海外知识产权纠纷应对指导中心佛山分中心备案，最终异议或无效成功的，每案给予该主体应对成本 50% 的资助，在美国、英国、日本、欧盟维权每案最高可资助金额 30 万元，在其他国家或地区维权每案最高可资助金额 15 万元。

第十八条　专利无效请求资助

（一）在国内法院或者专利行政管理部门被诉专利侵权的佛山市行政区域内的市场主体，对涉案专利权向国家知识产权局提出无效宣告请求并最终成功全部无效或无效一项以上独立权利要求的，每件涉案专利给予该主体上述成本 50% 的资助，同一主体每年资助金额累计不超过 10 万元。

（二）佛山市行政区域内的市场主体为维护自身合法权益在境外对相关专利权提出无效宣告请求，并在提出请求前报国家海外知识产权纠纷应对指导中心佛山分中心备案，最终成功无效全部或一项以上独立权利要求的，每件涉案专利给予该主体上述成本 50% 的资助，在美国、英国、日本、欧盟国家维权每件最高可资助金额 30 万元，在其他国家或地区维权每件最高可资助金额 15 万元。

第十九条　知识产权保护工作站建设资助

鼓励大型园区、产业集聚区、行业协会、专业市场等建立知识产权保护工作站（含商标品牌培育指导站），为企业提供知识产权信息检索、培育布局、风险监测、法律咨询、争议解决、宣传培训、品牌建设、维权援助等综合性公共服务，健全相应的行业知识产权制度和自律机制，全面提升知识产权创造、运用、保护、管理和服务水平，提升产业知识产权保护治理能力。每年对被市知识产权主管部门确认为优秀或合格的承建单位进行资助，获评优秀的资助 20 万元，获评合格的资助 5 万元，其中获评优秀的单位每年不超过 5 个。

第二十条 知识产权保护纠纷调解组织资助

支持行业协会、知识产权服务机构、企事业单位等建立人民调解、商事调解、行业调解等知识产权纠纷调解组织，鼓励调解组织与法院等司法部门建立诉调对接机制。每年对通过司法行政部门或知识产权行政主管部门备案的知识产权纠纷人民调解组织进行绩效能力评价，评价结果为合格的，资助 10 万元，评价结果为优秀的，资助 20 万元。

第三节　知识产权管理类资助

第二十一条 通过贯标认证资助

（一）首次通过《企业知识产权管理规范》国家标准认证的企业，补贴首个认证周期实际发生的认证费，给予不超过 5 万元的一次性资助。贯标辅导、咨询等费用不列入资助范围。

（二）首次通过《高等学校知识产权管理规范》国家标准认证的高校，补贴首个认证周期实际发生的认证费，给予不超过 10 万元的一次性资助。贯标辅导、咨询等费用不列入资助范围。

（三）首次通过《科研组织知识产权管理规范》国家标准认证的科研院所，补贴首个认证周期实际发生的认证费，给予不超过 5 万元的一次性资助。贯标辅导、咨询等费用不列入资助范围。

第二十二条 国家和省知识产权示范、优势企业奖励

对获评国家知识产权示范、国家知识产权优势企业的，分别给予 40 万元、20 万元的一次性配套奖励；对获评广东省知识产权示范企业的，给予 5 万元一次性配套奖励。

第二十三条 知识产权托管服务资助

鼓励中小微企业委托知识产权服务机构开展知识产权托管，按实际发生托管费用的 50% 给予资助，单个企业每年最高资助 1 万元、最多资助 2 年，其中专精特新企业每年最高资助 2 万元、最多资助 3 年。

中小微企业知识产权托管内容主要包括除专利申请和商标注册申请代理以外的下列知识产权事务：专利挖掘、专利查新检索、知识产权分析评议、专利信息分析、知识产权竞争情报推送、知识产权侵权分析、知识产权侵权监控、商标监测、专利著录项目变更、专利年费管理、商标品牌宣传和建设、知识产权战略规划、知识产权质押合同登记、专利实施许可合同备案、知识产权合同文本把控、专利权评价报告办理等服务。

第二十四条 国家地理标志产品保护示范区资助

入选国家知识产权局国家地理标志产品保护示范区筹建名单的，每个一次性资助 50 万元。

第二十五条 国家及省级知识产权试点、示范学校资助

（一）对获评全国中小学知识产权教育试点、示范学校的，分别给予 10 万元、20 万元的一次性配套奖励。

（二）对获评国家知识产权试点、示范高校的，分别给予 20 万元、30 万元的一次性配套奖励。

第二十六条　国家级知识产权保护规范化市场资助

对获得国家级知识产权保护规范化市场认定的，给予 20 万元的一次性配套奖励。

第四节　知识产权运用类资助

第二十七条　知识产权信息运用资助

鼓励企事业单位在产品出口、技术出口或赴国外参加展会、博览会等情况下，委托知识产权服务机构开展知识产权风险预警分析。对实施知识产权风险预警项目的单位，按实际支出费用的 50% 给予补贴，同一单位同一年度获得该项资助不超过 50 万元。

第二十八条　重点产业知识产权运营中心建设资助

鼓励建设覆盖全市重点产业的知识产权运营中心，打通知识产权"创造、保护、运用、管理、服务"全链条，推动知识产权与产业有机融合。对成功申报国家级重点产业知识产权运营中心的单位，给予一次性资助 100 万元，在运营中心建设阶段，由市知识产权主管部门每年组织专家对国家重点产业知识产权运营中心的建设成效进行评审，评审合格的给予每年不超过 150 万元的资助，为期三年。对成功申报建设广东省战略性产业知识产权协同运营中心项目，并在佛山市行政区域内设立实体运营机构，给予一次性资助 50 万元，通过省知识产权局项目验收，并且三分之一以上工作落地在佛山的，再资助 50 万元。

第二十九条　专利转化运用资助

支持我市企业以转让、许可等方式购买专利所有权或专利使用权，符合以下条件的给予资助：

（一）专利转让方或许可方属于佛山市内企业的，按照实际交易额的 3% 资助购买方；专利转让方或许可方属于佛山市外企业的，按照实际交易额的 5% 资助购买方。

（二）专利转让方或许可方属于佛山市内高校、科研院所和国企的，按照实际交易额的 3% 分别资助交易双方；专利转让方或许可方属于市外高校、科研院所和国企的，按照实际交易额的 6% 资助购买方。

（三）鼓励知识产权双向转化工作，属于该领域的专利转让或实施许可，按照实际交易额的 6% 资助购买方。

符合以上多种情形的，按最高标准进行资助。专利转让和专利实施许可必须为非关联交易，并实现产业化应用。同一单位同一年度获得该项资助不超过 200 万元。

第三十条　知识产权保险资助

采取按比例补贴、总额限定的方式实行知识产权保险费率补贴，支持保险公司进一步增加知识产权保险险种。保险公司向市知识产权主管部门备案知识产权保险相关险种的，对购买保险的单位，按实际支出保费的 50% 给予补贴，同一单位同一年度获得该项资助不超过 30 万元。

第三十一条 知识产权投贷联动资助

对通过知识产权投贷联动的方式为佛山市初创企业实现融资的参与方给予资助，标准如下：

（一）为佛山初创企业实现知识产权股权融资，如投资机构在佛山市内，一次性资助该股权投资机构投资金额的0.5%，同一单位每年资助不超过60万元；如投资机构不在佛山市内，可以对推动企业实现股权融资的知识产权服务机构进行资助，对实现1000万元以上股权融资的项目一次性资助10万元，同一单位每年资助不超过50万元。

（二）对实现知识产权债权融资的初创企业，按照其实际支付贷款利息的30%给予补贴，同一企业每年补贴总额不超过30万元。

第三十二条 知识产权证券化资助

支持知识产权金融创新，对佛山市发行符合以下条件的知识产权证券化产品，根据其实际发行金额的3%资助发行主体。本项资金每年安排不超过1500万元。

（一）产品的入池融资企业须是佛山市行政区域内的企业；

（二）企业实际融资利率上不超过同期的一年期LPR+150bp；

（三）产品具有创新性和示范性。

第三十三条 知识产权联盟资助

鼓励组建包括行业协会、企业、高校、科研组织在内的产业知识产权联盟，对按规定通过备案的知识产权联盟，给予一次性资助10万元。

第三十四条 区域商标运用资助

鼓励我市优势产业通过注册和运用集体商标或证明商标打造区域品牌，对成效显著并通过专家评审的商标注册人，给予资助20万元，同一单位三年内不重复资助。申请本项资助，应符合以下条件：

（一）成功注册集体商标或证明商标后，使用该商标满一年以上。

（二）组织机构完善，设立商标品牌管理监督机构。

（三）规章制度完善，配套完善《集体（证明）商标使用管理实施细则》《商标使用许可办法》《商标标识使用及宣传管理办法》等管理规范。

（四）制定商标品牌管理标准，落实准入标准、使用标准、监督机制、退出机制、投诉机制、激励制度等机制；积极组织会员单位参与商标品牌管理、使用和保护相关培训。

（五）建立区域商标推广机制，开展形式多样的商标品牌宣传推广工作，鼓励和带动会员在产品和服务上使用集体（证明）商标。

（六）制定商标品牌保护措施，建立商标信誉风险控制预案机制，提高商标品牌保护水平。

第五节 知识产权服务类资助

第三十五条 知识产权服务机构落户资助

（一）2021年后在佛山成立的具备法人资格的专利代理机构，经营满2年，拥有至少 3 名专利代理师，且为区域内 50 家以上企业提供专利商标代理申请的，给予一次性资助 10 万元。

（二）全国知识产权服务品牌机构在佛山设立的分支机构，经营满 2 年，拥有至少 3 名专利代理师，且为区域内 50 家以上企业提供专利商标代理申请的，给予一次性资助 20 万元。

（三）港澳台及国外高端知识产权服务机构在佛山设立的分支机构，经营满 2 年，且服务区域内企业 50 家以上的，给予一次性资助 30 万元。

第三十六条 优秀代理项目奖励

（一）对佛山市的专利代理机构（含分支机构）代理本市申请人撰写的专利获得国家、广东省专利奖的给予奖励，对获得国家金奖、银奖和优秀奖的分别给予 10000 元/件、5000 元/件、2000 元/件的奖励，对获得广东省金奖、银奖和优秀奖的分别给予 5000 元/件、3000 元/件、1000 元/件的奖励。同一单位同一年度获得该项奖励不超过 5 万元。

（二）对佛山市的商标代理机构（含分支机构）代理本市申请人注册的商标获得中国商标金奖的，给予不超过 1 万元/件的奖励。同一单位同一年度获得该项奖励不超过 5 万元。

第三十七条 知识产权服务机构评级奖励

（一）对获评全国知识产权服务品牌机构的给予奖励，佛山的总部机构一次性资助 20 万元，分支机构在佛山经营满 2 年的，一次性资助 10 万元。

（二）对获评全国知识产权服务品牌培育机构的给予奖励，佛山的总部机构一次性资助 10 万元，分支机构在佛山经营满 2 年的，一次性资助 5 万元。

（三）对获评中华商标协会优秀商标代理机构给予奖励，佛山的总部机构一次性资助 10 万元，分支机构在佛山经营满 2 年的，一次性资助 5 万元。

第三十八条 知识产权公共服务网点资助

对通过国家知识产权局备案成为国家知识产权信息公共服务网点的机构，一次性资助 20 万元。

第六节 知识产权人才培训类资助

第三十九条 优秀知识产权人才资助

（一）通过国家专利代理师考试并在佛山市行政区域内的企事业单位、社会组织内从事知识产权工作，且在本市连续缴纳社保超过 2 年，一次性资助 1 万元。对通过了法律资格考试的上述专利代理师，另外一次性资助 2 万元。

（二）通过中国认证认可协会注册的知识产权管理体系审核员（外审员），从事全职认证工作，且在本市连续缴纳社保超过 2 年，一次性资助 1 万元。

（三）支持佛山市行政区域内的企事业单位、社会组织培养知识产权专业人才，对在同一单位任职且在本市连续缴纳社保超过 2 年，取得中级、副高级、正高级知识产权专业职称的个人，按 3000 元/人、10000 元/人、20000 元/人标准给予资助。同一人同一职称只资助一次，不重复资助。

第四十条　其他项目资助

佛山市知识产权局可根据国家知识产权局、省知识产权局及市委、市政府的战略部署，围绕知识产权重点工作，按照财政年度预算，除以上条款资助外，增设高价值专利培育、高知名度商标培育、战略性产业导航工程、知识产权保护、知识产权维权援助、海外知识产权纠纷监测、知识产权信息公共服务、知识产权交易运营、知识产权投融资、知识产权保险、公共资源商标保护运用、知识产权智库平台建设、知识产权服务能力提升、知识产权人才培养、知识产权服务业集聚发展等项目，每个项目资助不超过100 万元。

第四十一条　总限额条款

同一年度同一单位或个人获得本办法各类资助总额不超过 500 万元（国家知识产权示范优势企业、中国专利奖、中国商标金奖、驰名商标、广东专利奖的奖励额度不包括在内）。所有资助币种为人民币。

第三章　审批流程和监督管理

第四十二条　各类知识产权资助的申报时间、类别、条件、要求等，以当年度佛山市知识产权局发布的申报通知或申报指南为准。

第四十三条　各类知识产权资助的申请和审批流程如下：

（一）申请人根据佛山市知识产权局发布的各类知识产权资助申报通知或项目申报指南，登录"佛山扶持通"平台进行申报。

（二）申请材料由申请人所在区的知识产权局进行初审，再由佛山市知识产权局或由佛山市知识产权局委托的第三方服务机构进行审查。审查不合格的可退回修改，并在规定时间内重新提交申请材料。重新提交材料后，经审核不符合条件的，告知申请人审查不通过。逾期不提交，视为放弃申请。

（三）审核合格的资助项目，按照有关资金规定进行项目评审，必要时对申请人进行实地考察，佛山市知识产权局根据专家评审结果确定拟资助的项目名单，并在佛山市知识产权局网站公示，公示期不少于 5 个工作日，公示期满无异议或异议不成立的，经佛山市人民政府审核同意后拨付相关资金。

第四十四条　佛山市知识产权局根据实际需要，可对申请资助、获得资助的单位或者个人进行核实或现场考查，有关单位和个人应予以配合，否则视为不通过审核，已获得资助的，全额收回已发放的资助资金。

第四十五条　依本办法第四十条资助项目承担单位应与佛山市知识产权局签订项目合同书，按合同书进行项目管理，项目完成时按相关规定进行项目验收，项目管理及验收办法另行规定。

第四十六条　享受本办法资助的申请人须签订承诺书，承诺对相关政策及约定知悉。若资助申请人违反承诺，应主动退回所获资助资金。

第四十七条　申请人应按要求提供真实、有效的申报材料，出现下列情形之一，由佛山市知识产权局追回全部已拨付的财政资金，取消其 3 年内申请知识产权各类财政扶持资金的资格，涉嫌犯罪的，依法移送司法机关追究刑事责任。

（一）违反本办法相关规定的；

（二）用虚假材料骗取资助资金的；

（三）出现其它违反国家有关法律法规行为的。

第四十八条　申请人存在下列情形之一的，不予资助；已经资助的，可责令限期退回，且不再获得本办法规定的资助：

（一）被认定为非正常专利申请行为、恶意商标注册申请行为的；

（二）存在知识产权权属纠纷的；

（三）近五年被列入财政专项资金违规、失信名单，或被列入国家有关部门失信惩戒名单的；

（四）拒不执行生效的知识产权行政处理决定或司法裁判文书、仲裁文书的，或侵犯他人知识产权构成犯罪的；

（五）被宣告破产进入清算程序的，或已注销主体资格的，或被吊销营业执照的；

（六）同一事项重复申请的；

（七）不符合本办法要求的，或其他法律法规规定不予资助情形的。

第四十九条　各类知识产权资助经费坚持专款专用原则，接受纪检、审计、财政等部门的监督和考核。专项资金主管部门工作人员在工作中出现责任不落实，存在作风、廉洁等方面问题及其他损害群众和企业利益的违纪违法行为，驻局纪检监察组严格按照《公职人员政务处分法》《监察法实施条例》《中国共产党纪律处分条例》等追究问责。

第四章　附　　则

第五十条　本办法涉及"至少"、"不超过"、"以上"、"最高"、"最多"、"不少于"的表述，包含本数。

第五十一条　符合本办法第七条、第八条、第三十二条的申报项目金额超过该项目年度安排资金上限的，则按比例降低标准的形式进行资助。

第五十二条　符合本办法规定的同一项目、同一事项同时符合本区域同级其他扶持政策规定的，按照从高不重复的原则予以支持，另有规定的除外。

第五十三条　本办法与国家、省的相关规定或要求不相符合的，按照国家、省的相关规定执行。

第五十四条　本办法自印发之日起实施，除专利授权类资助条款有效期至 2023 年12 月 31 日外，其余条款有效期 3 年。《关于印发〈佛山市促进专利高质量发展资助办法〉〈佛山市知识产权质押融资风险补偿专项资金管理办法〉〈佛山市进一步促进个体工商户转型升级工作领导小组办公室专项资金使用管理办法〉的通知》（佛市监办发〔2019〕11 号）中的《佛山市促进专利高质量发展资助办法》以及《关于印发〈佛山市知识产权局商标品牌战略资金扶持办法〉的通知》（佛知〔2019〕2 号）同时废止。为实现新旧资助办法平稳过渡，由佛山市知识产权局做好新旧资助办法的衔接工作。本办法由佛山市知识产权局负责解释，各区可参照本办法修订相关知识产权资助政策。

十二、惠州市主要知识产权制度

中共惠州市委办公室　惠州市人民政府办公室关于印发《惠州市关于强化知识产权保护的若干措施》的通知

各县（区）党委和人民政府（管委会），市直和驻惠各副处以上单位：

《惠州市关于强化知识产权保护的若干措施》已经市委和市政府同意，现印发给你们，请结合实际认真贯彻落实。

中共惠州市委办公室

惠州市人民政府办公室

2021 年 11 月 22 日

惠州市关于强化知识产权保护的若干措施

为深入贯彻落实中央办公厅、国务院办公厅《关于强化知识产权保护的意见》及省委办公厅、省政府办公厅《关于强化知识产权保护的若干措施》精神，进一步完善我市知识产权保护体系，提升知识产权保护能力，营造良好的创新和营商环境，现结合实际，提出以下措施。

一、总体要求

以习近平新时代中国特色社会主义思想为指导，全面贯彻党的十九大和十九届二中、三中、四中、五中、六中全会精神，深入贯彻习近平总书记在中央政治局第二十五次集体学习时的重要讲话、对广东重要讲话和重要指示批示精神，树牢保护知识产权就是保护创新的理念，坚持严格保护、统筹协调、重点突破、同等保护，促进保护能力和水平整体提升，高标准打造知识产权保护高地。到 2022 年，知识产权保护体制机制更加完备有效，全社会知识产权保护意识进一步提升，知识产权保护社会满意度达到较高水平。到 2025 年，知识产权法治环境更加优化，知识产权保护体系更加完善，知识产权制度激励创新的基本保障作用得到充分彰显，尊重知识价值的营商环境更加优化。

二、加强知识产权严保护结构建设

（一）严厉打击侵权假冒行为。聚焦保护创新和优化营商环境，以打击侵犯商业秘密、假冒注册商标、跨国境制售假、侵犯重点领域著作权等犯罪为重点，开展为期 3 年的专项行动。强化打击侵权假冒犯罪制度建设，开展常态化专项打击行动，持续保持高压严打态势。强化民事司法保护，有效执行惩罚性赔偿制度，科学合理确定知识产权损害赔偿数额。加大专利侵权纠纷行政裁决力度。开展关键领域、重点环节、重点群体行政执法专项行动，严厉打击商标、专利、著作权、地理标志、植物新品种等各类侵权假冒行为。开展重点领域反不正当竞争执法专项行动，严厉打击网络侵权盗版专项治理行动。依法规制商标恶意注册、非正常专利申请、作品著作权重复登记及滥用知识产权排除、限制竞争等行为。〔市委宣传部（市版权局）、市法院、市检察院、市公安局、市农业农村局、市文化广电旅游体育局、市市场监管局（市知识产权局）、惠州海关按职责分工负责〕

（二）健全规范证据标准。完善行为保全措施，及时有效制止侵权，降低权利人维权成本。健全知识产权证据规则，积极推行律师调查令制度。严格执行行政执法过程中的商标、专利侵权判断标准。规范执行司法、行政执法、仲裁、调解等不同渠道的证据标准。推进行政执法和刑事司法立案标准协调衔接，完善案件移送程序，明确证据标准，制定证据指引。〔市委宣传部（市版权局）、市法院、市检察院、市公安局、市文化广电旅游体育局、市市场监管局（市知识产权局）、惠州海关按职责分工负责〕

（三）完善案件执行机制。完善诉调对接机制，优化诉前委派调解与司法确认程序衔接，合理拓宽司法确认程序适用范围。落实市场主体和知识产权代理机构诚信档案"黑名单"制度，探索建立重要领域知识产权保护预警"白名单"制度，将知识产权侵权假冒企业纳入市场监管领域"双随机、一公开"重点抽查名单。实施市场主体信用分类监管，依法依规确定重复侵权、故意侵权企业名录并落实实施失信联合惩戒，积极引导企业通过公开信用承诺等方式修复信用。〔市法院、市发展改革局、市市场监管局（市知识产权局）按职责分工负责〕

（四）加强新业态新领域保护。加强人工智能、新能源、5G 运用和物联网等新业态新领域标准必要专利保护，规范标准必要专利许可市场秩序。加强网络直播和重大国际国内体育赛事转播、直播知识产权保护。推广《电商平台知识产权保护管理》国家标准，加强电子商务领域知识产权保护，督促电商平台相关各方落实责任，加强知识产权风险防范。支持社会组织开展重点产业知识产权涉外风险防控体系建设。加强地理标志、老字号、非物质文化遗产、传统知识和中医药等领域知识产权保护。推广应用公证电子存证技术。〔市委宣传部（市版权局）、市司法局、市文化广电旅游体育局、市市场监管局（市知识产权局）按职责分工负责〕

三、完善知识产权大保护工作体系

（五）提高执法监督效能。发挥人大监督职能，开展知识产权执法检查，对社会反映强烈的知识产权保护问题进行质询或专题询问。发挥政协民主监督作用，定期开展知识产权保护工作调研，通过提案和专项监督促进知识产权保护。探索建立健全执法奖优惩劣制度，提高执法监督效能。推动落实行政执法信息公开，进一步加强社会监督。〔市委宣传部（市版权局）、市人大常委会办公室、市文化广电旅游体育局、市市场监管局（市知识产权局）、市政协办公室按职责分工负责〕

（六）建立健全社会共治。健全知识产权维权援助机制，强化维权援助机构建设，推动维权援助服务体系向基层延伸。大力培育发展知识产权调解组织、公证机构和仲裁机构。充分发挥惠州市知识产权纠纷人民调解委员会调解作用，支持惠州仲裁委探索开展知识产权仲裁工作，引导行业协会建立知识产权保护自律机制。推行知识产权专家援助制度，做好知识产权纠纷调解、案件代理、普法宣传等工作。引导代理行业加强自律自治，全面提升代理机构监管水平。将知识产权行政处罚、抽查检查结果等涉企信息，通过国家企业信用信息公示系统（广东）、"信用广东网"统一归集、依法公示。畅通各类社会监督渠道，提高知识产权举报投诉受理和处理能力。发挥行业管理部门作用，引导社会组织健康发展。〔市发展改革局、市民政局、市司法局、市市场监管局（市知识产权局）、惠州仲裁委按职责分工负责〕

（七）加强专业技术指导。建立知识产权公共运营服务平台，打造线上知识产权纠纷调解与维权援助工作。推广知识产权保护数字化平台，强化作品著作权登记、确权、运用等领域区块链等新技术的应用推广。建立健全知识产权侵权判定咨询机制，建立技术调查官制度，推动技术调查官参与专利侵权纠纷行政裁决工作。探索建立侵权损害评估制度，创新评估方法，完善评估机制，有效解决知识产权价值评估难度。争取上级在惠州建设国家海外知识产权纠纷应对指导平台。〔市委宣传部（市版权局）、市文化广电旅游体育局、市市场监管局（市知识产权局）按职责分工负责〕

（八）实施源头保护措施。深化实施战略性支柱产业集群和战略性新兴产业集群专利导航，加强知识产权储备运营，发展知识产权密集型产业。探索建立重点领域研发计划知识产权管理和保护制度，完善知识产权运用与收益分配机制。加强专利、商标、工业品外观设计和地理标志的国际注册，培育更多知名品牌。实施版权创造创新、版权兴业工程，推动版权作品高质量供给。加强惠州地理标志保护运用，促进地理标志产品贸易。〔市委宣传部（市版权局）、市工业和信息化局、市农业农村局、市文化广电旅游体育局、市市场监管局（市知识产权局）按职责分工负责〕

四、强化知识产权快保护协作机制

（九）健全跨部门跨区域协作机制。建立健全行政执法与刑事司法衔接工作联席会议机制，促进行政执法与刑事司法无缝衔接。开展知识产权行政保护和民事司法衔接协作，加强信息通报、人员交流、联合培训、业务研讨等工作。健全知识产权案件分流机制，推进案件繁简分流机制改革，缩短案件审理周期。〔市法院、市检察院、市公安局、市文化广电旅游体育局、市市场监管局（市知识产权局）按职责分工负责〕

（十）构建快速处理机制。监督指导电商平台、专业市场、展会等履行知识产权保护责任，对侵权假冒行为采取必要措施快速处理。指导各类网站规范管理，建立完善侵权投诉受理机制，核实并删除侵权内容，屏蔽或断开盗版网站链接，停止侵权信息传播。落实知识产权保护规范化市场管理标准，在相关领域和环节构建仲裁、调解等快速处理机制。借鉴广交会知识产权快保护模式，开展惠州展会知识产权保护工作，做好知识产权侵权展前排查、展中快速处理、展后跟踪处理工作。加强快速处理证据保全、公证取证工作。〔市委宣传部（市委网信办、市版权局）、市司法局、市商务局、市文化广电旅游体育局、市市场监管局（市知识产权局）、惠州仲裁委按职责分工负责〕

（十一）建立多元化纠纷解决方案。筹建惠州市知识产权保护平台，集聚知识产权保护资源，建立快速审查、快速确权、快速维权"一站式"多元化纠纷解决方案。加快重点领域专利预审、确权程序。推广利用调解方式快速解决纠纷。〔市市场监管局（市知识产权局）负责〕

五、营造知识产权同保护优越环境

（十二）深入参与粤港澳大湾区合作。积极参与粤港澳大湾区知识产权保护、专业人才培养等领域合作。充分利用港澳地区知识产权国际化服务资源，深化知识产权区际交流合作，提升我市企业知识产权布局和海外维权能力。加强信息通报和执法协作，开展知识产权纠纷调解机构交流合作。〔市市场监管局（市知识产权局）负责〕

（十三）提供海外维权援助服务。探索建立以中小微企业为重点援助对象的知识产权援助制度，提供知识产权海外申请、布局和维权援助等公益性服务。加大对重点产业海外护航力度，加强重点产业、重点目标市场国家（地区）专利预警分析和知识产权风险排查工作。加强重大涉外知识产权案件跟踪研究。〔市商务局、市市场监管局（市知识产权局）按职责分工负责〕

（十四）依法实施同等保护。加强对外商投资企业知识产权保护工作，对国内企业和国外企业、国有企业和民营企业、大型企业和中小微企业、单位和个人的知识产权一视同仁、同等保护。促进知识产权境内保护和进出口保护协同，严格执行公平竞争审查制度，维护公平良性竞争秩序。〔市法院、市检察院、市公安局、市商务局、市市场监管局（市知识产权局）、惠州海关按职责分工负责〕

（十五）推进对外交流合作。积极参与知识产权保护海外巡讲、巡展活动，推进知识产权保护合作交流。利用各类国际交流合作平台，宣传我国知识产权保护发展成就。通过召开企业座谈会等方式，加强与国内外行业协会、商会等信息交流。（市直有关部门按职责分工负责）

六、强化支撑知识产权管理服务支撑

（十六）提升便民服务水平。落实知识产权执法信息报送统筹协调和信息共享机制，加大信息集成力度。强化维权援助、举报投诉等公共服务平台软硬件建设，丰富平台功能，提升便民服务水平。〔市委宣传部（市版权局）、市法院、市检察院、市公安局、市财政局、市文化广电旅游体育局、市市场监管局（市知识产权局）按职责分工负责〕

（十七）加强人才培育提升。加强知识产权行政执法和司法人员职业化专业化建设。支持广东省知识产权培训（惠州学院）基地建设，针对惠州市知识产权人才需求，依托基地开展校企合作人才培养、知识产权实务人才培训，全面提高知识产权人才专业水平及实务能力。〔市法院、市检察院、市司法局、市人力资源社会保障局、市市场监管局（市知识产权局）按职责分工负责〕

（十八）加大资源投入支持。建立健全知识产权长效投入机制。推动知识产权行政执法和司法装备现代化、智能化建设。鼓励企业加大资金投入，并通过市场化方式设立重点领域和海外知识产权保护维权互助基金，提升自我维权能力和水平。〔市委宣传部（市版权局）、市公安局、市财政局、市文化广电旅游体育局、市市场监管局（市知识产权局）、惠州海关按职责分工负责〕

七、强化基础保障措施

（十九）加强组织领导。全面加强各级党委、政府对知识产权保护工作的领导。健全各类知识产权保护议事协调工作机制，统筹推进各项政策措施和重点工作落实。市市场监督管理局（知识产权局）要会同有关部门完善保护工作机制，制定具体分工方案，建立任务落实台账，加强协调指导和督促检查，确保各项任务落地见效。重大问题要及时按程序向市委、市政府请示报告。（市直有关部门，各级党委、政府按职责分工负责）

（二十）狠抓贯彻落实。市、县（区）两级党委、政府要全面贯彻党中央、国务院决策部署及省委、省政府工作安排，将知识产权保护工作纳入重要议事日程，落实知识产权保护责任，召开专题会议，研究部署知识产权保护工作。（各级党委、政府负责）

（二十一）强化考核问效。建立健全考核评价制度，将知识产权保护绩效纳入对各级党委、政府绩效考核和营商环境评价体系。建立年度知识产权保护水平评估制度。完善通报约谈机制，督促各级党委和政府加大知识产权保护工作力度。利用现有奖励制度，大力褒奖知识产权保护先进工作者和优秀社会参与者。完善侵权假冒举报奖励机制，激发社会公众参与知识产权保护工作的积极性和主动性。〔市委组织部、市委宣传部（市版权局）、市发展改革局、市市场监管局（市知识产权局）等市直有关部门，各级党委、政府按职责分工负责〕

（二十二）加强宣传引导。挖掘知识产权保护典型案例，及时总结经验做法和成果。加强知识产权公益宣传和咨询服务，开展形式多样的知识产权主题宣传教育活动，不断提高创新创业主体知识产权保护意识，营造良好的知识产权保护氛围，推动形成新时代知识产权保护工作新局面。（市直有关部门按职责分工负责）

附件：

主要任务责任分工表

序号	主要任务		责任单位
1	打击侵权知识产权犯罪三年专项行动	严打侵犯商业秘密、假冒注册商标、侵犯著作权等犯罪行为。深入挖掘涉外案件线索，全链条打击跨境犯罪。联合相关职能部门，集中优势力量针对重点区域和重点行业开展清查整治行动。	市公安局
2	强化行政保护与刑事司法保护衔接	推进行政执法和刑事立案标准协调衔接。完善案件移送程序，规范移送办法及移送期限。细化案件证据标准，明确涉嫌犯罪案件证据体系。建立健全种类一级证据规则。建立健全相关工作机制，联合开展挂牌督办、专项打击等工作。	市法院、市检察院、市公安局、各有关行政执法部门
3	构建知识产权侵权判定技术鉴定服务体系	加强知识产权侵权判定能力建设。建立健全知识产权侵权判定咨询机制，建立技术调查官制度，推动技术调查官参与专利侵权纠纷行政裁决工作。	市委宣传部（市版权局）、市司法局、市文化广电旅游体育局、市市场监管局（市知识产权局）
4	加大侵权判赔力度破解"赔偿低"难题	加强知识产权市场价值评估指导，支持引进国内外优质评估机构。建立重大典型案例发布制度。	市委宣传部（市版权局）、市法院、市司法局、市文化广电旅游体育局、市市场监管局（市知识产权局）、各有关行政执法部门
5	完善知识产权快速维权机制	推进惠州市知识产权保护平台筹建工作；推动维权援助服务体系向基层延伸；推动建立惠州市知识产权纠纷人民调解机制。	市法院、市司法局、市市场监管局（市知识产权局），各县区政府
6	强化海外知识产权维权援助	建立以中小微企业为重点援助对象的知识产权援助制度。争取上级在惠州建设国家海外知识产权纠纷应对指导平台。加强知识产权保护人才培养。	市人力资源社会保障局、市商务局、市市场监管局（市知识产权局）、市贸促会
7	构建知识产权信用监管威慑机制	依法加强知识产权领域自然人失信信息的采集和报送工作。落实市场主体和知识产权代理机构诚信档案"黑名单"制度，探索建立重要领域知识产权保护预警"白名单"制度，将知识产权侵权假冒企业纳入市场监管领域"双随机、一公开"重点抽查名单。健全失信联合惩戒机制。积极引导企业通过公开信用承诺等方式修复信用。	市委宣传部（市版权局）、市发展改革局、市文化广电旅游体育局、市市场监管局（市知识产权局）、各有关行政执法部门
8	加强新兴产业知识产权法制保障	强化新兴产业知识产权保护措施。加强人工智能、新能源、5G运用和物联网等新业态新领域标准必要专利保护。加强地理标志、老字号、非物质文化遗产、传统知识和中医药等领域知识产权保护。加强网络直播和重大国际国内体育赛事转播、直播知识产权保护措施。加强电子商务领域知识产权保护。	市委宣传部（市版权局）、市法院、市司法局、市文化广电旅游体育局、市市场监管局（市知识产权局）

十三、东莞市主要知识产权制度

关于印发《东莞市市场监督管理局（知识产权局）知识产权项目管理制度（试行）》的通知

东市监规字〔2023〕1号

各市场监管分局，市局机关各科室、直属各单位，各技术机构：

《东莞市市场监督管理局（知识产权局）知识产权项目管理制度（试行）》业经局长办公会议审议通过，现印发给你们，请认真贯彻执行。

东莞市市场监督管理局

2023 年 6 月 1 日

东莞市市场监督管理局（知识产权局）知识产权项目管理制度（试行）

第一章 总 则

第一条 为规范知识产权项目管理，提高资金使用绩效，促进我市知识产权创造、运用、保护、管理和服务工作，根据国家、省、市有关政策，结合我市知识产权工作发展实际，制定本制度。

第二条 知识产权项目，是指由市财政预算安排、市市场监督管理局（知识产权局，以下简称"市局"）管理的，以及由国家、省下达的用于促进我市知识产权创造、运用、保护、管理和服务，推进知识产权战略实施的项目。

第三条 本制度适用于市局管理的知识产权项目的申报与受理、评审与立项、实施与管理、结题与验收、审计与绩效评价等管理工作。

市局管理的知识产权项目（以下简称"市局项目"）包括：

（一）省市场监管局（知识产权局，以下简称"省局"）戴帽转移支付的项目（以下简称一类项目）；

（二）中央、省下拨专项资金，由市局组织实施的项目（以下简称二类项目）；

（三）市促进经济高质量发展专项资金（市场监督管理）等市财政资金预算、由市局组织实施的项目（以下简称三类项目）。

第四条　项目资金的使用和管理遵循公开公正、科学管理、注重绩效、利于监督的原则，体现财政资金的引导和带动作用。

第五条　知识产权项目采取事前资助、事后奖补、配套资助、公共服务等多种支持方式。

（一）事前资助是指由市局通过合同的方式约定工作内容、绩效目标、完成时限、资金投入、验收方式等，在项目执行前先行投入财政资金，待合同到期后对项目进行检查验收和绩效考核的财政资助方式；

（二）事后奖补是指由从事知识产权活动的项目承担单位先行投入资金，取得相应成果、荣誉或绩效，由市局按程序进行核实或审查后，给予相应补助的财政资助方式；

（三）配套资助是指由市市场监管局等相关部门组织推荐，上报国家、省并获得审批立项资助，按照上级补助资助金额的一定比例或一定额度给予配套资助项目。经市政府"一事一议"同意纳入配套补助的项目，也视同市配套补助资助项目。

（四）公共服务是指根据上级部门及市委、市政府确定的年度重点工作及本部门的工作部署，对重点领域、行业或重大项目开展分析评议、课题研究等项目，以及知识产权公共服务项目。

第六条　项目责任科室应按照国家、省、市局有关规定，对知识产权项目进行提前谋划，并按省、市有关规定进行项目储备。省局下达二类项目后，项目责任科室应在收到下达资金和任务清单后30日内形成专项资金安排方案（含项目名称、立项金额、资金支持方式、项目研究内容、项目绩效目标等）并报省局备案；资金安排方案须变更的，遵照省局、市局有关规定执行。

项目责任科室应按照国家、省有关规定及我市知识产权实际情况，按照资金预算、项目规划、项目储备等情况提前谋划三类项目，并按市财政及我局预算申报规定进行申报。待市财政明确预算年度的专项资金预算规模后，根据市局市级专项资金项目审议委员会有关规定进行项目规划管理。

第二章　申报受理

第七条　编制申报指南（不含一类项目）。

（一）二类项目，市局根据国家、省相关工作部署和项目任务要求，结合我市知识产权工作实际，研究制定工作方案以及具体项目（含项目库，下同）的申报指南；

（二）三类项目，市局根据国家、省相关知识产权政策、制度，结合部门预算以及我市知识产权工作发展需求，研究制定申报指南。

（三）申报指南须明确项目支持的方向和范围、项目期限，财政资金支持的额度、拨付方式，申报单位的条件、申报需提交的材料，申报的时间、渠道、方式等要求，受理单位、地址、联系方式等内容。

采用政府购买服务方式的知识产权项目，按市局相关采购管理制度执行。

第八条　项目申报指南制定后以通知形式在市局门户网站发布。项目受理期自申报通知发布之日起计算，原则上不得少于 15 日。项目受理期截止之日为法定节假日的，顺延至法定节假日后的第一个工作日。

三类项目申报指南同时抄送市财政局备案。

第九条 存在以下情形之一的，不接受事前资助类项目申报：

（一）申报单位或项目负责人因承担的市局项目验收不通过、尚处于申报资格限制期限内的；

（二）在已承担的市局项目结题前，再次申报同类型项目的；

（三）有 2 项以上（含）已承担的市局重大项目尚未结题的；

（四）存在申报指南中规定的或其他不得申报或限制资助情形的。

第十条 市局和镇街（园区）市场监管分局对申报项目进行形式审查，涉及镇街（园区）配套财政资金的项目，须由项目所属镇街（园区）市场监管分局进行初审。

第十一条 市局项目责任科室根据项目申报指南及相关项目要求，对申报材料进行形式审查，也可根据实际需要，委托第三方或专家进行形式审查。

（一）形式审查合格。符合申报条件、材料内容完备的，视为形式审查合格。材料不完整的，应通知项目申报单位在规定的补充材料期限内一次性补充相关材料；未按时补充资料的视为放弃申报。

（二）形式审查不合格。不符合申报条件、申报材料内容不完备或属于申报限制范畴的申报材料，为形式审查不合格。

第三章 立项（入库）审批

第十二条 形式审查合格的申报材料，进入审查立项（含入库，下同）范围；形式审查不合格的申报材料，不得以替换、修改或补充等形式再次提交，不得进入审查立项范围。

第十三条 知识产权项目根据具体情况，采取专家评审或集体研究方式审查立项。

事前资助类项目和采用立项制的公共服务类项目，应组织或委托第三方组织专家评审。项目责任科室结合年度专项资金预算安排、专家立项意见以及征求意见反馈情况，提出拟立项、资助项目方案，经分管局领导同意后报局党组会议（或局长办公会议，下同）审议，确定拟立项、资助项目方案。其中，三类项目应当按照《东莞市"科技东莞"工程资助项目专家评审管理办法》规定委托市科学技术协会（以下简称"市科协"）组织评审，市财政部门或市科协有其他规定的，从其规定。

事后资助类和配套资助类项目，应由项目责任科室根据有关项目认定批准文件或项目申报材料，提出拟资助和奖励项目方案，经分管局领导同意后报局党组会议集体研究审议，确定项目具体拟资助和奖励项目方案。

第十四条 专家评审程序。

（一）制定评审标准。项目责任科室根据当年项目申报指南和项目实施要求，按照公平公正、科学高效的评审原则，拟定项目立项评审标准。

（二）组成专家组。由市局委托的第三方机构抽取 5 名（含）以上单人数的专家组成专家组。专家组由知识产权专家和财务专家构成，其中财务专家不少于 1 人。

（三）专家评审。专家评审可采取材料评审、会议评审、现场评审等方式。专家独立开展评审工作，不受任何单位或个人的干预。专家评审结果和立项意见是确定项目拟资助和奖励项目方案名单的重要依据。投票制评审未达到半数同意或评分制评审平均得分不合格（满分 100 分，低于 60 分为不合格）的项目，原则上不得列入拟资助和奖励项目方案名单。

三类项目按市科协相关评审规定执行。

第十五条 征求意见。二类项目的拟立项、资助和奖励项目方案在报分管局领导前，需征求市局相关科室意见；三类项目责任科室根据我市财政专项资金不予资助相关规定，向各相关部门广泛征求意见。

第十六条 拟立项、资助和奖励项目方案由市局在门户网站公示，公示期不少于 7日（含）。

任何单位或个人对公示结果有异议的，可在公示期内向市局提出书面异议或复核申请，申请应明确异议或复核的内容、理由，并提交相关证明材料。

第十七条 公示期满，无异议、异议不成立或复核后无异议的，项目资助（奖励）名单以通知形式在市局门户网站发布。

第十八条 根据资助（奖励）名单，事前资助类项目由市局与项目承担单位（含主承担单位与联合承担单位）签订项目合同书，有镇街配套资金的签订三方合同；事后奖补类项目无需签订项目合同书。

第四章 经费拨付

第十九条 根据市局省级专项资金管理办法有关规定，省局下达一类项目后，项目责任科室应会市局财务部门按照省局文件要求直接拨付。

二类项目、三类项目经党组会议审定资助（奖励）名单后，项目责任科室应按照市局财务制度要求报批；需局党组会议审议的，可与立项审批环节合并提交审议。

第二十条 事前资助类项目，由市局根据项目合同书的约定，采取一次性拨付或分期拨付的方式向项目承担单位下达项目资助通知并拨付资助资金。

事后奖补类项目，由市局下达项目资助通知并拨付资助资金。

第二十一条 保留资助资格的三类项目处置。存在保留资助资格相关情形，是指存在《关于东莞市科技发展和产业转型升级财政专项资金不予资助具体范围的若干规定》（东财规〔2021〕2 号）第四、五条规定可保留资助资格相关情形，或市财政、市局等有关规定可保留资助资格的其他情形。

（一）事前资助类项目拟立项单位存在保留资助资格相关情形的，视同不予资助情形处置；因特殊情况需保留资助资格的，应报局党组会议审议。

（二）事后奖补类项目申报单位存在保留资助资格相关情形的，资助资格最长保留一年（自市局党组会议审定之日起计算）。

资金分配计划确定后一年内，项目申报单位主动申请再次核查资助资格的，或资金分配计划确定后一年期满，项目责任科室应再次征求相关部门意见，不存在不予资助、保留资助资格情形的，按原计划予以资助；存在不予资助、保留资助资格情形的，不予资助。

第五章　实施管理

第二十二条　事前资助类项目，项目责任科室可通过项目启动会等形式，向项目承担单位讲解项目任务、资金使用规范等。

第二十三条　市局组织对事前资助类重大项目开展中期检查工作，中期检查内容包括项目实施计划执行进度情况、项目任务与指标完成情况，以及财政资金支出进度与合规合理使用情况。

中期检查以项目承担单位提交中期报告的形式为主，市局可根据工作需要委托第三方机构组织专家评价或现场检查。

项目承担单位按项目合同书约定按期或提前完成阶段性目标，资金支出进度合理，经费使用符合约定的，继续执行合同；项目承担单位未按项目合同书约定完成阶段性目标，资金支出进度缓慢或不按约定使用项目经费的，由市局发出限期整改通知，尚未拨付的经费暂缓拨付。

项目承担单位要按项目合同书约定推进项目实施。若因项目执行进度严重滞后而被财政部门收回资金统筹的，由项目承担单位承担责任。

第二十四条　项目实施过程中，如有事项发生调整，项目承担单位应提出书面申请，说明变更事项、原因、依据和理由等，按以下规则办理：

（一）项目负责人、绩效目标及考核指标等重大事项，原则上不予调整；确需调整的，项目承担单位应当提前 7 日向项目责任科室书面提出变更申请，由项目责任科室进行审查后报分管局领导审批后方可继续实施项目。

项目负责人除因调离单位、身体健康状况以及其他特殊原因无法履行职责外，不得变更。

（二）因工作需要，须对经费开支预算进行调整的，项目承担单位应向项目责任科室提出调整经费开支预算的书面申请，由项目责任科室进行审查后报分管局领导审批。审核通过后，可按照调整后的经费开展预算使用经费。

经费开支预算调整是指经费开支预算支出科目的调整，需调整的科目应在经费开支预算计划该科目上限金额的 20% 以内。

（三）项目承担单位因故需要延期项目结题的，应当于项目实施期满前 1 个月向项目责任科室提出书面延期申请，由项目责任科室进行审查后报分管局领导审批后方可延期结题。原则上，延长期限最长不超过 6 个月。

重大建设项目申请延期的，由项目责任科室进行审查后报分管局领导及局长办公会议审议同意，可酌情增加期限，延长期限最长不超过 12 个月。

第二十五条　项目在执行过程中因故终止的，用款单位应及时向项目责任科室提出申请。

（一）经市局党组会议集体审议通过的三类项目，对不涉及财政补助资金额度变化的，由项目责任科室进行审查后报分管局领导审批；需要收回部分或全部财政资金的，由项目责任科室进行审查后报分管局领导审批，并经局长办公会议审定后，再报市财政局办理资金收回手续。

（二）经市局党组会议集体审议通过的二类项目，对不涉及财政补助资金额度变化的，由项目责任科室进行审查后报分管局领导审批；需要收回部分或全部财政资金的，由项目责任科室进行审查后报分管局领导审批，并经局长办公会议审定后，报省局同意后，由省财政厅办理资金收回手续。

（三）一类项目在执行过程中因故终止的，按照《广东省市场监督管理局知识产权工作专项资金管理细则》（粤市监规字〔2021〕6号）及广东省市场监督管理局促进经济高质量发展专项资金管理项目的相关规定执行。

第二十六条　项目资金支出是指项目承担单位在项目组织实施过程中与研究活动相关的、由项目资金支付的各项费用支出。

二类项目应符合中央、省财政及《广东省市场监督管理局知识产权工作专项资金管理细则》、《东莞市市场监督管理局省级专项资金使用办法》等有关要求。三类项目还应符合市财政、《东莞市"科技东莞"工程专项资金财务管理办法》、市局有关规定等的要求。

第二十七条　市局可根据实际情况委托第三方机构作为项目监理机构，开展包括但不限于项目合同、日常实施阶段等的监理工作。

第六章　结题验收

第二十八条　事前资助类项目由市局组织项目结题验收；涉及镇街（园区）配套财政资金的项目，可联合镇街（园区）共同组织项目结题验收。

第二十九条　项目结题验收方式包括材料验收、会议验收和现场验收。

重大项目应当采取会议验收或现场验收方式进行结题验收；其他项目可以采取材料验收方式进行结题验收。

第三十条　项目结题验收内容以项目合同书为基本依据，主要包括项目合同书规定任务的完成情况、合同书规定的目标和验收指标的完成情况、取得的成果及其应用情况、产生的效益情况和经费使用情况等。

项目结题验收材料应包括但不限于项目工作总结报告、项目成果及佐证材料、成果推广应用情况报告、资金支出明细表等材料，具体以市局下达的项目结题验收通知为准。

第三十一条　项目结题验收程序包括下达结题验收通知、收集结题验收材料、组织结题验收评审、确定结题验收结论、下达结题验收结果等环节。

项目结题验收不通过的，由市局向项目承担单位发出整改通知，整改期最长不超过6个月。整改完毕后，项目承担单位可重新提交结题验收申请。自整改通知发出之日起6个月未重新提出结题验收申请或项目二次结题验收仍不通过的，项目验收最终结果为

"不通过"。

提供的验收文件、资料、数据存在弄虚作假，或未按相关要求报批重大调整事项，或不配合验收工作的，按"不通过"验收事项处理。

第三十二条 立项制项目实际投入低于合同投入 50% 的，项目验收应直接认定为不合格，财政不予以项目资助，项目责任科室收回已拨付的财政资助资金；实际投入高于或等于合同投入 50% 但不足合同投入 85% 的，按项目实际投入占合同投入的比例计算财政资助额度，超出部分由项目责任科室根据合同约定收回。项目责任科室应在合同或项目书中明确该条款。

项目承担单位在完成约束性任务、实际投入超过合同投入 85% 且验收结论为"通过"的前提下，可统筹使用剩余资金，并在结题验收通过后 30 日内将统筹情况报项目责任科室备案。

项目验收结论为"不通过"的，项目责任科室应进行评估，提出是否追回财政资金的建议，有结余资金的，一律收回。项目实施期内申请撤销的，须退回所有财政资助资金。项目实施期内申请终止项目的，由项目责任科室对终止原因进行分析判断，由于不可抗力因素、市场变化等客观原因导致项目无法继续开展的，按照项目进度比例和项目投入比例中较低的一项确定项目实际资助比例，由项目责任科室追回多拨付的资金；属于项目承担单位自身原因不再开展项目的，由项目责任科室追回所有财政资助资金。省、市财政有其他规定的，遵其规定。

第三十三条 验收工作结束后，项目责任科室将验收结论和处理意见反馈给项目承担单位，并报市局内部审计部门备案。

第三十四条 项目责任科室在项目验收完成后 1 个月内在局门户网站或专项资金管理平台上向社会公布项目验收结果。

第七章　项目监管

第三十五条 项目责任科室应完善内部管理，加强制度建设，强化工作人员纪律意识与服务意识，加强廉政风险防控。在组织实施过程中，严格遵守各项规章制度，存在违反规定安排资金或其他滥用职权、玩忽职守、徇私舞弊等违纪违法行为的，将依法追究相关单位和人员的责任；涉嫌犯罪的，将移送有关机关处理。

第三十六条 对项目承担单位在资金申报、管理、使用过程中存在弄虚作假、挤占、挪用等违法违规行为的，市场监督管理部门原则上 5 年内停止其申报项目资格，情节严重的，将失信信息纳入社会信用体系实施联合惩戒，并向社会公开。发现有违法行为的，移交相关部门处理。

第三十七条 项目申报单位必须随项目申报编制支出绩效目标，未设定绩效目标不得入选项目库。项目完成后，项目承担单位必须形成绩效评价综合报告。

第八章　附　　则

第三十八条 按照规定采取政府购买服务方式确定项目承担单位的项目，按照市局采购相关规定执行。

第三十九条 有关名词解释。

项目承担单位是承担知识产权项目的法人或能独立承担法律责任的单位。

第三方机构是指接受市局委托开展知识产权项目的受理、评审、验收、绩效评价等工作的机构或组织。

专家是指接受市局或第三方机构聘请,参与知识产权项目评审、验收、绩效评价等工作的专家。

重大项目指财政资金支持 100 万及以上(含配套财政资金)的知识产权项目。

"日"指的是自然日。

第四十条 本制度由东莞市市场监督管理局(知识产权局)负责解释,自 2023 年 7 月 1 日起实施,有效期至 2026 年 6 月 30 日。

本制度发布后,市局若另行制定促进经济高质量发展专项资金(市场监督管理)管理项目工作规程等全局性文件,从其规定。

本规范性文件已经市司法局合法性审查同意发布,编号为 DGSSCJDGLJ-2023-029。

十四、中山市主要知识产权制度

关于印发中山市知识产权专项资金
管理办法（2021年修订）的通知

各有关单位，火炬开发区及各镇街市场监管分局：

《中山市知识产权专项资金管理办法（2021年修订）》业经市政府同意，现印发给你们，请遵照执行。

中山市市场监督管理局

2021年4月22日

中山市知识产权专项资金管理办法（2021年修订）

第一章　总　　则

第一条　为实施知识产权战略，发挥财政资金的引领作用，促进我市知识产权高质量发展，根据《中山市人民政府关于印发中山市市级财政专项资金管理办法的通知》（中府〔2020〕14号）等规定，制定本办法。

第二条　本办法所称知识产权专项资金是指经市政府批准设立，由市财政安排，由中山市市场监督管理局（中山市知识产权局）（以下简称"市市场监管局"）管理，用于促进我市专利、商标、地理标志三个方面知识产权事业发展的专项资金。版权等其他知识产权专项资金使用办法由其对应主管部门另行规定。

第三条　知识产权专项资金使用和管理遵循公开透明、突出重点、统筹管理、绩效优先、加强监督的原则。

第四条　专项资金的绩效目标：深入实施国家知识产权战略，充分发挥专项资金的引导作用，提高知识产权创造、运用、保护、管理和服务水平，助力我市经济社会高质量发展。

第二章　职责分工

第五条　市市场监管局是知识产权专项资金的管理部门，负责牵头组织实施和具体管理，包括专项资金的设立、调整、撤销的申请和预算的编制，组织申报、审核、评审和信息公开，及时修订专项资金具体管理制度，组织开展专项资金绩效自评，对资金使用进行监督管理。

第六条　市财政局负责专项资金安排、资金拨付以及组织绩效管理、资金使用监督工作。

第七条　各镇街知识产权行政主管部门或具有知识产权项目推荐职能的市直部门和其他有关单位负责知识产权专项资金项目类的组织发动、审查推荐，并接受市市场监管局委托，按相关规定协助开展项目监督检查、验收等工作。

第八条　审核专家是指依据本办法规定从相关专家库里抽取，参与知识产权专项资金分配的审核、评审、验收、咨询等活动的专家。

资助类资金审核、项目类资金的立项和验收评审的专家，由至少 7 名单数数量的专家组成，由市市场监管局按规定从专家库中按照 1：5 比例随机选取。审核专家负责按相关规定独立、客观、公正地提供个人专业意见，不受任何影响公正性因素的干扰，认真履行中山市专家管理相关制度文件规定的责任和义务。

第九条　第三方机构根据市市场监管局的委托和要求，严格遵守工作规范，按时按质完成资金受理、形式审查、评审、检查、验收、绩效评价等工作，提交系统完整的服务工作报告；客观、及时地向市市场监管局反映在服务和工作过程中发现的问题；对在服务过程中获取的工作资料和商业秘密履行保密义务。

第十条　申报主体是在本市从事专利、商标、地理标志相关领域工作或生产经营活动的个人和在本市登记注册的单位。

第十一条　项目承担单位是指在本市注册经立项承担项目实施的单位。主要职责包括：

（一）作为项目具体组织实施的责任主体，对所提交的项目资料和数据真实性、完整性负责，并与市市场监管局签订项目合同书，认真组织项目实施与管理；

（二）按进度要求完成项目合同书规定的任务，做好项目执行和资金使用的自我监督，自觉接受并配合有关职能部门对项目和经费的监督检查；

（三）对项目实施产生的知识产权予以保护、管理和运用，加快对所获得知识产权的应用推广；

（四）项目完成后按规定提交验收申请。

第十二条　项目参与单位是指与项目承担单位通过协议合作的方式联合申报并实施项目的单位。主要职责包括：

（一）负责按进度要求完成约定的合同任务；

（二）接受有关职能部门对项目和经费的监督检查；

（三）配合承担单位做好项目实施、验收等工作。

第十三条　项目负责人是指牵头组织实施、履行项目和经费管理的直接责任人，主要职责包括：

（一）确保投入足够的时间和精力组织项目按计划进度实施，按相关规定履行人财物管理自主权，配合项目承担单位做好有关职能部门对项目和经费的监督检查工作；

（二）按要求完成项目合同书规定的任务，及时提出并研究解决项目实施过程中出现的问题；

（三）按规定做好项目验收、绩效评价等工作，对项目实施产生的知识产权予以保护、管理和运用；

（四）严格执行有关法律法规，强化责任和诚信意识，履行勤勉尽责义务。

第三章　扶持范围

第十四条　知识产权专项资金的扶持范围：

（一）资助类，包括：

1. 国内发明专利授权资助；

2. PCT 专利进入国家阶段授权资助；

3. 首次考取专利代理师资格资助；

4. 知识产权保险资助；

5. 知识产权维权资助；

6. 知识产权质押融资贷款费用资助；

7. 商标资助；

8. 地理标志资助；

9. 获国家知识产权示范和优势企业、广东省知识产权示范企业资助；

10. 获国家专利奖、广东省专利奖、国家商标奖资助；

11. 首次通过《知识产权管理规范》国家标准认证资助；

12. 获全国中小学生知识产权教育试点、示范学校资助；

13. 专利转化标准资助；

14. 建设市级知识产权快速维权服务中心资助；

15. 建设镇街商标品牌培育指导站资助；

16. 承担经国家或广东省知识产权局认可的知识产权项目资助；

17. 促进镇街知识产权工作资助。

（二）项目类，包括：

1. 国家级知识产权保护中心建设项目；

2. 知识产权公共服务平台建设项目；

3. 产业规划类专利导航项目；

4. 企业运营类专利导航项目；

5. 企业高价值专利培育项目；

6. 展会知识产权保护项目；

7. 重点市场知识产权保护项目；

8. 知识产权维权援助项目；

9. 高校知识产权培训课程项目；

10. 省局下达地方按任务立项项目；

11. 市政府以及上级机关要求支持的知识产权项目。

第四章　资助的扶持条件和标准

第十五条　国内发明专利授权资助的条件和标准：

以本市地址获得授权的国内发明专利，每件资助 1500 元，已获国家知识产权局费用减缴的不予资助。

第十六条　PCT 专利进入国家阶段授权资助的条件和标准：

以本市地址申请的 PCT 专利进入国家阶段，并以本市地址获得发明类专利授权的，单位每件资助 0.5 万元，个人每件资助 0.1 万元；同一 PCT 专利申请最多获得境外 3 个国家或地区的专利授权资助。

第十七条　知识产权代理师资助的条件和标准：

在本市单位连续缴纳社保至少满 1 年，首次考取了专利代理师资格，且申报资助期间仍在中山市工作的人员，每人可获一次性资助 1 万元。

第十八条　知识产权保险资助的条件和标准：

（一）本市单位购买专利执行险或商标侵权责任险，可按不高于实际支出保费给予资助，同一单位每年获专利执行险或商标侵权责任险资助总额不超过 2 万元。

（二）本市单位购买知识产权海外侵权责任险，可按实际支出保费的 30% 给予资助，同一单位每年获知识产权海外侵权责任险资助总额不超过 20 万元。

第十九条　知识产权维权资助的条件和标准：

（一）本市单位获得境外专利授权、商标注册或地理标志后，在境外提起专利、商标或地理标志侵权诉讼，最终判定专利、商标或地理标志侵权成立的，每件给予 30 万元资助，每个单位资助不超过 100 万元。侵权是否成立以法院的终审或生效裁判文书为准；

（二）本市单位在境外被提起专利、商标或地理标志侵权诉讼，积极应对并最终判定专利、商标或地理标志侵权不成立的，每件给予 30 万元资助，每个单位资助不超过 100 万元。侵权是否成立以法院的终审或生效判决为准；

（三）申报主体以本市地址获得授权的引证商标提出异议、争议或无效宣告请求，最终经国家知识产权局生效裁判文书或法院终审或生效裁判文书认定该争议商标与引证商标构成相同或近似标识，并对该争议商标不予注册、撤销、部分撤销或宣告无效的，对该引证商标权利人给予 5 万元资助，每个单位当年度资助不超过 1 件。认定是否成立以国家知识产权局生效裁判文书或法院终审或生效裁判文书认定为准。

第二十条　知识产权质押融资贷款费用资助的条件和标准：

（一）符合《中山市企业知识产权质押融资风险补偿办法》扶持对象的企业，向与市市场监管局签约的项目合作银行申请专利、商标、地理标志等知识产权资产质押融资贷款，产生了银行利息、贷款保证保险费用或贷款担保费用、评估费用的，并在国家有关部门已办理专利、商标、地理标志等知识产权资产质押登记手续。

（二）银行贷款利息资助。根据企业申报，对已经偿还全部银行贷款本息的，按照最高不超过单笔实际贷款额度的3%给予一次性利息资助，资助金额不超过实际支付利息，同一企业每年获贷款利息资助最高不超过30万元。

（三）贷款保证保险费用或贷款担保费用资助。企业贷款成功后，根据企业申请，按照最高不超过单笔实际贷款额度的1%给予一次性费用资助，资助金额不超过实际支付费用，同一企业每年获贷款保证保险费用或贷款担保费用资助最高不超过10万元。

（四）评估费用资助。企业贷款成功后，按照最高不超过单笔实际贷款额度的0.5%给予一次性费用资助，资助金额不超过实际支付费用，同一企业每年获评估费用资助最高不超过5万元。

第二十一条 商标资助的条件和标准：

（一）通过马德里体系取得注册商标的，在获取《国际注册证》并通过各指定国家或地区核准注册后，每指定一个国家或地区给予一次性资助1万元，每件最多资助4个国家或地区，同一商标注册人每年获资助不超过5件。

（二）在欧盟或非洲知识产权组织取得注册商标的，每件给予一次性资助0.3万元，同一商标注册人每年获资助不超过5件。

（三）在国外单一国家取得注册商标的，每件给予一次性资助0.2万元，同一商标注册人每年获资助不超过5件。

（四）在港澳台地区取得注册商标的，每件给予一次性资助0.2万元，同一商标注册人每年获资助不超过5件。

除地理标志商标资助外，同一商标注册人年度申报商标资助总额不超过10万元，且对续展、变更、转让等行为不给予资助。

第二十二条 地理标志资助的条件和标准：

（一）本市单位申请地理标志产品或地理标志集体商标或地理标志证明商标，获得国家知识产权局受理的，每件最高给予一次性资助10万元。

（二）对经审批核准的地理标志保护产品的单位，最高给予一次性资助10万元。

（三）成功注册地理标志集体商标或地理标志证明商标的单位，最高给予一次性资助10万元。

（四）获国家知识产权局批准使用地理标志专用标志的合法使用人，最高给予一次性资助3万元，同一地理标志专用标志使用当年度最高资助100万元。

第二十三条 获国家知识产权示范企业的，每家给予资助50万元；获国家知识产权优势企业，每家给予资助10万元。

获广东省知识产权示范企业的，每家给予资助5万元。

第二十四条 获国家、广东省专利奖或国家商标奖资助的条件和标准：

获中国专利金奖或中国外观设计金奖的，每项给予资助100万元；获中国专利银奖或中国外观设计银奖的，每项给予资助50万元；获中国专利优秀奖或中国外观设计优秀奖的，每项给予资助20万元。

获广东专利金奖的，每项给予资助30万元；获广东专利银奖的，每项给予资助20

万元；获广东专利优秀奖的，每项给予资助 10 万元；获广东杰出发明人奖的，每项给予资助 5 万元。

获中国商标金奖中的商标创新奖、商标运用奖、商标保护奖每项给予资助 100 万元。由财政供养的商标保护奖获得单位或个人，仅给予荣誉，不给予现金奖励。

第二十五条 首次通过《企业知识产权管理规范》或《高等学校知识产权管理规范》或《科研组织知识产权管理规范》国家标准认证的，每个单位一次性资助 3 万元。

第二十六条 获全国中小学生知识产权教育示范学校的，每家给予资助 20 万元；获全国中小学知识产权教育试点学校的，每家给予资助 10 万元。

第二十七条 专利转化标准资助的条件和标准：

（一）申报单位将拥有的发明或实用新型专利转化为国家标准，且在标准引言中披露该专利的，每项专利给予一次性资助不超过 30 万元。

（二）申报单位将拥有的发明或实用新型专利转化为行业标准，且在标准引言中披露该专利的，每项专利给予一次性资助不超过 20 万元。

第二十八条 本市单位建设市级知识产权快速维权服务中心的资助最高不超过 100 万元。其中，取得市政府同意建设批复后资助 50%，按照建设有关规定完成验收后资助 50%。

第二十九条 按照市镇街商标品牌培育指导站建设有关规定，本市单位建设镇街商标品牌培育指导站的，一次性资助 40 万元。

按照市镇街商标品牌培育指导站建设的有关规定，我市镇街商标品牌培育指导站完成年度工作任务，经市市场监管局评估通过的，每年资助不超过 20 万元。

第三十条 经国家或广东省知识产权局认可的国际性知识产权项目，每项给予不超过 100 万元资助。

第三十一条 本章所涉资助标准可根据上级部门公布以及相关国家和组织的官方费用变化而调整，并以通告的形式对外公布。

第三十二条 同一个人每年申报国内发明专利授权及 PCT 专利进入国家阶段授权资助的数量分别不超过 5 件（含）。

同一单位每年申报的发明专利资助、PCT 专利进入国家阶段授权资助、专利转化标准资助分别不超过 200 万元。

第五章 项目的扶持条件和标准

第三十三条 国家级知识产权保护中心建设项目的条件和标准：

（一）申报主体为经批复开展国家级知识产权保护中心建设工作的本市单位。

（二）有保护中心建设方案，包括工作领导小组、工作目标、工作措施及保障条件等。

（三）有用于建设国家级知识产权保护中心的办公场地。

国家级知识产权保护中心建设项目支持不超过 1000 万元。

第三十四条 知识产权公共服务平台建设项目的条件和标准：

（一）申报单位原则上应当为本市注册企事业单位或知识产权服务机构或社会组织；联合申报的，第一项目申报单位应当为本市注册企事业单位或知识产权服务机构或社会组织。

（二）知识产权公共服务平台建设项目的申报方向和条件由当年度发布的申报指南进行规定。

（三）有完善的知识产权管理体系、管理架构和议事议程，配备5名以上的知识产权管理人员。

知识产权公共服务平台建设项目每个单位一次性支持不超过100万元。

第三十五条 产业规划类专利导航项目的条件和标准：

（一）申报单位原则上应当为本市注册企事业单位或知识产权服务机构或社会组织；联合申报的，第一项目申报单位应当为本市注册企事业单位或知识产权服务机构或社会组织。

（二）专利导航对象是当年度发布的申报指南所限定的产业。

（三）申报单位具有优良的专利信息资源开发的软硬件设施和丰富的专利分析及预警服务经验积累，专利信息开发智力和技术资源充足，拥有具备专利分析经验的人员数量不少于5人；内部制度机制健全，已建立专利信息分析操作规范、质量管理、客户服务、流程管控等相关工作制度和机制。

（四）申报单位组建国内先进水平、组成结构优化的专利信息开发团队，项目负责人在产业、技术或专利分析领域具有较大影响力；团队主要研究人员具有相关产业的技术研发或专利分析能力及经验。

产业规划类专利导航项目每个单位一次性支持不超过100万元。

第三十六条 企业运营类专利导航项目的条件和标准：

（一）申报单位应当为国家或广东省知识产权示范和优势企业、广东省或中山市知识产权保护重点企业、通过贯标认证企业、高新技术企业或规模以上企业。

（二）申报单位在我市重点培育发展行业中产业地位突出，已开拓海外市场或协同创新需求大。

（三）具备开展专利导航、专利预警分析、专利布局、专利质押融资等专利运营基础。

（四）单位有效发明专利拥有量不少于10件。

（五）知识产权管理体系比较完善，有5名以上专职知识产权管理人员。

企业运营类专利导航项目每个单位一次性支持不超过40万元。

第三十七条 企业高价值专利培育项目的条件和标准：

（一）申报单位应当为国家或广东省知识产权示范和优势企业、广东省或中山市知识产权保护重点企业、通过贯标认证企业和高新技术企业。

（二）拥有生物医药、智能制造、电子信息等战略性新兴产业的有效发明专利。

（三）拥有有效发明专利至少8件。

（四）围绕上述核心专利制定了高价值专利培育的工作方案。

企业高价值专利培育项目每个单位一次性支持不超过 40 万元。

第三十八条　展会知识产权保护项目的条件和标准：

（一）申报单位应当为在我市举办的市级以上专业展会上进行驻场维权的相关行业知识产权快速维权中心；我市未设立相关行业维权机构的，由展会主办方申报。

（二）该展会需具备健全的展会知识产权保护制度，展会主办方应当与参展商签订参展合同，约定展会专利保护的相关条款。

（三）设立展会专利投诉处理机构，接受专利权人或者利害关系人的投诉，对展会中发生的专利侵权纠纷进行调解处理。

（四）在展会显著位置进行知识产权保护宣传，公布展会专利投诉处理机构的地点、联系方式、投诉途径和专利保护规则等信息。

展会知识产权保护项目每项支持不超过 5 万元。

第三十九条　重点市场知识产权保护项目的条件和标准：

（一）申报主体为在我市注册的具有法人资格的专业市场主办方。

（二）在本地区、本行业有较大的影响力的专业市场，具备一定的知识产权保护工作基础，与知识产权管理部门签订知识产权保护协作协议，制定了知识产权保护办法，建立了与商户签订知识产权保护承诺书制度。

重点市场知识产权保护项目每项不超过 10 万元。

第四十条　知识产权维权援助项目的条件和标准：

（一）申报单位为我市可提供知识产权服务的社会组织、事业单位或知识产权服务机构。

（二）申报单位具有优良的知识产权咨询和维权服务经验，拥有专利维权经验的人员数量不少于 3 人；内部制度机制健全，已建立专利维权援助操作规范等相关工作制度和机制。

（三）为我市中小企业涉及较大影响的专利维权诉讼和涉外专利纠纷提供公益性质的专业知识辅导、法律法规咨询、诉讼委托代理等智力援助服务，其中维权委托代理不少于 2 件，并均获得胜诉或达成具有实质意义和解协议。

知识产权维权援助项目扶持标准为不超过 30 万元。

第四十一条　高校知识产权培训课程项目的条件和标准：

（一）在我市行政区域内的全日制高校。

（二）具备健全的知识产权管理制度，成立知识产权管理机构，配备知识产权专职工作人员。

（三）制定方案并开发了完整的知识产权课程，具有稳定的知识产权授课教师团队。

（四）每学年在校内开设知识产权课至少 100 课时（每课时按照 45 分钟计算），参加该课培训的学生人数达到 40 人以上。

（五）积极组织并开展普及知识产权知识的体验教育和实践活动。

高校知识产权培训课程项目每项支持 10 万元。

第四十二条　市政府及上级机关要求支持的知识产权项目的条件和标准，以市政府及上级机关的具体要求为准。

第六章　资助类资金的申报与审核

第四十三条　申报流程：

（一）发布通知。资助类资金的申报专题、申报数量、申报时间及所需提交的资料等，以当年度在市市场监管局官网发布的申报通知为准。

（二）集中申报。申报主体按照发布的申报通知要求，进行对应类别资金的网上申报。一个资助原则上只能申请一项市级专项资金，不得以同一资助重复申报或多头申报市级专项资金。

（三）材料初审。市市场监管局按照管理办法和申报通知要求对申报材料进行初审。需提交补充材料的，申报主体应按在规定时间内补充完整相关材料。

（四）提交纸质材料。经市市场监管局初审通过后，申报主体按照规定，自初审通过之日起5个工作日内按要求提交纸质材料，逾期未提交或者提交材料不符合申报通知要求的，视为放弃申报。

（五）信用审查。市市场监管局对初审通过的申报主体进行信用审查，对存在下列情况的不予资助：

1. 申报单位被列入经营异常名录的；

2. 申报单位因知识产权侵权行为近3年内受到行政处罚的；

3. 申报单位近3年内被国家知识产权局认定有非正常申请行为的；

4. 其他明确不予资助的事项。

（六）专家审核。市市场监管局组织专家或由市市场监管局委托的第三方服务机构，对初审通过的材料进行审核，出具专家审核意见。

（七）入库及资金拨付。市市场监管局按专家审核意见及相关规定确定入库资助名单，并经市人民政府审批同意后，按规定办理资金拨付手续。

第四十四条　共同申请或拥有某项知识产权的，资助申报人应当是该项知识产权的第一申请人或第一权利人。

第四十五条　资助类资金的申报时效均为1年，具体起算日如下：自专利授权日起的1年内可申报相应的专利资助；自专利转化标准发布之日起1年内可申报专利转化标准资助；自知识产权保险合同签订日起1年内可申报相关知识产权保险资助；自还清银行贷款本息之日起1年内可申报银行贷款利息资助；自贷款成功后支付所有专利、商标、地理标志评估费用、贷款保证保险或担保费用之日起1年内可申报评估费用、贷款保证保险或担保费用资助；自首次考取专利代理师资格起1年内可申报相关资助；自取得国家知识产权局裁定书或法院终审判决书起1年内可申报知识产权维权资助；自取得商标注册证书后以实际证明文书记载的注册时间或签发时间为准1年内可申报商标资助；自取得地理标志产品或商标文件后以签发时间为准1年内可申报地理标志资助；自国家知识产权示范和优势企业、广东省知识产权示范企业、国家专利奖、广东省专利奖、国家商标奖正式认定文件发布之日起 1 年可申报相应类别资助；首次取得《知识产权管理规范》国家标准认证证书之日起 1 年内可申报相应资助。上述申报时效逾期，视作自动放弃。

第七章　项目类资金的申报

第一节　项目申报与立项

第四十六条　申报流程：

（一）发布通知。项目类资金的申报专题、申报数量、申报时间及所需提交的资料等，以当年度在市市场监管局官网发布的申报通知为准。项目类资金申报，原则上提前组织项目论证研究和入库储备，未入库项目原则上不予立项。

（二）集中申报。申报主体按照发布的申报通知要求，进行对应类别项目的网上申报。一个项目原则上只能申请一项市级专项资金，不得以同一项目重复申报或多头申报市级专项资金。

（三）审查推荐。申报主体所在的镇街知识产权主管部门，对申报主体提交的项目材料按照管理办法和申报通知要求审查后进行推荐。

（四）材料初审。市市场监管局按照管理办法和申报通知要求对申报材料进行初审。需提交补充材料的，申报主体应按在规定时间内补充完整相关材料。

（五）提交纸质材料。经市市场监管局初审通过后，申报主体按照规定，自初审通过之日起 5 个工作日内按要求提交纸质材料，逾期未提交或者提交材料不符合申报通知要求的，视为放弃申报。

（六）信用审查。市市场监管局对初审通过的申报主体进行信用审查，对存在下列情况的不予入库：

1. 申报主体承担的项目已立项未完成验收的，不得重复申报同一类别的项目；

2. 申报单位被列入经营异常名录的；

3. 申报主体因知识产权违法行为近 3 年内受到行政处罚的；

4. 申报主体近 3 年内被国家知识产权局认定有非正常申请行为的；

5. 其他不符合申报条件的。

（七）专家审核。市市场监管局组织专家或由市市场监管局委托的第三方服务机构，对初审通过的材料进行审核，出具专家审核意见。项目类资金立项的专家评审采取专家函审或会议审查两种方式：财政支持经费在 50 万元以下的项目可采取专家函审方式；财政支持经费在 50 万元以上（含）的项目应采取专家会议评审的方式，专家意见和评审结果是项目立项决策的重要依据。

（八）项目入库。市市场监管局按规定将项目评分结果在市市场监管局官网进行公示 7 天。经公示后无异议或异议不成立的纳入项目入库名单。

（九）项目立项。市市场监管局结合年度财政知识产权经费预算安排，在项目入库名单中确定拟立项项目，并进行公示 7 天，经公示无异议或异议不成立的报市政府审批通过后，确定立项项目，并按规定办理资金拨付手续。

（十）签订合同。市市场监管局发布立项通知，与立项项目的承担单位签订项目合同。

第四十七条 异议处理：

（一）异议提出。相关单位或个人对评分结果、拟入库项目的公示结果有异议的，应在公示期内向市市场监管局提出书面复核申请，并提供证据材料或证据线索。同一异议只能提出一次复核申请，公示期满后不再接受异议申请。

（二）异议处理。市市场监管局对异议申请进行复核，并作出复核决定告知申请人。对复核后发现确实有误的项目，由市市场监管局对其相关内容进行更改并再进行公示 7 天。

第二节 项目实施

第四十八条 项目实施实行中期检查制度。实施期超过 1 年的项目，采用项目承担单位提交中期报告的形式进行中期检查。中期检查的主要内容包括：项目合同计划进度执行情况、项目合同规定的内容和指标完成情况、项目经费到位与使用情况等。

第四十九条 项目在实施过程中，项目承担单位如需变更合同条款，应当经市市场监管局同意方可变更。变更内容作为项目合同书的有效补充，在项目过程管理和验收时一并作为基本依据。

第三节 项目验收

第五十条 项目合同执行期满后，必须进行验收，验收工作须在项目合同执行期满后 3 个月内完成。项目承担单位在合同实施期内已全面完成项目合同所规定各项指标和任务的，可向市市场监管局申请提前验收。

第五十一条 验收程序：

（一）发布通知：市市场监管局在项目合同实施期满后 1 个月内发出验收通知，项目承担单位按验收通知要求准备验收材料，将验收材料报送市市场监管局。无特殊原因未按时报送验收材料的，按验收不通过处理。

（二）验收内容：项目验收以项目合同书为依据，项目验收的主要内容包括：项目合同书规定任务的完成情况、合同书规定的目标和验收指标的完成情况、取得的成果及其应用情况、产生的效益情况和经费使用情况等。由市市场监管局按规定组织专家或市市场监管局委托的第三方服务机构对项目进行验收评审。

（三）验收材料：项目承担单位应按规定提交验收材料，主要包括：项目合同书复印件，项目工作总结报告，项目成果及项目成果佐证材料，项目成果推广应用情况报告，项目经费决算表、财政资金支出明细表及佐证票据（需开展专项审计的项目，一并提交专项审计报告），项目绩效评价报告，其他相关附件。若干家单位联合承担项目的，由项目主承担单位负责组织验收材料的编制和报送。

（四）专家评审：市市场监管局组织专家或由市市场监管局委托的第三方服务机构，对初审通过的材料进行审核，出具专家审核意见。项目类资金验收的专家评审采取专家函审或会议审查两种方式：财政支持经费在 50 万元以下的项目可采取专家函审方式；财政支持经费在 50 万元以上（含）的项目应采取专家会议评审的方式，专家意见和评审结果是项目验收的重要依据。评审专家应包括不少于 1 名财务专家。

（五）验收结论：市市场监管局对项目验收结果进行审查，确定验收结论，将确定的验收结论反馈给项目承担单位。项目验收结论分为"优秀执行项目"、"项目通过验收"、"项目不通过验收"：

1. 项目按照合同书要求完成规定目标和任务且经费使用符合规定，项目实施专家量化评分在 80 分以上（含）（满分 100 分），视为优秀执行项目。

2. 项目已按照合同书要求完成规定目标和任务且经费使用符合规定，项目实施专家量化评分在 60 分以上（含）（满分 100 分），视为项目通过验收。

3. 凡具有下列情况之一，视为项目不通过验收：

（1）项目目标和任务未完成；

（2）所提供的验收材料、数据不真实，存在弄虚作假；

（3）未经批准，项目承担单位、项目负责人、研究内容等发生变更；

（4）经费使用不符合规定或未经批准对经费开支进行调整的。

（六）验收结果公示。市市场监管局在项目验收完成后 1 个月内在市市场监管局门户网站上向社会公布项目验收结果。

（七）验收整改。不通过验收的项目，市市场监管局发出整改通知，项目承担单位须在接到通知后 6 个月内整改并完善有关项目材料，向市市场监管局提出再次验收申请。如再次验收仍不通过的，合同终止，市市场监管局发出终止合同通知，尚未使用和使用不符合规定的经费按财政经费管理的相关规定执行。对项目承担单位和项目负责人在市市场监管局门户网上进行通报，取消项目承担单位和项目负责人未来 3 年申报知识产权项目的资格。

（八）归档。项目承担单位应在通过验收后 1 个月内按专家验收意见完善验收材料，提交市市场监管局进行验收资料归档。项目中涉及国家秘密的成果，按照《中华人民共和国保守国家秘密法》等法律法规的有关规定执行。

第五十二条 知识产权项目管理实行回避制度。

（一）项目负责人及项目组成员不能作为同一批次的项目立项、验收评审专家组成员；

（二）承担项目评审组织工作的第三方服务机构不能作为项目承担单位、参与单位及合作单位；

（三）与项目有利益关系且可能影响公正性的人员不能作为专家组成员或以其他方式参与项目评审。

第八章　资金拨付

第五十三条 申报知识产权专项资金的单位或者个人，应提供准确、可靠的开户银行名称和账号，因申报人原因造成拨款不成，过期不补。单位或个人获各项资助金额百位取整数，按四舍五入计算。

第五十四条 专项资金实行国库集中支付管理，专款专用，专账核算，经市市场监管局局审议并报市政府批准后，按市财政局批复的预算金额进行拨付。市市场监管局根据市政府批复的资金分配方案和结果，按照财政国库集中支付制度的相关规定办理拨付手续。

第九章 专项资金绩效评价和监督管理

第五十五条 市市场监管局应加强对专项资金执行进度、绩效目标实现情况和财务管理的跟踪监控。市市场监管局负责制定本专项资金的绩效目标，组织做好本专项资金绩效自评工作，会同市财政局落实绩效评价和绩效问责等相关工作。绩效评价结果作为专项资金预算安排、政策调整、资金分配的重要参考依据。

第五十六条 市市场监管局应加强对专项资金管理关键岗位和重点环节的廉政风险排查和防控，完善内控机制。知识产权专项资金实行全流程痕迹管理，项目申报、立项、审批、专家评审、资金安排、项目验收等环节的相关资料需按档案管理要求进行归档管理。

第五十七条 除涉及保密要求或重大敏感事项不予公开的专项资金信息外，由市市场监管局将专项资金的分配、执行和结果等信息在市市场监管局网站和市产业扶持发展专项资金信息网向社会公开。

第五十八条 知识产权专项资金管理实行信用管理和责任追究机制，对资金申报主体、评审专家等主体在参与知识产权专项资金管理活动中发生违法违规行为的，将按规定追究其责任；对弄虚作假骗取专项资金或有被国家知识产权局认定为非正常专利、商标申请行为获得资助的申报单位或者个人，责令其限期将所获得的资助费用全额退回并上缴市财政，按照法律法规和有关规定追究其责任。

第十章 附 则

第五十九条 本办法由中山市市场监督管理局（中山市知识产权局）负责解释。

第六十条 由市市场监管局支持镇街促进知识产权工作的资助，根据当年本市知识产权工作需要制定。各镇街也可根据自身实际，自行研究出台镇街知识产权专项资金管理办法，并对辖区知识产权工作给予资金扶持。

第六十一条 符合《中山市知识产权专项资金使用办法》（中市监〔2019〕175号）扶持国内发明专利授权及年费，PCT 专利申请、进入国家阶段授权，知识产权代理机构和首次考取专利代理师资格，知识产权保险，知识产权海外维权，知识产权质押融资贷款费用，注册商标，地理标志，国家知识产权优势、示范企业及广东省知识产权示范企业，全国中小学生知识产权教育试点、示范学校，国家、广东省专利奖，国家商标奖，首次通过《知识产权管理规范》国家标准认证的单位的资助条件和标准，在本办法生效以后申报资助的，按照本办法规定的扶持条件和标准进行资助。

第六十二条 本办法自发布之日起施行，有效期 3 年。原《中山市知识产权专项资金使用办法》（中市监〔2019〕175 号）废止。

十五、江门市主要知识产权制度

关于印发《江门市知识产权扶持专项资金管理办法》的通知

江市监规字〔2021〕2号

各市（区）人民政府，市直有关单位：

经市人民政府同意，现将《江门市知识产权扶持专项资金管理办法》印发给你们，请遵照执行。

江门市市场监督管理局

江门市财政局

2021年7月23日

江门市知识产权扶持专项资金管理办法

第一章 总 则

第一条 为深入贯彻党的十九大精神，倡导创新文化，强化知识产权创造、保护、运用，实施创新驱动发展战略，发挥财政资金在社会发展领域的引领作用，根据《广东省人民政府关于知识产权服务创新驱动发展的若干意见》《广东省人民政府关于印发广东省建设引领型知识产权强省试点省实施方案的通知》《关于强化知识产权保护的若干措施》《广东省知识产权局转发国家知识产权局关于进一步严格规范专利申请行为的通知》等规定，并结合我市实际，制定本办法。

第二条 本办法的知识产权扶持专项资金是指由市、县财政安排，用于促进我市知识产权事业发展的专项资金。

第三条 本办法中的扶持资金由市本级财政与项目所在市（区）财政按比例分担，其中：对蓬江区、江海区、新会区、鹤山市按3：7比例分担，对台山市、开平市、恩平市按1：1比例分担。项目单位为市直单位的，其扶持资金由市本级财政承担。

第二章 部门职责

第四条 市市场监督管理局负责市本级扶持专项资金的预算编制和执行，对下达市

（区）的资金执行情况承担指导和监管责任；制定和发布扶持资金申报指南，负责项目评审、公示以及项目计划下达、验收等工作。市市场监督管理局按"谁使用、谁负责"的原则，负责扶持专项资金使用安全、绩效评价、信息公开等。

第五条 各市（区）市场监管部门负责项目的核实，组织项目实施和监管；加强资金管理，确保专款专用；开展专项资金跟踪监控、绩效评价、信息公开等工作。

第六条 市财政局负责落实市本级承担的扶持专项资金，监督检查全市扶持专项资金的管理和使用情况，组织资金绩效评价等。

第七条 各市（区）财政部门负责落实属地承担的扶持专项资金，监督检查扶持资金的管理和使用情况，组织资金绩效评价等。

第三章 扶持范围

第八条 本办法的扶持对象是在 2021 年 1 月 1 日至 2023 年 12 月 31 日期间符合本办法扶持条件的单位和个人，包括：

（一）在本市注册的企事业单位、社会组织；

（二）本市户籍人口或常住居民。

第九条 本办法的扶持项目范围：

（一）普惠性知识产权资助，包括：

1. 国内发明专利授权资助；

2. PCT 专利进入国家阶段授权资助；

3. 境外注册商标资助；

4. 证明商标资助；

5. 集体商标资助；

6. 新设立专利代理机构资助；

7. 专利代理师资助；

8. 知识产权质押融资贷款费用资助；

9. 知识产权保险资助；

10. 知识产权证券化资助；

11. 专利维权资助。

（二）竞争性知识产权项目补助，包括：

1. 江门市知识产权示范企业；

2. 产业规划类专利导航项目；

3. 高价值专利培育布局中心；

4. 知识产权海外护航项目。

（三）国家、广东省知识产权项目嘉奖，包括：

1. 国家、广东省知识产权示范单位和国家知识产权优势单位奖励；

2. 中国专利奖、广东专利奖奖励；

3. 首次通过知识产权管理规范国家标准认证单位奖励。

第四章　普惠性知识产权资助

第十条　国内发明专利授权资助：以本市地址获得授权的国内发明专利，每件资助0.15万元（获国家知识产权局费用减缴的不予资助）。但获得授权的个人，同一年度内享受资助的数量不超过5件（含）。

第十一条　PCT专利进入国家阶段授权资助：以本市地址申请的PCT专利进入国家阶段，并以本市地址获得发明类专利授权的，对获得授权的单位，每件资助1万元；对获得授权的个人，每件资助0.3万元；同一PCT专利最多可获2次授权资助。

第十二条　境外注册商标资助：境外注册商标每件资助3000元。同一商标注册人同一年度最多可获2次资助。

第十三条　证明商标资助：成功注册地理标志证明商标的，每件资助20万元。成功注册证明商标（非地理标志证明商标）的，每件资助10万元。

第十四条　集体商标资助：成功注册集体商标的，每件资助3万元。

第十五条　新设立专利代理机构资助：对在2021年1月1日起在我市注册并在省知识产权局备案的专利代理机构（含分支机构），每对接服务一家企业予以10万元资助，同一机构需同时对接我市3家（含）以上企业。

第十六条　专利代理师资助：首次考取专利代理师资格并在本市单位连续缴纳社保满1年的个人，每人可给予一次性资助0.5万元。

第十七条　知识产权质押融资贷款费用资助：

（一）资助对象需符合以下全部条件：

1. 在江门市内注册、纳税，拥有专利权、商标权或地理标志的企业。

2. 在国家知识产权局已办理知识产权质押登记手续。

3. 符合国家产业政策，有真实的生产经营需求和市场交易背景。

4. 财务状况良好，无不良信用记录。

5. 申报材料真实可靠。

（二）资助标准：

1. 银行贷款利息资助。按照企业申请单笔贷款实际支付利息的50%给予贴息资助。资助利息产生时间为从2021年1月1日至2023年12月31日止。

2. 评估费用资助。企业经知识产权评估并成功贷款的，按照单笔实际贷款额度的0.5%给予该企业一次性资助，资助金额不超过实际支付的评估费用。

3. 贷款保证保险费用资助。企业购买了知识产权贷款保证保险的，按照单笔实际贷款额度的1.2%给予该企业一次性资助，资助金额不超过实际支付的保险费用。

企业同一笔贷款利息已获得政府（包括国家、省、市）部门其他财政资金补贴的，不再享受本条规定的资助。同一企业同一年度享受最高资助额为20万元。

第十八条　知识产权保险资助：企业购买了知识产权保险的，可按实际支出保费的50%给予该企业一次性资助；同一单位、企业同一年度享受资助额最高为5万元。资助的险种和条件以申报指南（通知）为准。

第十九条　知识产权证券化资助：

对具有创新性的知识产权证券化产品，按其实际发行金额的 2% 给予发行主体资助，单个发行主体每年最高可获 300 万元。

对通过知识产权证券化产品实现融资的企业，按其实际融资金额 2% 的年利率给予资助，每笔融资资助期限最长 3 年，单个企业每年获得最高资助额为 100 万元。

第二十条　专利维权资助：本市单位或者个人获得国内专利授权后，就该专利在法院提起侵权诉讼且被最终生效判决判定为专利侵权成立的，给予 5 万元资助。同一专利权利人同一年度资助数量不超过 2 件（含）。

第五章　竞争性知识产权项目补助

第二十一条　通过竞争性方式，择优选择江门市知识产权示范企业给予一次性补助 3 万元。申请江门市知识产权示范企业补助应当符合以下条件：

（一）企业已设立知识产权管理机构并配备了专职工作人员，每年均有较稳定的知识产权工作经费投入。

（二）企业已建立较为健全的知识产权管理制度和激励机制，并有效执行。

（三）企业拥有的专利总数不少于 30 项（其中发明专利不少于 2 件）或者拥有的发明和实用新型专利总数不少于 10 件。

（四）企业知识产权运用效益较高。专利产品收入占企业销售收入的 30% 以上。

（五）企业知识产权保护意识较强，按照知识产权制度和规章来处理知识产权纠纷，近三年无制造和销售假冒产品、无行政和司法程序认定的侵犯知识产权行为。

第二十二条　通过竞争性方式，择优选择产业规划类专利导航项目给予一次性补助 30 万元。申请产业规划类专利导航项目应当符合以下条件：

（一）申报主体应由江门市内国家级、省级各类创新中心或由具有独立法人资格的社会团体牵头，联合知识产权服务机构共同申报。

（二）申报主体具有优良的专利信息资源开发的软硬件设施和丰富的专利信息分析利用经验。

前款中的国家级、省级各类创新中心是指已认定为国家级或省级新兴产业创新中心、制造业创新中心、技术创新中心、产学研协同创新中心、工程技术研究中心、工程实验室、重点实验室、省级企业技术中心等。专利导航对象是指年度申报指南中限定的产业。

第二十三条　通过竞争性方式，择优选择高价值专利培育布局中心给予一次性补助 20 万元。申请高价值专利培育布局中心应当符合以下条件：

（一）申报主体应由江门市内注册企事业单位牵头（包括市内高等学校、科研组织、企事业单位等），联合知识产权服务机构共同申报。

（二）申报牵头单位应属国家、广东省以及江门市知识产权示范和优势企业、通过贯标认证企业、省级工程技术研究中心、高新技术企业或规模以上企业。

（三）申报牵头单位至少拥有 1 件有效的核心基础发明专利。

（四）申报牵头单位应围绕上述核心基础专利，近三年（含申报当年）申请发明专利3件或以上。

（五）申报牵头单位知识产权管理体系比较完善，有专职知识产权管理人员。

第二十四条 通过竞争性方式，择优选择知识产权海外护航项目给予一次性补助20万元。申请知识产权海外护航项目应当符合以下条件：

（一）申报单位应属国家、广东省以及江门市知识产权示范和优势企业、通过贯标认证企业、高新技术企业或规模以上企业。

（二）对江门市经济社会发展和重要行业、领域有重要影响，具备较强的研发能力。

（三）知识产权工作基础良好，企业内部知识产权管理制度、管理体系健全，对知识产权工作有人员、经费等保障投入。

（四）具有一定数量的有效商标、专利，有海外知识产权保护需求，主导产品已经或者计划走向海外市场，存在海外投资建厂、技术交流、技术服务等需求的企业。

第六章 国家、广东省知识产权项目嘉奖

第二十五条 国家、广东省知识产权示范单位和国家知识产权优势单位奖励：

（一）获国家知识产权示范单位的，每家奖励20万元；

（二）获国家知识产权优势单位、广东省知识产权示范单位的，每家奖励10万元。

第二十六条 中国专利奖、广东专利奖奖励：

（一）获中国专利金奖或者中国专利外观设计金奖的，每项奖励50万元；

（二）获中国专利银奖或者中国外观设计银奖、广东专利金奖的，每项奖励30万元；

（三）获中国专利优秀奖或者中国外观设计优秀奖、广东专利银奖的，每项奖励20万元；

（四）获广东专利优秀奖的，每项奖励10万元；

（五）获广东杰出发明人奖的，每人奖励5万元。

第二十七条 首次通过《企业知识产权管理规范》《高等学校知识产权管理规范》《科研组织知识产权管理规范》国家标准的，且通过认证时拥有1件或以上专利的，给予2万元认证奖励。

第七章 资金申报和审批

第二十八条 申报本办法扶持项目所需的材料，以申报指南（或通知）为准。

第二十九条 普惠性知识产权资助和国家、广东省知识产权项目嘉奖采用核准制，申请主体应据实申请，及时将申报资料提交所在市（区）市场监管部门，各市（区）市场监管部门核实后报市市场监管部门，市市场监管部门核准并拟定名单，并对外公示5个工作日，经公示无异议后，市县两级财政部门足额落实应承担资金，并按程序拨付。对公示有异议的，由江门市市场监管局研究提出处理意见，并反馈给异议提出单位或提出人。

第三十条 竞争性知识产权项目采取评审制，每年竞争性知识产权项目奖补数量由当年项目申报指南进行公布。申报主体据实申请，及时将申报资料提交所在市（区）市场监管部门，各市（区）市场监管部门核实后报市市场监管部门，市市场监管部门组织专家评审拟定项目资助计划，并对外公示 5 个工作日，经公示无异议后，市县两级财政部门足额落实应承担资金，并按程序拨付。对公示有异议的，由江门市市场监管局研究提出处理意见，并反馈给异议提出单位或提出人。

第八章　资金管理和监督

第三十一条 财政部门可随机审查资金申报材料的真实性和准确性，有权要求资金申报主体一次性补充提供相关说明材料。如有下列情况的，将停止拨款并收回已拨付的资金，纳入征信记录；涉嫌犯罪的，移交司法机关依法处理：

（一）违反财经纪律。

（二）出具虚假材料、凭证骗取资金。

（三）项目实施主体与资金申报主体不符。

（四）假借江门企业名义骗取财政资金。

（五）其他与江门市知识产权扶持资金规定不符的不当行为。

第九章　附　　则

第三十二条 同一年度、同一单位或者个人按照本办法享受的扶持总额不得超过 100 万元（含）（第十九条除外）。

第三十三条 本办法自 2021 年 8 月 23 日起施行，有效期至 2024 年 12 月 31 日止。

十六、肇庆市主要知识产权制度

肇庆市市场监督管理局关于印发《肇庆市促进知识产权高质量发展扶持办法（试行）》的通知

各县（市、区）人民政府，肇庆高新区、肇庆新区、粤桂合作特别试验区（肇庆）管委会，市政府各部门、直属各单位：

《肇庆市促进知识产权高质量发展扶持办法（试行）》已经市人民政府同意，现印发给你们，请遵照执行。执行过程中遇到问题，请径向我局反馈。

肇庆市市场监督管理局

2023 年 11 月 29 日

肇庆市促进知识产权高质量发展扶持办法（试行）

第一章 总 则

第一条 为有效发挥财政资金的引导和激励作用，激发全社会创新活力，促进我市知识产权事业高质量发展，提升我市知识产权创造、运用、保护、管理和服务水平，推动知识产权强市建设，根据《中华人民共和国专利法》《广东省专利奖励办法》《肇庆市国家知识产权强市建设试点城市工作方案（2022—2025 年）》等有关规定，结合我市实际，制定本办法。

第二条 本办法所指的知识产权包括专利、商标和地理标志。本办法所指的知识产权资助资金是由市级财政承担的安排用于推动我市知识产权战略实施，提高知识产权创造、运用、保护、管理和服务能力，促进知识产权事业全面、协调、可持续高质量发展的资金。

第三条 本知识产权资助资金使用和管理应遵循政府引导、社会参与、竞争择优、公平公开、绩效导向、强化监督的原则。

第二章　部门职责

第四条　市市场监管局是专项资金的业务主管部门，负责发布专项资金申报指南，指导申报单位或个人按照指南要求申报，组织开展绩效自评工作。

市财政局负责审核编制资金预算，办理资金拨付，对资金使用管理情况进行财政监督检查，视工作需要对资金组织开展重点绩效评价工作。

第五条　各县（市、区）、肇庆高新区财政部门负责按照国库支付管理有关规定拨付具体项目资金，对资金使用情况进行财政监督检查，并配合本级市场监管局做好绩效自评等工作。

第六条　各县（市、区）、肇庆高新区市场监管局负责审核推荐项目，检查项目实施情况和监管资金使用情况，及时反馈和纠正存在问题，并按规定开展绩效核实评价工作。

第三章　资金使用

第七条　扶持资金使用主要采取事后奖补和视财力错期配置方式。市场监管部门在企事业单位或个人取得知识产权或相关认证后，经评审和依程序审批后按照一定标准给予资金补助。

第八条　资金主要扶持范围

（一）鼓励知识产权创造。包括资助我市企事业单位、社会团体及个人的高价值专利创造和商标，并对获得专利奖的单位或个人给予奖励等。

（二）推动知识产权运用。包括扶持开展知识产权交易、投融资、运营、产业化等工作。

（三）促进知识产权保护。包括知识产权维权援助与涉外应对等。

（四）加强知识产权管理。包括开展知识产权宣传教育和人才培养，推动企业建立知识产权管理规范体系，知识产权战略实施等。

（五）提升知识产权服务。包括知识产权公共服务体系建设，知识产权服务业发展推进等。

（六）市委、市政府确定的知识产权事业发展的其他工作。

第四章　补助标准

第九条　本市企业实现高价值发明专利"破零"并实现产业化生产的，对申请单位一次性扶持不超过0.5万元。本项扶持资金每年不超过75万元。

第十条　根据国家和省公布的专利奖获奖名单按实核定，标准如下：中国专利奖配套奖励，金奖每项10万元，银奖每项8万元，优秀奖每项5万元；广东专利奖配套奖励，金奖每项5万元，银奖每项3万元，优秀奖每项2万元，发明人奖每人1万元。

在本市具有专利代理资格的知识产权代理机构工作且在该单位连续缴纳社保至少满1年，首次考取了专利代理师资格，申报资助期间仍在该单位工作的专利人才给予不超过 0.5 万元一次性扶持。

本项扶持资金每年不超过 25 万元。

第十一条　知识产权保护扶持，包括在中国境内（不含港、澳、台地区）提起侵权诉讼扶持、专利海外维权扶持、"驰名商标"认定保护扶持和商标海外保护扶持。

（一）在中国境内（不含港、澳、台地区）提起侵权诉讼扶持。本市企业向法院提起专利侵权诉讼并最终判定侵权成立的，每件涉案专利给予一次性扶持 1 万元。同一单位或个人每年扶持不超过 5 万元。侵权是否成立以法院生效的裁判文书为准。

（二）本市企业在中国境外提起知识产权侵权诉讼，最终判定侵权成立的；或在中国境外积极应对知识产权侵权诉讼，最终判定侵权不成立的，每件专利海外维权给予维权费用的 50%（最高不超过 5 万元）扶持。侵权是否成立以法院生效的裁判文书为准。

（三）本市企业商标首次获得国家知识产权局"驰名商标"认定保护的，每件给予一次性 5 万元扶持。

（四）本市企业商标注册为中国境外商标的（包括通过马德里商标注册和单一国家注册）进行海外保护的，每件商标给予不超过 0.25 万元的一次性资助。

本项扶持资金每年不超过 20 万元。

第十二条　本市企业被认定为国家知识产权示范、优势企业，每家分别给予不超过 5 万元、2.5 万元的扶持；被认定为省知识产权示范企业，每家给予不超过 1 万元的扶持。本项扶持资金每年不超过 15 万元。

第十三条　首次通过《企业知识产权管理规范》国家标准认证的本市企业，补贴首个认证周期实际发生的认证费，给予不超过 1.25 万元的一次性资助。贯标辅导、咨询等费用不列入资助范围。

首次通过《高等学校知识产权管理规范》国家标准认证的本市高校，补贴首个认证周期实际发生的认证费，给予不超过 1.5 万元的一次性资助。贯标辅导、咨询等费用不列入资助范围。

首次通过《科研组织知识产权管理规范》的本市科研院所，补贴首个认证周期实际发生的认证费，给予不超过 1.25 万元的一次性资助。贯标辅导、咨询等费用不列入资助范围。

本项扶持资金每年不超过 15 万元。

第十四条　本市企业获得知识产权质押融资的，根据企业申报，对已偿还银行贷款本息的，按照最高不超过 15% 比例给予一次性贴息扶持，每家企业每年获得贷款贴息扶持资金最高不超过 2.5 万元。本项扶持资金每年不超过 25 万元。

第十五条　本市企业获得知识产权质押融资的，根据企业申报并提交的实际支付给保险公司的费用凭证，按照最高不超过 15% 比例给予一次性保险费扶持，每家企业每年获得保险费扶持资金最高不超过 0.5 万元。申请本条补贴的企业，需同时提交保险费用凭证以及知识产权质押融资凭证等申报材料。本项扶持资金每年不超过 5 万元。

第十六条　本市企业获得知识产权质押融资的，根据企业申报，对已偿还银行贷款本息的，按照最高不超过单笔实际贷款额度的 0.5% 给予一次性贷款担保费扶持，每家企业每年获得担保费扶持金额最高不超过 1.25 万元。本项扶持资金每年不超过 6.25 万元。

第十七条 本办法试行三年，总资助金额每年不超过 100 万元。

如果申请扶持的年扶持资金总额不超过 100 万元，而申请第九至第十六条规定的项目扶持资金总量超过该条款上限资金量，则按该条款上限资金量平均分配至每个符合条件的申报个体。

如果申请扶持的年扶持资金总额超过 100 万元，则先按照各条款上限资金量占本年申报总上限资金量的比例重新分配，确定各申报条款的资金量，然后再按该条款分配原则平均分配至每个符合条件的申报个体，具体由市市场监管局与市财政局商定。

第五章　申报与审批

第十八条 市市场监管局每年在市人民政府门户网站和广东财政惠企利民服务平台发布专项资金申报指南，明确当年支持范围、内容及方式。申报单位或个人按照指南要求申报项目或资金补助。

第十九条 专项资金申报采取逐级申报、择优推荐的方式，申请单位或个人应向所在地市场监管局提出申请，并按要求提供相关材料。各县（市、区）、肇庆高新区市场监管局对申报项目进行初审，择优向市市场监管局推荐。市属单位和省驻肇单位直接向市市场监管局提交申报材料。对近三年有涉及《关于规范专利申请行为的若干规定》（国家知识产权局第 75 号局令）第三条规定的六种非正常专利申请行为，或违反有关法律、法规和规章的，不予推荐。

第二十条 市市场监管局根据市财政局确定的每年资金扶持额度，对申报项目进行合规性审核。经审议决定拟立项项目，在市人民政府门户网站和广东财政惠企利民服务平台公示。公示无异议后，由市市场监管局按程序报市政府审批。公示有异议的项目进行异议处理，并在市人民政府门户网站和广东财政惠企利民服务平台公示，公示无异议后按规定程序报批。

第二十一条 项目资金经审批同意后，市财政局按照分配方案将资金下达到相关部门或县（市、区）、肇庆高新区财政局；县（市、区）、肇庆高新区财政局应按规定及时将资金拨付到相关部门，由部门兑现到资助单位或个人。

第二十二条 项目实施和资金使用单位应当按照相关管理规定组织实施项目，自觉接受相关部门的检查监督，并按规定开展绩效自评。

第六章　附　则

第二十三条 本政策扶持措施与我市相关政策有重叠、交叉的，按照"从优、从高、不重复"的原则执行。

第二十四条 本办法由市市场监管局负责解释。

第二十五条 本办法自 2024 年 1 月 1 日起实施，有效期至 2026 年 12 月 31 日止。法律、法规、规章或者上级机关另有规定的，从其规定。

十七、香港特别行政区主要知识产权制度

国家市场监督管理总局关于在香港特别行政区
知识产权署提出的首次申请的优先权的规定

(1999 年 12 月 15 日国家知识产权局令第 10 号公布
根据 2020 年 10 月 23 日国家市场监督管理总局令第 31 号修订)

为方便在香港特别行政区知识产权署首次提出短期专利申请或者外观设计注册申请的申请人在国家知识产权局提出专利申请，特规定如下：

申请人自其短期专利申请在香港特别行政区知识产权署第一次提出之日起十二个月内，或者自其外观设计注册申请在香港特别行政区知识产权署第一次提出之日起六个月内，又在国家知识产权局就相同主题提出专利申请的，可以享有优先权。

申请人要求上述短期专利申请或者外观设计注册申请的优先权的，应当在申请的时候提出书面声明，并且在三个月内提交第一次提出的上述短期专利申请或者外观设计注册申请（以下称在先申请）文件的副本；未提出书面声明或者逾期未提交在先申请文件副本的，视为未要求优先权。

申请人应当在书面声明中写明在先申请的申请日和申请号，并写明受理局为香港特别行政区知识产权署；书面声明中未写明在先申请的申请日和受理局的，视为未提出声明。

申请人提交的在先申请文件副本应当经香港特别行政区知识产权署证明。

申请人在一件专利申请中，可以要求一项或者多项优先权；要求多项优先权的，该申请的优先权期限从最早的优先权日起算。

本规定适用于自 1999 年 12 月 1 日起在香港特别行政区知识产权署第一次提出的短期专利申请和外观设计注册申请。

《内地与香港关于建立更紧密经贸关系的安排》
服务贸易协议

序　言

为推动内地[①]与香港特别行政区（以下简称"双方"）基本实现服务贸易自由化，逐步减少或取消双方之间服务贸易实质上所有歧视性措施，进一步提高双方经贸交流与合作的水平，双方决定，就内地与香港特别行政区（以下简称"香港"）基本实现服务贸易自由化签署本协议。

第一章　与《安排》[②]的关系

第一条　与《安排》的关系

一、为逐步减少直至取消双方之间服务贸易实质上所有歧视性措施，双方决定在《安排》及其所有补充协议、《〈安排〉关于内地在广东与香港基本实现服务贸易自由化的协议》（以下简称《广东协议》）已实施开放措施基础上签署本协议。本协议是《安排》的服务贸易协议。

二、《安排》第四章第十一条、第十二条的有关内容按照本协议执行。本协议条款与《安排》及其所有补充协议、《广东协议》条款产生抵触时，以本协议条款为准。

第二章　范围及定义

第二条　范围及定义

一、本协议附件1和附件2的所有措施适用于内地和香港之间的服务贸易。

二、本协议所称服务贸易，是指：

（一）自一方境内向另一方境内提供服务；

（二）在一方境内对另一方的服务消费者提供服务；

（三）一方的服务提供者通过在另一方境内的商业存在提供服务；

（四）一方的服务提供者通过在另一方境内的自然人存在提供服务。

上述（一）、（二）、（四）统称为跨境服务。

三、就本协议而言：

（一）"措施"指一方的任何措施，无论是以法律、法规、规则、程序、决定、行政行为的形式还是以任何其他形式。

在履行本协议项下的义务和承诺时，每一方应采取其所能采取的合理措施，以保证其境内的政府和主管机关以及非政府机构遵守这些义务和承诺。

（二）"服务"包括任何部门的任何服务，但在行使政府职权时提供的服务除外。

（三）"行使政府职权时提供的服务"指既不依据商业基础提供，也不与一个或多个服务提供者竞争的任何服务。

（四）"商业存在"指任何类型的商业或专业机构，包括为提供服务而在一方境内：

1. 设立、收购或经营一法人，或

2. 设立或经营一分支机构或代表处。

（五）"政府采购"指政府以购买、租赁等各种合同形式，取得商品或服务的使用权或获得商品或服务，或两者兼得的行为。其目的并非是商业销售或转售，或为商业销售或转售而在生产中使用、提供商品或服务。

四、本协议中的"服务提供者"定义及相关规定载于附件3。

第三章　义务及规定

第三条　义　务

一、内地对香港服务和服务提供者的具体措施载于本协议附件1。对于本协议附件1表2、表3和表4所列明的具体承诺的实施，除执行本协议规定外，还应适用内地有关法律法规和行政规章。

二、对本协议涵盖的服务领域，香港对内地服务和服务提供者不增加任何限制性措施。双方通过磋商，拟订和实施香港对内地服务和服务提供者进一步开放服务贸易的内容。有关具体承诺列入本协议附件2。

三、应一方要求，双方可通过协商，进一步提高双方服务贸易自由化的水平。

四、任何根据本条第三款实行的提高服务贸易自由化水平的措施应纳入本协议附件1及附件2予以实施。

第四条　国民待遇

一、一方在影响服务提供的所有措施方面给予另一方的服务和服务提供者的待遇，不得低于其给予本方同类服务和服务提供者的待遇。③

二、一方可通过对另一方的服务或服务提供者给予与其本方同类服务或服务提供者的待遇形式上相同或不同的待遇，满足第一款的要求。

三、如形式上相同或不同的待遇改变竞争条件，与另一方的同类服务或服务提供者相比，有利于该方的服务或服务提供者，则此类待遇应被视为较为不利的待遇。

第五条　最惠待遇

一、关于本协议涵盖的任何措施，一方对于另一方的服务和服务提供者，应立即和无条件地给予不低于其给予其他方同类服务和服务提供者的待遇。

二、本协议的规定不得解释为阻止一方对相邻国家或地区授予或给予优惠，以便利仅限于毗连边境地区的当地生产和消费的服务的交换。

第六条　金融审慎原则

一、尽管本协议有其他规定，一方不应被阻止出于审慎原因而采取或维持与金融服务有关的措施。这些审慎原因包括保护投资者、存款人、投保人或金融服务提供者对其负有信托义务的人或确保金融系统的完整与稳定。④

二、本协议的任何规定不适用于为执行货币或相关信贷政策或汇率政策而采取的普遍适用的非歧视性措施。⑤

三、"金融服务"应当与世界贸易组织《服务贸易总协定》的《关于金融服务的附件》第五款第（a）项中的金融服务具有相同的含义，并且该条款中"金融服务提供者"也包括《关于金融服务的附件》第五款第（c）项所定义的公共实体。

四、为避免歧义，本协议不应被解释为阻止一方在金融机构中适用或者执行为保证遵守与本协议不冲突的法律或法规而采取的与另一方的服务提供者或者涵盖服务有关的必要措施，包括与防范虚假和欺诈做法或者应对金融服务合同违约影响有关的措施，但这些措施的实施方式不得在情形类似的国家（或地区）间构成任意的或者不合理的歧视，或者构成对金融机构的投资的变相限制。

五、对于现行法规未明确涉及的领域，一方保留采取限制性措施的权利。

第七条　保障措施

一、当因执行本协议对任何一方的贸易和相关产业造成重大影响时，一方保留新设或维持与服务有关的限制性措施的权利。

二、一方根据第一款准备采取的措施，应尽可能充分及时地通知另一方，并磋商解决。

第八条　例　外

一、本协议及其附件所载规定并不妨碍一方维持或采取与世界贸易组织《服务贸易总协定》第14条及14条之二相一致的例外措施。

二、一方针对另一方服务或服务提供者的外来特性采取的水平管理措施不应视为较为不利的待遇。

第四章　商业存在⑥

第九条　保留的限制性措施

一、第四条"国民待遇"和第五条"最惠待遇"不适用于：

（一）一方保留的限制性措施，列明在附件1表1和附件2中。

（二）一般情况下，第（一）项所指保留的限制性措施可作修订，但经修订后的保留措施与修订前相比，不可更不符合第四条"国民待遇"和第五条"最惠待遇"作出的义务。

二、第四条"国民待遇"和第五条"最惠待遇"不适用于：

（一）政府采购；或

（二）一方给予的补贴或赠款，包括政府支持的贷款、担保和保险。

但一方法律法规就第（一）、（二）项另有规定的从其规定。

第五章　跨境服务^⑦

第十条　跨境服务

双方同意就逐步减少歧视性措施保持磋商，具体开放措施列明在附件 1 表 2 和附件 2 中，其他不做承诺。

第六章　电信专章

第十一条　电信服务

双方同意就逐步减少歧视性措施保持磋商，具体开放措施列明在附件 1 表 3 和附件 2 中，其他不做承诺。

第七章　文化专章

第十二条　文化服务

双方同意就逐步减少歧视性措施保持磋商，具体开放措施列明在附件 1 表 4 和附件 2 中，其他不做承诺。

第八章　特殊手续和信息要求

第十三条　特殊手续和信息要求

一、如果特殊手续要求不实质性损害一方根据本协议承担的对另一方服务提供者的义务，则第四条"国民待遇"不应被解释为阻止一方采取或维持与服务相关的特殊手续的措施。

二、尽管有第四条"国民待遇"和第五条"最惠待遇"，一方可仅为了信息或统计的目的，要求另一方的服务提供者提供与服务或服务提供者有关的信息。该一方应保护商业机密信息防止因泄露而有损服务提供者的竞争地位。本款不应被解释为阻碍一方获得或披露与公正和诚信适用法律有关的信息。

第九章　投资便利化

第十四条　投资便利化

为提高投资便利化水平，内地同意对香港服务提供者在内地投资本协议对香港开放的服务贸易领域，公司设立及变更的合同、章程审批改为备案管理，备案后按内地有关规定办理相关手续。以下两种情形除外：

（一）第四章第九条涉及保留的限制性措施及电信、文化领域公司、金融机构的设立及变更按现行外商投资法律法规以及相关规定办理；或

（二）公司以外其他形式的商业存在的设立及变更按现行有关规定办理。

第十章　其他条款

第十五条　附件

本协议的附件构成本协议的组成部分。

第十六条　生效和实施

本协议自双方代表正式签署之日起生效，自 2016 年 6 月 1 日起实施。

本协议以中文书就，一式两份。

本协议于二〇一五年十一月二十七日在香港签署。

中华人民共和国	中华人民共和国
商务部副部长	香港特别行政区财政司司长

①内地系指中华人民共和国的全部关税领土。

②《安排》系《内地与香港关于建立更紧密经贸关系的安排》的简称。

③根据本条承担的具体承诺不得解释为要求任何一方对由于有关另一方服务或服务提供者的外来特性而产生的任何固有的竞争劣势作出补偿。

④"审慎原因"这一用语应理解为包括维持单个金融机构或金融体系的安全、稳固、稳健和财务责任，以及维护支付和清算系统的安全以及财务和运营的稳健性。

⑤为避免歧义，为执行货币或相关信贷政策或汇率政策而采取的普遍适用的措施，不包括明确将规定了计价货币或货币汇率的合同条款宣布为无效或修改该种条款的措施。

⑥在本协议下，本章的商业存在不包括第六章电信专章第十一条电信服务和第七章文化专章第十二条文化服务项下的商业存在。

⑦在本协议下，本章的跨境服务不包括第六章电信专章第十一条电信服务和第七章文化专章第十二条文化服务项下的跨境服务。

附件 1（节选）

内地向香港开放服务贸易的具体承诺

部门：	1. 商务服务
分部门：	A. 专业服务 k. 其他（专利代理、商标代理等）（CPC8921-8923）
所涉及的义务：	国民待遇
保留的限制性措施：	<u>商业存在</u> 实行国民待遇。

部门或 分部门	1. 商务服务
	A. 专业服务
	k. 其他（专利代理、商标代理等）（CPC8921-8923）
具体承诺	1. 允许香港服务提供者雇用的合同服务提供者在内地相关法律法规允许的范围内提供本部门或分部门分类项下的服务①。② 2. 允许符合条件的香港永久性居民中的中国公民参加内地的全国专利代理人资格考试，成绩合格者，发给《专利代理人资格证书》。③ 3. 取得《专利代理人资格证书》的香港永久性居民中的中国公民可以在内地已经批准设立的专利代理机构中执业，符合规定条件的可以加入成为在内地已经批准设立的专利代理机构的合伙人或者股东。④

---

① 商标代理。

② 涵盖《安排》补充协议十中已有开放措施。

③ 涵盖《安排》补充协议中已有开放措施。

④ 涵盖《安排》补充协议中已有开放措施。

香港特区申请人在内地发明专利优先审查申请指南

一、申请内容

香港特区申请人在中国内地处于实质审查阶段的发明专利优先审查申请。

二、设定依据

（一）《专利优先审查管理办法》（国家知识产权局令第76号）（以下简称《办法》）

（二）《专利审查指南》

三、受理事宜

（一）受理窗口及办公时间：

国家知识产权局专利局广州代办处：

工作日8：30—13：00，14：00—17：30（除法定节假日外）

国家知识产权局专利局深圳代办处：

工作日8：30—17：30（除法定节假日外）

（二）申请方式：纸件邮寄或窗口面交

四、申请条件

（一）香港特区申请人在中国内地处于实质审查阶段的发明专利申请。

（二）专利申请须为电子申请（纸件申请应转为电子申请后提交）。

（三）属于《办法》规定的技术领域，相关申请分类号落入《战略性新兴产业分类与国际专利分类参照关系表（2021）》范围。

（四）"香港特区申请人"包括香港特别行政区永久性居民、依据香港特区《公司条例》成立的公司和香港特区的其他法律实体或组织。香港特区申请人作为发明专利申请的共同申请人同样适用。

五、申请材料

（一）《专利优先审查请求书》一式两份（填写参照附件1示例）。

1. 在中国内地没有经常居所或者营业所的香港特区申请人，必须委托专利代理机构提出专利申请优先审查请求，并由该代理机构在请求书中盖章。

2. 在中国内地有经常居所或者营业所的香港特区申请人可自行或委托专利代理机构提出专利申请优先审查请求。申请人自行提出的，请求书应当由全体申请人签字或盖章。委托专利代理机构的，专利代理机构应在请求书中盖章。

3. 请求书应填写有效的联系人、联系电话及联系地址，联系地址需为中国内地地址。

（二）主体资格身份证明文件

香港特区申请人为自然人的需提交香港永久性居民身份证复印件；香港特区申请人为公司或其他法律实体或组织的，应提供对应主体资格身份证明文件复印件。在中国内地有经常居所或者营业所的香港特区申请人未委托专利代理机构的，还应当提交在中国内地有经常居所或者营业所的证明文件。

（三）现有技术信息材料

现有技术是指发明专利申请的申请日（或优先权日）以前在国内外为公众所知的技术。包括在申请日（或优先权日）以前在国内外出版物上公开发表、在国内外公开使用或以其他方式为公众所熟知的技术。专利文献可以只提供专利文献首页。非专利文献，例如期刊或者书籍，提供首页和相关页。

所提交的相关专利文献、非专利文献信息应对应填写至《专利优先审查请求书》附件文件信息栏中（填写参照附件1示例）。

（四）相关证明文件

内容包括专利技术所属的相关技术领域、全体申请人同意优先审查的声明和全部优先审查请求文件真实有效的承诺，并由全体申请人盖章或签字（填写参照附件2示例）。

（五）委托书

香港特区申请人委托专利代理机构办理优先审查请求的，如被委托的不是本案代理机构，应提供委托书，注明委托权限，并由全体申请人盖章或签字。

六、办理流程

（一）申请人通过国家知识产权局专利局广州代办处或国家知识产权局专利局深圳代办处提交专利优先审查申请材料，申请人可选择一家代办处服务窗口当面提交或以邮寄方式提交，但不能向两家代办处重复提交同一专利申请的优先审查请求。

以邮寄方式提交申请材料的，申请人可在邮寄信封上注明"优先审查"字样，邮寄收件人及地址信息参照本指南第八部分。

（二）代办处审查申请材料后，对符合受理条件的应当及时办理完成推荐工作，上报国家知识产权局。

（三）代办处审查申请材料后，对不符合受理条件的，应当及时告知申请人审查结论及依据。

七、有关事项

（一）同一申请人同日（仅指申请日）对同样的发明创造既申请实用新型又申请发明的，对于其中的发明专利申请一般不予优先审查。

（二）申请人应对提交的申请材料真实性、合法性、有效性负责。

（三）申请材料中有外文材料的应当提供对应的中文译本。

（四）本业务不收费。

八、业务咨询

国家知识产权局专利局广州代办处

咨询电话：020-87681948

面交或邮寄地址：广东省广州市天河区体育西路57号红盾大厦，邮编：510620。

国家知识产权局专利局深圳代办处

咨询电话：0755-26612232

面交或邮寄地址：广东省深圳市南山区学府路软件产业基地4栋C座6楼，邮编：518000。

附件略。

最高人民法院关于内地与香港特别行政区法院相互认可和执行民商事案件判决的安排

法释〔2024〕2 号

(2019 年 1 月 14 日最高人民法院审判委员会第 1759 次会议通过，
自 2024 年 1 月 29 日起施行)

根据《中华人民共和国香港特别行政区基本法》第九十五条的规定，最高人民法院与香港特别行政区政府经协商，现就民商事案件判决的相互认可和执行问题作出如下安排。

第一条 内地与香港特别行政区法院民商事案件生效判决的相互认可和执行，适用本安排。

刑事案件中有关民事赔偿的生效判决的相互认可和执行，亦适用本安排。

第二条 本安排所称"民商事案件"是指依据内地和香港特别行政区法律均属于民商事性质的案件，不包括香港特别行政区法院审理的司法复核案件以及其他因行使行政权力直接引发的案件。

第三条 本安排暂不适用于就下列民商事案件作出的判决：

(一) 内地人民法院审理的赡养、兄弟姐妹之间扶养、解除收养关系、成年人监护权、离婚后损害责任、同居关系析产案件，香港特别行政区法院审理的应否裁判分居的案件；

(二) 继承案件、遗产管理或者分配的案件；

(三) 内地人民法院审理的有关发明专利、实用新型专利侵权的案件，香港特别行政区法院审理的有关标准专利（包括原授专利）、短期专利侵权的案件，内地与香港特别行政区法院审理的有关确认标准必要专利许可费率的案件，以及有关本安排第五条未规定的知识产权案件；

(四) 海洋环境污染、海事索赔责任限制、共同海损、紧急拖航和救助、船舶优先权、海上旅客运输案件；

(五) 破产（清盘）案件；

(六) 确定选民资格、宣告自然人失踪或者死亡、认定自然人限制或者无民事行为能力的案件；

(七) 确认仲裁协议效力、撤销仲裁裁决案件；

(八) 认可和执行其他国家和地区判决、仲裁裁决的案件。

第四条 本安排所称"判决"，在内地包括判决、裁定、调解书、支付令，不包括保全裁定；在香港特别行政区包括判决、命令、判令、讼费评定证明书，不包括禁诉令、临时济助命令。

本安排所称"生效判决":

(一)在内地,是指第二审判决,依法不准上诉或者超过法定期限没有上诉的第一审判决,以及依照审判监督程序作出的上述判决;

(二)在香港特别行政区,是指终审法院、高等法院上诉法庭及原讼法庭、区域法院以及劳资审裁处、土地审裁处、小额钱债审裁处、竞争事务审裁处作出的已经发生法律效力的判决。

第五条 本安排所称"知识产权"是指《与贸易有关的知识产权协定》第一条第二款规定的知识产权,以及《中华人民共和国民法典》第一百二十三条第二款第七项、香港《植物品种保护条例》规定的权利人就植物新品种享有的知识产权。

第六条 本安排所称"住所地",当事人为自然人的,是指户籍所在地或者永久性居民身份所在地、经常居住地;当事人为法人或者其他组织的,是指注册地或者登记地、主要办事机构所在地、主要营业地、主要管理地。

第七条 申请认可和执行本安排规定的判决:

(一)在内地,向申请人住所地或者被申请人住所地、财产所在地的中级人民法院提出;

(二)在香港特别行政区,向高等法院提出。

申请人应当向符合前款第一项规定的其中一个人民法院提出申请。向两个以上有管辖权的人民法院提出申请的,由最先立案的人民法院管辖。

第八条 申请认可和执行本安排规定的判决,应当提交下列材料:

(一)申请书;

(二)经作出生效判决的法院盖章的判决副本;

(三)作出生效判决的法院出具的证明书,证明该判决属于生效判决,判决有执行内容的,还应当证明在原审法院地可以执行;

(四)判决为缺席判决的,应当提交已经合法传唤当事人的证明文件,但判决已经对此予以明确说明或者缺席方提出认可和执行申请的除外;

(五)身份证明材料:

1. 申请人为自然人的,应当提交身份证件复印件;

2. 申请人为法人或者其他组织的,应当提交注册登记证书的复印件以及法定代表人或者主要负责人的身份证件复印件。

上述身份证明材料,在被请求方境外形成的,应当依据被请求方法律规定办理证明手续。

向内地人民法院提交的文件没有中文文本的,应当提交准确的中文译本。

第九条 申请书应当载明下列事项:

(一)当事人的基本情况:当事人为自然人的,包括姓名、住所、身份证件信息、通讯方式等;当事人为法人或者其他组织的,包括名称、住所及其法定代表人或者主要负责人的姓名、职务、住所、身份证件信息、通讯方式等;

(二)请求事项和理由;申请执行的,还需提供被申请人的财产状况和财产所在地;

（三）判决是否已在其他法院申请执行以及执行情况。

第十条　申请认可和执行判决的期间、程序和方式，应当依据被请求方法律的规定。

第十一条　符合下列情形之一，且依据被请求方法律有关诉讼不属于被请求方法院专属管辖的，被请求方法院应当认定原审法院具有管辖权：

（一）原审法院受理案件时，被告住所地在该方境内；

（二）原审法院受理案件时，被告在该方境内设有代表机构、分支机构、办事处、营业所等不属于独立法人的机构，且诉讼请求是基于该机构的活动；

（三）因合同纠纷提起的诉讼，合同履行地在该方境内；

（四）因侵权行为提起的诉讼，侵权行为实施地在该方境内；

（五）合同纠纷或者其他财产权益纠纷的当事人以书面形式约定由原审法院地管辖，但各方当事人住所地均在被请求方境内的，原审法院地应系合同履行地、合同签订地、标的物所在地等与争议有实际联系地；

（六）当事人未对原审法院提出管辖权异议并应诉答辩，但各方当事人住所地均在被请求方境内的，原审法院地应系合同履行地、合同签订地、标的物所在地等与争议有实际联系地。

前款所称"书面形式"是指合同书、信件和数据电文（包括电报、电传、传真、电子数据交换和电子邮件）等可以有形地表现所载内容的形式。

知识产权侵权纠纷案件以及内地人民法院审理的《中华人民共和国反不正当竞争法》第六条规定的不正当竞争纠纷民事案件、香港特别行政区法院审理的假冒纠纷案件，侵权、不正当竞争、假冒行为实施地在原审法院地境内，且涉案知识产权权利、权益在该方境内依法应予保护的，才应当认定原审法院具有管辖权。

除第一款、第三款规定外，被请求方法院认为原审法院对于有关诉讼的管辖符合被请求方法律规定的，可以认定原审法院具有管辖权。

第十二条　申请认可和执行的判决，被申请人提供证据证明有下列情形之一的，被请求方法院审查核实后，应当不予认可和执行：

（一）原审法院对有关诉讼的管辖不符合本安排第十一条规定的；

（二）依据原审法院地法律，被申请人未经合法传唤，或者虽经合法传唤但未获得合理的陈述、辩论机会的；

（三）判决是以欺诈方法取得的；

（四）被请求方法院受理相关诉讼后，原审法院又受理就同一争议提起的诉讼并作出判决的；

（五）被请求方法院已经就同一争议作出判决，或者已经认可其他国家和地区就同一争议作出的判决的；

（六）被请求方已经就同一争议作出仲裁裁决，或者已经认可其他国家和地区就同一争议作出的仲裁裁决的。

内地人民法院认为认可和执行香港特别行政区法院判决明显违反内地法律的基本原

则或者社会公共利益，香港特别行政区法院认为认可和执行内地人民法院判决明显违反香港特别行政区法律的基本原则或者公共政策的，应当不予认可和执行。

第十三条 申请认可和执行的判决，被申请人提供证据证明在原审法院进行的诉讼违反了当事人就同一争议订立的有效仲裁协议或者管辖协议的，被请求方法院审查核实后，可以不予认可和执行。

第十四条 被请求方法院不能仅因判决的先决问题不属于本安排适用范围，而拒绝认可和执行该判决。

第十五条 对于原审法院就知识产权有效性、是否成立或者存在作出的判项，不予认可和执行，但基于该判项作出的有关责任承担的判项符合本安排规定的，应当认可和执行。

第十六条 相互认可和执行的判决内容包括金钱判项、非金钱判项。

判决包括惩罚性赔偿的，不予认可和执行惩罚性赔偿部分，但本安排第十七条规定的除外。

第十七条 知识产权侵权纠纷案件以及内地人民法院审理的《中华人民共和国反不正当竞争法》第六条规定的不正当竞争纠纷民事案件、香港特别行政区法院审理的假冒纠纷案件，内地与香港特别行政区法院相互认可和执行判决的，限于根据原审法院地发生的侵权行为所确定的金钱判项，包括惩罚性赔偿部分。

有关商业秘密侵权纠纷案件判决的相互认可和执行，包括金钱判项（含惩罚性赔偿）、非金钱判项。

第十八条 内地与香港特别行政区法院相互认可和执行的财产给付范围，包括判决确定的给付财产和相应的利息、诉讼费、迟延履行金、迟延履行利息，不包括税收、罚款。

前款所称"诉讼费"，在香港特别行政区是指讼费评定证明书核定或者命令支付的费用。

第十九条 被请求方法院不能认可和执行判决全部判项的，可以认可和执行其中的部分判项。

第二十条 对于香港特别行政区法院作出的判决，一方当事人已经提出上诉，内地人民法院审查核实后，中止认可和执行程序。经上诉，维持全部或者部分原判决的，恢复认可和执行程序；完全改变原判决的，终止认可和执行程序。

内地人民法院就已经作出的判决裁定再审的，香港特别行政区法院审查核实后，中止认可和执行程序。经再审，维持全部或者部分原判决的，恢复认可和执行程序；完全改变原判决的，终止认可和执行程序。

第二十一条 被申请人在内地和香港特别行政区均有可供执行财产的，申请人可以分别向两地法院申请执行。

应对方法院要求，两地法院应当相互提供本方执行判决的情况。

两地法院执行财产的总额不得超过判决确定的数额。

第二十二条 在审理民商事案件期间，当事人申请认可和执行另一地法院就同一争议作出的判决的，应当受理。受理后，有关诉讼应当中止，待就认可和执行的申请作出裁定或者命令后，再视情终止或者恢复诉讼。

第二十三条　审查认可和执行判决申请期间，当事人就同一争议提起诉讼的，不予受理；已经受理的，驳回起诉。

判决全部获得认可和执行后，当事人又就同一争议提起诉讼的，不予受理。

判决未获得或者未全部获得认可和执行的，申请人不得再次申请认可和执行，但可以就同一争议向被请求方法院提起诉讼。

第二十四条　申请认可和执行判决的，被请求方法院在受理申请之前或者之后，可以依据被请求方法律规定采取保全或者强制措施。

第二十五条　法院应当尽快审查认可和执行的申请，并作出裁定或者命令。

第二十六条　被请求方法院就认可和执行的申请作出裁定或者命令后，当事人不服的，在内地可以于裁定送达之日起十日内向上一级人民法院申请复议，在香港特别行政区可以依据其法律规定提出上诉。

第二十七条　申请认可和执行判决的，应当依据被请求方有关诉讼收费的法律和规定交纳费用。

第二十八条　本安排签署后，最高人民法院和香港特别行政区政府经协商，可以就第三条所列案件判决的认可和执行以及第四条所涉保全、临时济助的协助问题签署补充文件。

本安排在执行过程中遇有问题或者需要修改的，由最高人民法院和香港特别行政区政府协商解决。

第二十九条　内地与香港特别行政区法院自本安排生效之日起作出的判决，适用本安排。

第三十条　本安排生效之日，《最高人民法院关于内地与香港特别行政区法院相互认可和执行当事人协议管辖的民商事案件判决的安排》同时废止。

本安排生效前，当事人已签署《最高人民法院关于内地与香港特别行政区法院相互认可和执行当事人协议管辖的民商事案件判决的安排》所称"书面管辖协议"的，仍适用该安排。

第三十一条　本安排生效后，《最高人民法院关于内地与香港特别行政区法院相互认可和执行婚姻家庭民事案件判决的安排》继续施行。

第三十二条　本安排自 2024 年 1 月 29 日起施行。

十八、澳门特别行政区主要知识产权制度

关于修订《〈内地与澳门关于建立更紧密经贸关系的安排〉服务贸易协议》的协议

为进一步提高《〈内地与澳门关于建立更紧密经贸关系的安排〉服务贸易协议》（以下简称《服务贸易协议》）的水平，深化内地与澳门特别行政区（以下简称"双方"）服务贸易自由化，加强双方经贸交流与合作，双方决定，对二○一五年十一月二十八日在澳门特别行政区（以下简称"澳门"）签署的《服务贸易协议》作出如下修订：

一、对《服务贸易协议》正文部分的修订如下：

1. 《服务贸易协议》第三章（义务及规定）第三条（义务）第一款修订为：

"一、内地对澳门服务和服务提供者的具体措施载于本协议附件1。对于本协议附件1表2所列明的具体承诺的实施，除执行本协议规定外，还应适用内地有关法律法规和行政规章。"

2. 《服务贸易协议》第四章（商业存在）脚注6予以删除。

3. 《服务贸易协议》第五章（跨境服务）脚注7予以删除。

4. 《服务贸易协议》第六章（电信专章）第十一条（电信服务）和第七章（文化专章）第十二条（文化服务）予以删除。

5. 《服务贸易协议》第八章（特殊手续和信息要求）、第九章（投资便利化）和第十章（其他条款）依序重新编号为第六章、第七章和第八章；第十三条至第十六条依序重新编号为第十一条至第十四条。

6. 《服务贸易协议》第七章（投资便利化）第十二条（投资便利化）（即原第九章第十四条）修订为：

"一、为提高投资便利化水平，内地同意对澳门服务提供者在内地投资本协议对澳门开放的服务贸易领域，公司设立及变更的合同、章程审批改为备案管理，备案后按内地有关规定办理相关手续。以下两种情形除外：

（一）第四章第九条涉及保留的限制性措施及金融机构的设立及变更按现行外商投资法律法规以及相关规定办理；或

（二）公司以外其他形式的商业存在的设立及变更按现行有关规定办理。

二、内地可依法对上述安排作出调整，进一步提高澳门服务提供者投资便利化水平。"

二、进一步扩大内地对澳门服务领域开放，对《服务贸易协议》附件1《内地向澳门开放服务贸易的具体承诺》表1《对商业存在保留的限制性措施（负面清单）》进行缩减和修订，修订内容详见本协议附件表1。在跨境服务领域内地对澳门增加新的开放措施，对《服务贸易协议》附件1表2《跨境服务开放措施（正面清单）》的修订内容详见本协议附件表2。对《服务贸易协议》附件1表3《电信领域开放措施（正面清单）》和表4《文化领域开放措施（正面清单）》分别按照商业存在和跨境服务模式进行梳理，已并入本协议附件表1和表2中。本协议附件表1和表2分别取代《服务贸易协议》附件1表1和表2。

三、为明晰起见，《服务贸易协议》中未被本协议修订的条款仍然有效并继续实施，而其他条款将按原有条款继续实施直至本协议实施为止。

本协议自双方代表正式签署之日起生效，自二〇二〇年六月一日起实施。本协议以中文书就，一式两份。本协议附件构成本协议的组成部分。

本协议于二〇一九年十一月二十日在澳门签署。

<table>
<tr><td>中华人民共和国</td><td>中华人民共和国</td></tr>
<tr><td>商务部副部长</td><td>澳门特别行政区经济财政司司长</td></tr>
<tr><td>王炳南</td><td>梁维特</td></tr>
</table>

附件 1

内地向澳门开放服务贸易的具体承诺（节选，含专利代理、商标代理等）

部门：1. 商务服务

分部门：A. 专业服务

      k. 其他（专利代理、商标代理等）（CPC8921–8923）

所涉及的义务：国民待遇

保留的限制性措施：商业存在

               实行国民待遇。

部门或 分部门	1. 商务服务
	A. 专业服务
	k. 其他（专利代理、商标代理等）（CPC8921–8923）
具体承诺	1. 允许澳门服务提供者雇用的合同服务提供者在内地相关法律法规允许的范围内提供本部门或分部门分类项下的服务。 2. 允许符合条件的澳门永久性居民中的中国公民参加内地的全国专利代理师资格考试，成绩合格者，发给《专利代理师资格证书》。 3. 取得《专利代理师资格证书》的澳门永久性居民中的中国公民可以在内地已经批准设立的专利代理机构中执业，符合规定条件的可以加入成为在内地已经批准设立的专利代理机构的合伙人或者股东。

澳门特区申请人在内地发明专利优先审查申请指南

一、申请内容

澳门特区申请人在中国内地处于实质审查阶段的发明专利优先审查申请。

二、设定依据

（一）《专利优先审查管理办法》（国家知识产权局令第 76 号）（以下简称《办法》）

（二）《专利审查指南》

三、受理事宜

（一）受理窗口及办公时间：

国家知识产权局专利局广州代办处：

工作日 8：30—13：00，14：00—17：30（除法定节假日外）

国家知识产权局专利局深圳代办处：

工作日 8：30—17：30（除法定节假日外）

（二）申请方式：纸件邮寄或窗口面交

四、申请条件

（一）澳门特区申请人在中国内地处于实质审查阶段的发明专利申请。

（二）专利申请须为电子申请（纸件申请应转为电子申请后提交）。

（三）属于《办法》规定的技术领域，相关申请分类号落入《战略性新兴产业分类与国际专利分类参照关系表（2021）（试行）》范围。

（四）"澳门特区申请人"包括澳门特别行政区永久性居民、依据澳门特区商法典设立的公司和澳门特区的其他法律实体或组织。澳门特区申请人作为发明专利申请的共同申请人同样适用。

五、申请材料

（一）《专利优先审查请求书》一式两份（填写参照附件 1 示例）。

1. 在中国内地没有经常居所或者营业所的澳门特区申请人，必须委托专利代理机构提出专利申请优先审查请求，并由该代理机构在请求书中盖章。

2. 在中国内地有经常居所或者营业所的澳门特区申请人可自行或委托专利代理机构提出专利申请优先审查请求。申请人自行提出的，请求书应当由全体申请人签字或盖章。委托专利代理机构的，专利代理机构应在请求书中盖章。

3. 请求书应填写有效的联系人、联系电话及联系地址，联系地址需为中国内地地址。

（二）主体资格身份证明文件

澳门特区申请人为自然人的需提交澳门永久性居民身份证复印件；澳门特区申请人为公司或其他法律实体或组织的，应提供对应主体资格身份证明文件复印件。在中国内地有经常居所或者营业所的澳门特区申请人未委托专利代理机构的，还应当提交在中国内地有经常居所或者营业所的证明文件。

（三）现有技术信息材料

现有技术是指发明专利申请的申请日（或优先权日）以前在国内外为公众所知的技术。包括在申请日（或优先权日）以前在国内外出版物上公开发表、在国内外公开使用或以其他方式为公众所熟知的技术。专利文献可以只提供专利文献首页。非专利文献，例如期刊或者书籍，提供首页和相关页。

所提交的相关专利文献、非专利文献信息应对应填写至《专利优先审查请求书》附件文件信息栏中（填写参照附件1示例）。

（四）相关证明文件

内容包括专利技术所属的相关技术领域、全体申请人同意优先审查的声明和全部优先审查请求文件真实有效的承诺，并由全体申请人盖章或签字（填写参照附件2示例）。

（五）委托书

澳门特区申请人委托专利代理机构办理优先审查请求的，如被委托的不是本案代理机构，应提供委托书，注明委托权限，并由全体申请人盖章或签字。

六、办理流程

（一）申请人通过国家知识产权局专利局广州代办处或国家知识产权局专利局深圳代办处提交专利优先审查申请材料，申请人可选择一家代办处服务窗口当面提交或以邮寄方式提交，但不能向两家代办处重复提交同一专利申请的优先审查请求。

以邮寄方式提交申请材料的，申请人可在邮寄信封上注明"优先审查"字样，邮寄收件人及地址信息参照本指南第八部分。

（二）代办处审查申请材料后，对符合受理条件的应当及时办理完成推荐工作，上报国家知识产权局。

（三）代办处审查申请材料后，对不符合受理条件的，应当及时告知申请人审查结论及依据。

七、有关事项

（一）同一申请人同日（仅指申请日）对同样的发明创造既申请实用新型又申请发明的，对于其中的发明专利申请一般不予优先审查。

（二）申请人应对提交的申请材料真实性、合法性、有效性负责。

（三）申请材料中有外文材料的应当提供对应的中文译本。

（四）本业务不收费。

八、业务咨询

国家知识产权局专利局广州代办处

咨询电话：020-87681948

面交或邮寄地址：广东省广州市天河区体育西路 57 号红盾大厦，邮编：510620。

国家知识产权局专利局深圳代办处

咨询电话：0755-26612232

面交或邮寄地址：广东省深圳市南山区学府路软件产业基地 4 栋 C 座 6 楼，邮编：518000。

附件略。

十九、重要标准文件

《企业知识产权合规管理体系要求》

前　言

本文件按照 GB/T 11—2020《标准化工作导则　第 1 部分：标准化文件的结构和起草规则》的规定起草。

本文件代替 GB/T 29490—2013《企业知识产权管理规范》与 GB/T 29490—2013 相比，除结构调整和编辑性改动外，主要技术变化如下：

——增加了"知识产权合规义务""知识产权合规"和"知识产权合规管理体系"的术语和定义（见 3.2、3.3 和 3.5）；

——将"基础管理"更改为"知识产权基础管理"（见 8.1，2013 年版的第 7 章）；

——将"实施和运行"更改为"经营管理"（见 8.2，2013 年版的第 8 章）；

——增加了"知识产权合规管理"（见 8.3）；

——增加了各类型知识产权在"运行"中的要求（见 8.1.1.2~8.1.1.6）。

请注意本文件的某些内容可能涉及专利。本文件的发布机构不承担识别专利的责任。

本文件由国家知识产权局提出。

本文件由全国知识管理标准化技术委员会（SAC/TC 554）归口。

本文件起草单位：国家知识产权局、中国国际贸易促进委员会、中国标准化研究院、北京国之合创新与知识产权研究院。

本文件主要起草人：卢鹏起、贺化、雷筱云、赵梅生、蔡晨风、李昶、李牧、郭亮、邵烨、马建秀、李莲莲、张翊、张帆、岳高峰。

本文件及其所代替文件的历次版本发布情况为：

——2013 年首次发布为 GB/T 29490—2013；

——本次为第一次修订。

引　言

0.1　概述

本文件提供基于过程方法的知识产权管理模型，指导企业策划、实施和运行、评审和改进知识产权合规管理体系。

本文件采用过程方法，该方法结合了"策划—实施—检查—改进"（PDCA）循环和基于风险的思维。

过程方法使企业能够策划过程及其相互作用。

PDCA循环使企业能够确保其过程得到充分的资源和管理，确定改进机会并采取行动。

基于风险的思维是实现企业知识产权合规管理体系有效性的基础。为满足本文件的要求，企业需策划和实施应对风险和机遇的措施，履行知识产权合规义务，实现知识产权合规管理体系稳定、有效、持续成功的目标。

0.2　过程方法

本文件所采用的过程方法包括按照企业的知识产权方针和战略方向，对各过程及其相互作用进行系统的规定和管理，从而实现预期结果。图1表明了本文件第4章~第10章是如何成PDCA循环的。

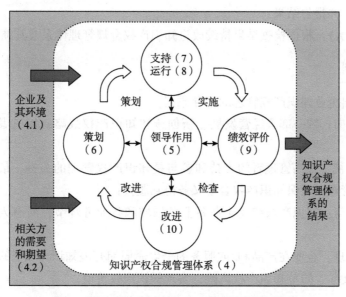

图1　基于过程方法的企业知识产权管理模型

利用资源将输入转化为输出的任何一项或一组活动可视为一个过程。通常，一个过程的输出将直接成为下一个过程的输入。

企业知识产权合规管理体系输入是企业经营发展对知识产权管理的需求，一般包括：

    a）研发新技术、新产品、新工艺；

    b）提高产品附加值，扩大市场份额；

    c）防范知识产权风险，保障经营安全；

    d）提高生产经营效率，增加经济效益。

通过持续实施并改进知识产权合规管理体系，履行知识产权合规义务，以防范知识产权风险，实现知识产权价值。输出一般包括：

    a）激励创造知识产权，促进技术创新；

    b）综合运用知识产权，改善市场竞争地位；

    c）全面保护知识产权，支撑企业持续发展；

    d）系统管理知识产权，提升企业核心竞争力。

本文件采用的过程方法：

    a）策划（P）：理解企业所处的环境及相关方的知识产权管理需求和期望，建立知识产权合规管理体系的方针、目标及其过程，识别并应对风险和机遇，确定实现结果所需的资源以及必要的措施；

    b）实施（D）：在企业的业务环节（产品和/或服务的立项、研发/设计/创作、采购、生产和服务提供、销售和售后）中获取、维护、运用和保护知识产权，履行知识产权合规义务；

    c）检查（C）：根据方针、目标、要求和策划的活动，对过程以及产品和/或服务进行监测和评价，并报告结果；

    d）改进（A）：根据检查结果持续改进知识产权合规管理体系及其绩效。

0.3　原则

本文件提出企业知识产权管理的指导原则：

    a）战略导向：统一部署经营发展、新创造和知识产权战略，使三者互相支撑、互相促进；

    b）领导重视：最高管理者的支持和参与是知识产权管理的关键，最高管理者全面负责知识产权管理，确保知识产权合规义务得到履行；

    c）全员参与：知识产权涉及企业各业务领域和各业务环节，所有人员遵守知识产权合规义务；

    d）全程管理：企业在产品和/或服务的全生命周期开展知识产权管理，全过程履行知识产权合规义务，防范知识产权风险，实现知识产权价值。

0.4　与其他管理体系标准的关系

本文件采用 ISO 制定的管理体系标准框架，以提高与其他管理体系标准的协调一致性。

本文件遵循合规管理思路，将合规管理体系（见 GB/T 35770）的要件融入企业知识产权管理体系，提出企业知识产权合规管理体系的要求，指导企业策划、实施和运行、评审和改进知识产权合规管理体系。

企业知识产权合规管理体系要求

1 范围

本文件规定了企业知识产权合规管理体系的要求。

本文件适用于有下列情形的企业：

a）拥有与主营业务相关的知识产权；

b）建立、运行并持续改进知识产权合规管理体系；

c）提升知识产权管理水平；

d）寻求外部组织对其知识产权合规管理体系的评价。

事业单位、社会团体等其他组织，参照本文件相关要求执行。

2 规范性引用文件

下列文件中的内容通过文中的规范性引用而构成本文件必不可少的条款。其中，注日期的引用文件，仅该日期对应的版本适用于本文件；不注日期的引用文件，其最新版本（包括所有的修改单）适用于本文件。

GB/T 19000 质量管理体系 基础和术语

GB/T 21374 知识产权文献与信息 基本词汇

GB/T 35770 合规管理体系 要求及使用指南

GB/T 39551 （所有部分）专利导航指南

3 术语和定义

GB/T 19000、GB/T 21374、GB/T 39551（所有部分）和 GB/T 35770 界定的以及下列术语和定义适用于本文件。

3.1

知识产权 intellectual property

权利人依法就下列客体享有的专有的权利：

——作品；

——发明、实用新型、外观设计；

——商标；

——地理标志；

——商业秘密；

——集成电路布图设计；

——植物新品种；

——法律规定的其他客体。

3.2

知识产权合规义务 intellectual property compliance obligations

企业强制性地必须遵守的涉及知识产权的要求，以及在此基础上企业自愿选择遵守的涉及知识产权的要求。

注1：强制性地必须遵守的涉及知识产权的要求，通常来源于法律法规、政策规范等。

注2：自愿选择遵守的涉及知识产权的要求，通常来源于内部规章制度，相关行业标准、准则，签订的合同、协议等。

3.3

知识产权合规 intellectual property compliance

履行企业的全部知识产权合规义务。

3.4

管理体系 management system

企业为确立方针和目标以及实现这些目标的过程所形成的相互关联或相互作用的一组要件。

注1：一个管理体系可能针对一个或几个主题。

注2：管理体系要件包括企业的结构、岗位和职责策划和运行。

3.5

知识产权合规管理体系 intellectual property compliance management system

企业建立方针、目标，以实现规范知识产权管理、履行知识产权合规义务、防范知识产权风险、维护利益和保障发展的管理体系。

3.6

相关方 interested party

能够影响决策或活动、受决策或活动影响或自认为受决策或活动影响的个人或组织。

3.7

方针 policy

由最高管理者正式发布的企业的宗旨和方向

3. 8

知识产权方针 intellectual property policy
知识产权工作的宗旨和方向。

3. 9

目标 objective
要实现的结果。

注1：目标可以是战略的、战术的或运行的。

注2：目标可以涉及不同的主题（如：财务、健康和安全、知识产权）。它们可能存在于不同层面，诸如企业整体层面或项目、产品或过程层面。

注3：目标能够用其他方式表述，如：预期的结果、宗旨、运行准则，知识产权目标或使用其他有类似含义的词（如：参点或指标）。

注4：在知识产权合规管理体系中，企业设定的知识产权目标与知识产权方针保持一致，以实现特定的结果。

3. 10

知识产权目标 intellectual property policy objective
企业根据其知识产权方针（3.8）建立的目标（3.9）。

3. 11

成文信息 documented information
企业需要控制和保持的信息及其载体。

注1：成文信息能够以任何格式和载体存在，且来源不限。

注2：成文信息可能涉及：
——管理体系（3.4），包括相关过程；
——为企业运行而产生的信息（文件）；
——实现的结果的证据（记录）。

3. 12

知识产权手册 intellectual property manual
规定知识产权合规管理体系（3.5）的相关成文信息（3.11）。

3. 13

专利导航 patent navigation。
在宏观决策、产业规划、企业经营和创新活动中，以专利数据为核心深度融合各类数据资源，全景式分析区域发展定位、产业竞争格局、企业经营决策和技术创新方向，服务创新资源有效配置，提高决策精准度和科学性的新型专利信息应用模式。

4　企业环境

4.1　理解企业及其环境

企业应确定与其宗旨相关，并影响实现知识产权合规管理体系预期结果的能力的外部和内部事项，包括但不限于：

a）经济和社会发展状况；

b）法律和监管环境；

注：法律和监管环境不仅包括涉及知识产权的法律法规与政策规范，还包括与合规管理相关的政策规范，如《中央企业合规管理办法》等。

c）企业所处产业市场环境和技术发展趋势、产业政策和产业规划等；

d）企业的价值观、经营战略、文化、知识、经验和绩效；

e）企业的创新战略、知识产权战略、品牌战略、产品和/或服务所涉及的核心技术；

f）企业的知识产权状况。

企业应对这些外部和内部事项的相关信息进行识别、监视和评审。

4.2　理解相关方的需要和期望

相关方对企业知识产权管理具有影响或潜在影响，企业应确定：

a）与知识产权合规管理体系有关的相关方；

b）与知识产权合规管理体系有关的相关方的需求；

c）哪些需求将通过知识产权合规管理体系予以解决。

企业应对这些相关方的信息及其相关需求进行识别、监视和评审。

4.3　确定知识产权合规管理体系的范围

4.3.1　知识产权合规管理体系范围的影响事项

企业应明确知识产权合规管理体系的边界和适用性，以确定其范围。

企业应结合以下内容确定知识产权合规管理体系的范围。

a）4.1 中提及的各种外部和内部事项；

b）4.2、4.5 中提及的需求；

c）企业的产品和/或服务。

4.3.2　知识产权合规管理体系范围

企业知识产权合规管理体系范围应通过成文信息进行明确，可获得并得到保持。该范围应描述所覆盖的产品和/或服务类型。

本文件的全部要求适用于企业确定的知识产权合规管理体系范围，企业应实施本文件的全部要求。

企业确定本文件的某些要求不适用于其知识产权合规管理体系范围，应说明理由。

注1：根据企业的业务类型，本文件第8章相关要求的适用性调整，以不影响企业履行知识产权合规义务的能力，不影响企业防范知识产权风险、实现知识产权价值、增强企业产品和/或服务的竞争力为前提。

注2：本文件使用的"业务"一词能够广义地理解为涉及企业存在目的的核心活动。

4.4　知识产权合规管理体系及其过程

4.4.1　企业应按本文件的要求，建立、实施、保持和持续改进知识产权合规管理体系，包括所需过程和相互作用，且应：

a）确定这些过程所需的输入和期望的输出；

b）确定知识产权管理所涉及的过程和过程之间的衔接和关联；

c）确定所需的准则和方法，包括评价和相关的绩效指标，以确保这些过程的有效运行和控制；

d）确定这些过程所需的资源并确保其可获得；

e）确定这些过程的职责和权限，并分配到相关部门和人员；

f）按照6.1的要求，策划和实施所需的措施，确保控制风险和实现价值；

g）评价这些过程，实施所需的变更，以确保实现这些过程的预期结果；

h）确保过程和知识产权合规管理体系得到不断改进。

4.4.2　在必要的范围和程度上，企业应：

a）保持成文信息以支持过程运行；

b）保留成文信息以确信其过程按策划进行。

4.5　知识产权合规义务

企业应系统识别来源于企业活动、产品和/或服务的知识产权合规义务，并评估其对运行所产生的影响。

企业应建立过程以：

a）识别新增及变更的知识产权合规义务，确保持续合规；

b）评价已识别的变更的知识产权合规义务所产生的影响，并对知识产权合规义务管理实施必要的调整。

企业应维护其知识产权合规义务的成文信息。

注：数字经济等新业务模式和规范的产生，会产生新的知识产权合规义务。

5　领导作用

5.1　领导作用和承诺

5.1.1　最高管理者职责

最高管理者是企业知识产权管理的第一责任人，应通过以下活动实现知识产权合规管理体系的有效性：

a）制定知识产权方针，并确保与企业战略方向保持一致；

b）制定知识产权目标，并确保在企业内实现；

c）明确知识产权管理职责和权限，确保有效沟通；

d）确保知识产权合规管理体系要求融入企业的业务过程；

e）确保资源的配备；

f）实施管理评审。

5.1.2 最高管理者承诺

最高管理者应承诺：

a）确保企业知识产权管理以高质量发展为目标，提升市场竞争力；

b）确保在企业经营发展中运用知识产权实现短期和长期、显性和隐性、财务和非财务的价值；

c）确保维护知识产权合规承诺，并妥善处理不合规和不合规行为；

d）确保知识产权合规义务得以履行，有能力识别、应对和预防内外部事项导致的存在的及潜在的知识产权风险。

5.1.3 文化

企业应在其内部各个层级建立、维护并推进文化建设，对履行知识产权合规义务的共同行为准则，应做出积极的、明示的、一致且持续的承诺，最高管理者应鼓励和支持知识产权合规的行为，阻止且不容忍损害知识产权合规的行为。

5.2 知识产权方针

最高管理者应制定、实施和保持知识产权方针，并确保方针：

a）与企业的经营发展相适应，且能够支持企业的战略方向；

b）遵守知识产权合规义务；

c）在企业内部得到沟通理解和应用；

d）在持续适宜性方面得到评审；

e）可获取并保持成文信息；

f）包括持续改进知识产权合规管理体系的承诺。

5.3 岗位、职责和权限

5.3.1 管理者代表

最高管理者应在企业管理层中指定专人作为管理者代表，授权其承担以下职责：

a）确保知识产权合规义务的履行，并得到全体员工的理解、支持与配合；

b）确保知识产权合规管理体系的建立、实施和保持；

c）确保就已识别的知识产权合规义务的职责在企业内得到适当分配；

d）向最高管理者报告知识产权合规管理体系的绩效和改进需求；

e）确保全体员工对知识产权方针和目标的理解；

f）落实知识产权合规管理体系运行和改进需要的各项资源；

g）确保沟通的有效性。

注：管理者代表由最高管理者授权，一般在企业管理层负责知识产权管理、合规管理或其他管理的人员中指定。

5.3.2　机构

建立知识产权管理机构并配备专业的专职或兼职工作人员，承担以下职责：

a）推进识别知识产权合规义务，监督已识别的知识产权合规义务的职责在企业内得到适当分配；

b）负责就知识产权合规相关事项提出建议；

c）负责企业知识产权工作计划制定和实施，监督和考核完成情况；

d）负责企业知识产权日常管理工作；

e）负责统筹与其他管理机构相关的知识产权管理工作；

f）宜建立专利导航工作机制，参与重大项目的知识产权布局。

其他管理机构负责落实与本机构相关的知识产权工作。

注：并非所有企业都创建独立的知识产权管理机构，一些企业将相关职责分配至现有岗位。

6　策划

6.1　通则

企业应通过以下措施对知识产权合规管理体系所需过程进行策划、实施和控制，以履行知识产权合规义务，应对知识产权风险，实现知识产权价值：

a）识别和更新适用的知识产权合规义务（见4.5），并为履行知识产权合规义务确定所需的资源；

b）确定企业的知识产权类型和管理重点；

c）按知识产权类型制定知识产权获取、维护、运用、保护过程控制的要求，并按照要求实施过程控制；

注：企业知识产权类型根据产品和/或服务的类型和环节确定，包括：专利、商标、著作权、商业秘密、地理标志等。

d）在必要的范围和程度上，确定并保持、保留成文信息，以：

1）确信过程已经按策划进行；

2）证实知识产权合规义务的履行。

策划的实施结果应适宜企业的运行。

6.2　知识产权目标及其实现的策划

6.2.1　知识产权目标策划

在策划知识产权合规管理体系时，企业应结合4.1所提及的事项和4.2、4.5所提及的需求，设定知识产权目标，以：

a）确保知识产权合规管理体系能够实现其预期结果；

b）确保履行知识产权合规义务；

c）增强有利影响；

d）预防或减少不利影响；

e）实现改进。

企业应针对相关职能、层次和知识产权合规管理体系所需的过程建立并保持知识产权目标，并确保：

a）与知识产权方针保持一致；

b）保持成文信息并可考核；

c）与企业发展相适应；

d）适时更新。

注：目标根据企业的实际制定，包括长期目标、年度目标、企业目标、部门目标等。

6.2.2　知识产权目标实现策划

策划如何实现知识产权目标时，应确定：

a）实现目标的方法；

b）所需资源；

c）岗位和职责；

d）完成时间；

e）应对风险和机遇的措施；

f）如何在知识产权合规管理体系过程中整合并实施这些措施（见4.4.1）；

g）评价措施的有效性。

注：有效性评价从履行知识产权合规义务、知识产权风险控制、知识产权价值实现等方面开展。

6.3　针对变更的策划

当企业确定需要对知识产权合规管理体系进行变更时，变更应按所策划的方式实施。企业应结合：

a）变更目的及其潜在后果；

b）知识产权合规管理体系的完整性；

c）资源的可获得性；

d）职责和权限的分配或再分配。

7　支持

7.1　资源

7.1.1　通则

企业应确定并提供所需的资源，以建立、实施、保持和持续改进知识产权合规管理体系，应结合：

a）现有内部资源的能力和局限；

b）需要从外部获得的资源。

7.1.2　人员

企业应确定相关岗位及职责，并配备所需的人员，以有效实施知识产权合规管理体系，并运行和控制其过程。包括：

a）所有人员应遵守知识产权合规义务，并报告知识产权合规疑虑、问题和漏洞；

b）通过劳动合同、劳务合同等方式对员工进行管理，约定知识产权权属、保密范围、保密义务、违约责任等；明确员工与知识产权相关的权利和义务，重要岗位可约定竞业限制条件和补偿条款；

c）对新入职员工进行适当的知识产权背景调查，以避免侵犯他人知识产权；对研发、设计、创作等与知识产权关系密切的岗位，要求新入职员工签署知识产权声明；

d）对离退员工应进行知识产权事项提醒；涉及核心知识产权的员工离职时，可签署离职知识产权协议或执行竞业限制协议；必要时对知识产权协议或竞业限制协议的执行情况进行监控，及时发现商业秘密泄露或不正当使用的线索；

e）明确员工知识产权创造、保护和运用的奖励和/或报酬，明确员工造成知识产权损失的责任。

7.1.3　基础设施

企业应确定、提供并维护所需的基础设施，以确保知识产权合规管理体系的运行。基础设施包括：

a）软硬件设备，如知识产权管理软件、数据库、计算机和网络设施等；

b）办公场所。

7.1.4　财务资源

企业应确定并提供财务资源，以有效实施知识产权合规管理体系。财务资源可用于：

a）知识产权申请、注册、登记、维持、检索、分析、评估、诉讼、培训和转移转化等事项；

b）知识产权管理机构运行；

c）知识产权激励。

7.1.5　信息资源

企业应创建并保持成文信息，以规定以下方面所需的控制：

a）建立信息资源收集渠道，及时获取外部知识产权相关信息；

b）对信息进行分类筛选和分析加工，并加以有效利用；

c）企业宜建立知识产权信息数据库，并有效维护和及时更新；

d）企业可运用专利信息资源，构建专利导航工作机制。

注：信息资源包括外部知识产权相关信息和内部知识。外部知识产权相关信息包括所属领域、竞争对手的知识产权信息以及标准、学术交流、专业会议、从外部相关方收集的信息和知识。内部知识包括经验、教训、未成文的知识和经验，以及改进的结果。

7.2　能力

企业应：

a）确定与知识产权合规管理体系运行相关人员的任职条件，确定其所需具备的能力；

b）采取适当的教育、培训，提升与知识产权合规管理体系运行相关人员的能力；

c）采取措施使相关人员获得知识产权检索、分析、评估等能力；

d）采取措施，提升人员履行知识产权合规义务的能力；

e）保留适当的成文信息，作为人员能力的证据。

7.3 意识

企业应确保与知识产权合规管理体系运行相关人员知晓：

a）知识产权方针；

b）知识产权目标；

c）他们对知识产权合规管理体系有效性的贡献，包括改进绩效的益处；

d）不符合知识产权合规管理体系要求的后果。

7.4 沟通

企业应确保与知识产权合规管理体系相关的内部和外部的有效沟通。

7.5 成文信息

7.5.1 通则

企业的知识产权合规管理体系应包括：

a）本文件要求的成文信息；

b）企业所确定的、为确保知识产权合规管理体系有效性所需的成文信息。

注：不同企业的知识产权合规管理体系成文信息的复杂程度可能不同，取决于：

——企业的规模及其活动、过程、产品和/或服务的类型；

——过程及其相互作用的复杂程度；

——人员的能力。

7.5.2 知识产权手册

应创建知识产权手册并保持其有效性，具体内容包括：

a）涉及知识产权的机构设置、职责和权限；

b）知识产权合规管理体系过程之间相互关系的表述。

7.5.3 创建和更新

在创建和更新成文信息时，企业应确保：

a）评审和批准，以保持适宜性和充分性；

b）相关要求明确；

c）标识和说明（如标题、日期、作者或文件编号）清晰，易于识别、取用和阅读。

7.5.4 成文信息的控制

企业应控制知识产权合规管理体系及本文件要求的成文信息，以确保其：

a）在需要的场所和时间均可获得并适用；

b）得到充分的保护（例如：防止泄密、不当使用或完整性受损）。

为了控制成文信息，适用时，企业应实施以下活动：

——分发、访问、检索和使用；

注：对成文信息的"访问"可能意味着仅允许查阅，或者意味着允许查阅并授权修改。

——存储和保护，包括保持易读性；

——更改的控制（例如：版本控制）；

——保留和处置。

企业应识别其确定的知识产权合规管理体系策划和运行所需的来自外部的成文信息，并予以控制。

8 运行

8.1 知识产权基础管理

8.1.1 知识产权获取

8.1.1.1 通则

企业应创建并保持成文信息，以规定以下方面所需的控制：

a）根据知识产权目标，制定不同类型知识产权的获取计划，明确获取的方式或途径；

b）确保所获取的知识产权的数量和类型与企业的经营和发展相适应；

c）通过受让等途径获取知识产权，应在受让前开展知识产权尽职调查，评价知识产权的价值和权利的稳定性；

d）建立必要的审核机制或工作流程，排除以下行为：

1）非正常申请专利行为；

2）不以使用为目的的商标恶意注册；

3）不正当获取他人商业秘密；

4）歪曲、篡改、剽窃他人作品；

5）其他非法获取的情形；

e）企业应保留有关知识产权获取的成文信息，并实施有效的管理。

8.1.1.2 专利

应满足以下要求：

a）确保专利质量得到管控，适当时设定内部评价准则；

b）在申请专利前进行必要的检索和分析，以评价获得专利权的前景以及可实现的价值；

c）保障发明创造人员的署名权。

8.1.1.3 商标

应满足以下要求：

a）针对商标重要程度、使用范围和保护需求开展分析，进行商标策划；

b) 对拟注册的商标进行查询和分析；

c) 监测已注册和提交注册申请的商标，其指定的使用范围是否已覆盖企业现有及未来的业务范围。

8.1.1.4　商业秘密

应满足以下要求：

a) 通过遴选、密级划分等方式确定商业秘密的范围、保密事项等；

b) 应明确商业秘密的接触范围、流转要求和存证方式。

8.1.1.5　著作权

应满足以下要求：

a) 适时办理作品登记；

b) 明确职务作品、委托作品、合作作品等著作权及与著作权有关的权利的权属；

c) 保留作品创作过程的记录；

d) 保障作品作者的署名权。

8.1.1.6　其他类型知识产权

其他类型知识产权获取应按照相关法律法规及其他要求执行。

8.1.2　知识产权维护

企业应创建并保持成文信息，以规定以下方面所需的控制：

a) 建立知识产权分类管理档案，进行日常维护；

b) 知识产权权属变更与放弃；

c) 宜进行知识产权相关会计信息披露；

d) 宜建立知识产权会计核算档案，有条件的企业定期对知识产权的成本和知识产权的产出效益进行核算；

e) 宜对涉及知识产权的产品和/或服务的资料加以保管，包括宣传、广告、促销、包装、说明书等；

f) 宜进行知识产权分级管理；

g) 应保留有关知识产权维护的成文信息，并实施有效的管理。

8.1.3　知识产权运用

8.1.3.1　实施和使用

企业应创建并保持成文信息，以规定以下方面所需的控制：

a) 促进知识产权的实施和使用，开展实施场景、成熟度、所需配套条件等方面的调查，对于已实施和使用的知识产权，企业可评估知识产权对企业的贡献；

b) 被许可实施和使用知识产权时，应清楚许可实施的类型，在相应的范围内进行实施；

c) 明确知识产权实施和使用的管理要求，建立知识产权实施和使用（包括但不限于专利、商标、地理标志、著作权及与著作权有关的权利）的管理过程，监控知识产权的合规实施和使用；

d) 宜对知识产权（专利）密集型产品进行备案管理。

8.1.3.2 许可和转让

企业应创建并保持成文信息，以规定以下方面所需的控制：

a）知识产权许可或转让前，应制定许可或转让方案，根据相关方要求开展或自行开展知识产权评估，并履行相关审查、备案或登记程序；适当时，可自愿进行知识产权开放许可；

b）知识产权进行许可时，可对许可使用中的增值部分进行预先评估或约定归属；

c）国有企业的知识产权，在转让时应遵循国有资产的管理规定，避免国有资产流失。

8.1.3.3 投融资

企业投融资工作应满足以下要求：

a）企业开展投融资活动〔例如：风险投资、首次公开发行股票（IPO）〕前，对投融资活动对象涉及的知识产权开展尽职调查，评估其风险和价值；

b）在境外投资前，针对相关知识产权法律、政策及其执行情况，进行风险分析。

8.1.3.4 企业重组

企业重组工作应满足以下要求：

a）企业合并或并购前，开展知识产权尽职调查，根据合并或并购的目的设定对相关方知识产权状况的调查内容，并进行知识产权评估；

b）企业出售或剥离资产前，对相关知识产权开展调查和评估，分析出售或剥离的知识产权对企业未来竞争力的影响。

8.1.3.5 标准化

参与标准化工作应满足以下要求：

a）企业参与标准化组织前，了解标准化组织的知识产权政策；将包含专利和专利申请的技术方案向标准化组织提案时，按照知识产权政策要求披露并作出许可承诺；

b）牵头制定标准时，组织制定标准工作组的知识产权政策和工作程序。

8.1.4 知识产权保护

8.1.4.1 风险管理

企业应创建并保持成文信息，以规定以下方面所需的控制：

a）采取措施，避免或降低生产经营活动中所涉及的设备、软件、作品和/或作品元素侵犯他人知识产权的风险；

b）应定期监控产品及工艺可能涉及他人知识产权的状况，分析可能发生的纠纷及其对企业的损害程度，提出防范与应对预案；

c）应将知识产权纳入企业风险管理范围，对知识产权风险进行识别、分析和监测，采取相应风险控制措施；

d）建立涉密人员、涉密载体、涉密设备、涉密区域、涉密信息的管理要求，并按要求开展商业秘密管理工作；

e）对外信息披露前，开展必要的知识产权合规、保密审查，并保留成文信息。

注1：企业结合风险发生的时间、频次、影响因素及后果等方面开展知识产权风险分析，并根据

可能造成的影响及其后果的严重程度，将风险进行相应的分级，对不同级别的风险采取适当的方式加以预防和应对。

注2：商业秘密管理的推荐性实践见附录A。

8.1.4.2 争议处理

企业应创建并保持成文信息，以规定以下方面所需的控制：

a）及时发现和监控知识产权被侵犯的情况，适时提出应对方案，运用自力救济、行政和司法救济等途径保护知识产权；

b）在处理知识产权纠纷时，评估通过协商、诉讼、仲裁、调解等不同处理方式对企业的影响，选取适宜的争议解决方式。

8.2 经营管理

8.2.1 立项

立项阶段的知识产权管理包括：

a）分析项目所涉及的知识产权信息，例如：各关键技术的专利数量、地域分布和专利权人信息、商标权利人信息、作品和/或作品元素的著作权及与著作权有关权利的信息等；

b）通过知识产权分析及市场调研相结合，明确项目对应产品和/或技术潜在的合作伙伴和竞争对手；

c）进行知识产权风险评估，并将评估结果、防范预案作为项目立项与整体预算的依据；

d）针对重大项目，宜要求与项目组人员签署保密协议，明确具体保密内容、范围等。

8.2.2 研发、设计、创作

研发、设计、创作阶段的知识产权管理包括：

a）应对项目涉及的知识产权信息、相关文献及其他公开信息进行检索，对技术发展状况、知识产权状况、竞争对手状况等进行分析，评估知识产权风险，将分析结果、防范预案作为研发、设计、创作的依据；

b）制定研发策略或设计创作方案时，开展知识产权布局规划；督促研发设计、创作人员妥善记录、及时报告研发、设计、创作成果，并对成果进行评估和确认，明确保护方式和权属，适时形成知识产权；

c）定期监控研发、设计、创作活动相关的知识产权，适时调整研发策略和内容，避免或降低知识产权侵权风险；

d）在项目的重要节点，应及时开展商业秘密遴选、分级等工作。

8.2.3 采购

企业对外部提供的过程、产品和/或服务进行控制。采购阶段的知识产权管理包括：

a）应识别拟采购产品和/或服务的知识产权情况，必要时收集相关知识产权信息并要求供方提供知识产权权属证明；对于拟采购产品和/服务存在知识产权风险的，应在相应风险消除或采取有效的风险应对措施后进行采购；

b）应做好供方信息、进货渠道、进价策略等信息资料的管理和保密工作；

c）宜遴选有资质的、具有专业能力的机构和人员提供知识产权服务；对服务内容、质量等进行评价并建立反馈调整机制；

d）同等条件下宜优先采购依照本文件建立知识产权合规管理体系的供方的产品和/或服务。

8.2.4　生产和服务提供

生产和服务提供阶段的知识产权管理包括：

a）鼓励生产和服务提供过程中涉及产品、生产设备或工艺方法、服务规范或流程的技术改进与创新，并及时评估、确认，必要时明确保护方式；

b）规范生产和服务提供过程中的工艺文件、图纸、原料配方、技术路线、内部指令、服务规范、源程序代码、创意等的使用管理，采取适当保密措施。

8.2.5　销售和售后

销售和售后阶段的知识产权管理包括：

a）产品和/或服务对外宣传、参展、销售或以其他方式提供前，对产品和/或服务所涉及的知识产权状况、目标市场的知识产权保护环境以及竞争对手的知识产权情况进行全面审查和分析，评估知识产权风险及其对企业的损害程度，向最高管理者或管理者代表发出警示性信息，提出防范与应对预案；

b）向境外提供产品和/或服务前，还应调查目的地的知识产权法律、政策及其执行情况，了解行业相关诉讼，分析可能涉及的知识产权风险；适时在目的地进行知识产权申请、注册和登记；对向境外提供的涉及知识产权的产品和/或服务宜运用相应的边境保护措施；

c）建立产品销售市场监控程序，采取保护措施，及时跟踪和调查相关知识产权被侵权情况，建立和保持相关记录；

d）产品和/或服务升级或市场环境发生变化时，及时进行跟踪调查，调整知识产权策略和风险规避方案，适时形成新的知识产权。

8.2.6　合同管理

加强合同中的知识产权管理，包括：

a）应对合同或要约中有关知识产权条款进行合规审查，并保留成文信息；

b）检索与分析、预警、申请、诉讼、侵权调查与鉴定、管理咨询等知识产权对外委托业务合同，应约定知识产权权属、保密等内容；

c）委托开发或合作开发合同，应约定知识产权权属、保密、许可及利益分配、后续改进的权属和使用、侵权责任承担等；

d）由外部供方提供过程、产品和服务时，应视合同性质对知识产权权属、许可使用范围、商业秘密保护、知识产权侵权责任、救济方式、免责条款等内容进行约定；

e）在委托加工、来料加工、贴牌生产等对外协作合同中应明确保密、知识产权权属、许可使用范围、侵权责任承担等；

f) 开展销售活动时，宜在合同中明确保密、知识产权权属、许可使用范围、侵权责任承担等；

g) 承担涉及国家重大专项等政府支持项目时，应了解项目相关的知识产权管理规定，并按照要求进行管理。

8.3 知识产权合规管理

8.3.1 合规审查

企业应基于知识产权合规义务的履行，在知识产权基础管理（见8.1）过程和经营管理（见8.2）过程中实施必要的审查，并保留成文信息。

注：专利、商标、著作权、商业秘密典型禁止性行为见附录B。

8.3.2 提出疑虑

企业应确立、实施和维护一个报告过程，以鼓励和促进（在有合理理由确信信息真实的情况下）报告试图、涉嫌或实际存在的违反知识产权合规义务的行为。

该过程应：

——在整个企业内可见并可访问；

——对报告保密；

——接受匿名报告；

——保护报告者免于遭受打击报复；

——便于人员获得建议。

8.3.3 调查过程

企业应开发、确立、实施并维护过程，以评估、评价、调查有关涉嫌或实际的知识产权不合规情形的报告，并作出结论，定期向最高管理者或管理者代表报告调查的次数和结果。这些过程应确保能公平、公正地作出决定。

调查过程应由具备相应能力的人员独立进行，且避免利益冲突。

企业应视情况利用调查结果改进知识产权合规管理体系（见第10章）。

企业应保留有关调查的成文信息。

9 绩效评价

9.1 通则

企业应策划并实施下列所需的监控和审查：

a) 评价知识产权合规管理体系的绩效；

b) 确保知识产权合规义务被履行。

9.2 分析与评价

企业应根据获得的适当的数据和信息进行分析并形成结果利用分析结果评价：

a) 知识产权价值实现的符合性；

b）知识产权合规管理体系的绩效和有效性；

c）策划是否得到有效实施；

d）知识产权合规的监测结果；

e）应对风险和机遇所采取措施的有效性；

f）外部供方的绩效；

g）知识产权合规管理体系改进的需求。

9.3 内部审核

9.3.1 审核策划

企业应：

a）策划、制定、实施和保持审核方案，包括频次、方法、职责、策划要求和报告；

b）规定每次审核的目标、准则和范围；

c）选择审核员并实施审核，以确保审核过程客观公正。

9.3.2 审核实施

企业应依据策划的要求开展内部审核，以确保知识产权合规管理体系：

a）符合本文件的要求；

b）符合企业自身对知识产权合规管理体系的要求；

c）得到有效实施和保持。

9.3.3 审核重点

9.3.3.1 通则

企业应确定内部审核的重点，包括：

a）是否发生或潜在存在侵犯他人知识产权的行为或风险，及知识产权被侵犯的情况；

b）知识产权合规义务及履行情况，不合规监测结果；

c）前次审核中发现问题的改进情况；

d）不同类型知识产权进一步考虑相关事项（见9.3.3.2~9.3.3.5）。

9.3.3.2 专利

内部审核中专利的审核重点包括：

a）重要技术或产品是否适时通过申请专利予以保护；

b）是否存在非正常申请专利行为；

c）是否存在专利标识标注不规范的情况。

9.3.3.3 商标

内部审核中商标的审核重点包括：

a）是否针对企业需求申请注册商标；

b）是否存在不以使用为目的的商标恶意注册；

c）是否存在商标的不规范使用。

9.3.3.4　商业秘密

内部审核中商业秘密的审核重点包括：

a）是否建立确认商业秘密的机制；

b）是否存在商业秘密泄密的风险；

c）商业秘密的保护措施是否完善。

9.3.3.5　著作权

内部审核中著作权的审核重点包括：

a）是否适时登记著作权；

b）是否及时发现和监控著作权及与著作权有关的权利被他人侵犯的情况；

c）是否存在侵犯他人著作权及与著作权有关的权利的情况。

9.4　管理评审

9.4.1　评审要求

最高管理者应依据策划的要求开展管理评审，以确保知识产权合规管理体系的适宜性、充分性和有效性，与企业的战略方向保持一致。

9.4.2　评审输入

输入应包括：

a）以往管理评审所采取的措施；

b）与知识产权合规管理体系相关的内外部事项的变化，包括知识产权合规义务及变更情况；

c）下列有关知识产权合规管理体系绩效和有效性的信息，包括其趋势：

　　1）相关方的反馈；

　　2）知识产权目标的实现程度；

　　3）不合格、不合规及纠正措施；

　　4）审核结果。

d）资源的充分性；

e）改进的机会；

f）应对风险和机遇所采取措施的有效性。

9.4.3　评审输出

输出应包括：

a）知识产权方针、目标所需的变更；

b）知识产权合规管理体系所需的变更；

c）资源需求。

企业应保留成文信息，作为管理评审结果的证据。

10 改进

10.1 通则

企业应确定和选择改进机会，并采取必要措施，以持续履行知识产权合规义务，应对知识产权风险和实现知识产权价值，提升企业的竞争力。包括：

a）改进产品和/或服务，确保知识产权合规义务履行；

b）纠正、预防或减少不利影响；

c）确保知识产权合规管理体系的适宜性、充分性和有效性；

d）持续改进知识产权合规管理体系。

注：改进的例子包括纠正、纠正措施、持续改进、突破性变革、创新和重组等。

10.2 不合格和纠正措施

企业应对出现的不合格或不合规进行调查与评价，分析和确定不合格或不合规的原因，确定措施和实施范围，实施所需的措施，评审所采取的纠正措施的有效性。企业应保留成文信息，作为纠正措施实施及结果的证据。

10.3 持续改进

企业应持续改进知识产权合规管理体系的适宜性、充分性和有效性。

企业应结合分析和评价的结果以及管理评审的输出，以确定是否存在风险或新的需求或机遇，这些需求或机遇应作为持续改进的一部分加以应对。